文史哲丛刊（第二辑）

主编　王学典

道玄佛：历史、思想
与信仰（续编）

邹晓东　编

商务印书馆
创于1897　The Commercial Press

图书在版编目（CIP）数据

道玄佛：历史、思想与信仰：续编 / 邹晓东编. —
北京：商务印书馆，2020
（文史哲丛刊. 第二辑）
ISBN 978-7-100-16283-8

Ⅰ.①道… Ⅱ.①邹… Ⅲ.①道教－文集②玄学－文
集③佛教－文集 Ⅳ.①B958-53②B235.05-53③B948-53

中国版本图书馆CIP数据核字（2018）第140537号

文史哲丛刊
（第二辑）

道玄佛：历史、思想与信仰（续编）

邹晓东　编

───────────────────

商 务 印 书 馆 出 版
（北京王府井大街36号　邮政编码 100710）
商 务 印 书 馆 发 行
三 河 市 尚 艺 印 装 有 限 公 司 印 刷
ISBN 978－7－100－16283－8

2020年7月第1版　　　开本 880×1230　1/32
2020年7月第1次印刷　　印张 14　7/8

定价：68.00元

出版说明

  《文史哲》杂志创办于 1951 年 5 月，起初是同人杂志，自办发行，山东大学文史两系的陆侃如、冯沅君、高亨、萧涤非、杨向奎、童书业、王仲荦、张维华、黄云眉、郑鹤声、赵俪生等先生构成了最初的编辑班底，1953 年成为山东大学文科学报之一，迄今已走过六十年的历史行程。

  由于一直走专家办刊、学术立刊之路，《文史哲》杂志甫一创刊便名重士林，驰誉中外，在数代读书人心目中享有不可忽略的地位。她所刊布的一篇又一篇集功力与见识于一体的精湛力作，不断推动着当代学术的演化。新中国学术范型的几次更替，文化界若干波澜与事件的发生，一系列重大学术理论问题的提出与讨论，都与这份杂志密切相关。《文史哲》杂志向有与著名出版机构合作，将文章按专题结集成册的历史与传统：早在 1957 年，就曾与中华书局合作，以"文史哲丛刊"为名，推出过《中国古代文学论丛》、《语言论丛》、《中国古史分期问题论丛》、《司马迁与史记》等；后又与齐鲁书社合作，推出过《治学之道》等。今者编辑部再度与商务印书馆携手，推出新一系列的《文史哲丛刊》，所收诸文，多为学术史上不可遗忘之作，望学界垂爱。

文史哲编辑部

商务印书馆

2009 年 10 月

目　录

道家哲学

道教思想

道家哲学

老子的社会政治哲学新探

张金光

老子的社会政治哲学，正如他的人生论哲学一样，也是建立在他的宇宙论——"道"论基础上的。过去对老子哲学思想的研讨，多是侧重在他的宇宙论辩证法方面，而对于他的人生论和社会政治论的深入探讨则是不够的。而且，这些研究尤其缺乏现代责任感。他的社会政治论包括了两个层次，或者说两个部分：一方面是对现实社会，他要用其政治"无为"论加以化解，或者说改造；另一方面则提出了对理想社会图景的构思。这二者既不能混同，又是互相联系的。过去的许多研讨都把这二者混淆了，正由于此，才得出了不恰当的结论，而抹掉了他的社会理想的光辉。本文试图从一些新的角度，对老子的社会政治论，提出一些新的看法和认识。

一、"天道"与"人道"

老子在观察自然界时，获得了"万物皆负阴而抱阳"的认识，并发现了宇宙间普遍存在的矛盾对立性，但同时对立的双方又共处于一个统一体中，这便是世界的同一性。自然界的寒来暑往，昼夜推移，月之盈亏，水向低处流，水气蒸腾，云雨下降，所谓"天地和合，以降甘露"等，都表现了其自身运动的求平衡性与统一性。故老子说："天之道，其犹张弓与？高者抑之，下者举之；有余者损之，不足者补之。天之道损有余以补不足。"（《道德经》第七十七章。以下凡出此者皆只注章名）老子直观得来的"天"的"抑举"、"损益"、"和合"之道，便是合一、统一之道。自然界之自然法则若非此，而是向两极发展，便是统一性的破坏，事物的破坏，生命的破坏。因之，可以说"损不足以益有余"乃是破坏统一之道。

当其用"天之道"去审视人类社会时，则发现了二者的两极反差。他说："人之道，则不然，损不足以奉有余。"（第七十七章）而社会的统治者、剥削者更是具有无限追求"有余"的欲壑。因而"损不足以奉有余"便成为现行"人之道"的通行法则，遂使整个人类社会失去了自然天性。因之，在老子的政治哲学中，被集中攻击的对象便是统治者，他骂他们为"盗竽"。老子认为现实之人道的"损益"法则，是谓"不道"，是破坏人类社会的统一性、平衡性的。

老子善推天道以明人事。他认为"人之道"亦应符合"天之道"，应是填平补齐，以求得人类社会的和平共处、平衡和同一。他阐明了"人之道"的罪恶。面对贫富对立的日益两极发展，贫者不厌糟糠，而富者金玉满堂的不合理的社会现实，他除了警告和恫吓统治者、剥削者"则大威至"、"不道早已"之外，便是提出了合"道"的人类社会应普遍遵循的社会生活原则，诸如"俭"、"啬"、"慈"、"不争"等。对应"天之道，利而不害"，他提出了"人之道，为而不争"，要统治者对人民"无狎其所居，无厌其所生"。针对"损不足以奉有余"的"人之道"

的"积"，他提出了"不积"的原则 —— "既以为人己愈有，既以与人己愈多"（第八十一章）。他号召人们实践"有余以奉天下"。不过他认为"孰能有余以奉天下，唯有道者"（第七十七章）。

应当指出，从其"物壮则老"、物极必反的理论出发，他的天道损益观不应被看作是简单的求平均，而实则是要循此道以求共存、发展和前进，这一思想很重要。将天道损益观移之于人类社会，则可产生经济上的均平思想，政治上的公平原则。

老子是我国古代社会第一个揭露了"人之道"本质的哲学家。他的揭露带有很深刻的批判意义。由此亦足见他是民间民意的代表，是被"损"者 —— 被剥削者、被压迫者的代言人。他的揭露之所以成为深刻的批判，是因为：他在不公的"人之道"之上，横放下一个大公的"天之道"，以为衡量"人之道"的准则。同时，"损不足以奉有余"的言论，也正是一语破的而触着了一切剥削阶级社会的本质。此等"人之道"正是剥削阶级之道。在通行此道的社会里，正如俗语所说："越穷越吃亏。"它专为富者锦上添花。杜甫诗云："朱门酒肉臭，路有冻死骨。"这语言虽极淋漓，然这讲的还是现象。而老子则早已看透了世道的本质，他把压迫剥削的现实上升为规律 —— "损不足以奉有余"的"人之道"。这揭露和批判还是入骨三分的。老子的愤世嫉俗之情，深沉的忧患意识，对小民的无限同情，皆可于此而显见之。

二、尊"人"与贬"王"

老子说："故，道大，天大，地大，人亦大。域中有四大，而人居其一焉。"（第二十五章）这里未提万物，而人本万物之一，用人作为万物的代表。

老子并不否定"王"的存在。然而他的理论，却不承认王有超人权威。从产生根源、本原上说，"王"与所有的人都是来自于"朴"，亦即"道"。在"朴"、"道"面前人人平等、齐一，而且与万物也是齐等的。老子这个思想线索，到庄子手里，便发展为著名的"齐物论"。根据老子的理论，"朴散则为器"。"始制有名"，"王"便是万名之一，他并无特殊地位。如果说与众民有什么不同的话，"王"首先应当是一个"圣"者。老子的"圣"，是"有道者"，是"朴"，而且是最大的"朴（仆）"，最大的公"朴（仆）"。这就涉及"王"位在理论上的来源问题了。老子说："朴散则为器，圣人用之，则为官长。"（第二十八章）"官长（君、王）"之所以为官长，是因为其修道成圣，才取得了为王的资格，此即老子"内圣外王"之道。同时，"官长"欲保其他，亦必在意识和行为上退出这"位"的圈子，即"功成身退"而归"朴"。总之，保位必先守住你的根源——"朴"。在老子的理论中，"王"是最大的"公朴（仆）"，这种"公朴（仆）"意识和理论，乃是老子政治哲学中最大的智慧，也是大勇。老子的"王"，实在不易为之。为"王"须大智大勇，既为"王"，又必勇退为"公朴（仆）"。社会政治的进步，时至今日，我们仍倡导"公仆"之论。既为官长，仍不离"公仆"，谈何容易！

老子说："故贵以贱为本，高以下为基。是以侯王自称孤、寡、不穀。此非以贱为本邪？非乎？……是故不欲琭琭如玉，珞珞如石。"（第三十九章）"珞珞如石"就是"璞"，"琭琭如玉"来自"珞珞如石"，"玉"是末，"石（璞）"是本。老子承认人类社会中有贵贱、高下之分别。然而他认为"贱"是本，"下"是"基"，"贵"、"上"是末。老子说："圣人被褐而怀玉。"（第七十章）"被褐而怀玉"，正是"璞"。老子主张守"朴（仆）"、守"本"。谁能守住"朴"，谁就得诸"器"之"本"，即可为诸"器"之"长"，亦即为"王"。既为侯王，便脱离了"朴（仆）"，成为"孤、寡、不穀"，这是很可悲，而又可怕的。称孤道寡者，原意在警惕而不忘守"朴"德之本，只是后来才成为专制君王的专用品，是独裁的象征。

"王"应是"天下溪"、"天下谷"。"王"体"道"，因之，他是"无"（非"无有"之"无"），是"虚"是"空"，是最大的容器，能装一切东西。王尤其能"处众人之所恶"，藏污纳垢，承灾受祸，忍辱负重。故老子说："受国之垢，是谓礼稷主；受国不祥，是为天下王。"（第七十八章）

"王"是"得道者"。"道"是"玄妙"，深幽，惚兮，恍兮，若明若暗，看不清楚。"得道者"的形象也是"微妙玄通，深不可识"。此非谓其为阴谋家，而是说他浑朴若一，天性自然，去掉了后天的雕琢文饰，因而不"明"，所以你看不清楚。老子主张守"朴"，保"真"，就是弃去"文"、"明"。他反对"自见（现）"，因为"自见"，便是"自明"。"自明"便是使自己离"朴"失"真"。是什么使"王""明"起来的？是仁、义、礼、乐。礼乐声教规定了"王"有各种特权，手握"利器"，加给他许多光怪陆离的光环，使他与众不同地"明"起来，因之，也使他失去了"朴"、"道"。他越"明"，便越离"朴"失"道"，越"逝"，越"远"，走向了反面，你必须"返"。这是不可抗拒的规律，这就是运动之"道"。"王"失了"道"，无路可走，也就要颠"蹶"，"蹶"就是"返"。故老子主张绝弃仁义礼乐圣智诸学所设蔽障，以恢复人（包括"王"在内）的自然"朴"真本性，建立一个祥和的社会。这里，并不能简单地认为老子反对人类文明。他反对的和要绝弃的是文明所带来的离"朴"失"道"的那一面，以恢复人的纯朴自然之性。

"王"如以威临天下，擅操生杀予夺之柄，"代大匠斫"，处处表现了自己的权威与绝对的存在，这也是一种"自明"，亦即离"朴"失"道"。故老子云："国之利器不可以示人。"（第三十六章）

还有一"明民"、"愚民"的问题，须要说清。老子说："古之善为道者，非以明民，将以愚之。"（第六十五章）老子此言颇受误解，亦因此而获主张施行"愚民"政策之名。按照老子的理论思路，"道"性之一就是朴而无华，因之，复"道"之法就是去其蔽"朴"之文饰，故去智诈。"明"，就是加以小智巧诈之饰，使无华之朴质光显起来，这种"明"同时也是"蔽"。"明民"就是对本朴真之民加雕饰，使之离朴真而成巧伪。"愚之"之"愚"，亦并非愚昧愚蠢之"愚"，而是"大智若愚"之"愚"，是纯朴之称。老子即自称为"愚人"。所谓"愚之"，就是去巧诈而复真朴。老子主张去文尚质。在老子的理论思路中，根本不存在愚民政策。他的"愚之"，不仅对民，而是并君王亦"愚之"的。如果说是"愚民政策"的话，也可以说是愚君政策，因为君王之所以为君王，必须首先是大"朴（仆）"之人，而且只有守住"朴（仆、愚）"才能继续为君王。老子主张不能以智巧诈伪治国，应以朴质治国，即在今日也不失为至理；他说："故以智治国，国之贼；不以智治国，国之福。"（第六十五章）失"朴（仆、愚）"便是本质为"明（文明）"所异化，揭去蔽"朴（愚）"的后天智巧诈伪之文明（"明"），则可返朴。"王"首先应去"明"而自"愚"，然后"抱一"、"抱朴（愚）""为天下式"，以身作则，为榜样，"辅万物之自然"，与物俱返真朴，其责任又何其重大。这哪是"愚民"政策，而是内圣外王者应首先自"愚"之道。或以为老子"主张愚昧"。此皆系隔靴搔痒，不沾老子思想之皮毛。

其实，老子不仅不主张愚民政策，而且还主张"化民"。不过，这不是以统治者为主导或为主宰的按照自己的框框去教化人民，相反，而是要"民自化"。老子相信在没有外力干扰下，民是能自我化育的，糟就糟在统治者的多欲"有为"之政的干扰上，使民不能"自化"。"自化"，也是一种"自然"。老子从理论上肯定每一种事物，包括民在内，都有自己存在的根据。自身都具有自我发展的能力，皆自然而然地存在和运动着。在人类社会中，不应以自己的主观意志和主观作为强加给人民而违背其自然，他所能做的仅是限在"辅万物之自然"的范围内。

"王"的天下是怎样来的呢？应归谁所有呢？老子说："故贵以身为天下，若可寄天下；爱以身为天下，若可托天下。"（第十三章）"天下乐推而不厌。"（第六十六章）"王"应是天下人乐于推戴的。天下乃天下人之天下，非"王"所有，只是因为"王"是有"道德"的圣者，天下人才寄托给他的。这一思想还是很深刻的，由此可阐释出民主思想来。

综上所述观之，在老子的理论中，"王"是因顺自然而为，无私奉献于天下的大"朴（仆）"。这个理论你可以不接受，这"道"你可以不走，然而你却不能否认这是老子政治哲学的大智慧，也是大勇气。这一直到今天还是仍须提倡的。

三、"无为"与"自为"

"无为"论是老子政治哲学中的核心理论。

在《老子》一书中，出现了不少职官名称和社会政治概念。如天子、三公、侯王等。老子是承认诸如此类的社会文明制度的"名"的。但是，他改造了，或者说抽去了统治者的礼教所加给这些"名"的"实"，亦即具有这些"名"分的人所违背"道法自然"的"实"。老子肯定天下须治理，但是治天下必须合乎"道法自然"的原则。因之，在他的理论中，把礼乐文明制度所加给这些政治等级名分的权力势位转换成了社会义务和责任，亦即实际上把统治者变成了社会公仆。"名"分愈高，其社会义务和责任也愈大。天子、王应是天下最大的公仆。故老子说，作为天下王、社稷主，首先应是能够承受天下最大最沉重祸殃的人，是要把自己奉献给天下，尽自己一切之能事，佐助天下苍生"自然"、"自化"的。因之，他的作为只应是合"道"的无私奉献和服务。而不是倚仗或运用职权，去扩张私欲和占夺。这正是老子政治"无为"论的精髓所在。在他的"无为"论政治哲学中，把拥有礼乐等级名分的人变成了大大小小的社会"公仆"。这是老子深刻的社会政治智慧。老子说："始制有名，名亦既有，夫亦将知止。"（第三十二章）或以为老子仍尊礼教名分，其实不然。此必注意者有二。一是按照老子之论，应"功成名遂身退"，不应居"名"、持"名"，此即其"无执"的思想。一是"知止"之限，不是具名之限。而万名（"物"）"法'道'"，"道法自然"。"知止"，实为知止于"道"，即"法自然"。故老子接言："譬'道'之在天下，犹川谷之于江海。"老子认为礼教之兴，离"道"更远。他反礼之失"道"，主张"礼"应归"道"，故他承认侯王之"名"，然绝不以礼乐声教之名为限。他为侯王等行为规定的止限乃是"道"。这便抽掉了礼名之实。而只存其形式之"名"，结果是"治者"变成了"公朴（仆）"而与民等齐。

老子的政治"无为"论是建立在他的"道"论基础上的。"无为"并非无所作为。恰恰相反，是因顺"道法自然"而大有作为。它要求无任意妄为，统治者只能"辅万物之自然而不敢为"。他只是天下人自我自然化育的积极辅助者，他对于社会民众只是佐助、服务，而非主宰和占有，他应如"大道"，"万物恃之以生而不辞，功成而不有，衣养万物而不为主……万物归焉而不为主"（第三十四章）。结果他只是躬奉己力，以辅万物之自然。具体要求如下述。

老子反对"多言"之政，主张"贵言"、"希言自然"、"行不言之教"。"言"指号令教戒（宋叶梦得语），"多言"即政令烦苛。其"行不言之教"有两层意思：第一，政府取消扰民"自然"的烦苛政令，给民留下一个充分自为、自治、自化、自育，总之，一个自然而然的活动空间。第二，此亦非统治者无所作为，而是要求其以身作则，以"身教"代替"言教"，只默默无闻地为民作则办事。故老子说："悠兮其贵言。功成事遂，百姓皆谓：'我自然。'"（第十七章）一个为政者奉献了己力，或者说佐助、领导了天下百姓事业的成功，结果百姓并无感到任何在上压力的存在，治者奉力，功在百姓。这样的治者，不是做出了"名"的极大牺牲吗？这正是老子的理论要求，比之那些贪天之功据为己有的人相差何其远也。老子还指出身教的力量是无穷的。他说："我无为，而民自化；我好静，而民自正；我无事，而民自富；我无欲，而民自朴。"（第五十七章）

老子认为，侯王为政，不是靠政令压服百姓，而是持守着"朴""道"，"无为"而治民，而民则"自宾"，归之若流水。他没有专制号令，只普"降甘露"，给人民以美好的生长环境和生活享受，令"莫之命而自均"。

在老子的理论中，统治者无为，便让百姓自治、自为、"自然"、"自宾"、"自均"、"自化"、"自正"、"自富"、"自朴"。这里充满了自由精神。

毫无疑问，在老子的"无为"论中，蕴含着自由平等精神和反对专制的民主精神。他说："天下，神器，不可为也，[不可执也。] 为者败之，执者失之。[是以圣人无为，故无败；无执，故无失。]"（第二十九章）"执"训"持"，可引申为"专擅"、"专断"、"独裁"，老子主张"无执"，这一思想很有价值。老子认为人、物各有其自然之性，当使各尽其材用，而不相废。他主张治者要"以常善救人，使无弃人，常善救物，使无弃物"，善者吾善待之，不善者吾亦善待之。这是何等的公道与平等的精神，也是一种人道主义精神。在他的理论中，看不出对下层人有任何鄙视的痕迹。统治者应常无私心，而"以百姓之心为心"（第四十九章）。

我们并不能认为老子绝对反对一切政令与人类文明。对于政令的取舍，他是以是否合乎"辅万物之自然"的原则为准的。他反对的是统治者的任意妄为，为所欲为。因而他主张"去甚、去奢、去泰"之政。

老子从其"无为"论出发，当然更反对苛察暴政和强权政治。他说："其政闷闷，其民淳淳；其政察察，其民缺缺。""闷闷"，是一种清静无为的政风，"察察"，是苛察的政举。良好的政风，会带来民风朴实，察察之政，民亦应之以机诈，此乃上行而下效之理。

老子说："国之利器不可以示人。"以国之利器示人，便是对民逞强，充分使用其暴力，任刑滥杀。以威临天下，施暴政，屠戮百姓，使民不得终其天年，这是"代大匠斫"，"鲜有不伤其手者"。老子警告统治者："民不畏死，奈何以死惧之"；"强梁者不得其死"。

　　老子反对剥削。他看到人间贫富不均的"无道"现象，认为这一切不合"道"的社会现实都是统治者的"损不足以奉有余"的"人之道"造成的，是"盗竽"们的政策造成的。他希望"民富"，关键在于统治者要"事无事"而让"民自富"。故他提出以"无事"——无扰民政事——治天下的原则。主张以"俭"、"啬"治国养民，培养国本。他说了一句名传千古的话："治大国，若烹小鲜。"治国，不要多事烦琐扰民之政，要若烹小鱼一样，小心谨慎，少事翻动。

　　老子认为一种良好的国家政治，应是在经济上与民建立一种特殊的契约关系。他说："有德司契，无德司彻。"要求政府发挥施贷功能，把自己的力量献给百姓，把粮食财物贷予人民，建立契券，成立借贷关系。但并不强令其归还，应视债务人偿还能力如何，要他们自觉自愿偿付，这就是政府的善政。

　　综上所述观之，在老子的政治"无为"论中，君与民的关系，统治者与被统治者的关系，经"为无为、事无事"的化解，竟转换成了如下一种关系：主人变成了"公仆"，被统治者成了主人；贱者成了"本"，贵者成了"末"；下民为上，"上"为末。统治者与其政府不是勉强民归从，"攘臂而扔之"，高压威服，而是应以对社会的无私奉献以增强自己的吸引力、增强社会的内聚力，使民"乐推"、"自宾"、"自化"、"自富"、"自正"、"自朴"，"功成事遂"，则功在民之"自然"；而社会的灾难祸殃，统治者则不能辞其咎，责在治者。这就是老子政治哲学的基本理论思路。

　　或以为老子有为统治者献策之嫌，这是错误的。老子的"无为"主张，其主体实现者有二：一是整个社会的人，包括官在内；一是对统治者而言，这是在政治范围内应用的。老子发现，在现实社会的对立中，起主导作用的是统治者一方，因为后者是他"无为"主张中的更主要部分，而前者也主要是对统治者而言的。从他的整个思想体系来看，其"无为"并非手段，乃是"道"存在的基本"自然"状态。社会人生，以及政治都是应取法于"道"之"自然"、"无为"的。他之所谓"道常无为而无不为"，其"无为"并不是"无不为"的手段，而是指无事反自然之妄为。其"无不为"亦并非"无为"的结果与目的，而是指顺自然而无不作为。"无为而无不为"讲的是一件事，即因顺自然而积极作为。再者，政治上的"无为而无不为"的目的亦并非为了统治者的长治久安，乃是为了救助整个天下苍生，使民过上太平生活，而能安然的自我化育成长。尽管你可以批评老子的"无为"政治带有乌托邦性质，然而你却不能曲解他的目的，把它说成是为当道者献策。他的整个主张，倾向性还是很明显的。他把天下的灾难归因于统治者"多欲"、"有为"之政。而功成事遂，则归功于民之"自然"。老子揭露统治者"盗竿"们"有为"之政的罪恶，却肯定了民之"轻死"、"难治"、"不畏死"、"不畏威"，以及"侮之"、"大威至"等对统治者政治做出的种种强烈反应以及犯上作乱行为的合理性。这是很能表明老子对百姓人民的支持态度的。

四、"玄同"与"大同"

在谈到老子关于理想的社会蓝图的设计之前，应首先了解他的哲学思想中的"玄同"境界问题。

老子说："挫其锐，解其纷，和其光，同其尘，是谓'玄同'。故不可得而亲，不可得而疏；不可得而利，不可得而害；不可得而贵，不可得而贱。故为天下贵。"（第五十六章）"挫其锐"四句，讲的只是一个"同"字，即"一"、统一，亦即"道"的混同、混沌状态，这是一种对立统一的大和状态，老子称之为"玄同"。挫锐锋，解纷争，德光普照，混同尘世，方可进入"道"、"德"大同即"玄同"之境。其中和光之理尤为深刻。万物负阴抱阳，阳光总不能同时普照，然而在社会人生的范围内，人们总希望光泽同被。因之，"和其光"的哲理便被提了出来。老子云："用其光，复归其明。"即用"道"光外照，并复归其明道，亦即守住光源，便可慧光永放。"明"是体，"光"是用，老子的"大明"便是"道"。"明道若昧"、"大明若暗"，"道"体正是看不清楚的"玄"。从理论上说，在"道"体中是混同阴阳，若明若暗，亦明亦暗，亦即"和其光"的，此即是进入"道"之人"明"之境。在这里光明与黑暗是同一的，亦即是德光普照的。庄子曾以此来阐述他的"齐物论"。他认为"十日并出，万物皆照"，虽蓬艾之间，犹被光明。然而覆物之下，尚不可见光。而"道德"之和光，则可无处不烛。老子的"玄同"，强调了事物的对立之中的统一性、同一性。"玄同"之道，亦正足"以万物为刍狗"、"损有余而补不足"的大公之道。在"玄同"之中，无亲疏、利害、贵贱之别。这已是涉及社会人生的层面，正是关于理想"大同"社会的哲学思考。老子善推"天道"以明人事。他正是沿着"玄同"的思路去构设理想人类社会蓝图的。

老子说："小国寡民。使有什伯之器而不用；使民重死而不远徙。虽有舟舆，无所乘之；虽有甲兵，无所陈之。使民复结绳而用之。甘其食，美其服，安其居，乐其俗。邻国相望，鸡犬之声相闻，民至老死，不相往来。"（第八十章）这一章给老子带来了许多是非，竟由此而使之获复古开倒车之罪名。因此，正确理解这一章，便成为正确理解他的社会政治理论的关键之一。老子对现实社会极度不满，尤其对统治者的暴政深恶痛绝，对蒙难的人民则无限同情。因之，他追求一个人民能安居乐业、和平宁静的社会环境；他反对日益扩大的诸侯兼并战争，因而有小国寡民之说。首先应当肯定，这是对未来的理想。诚然任何理想都带有对历史的追忆，老子自不能例外，然而他却不是开倒车。

在其"小国寡民"的社会中，人们并不是过着原始可怜的生活。什伯之器、甲兵、舟舆等"现代"物质文明还是都有的，所不同者，乃在其用途，不是用于攻战，而是为百姓的和平生活服务。

"使民重死，而不远徙。"他的着眼点不是在于建立一个保守落后、故步自封的小圈子，而是对没有战争和徭役的社会的写照，完全是一幅安居乐业图。吾族以农业立国，最忌"远徙"。由于工商的自然发展而出现交往频繁的往来迁徙，并不在此忌之内。对人民灾难性的远徙，是来自于天灾人祸、战争和徭役。老子所控诉的"田甚芜"，其中就有战争和徭役的恶果在。"田甚芜"，民不聊生，亦必迁徙，散之四方。今之重死，乃正是由于环境的和平，使民无迁徙之忧而安居乐业，才真正实现了其生命的可贵价值。

至于"有什伯之器而不用"，"虽有舟舆，无所乘之"，这里首先肯定的是"有"。而"不用"，也不是甘愿丢弃而不用于生活，而是派不上战争的用场。"有甲兵，无所陈之"，正是刀枪入库，直接否定战争。只有"复结绳而用之"算是文化上的倒退。然而于此亦应有所分析。此乃对世俗圣智礼乐文化之异化的反动，自有其合理的思想意识在。

"甘其食，美其服，安其居，乐其俗"，更是一种美好的生活图景。在"非道"的现实社会中，只有"盗竽"们——统治者、剥削者，才是厌饮食、财货有余的，由于他们的"求生之厚"，苛政暴敛，而使民不可聊生。老子提出要统治者放弃骄奢淫逸的生活，"为腹不为目"，而对人民要"实其腹，强其骨"，更希望百姓能享用甜美的饮食。现实中，盗魁们"服文采"，老子要民"美其服"。统治者使民"狎其居"，老子使民"安其居"。现实中充满纷争，而老子要"乐其俗"。

在其"小国寡民"的社会中，没有剥削，没有压迫，没有暴力统治，不知有统治者的存在。老子说："太上不知有之；其次亲而誉之；其次畏之；其次侮之。"在"太上"政治社会中，虽有治理者，但人们并不感到有来自于在上的任何压力。这种政情，正是大道流行，天下为公的"大同"社会。次一等的，便是对治者的"亲而誉之"；再次，便是"畏之"——由于权力的运用，而使人民畏惧。复次的便是"侮之"——统治者运用权诈暴力过度，反招致人民的轻侮，其中自然也包括犯上作乱。人民对政府的不信任，政府已失去了社会的凝聚力，人民对政府由"畏之"，转为"侮之"，这便是政治社会的险相。老子追求的是整个社会亲和度相当高的"太上"境界。这与他的"小国寡民"社会理论是合拍的。

从"甘其食，美其服，安其居，乐其俗"的生活图景来看，这必须有相当高度的物质文明与精神文明的发展才能做得到。可见他的"小国寡民"并非就是回到昔日的原始落后状态，而是对未来的美好理想。在这里，人们的衣食住行都解决得很好，精神面貌、文明程度相当可观，"乐其俗"便是精神文明的佳境。老子的自"甘其食"以下十二字社会方针，即在今日，也仍然是我们梦寐以求的目标，欲达此境，谈何容易。

至于他的"邻国相望，鸡犬之声相闻，民至老死，不相往来"，也不能简单地从封闭性方面去否定它。他之所谓，自有其历史与现实的合理性。殊不知，只有足衣足食，和平安定，人们才可以不相往来；他的"不相往来"，并不能理解为人与人之间的绝缘、绝交。其实，人与人之间并非一切往来都是必要的与幸福的。而老子正是由于看到了"往来"之中的另一面，即属于一种灾难性的"往来"，才言及此的。战争把一群人驱赶到战场上，去屠杀另一人群；统治者的暴政，把人口驱赶到异乡；人为私欲的满足，尔虞我诈，吞噬对方，你争我夺；无衣无食，离乡背井，乞讨四方。诸如此类，不一而足，皆为"往来"。人间不必要的以及灾难性的"往来"，也实在太多了。老子对"不相往来"社会的憧憬，正是对和平的呼唤。在我国漫长的古代农业社会中，只有在没有战争和徭役，没有统治者"多欲"、"有为"之政的干扰下，才能达到这种境界。自老子大约四百余年后，司马迁曾着力描绘过汉初由于"无为"政治所造成的社会生活图景。那时，国家无事，"百姓无内外之徭，得息肩于田亩，天下殷富，粟至十余钱，鸣鸡吠狗，烟火万里，可谓和乐者乎！""人民乐业，因其欲然，能不扰乱，故百姓遂安。自年六七十翁亦未尝至市井，游敖嬉戏如小儿状。"（《史记·律书》）这便是"老死不相往来"的自给自足的安居乐业图，正是"小国寡民"社会理想的实践。当然，你可以今之眼光，指其为封闭的小圈子。不过，在我国古代漫长的历史岁月中，却是人们梦寐以求的，千古传为佳话美谈。是也？非也？是开倒车，还是前进，岂容高调空谈。

　　对老子理想社会的否定性意见，比较有代表性的是关锋、林聿时的《论子产和老子》①一文。他们为老子的理想社会列举了"七个特点"（引文从略）。并由此而认为是"理想化了的周初社会"。

---

① 关锋、林聿时：《论子产和老子》，《哲学研究》1959 年第 7 期。

在未谈这"七个特点"的是非之前，首先应当指出的是，这七点竟未把老子理想社会的最主要特点，也是最为光辉之点包括进去，那就是我之前已提到的自"甘其食"而下十二字社会方针的内容。而这十二字正表明老子的"小国寡民"社会是具有相当高的物质文明和精神文明程度的。这标准即在今日也不逊色的。其实，该论者是故意回避了《道德经》第八十章的精华，而大量从《道德经》中扯来了谈"圣人之治"的内容，硬充老子的社会理想。我在本文开篇中已指出，并不能把老子对现实社会的看法拿来与他的社会理想混为一谈。这个区分还是必要的，因为他的社会政治思想中确实存在着两个层次。前已论之，讲老子的社会理想，只有从他的"玄同"之说和第八十章来加以分析。

现在回头再看关、林所提的"七个特点"，其基本点便是不符合老子"玄同"之论和第八十章内容的。在"玄同"境界中，是无亲疏、贵贱、利害之别的。说到"生产落后"，这也是一个很一般的无可无不可的说法。若与后代相比，整个春秋社会都可以说是生产落后的。然而就老子所立生活指标"甘其食"等十二字方针来看，是必须发展物质生产的。至于说他的社会"没有交通，没有商业贸易"，不仅不符合老子之论，同时也是一种超时代的过苛要求。因为老子已提到备"有舟舆"等交通之便。再说，整个春秋时代，商业就不发达。难道非要老子提出发展"商业贸易"，才算社会理想吗？老子所处的那个时代，主要的社会问题乃在于由于统治者的"多欲"、"有为"之政，战争劳役给人民带来的沉重灾难，使人民无法进行安定的生产，以及统治者的压迫剥削。比如他们的"食税多"、"求生厚"，造成人民的饥饿贫穷，等等。老子在谈理想社会时，自然不能脱离这些现实。在他的"小国寡民"社会的设计中，没有战争掠夺、压迫和剥削，有甲兵、舟舆等，而不用于战争，有"走马"而用于生产，人民无远徙之忧，能过上"甘其食，美其服，安其居，乐其俗"的生活，这已经够理想的了。何必说他是要回到哪一个历史时代去，从而给他扣上一个"开历史倒车"的帽子呢？

（原载《文史哲》1997 年第 4 期）

《老子》和《易传》关于象的学说

范　鹏　范学德

所谓"象论"，就是关于"象"的理论。《老子》、《易传》都有自己关于象的理论。《老子》的象论是其道论的有机组成部分之一，是为论道而说象，它所谓的"象"，主要是指物象、现象；《易传》的象论则是整个哲学思想的核心，主要是围绕着卦象而展开的，是为说卦而论象，它所谓的象，主要是指卦象，并由此而涉及现象。这就使两书的象论有了可比性。对于"象"这个概念，以往学术界多从卦象、象数之学的角度去论述，而从物象、现象的角度考察的则较少。本文试从现象的角度入手，对《老子》、《易传》的象论做一个初步的比较分析，以求对两书中的"象论"有一全面了解。

一

《老子》在论道的过程中，常讲到象。《老子》第十四章说："一者，其上不曒，其下不昧。绳绳兮不可名，复归于无物。是谓无状之状，无物之象，是谓恍惚。"这里通过"无状之状、无物之象"首先把"一（即道）"与"象"联系起来了，接着进一步阐述了道与象的三种表现形态——象（狭义）、物、精的关系。"道之为物，惟恍惟惚，惚兮恍兮，其中有象。恍兮惚兮，其中有物。窈兮冥兮，其中有精。"（第二十一章）道这个东西，是恍恍惚惚很不清楚的，但它毕竟还是一种"无状之状"、"无物之象"。道中有时有宏大的现象，有时有具体的物象，有时又有极精微的现象。从某种意义上说，道也是一种象，但它不是任何具体的物象，而是无形、无名、无物的"大象"。这也就是第三十五章讲的："执大象，天下往，往而无害，安平太"的"大象"。在第四十一章老子更明确地点出了"大象无形"。

按《老子》的思维方式，只有无形之象，才是真正的"大象"，它能包容宇宙间的一切具体的象，故其中有象有物、也有精，但是，如前所述，这种大象不能归结为任何一种有形有名的具体的象。任何具体的象都是物象，都是对宇宙间的具体事物——万有而言的，而道却是无。道与象、物、精的关系，就是无与有的关系。而"天下万物生于有，有生于无"（第四十章），可见，无与有的关系又是生与被生的关系，即母与子的关系。道是万事万物得以产生的根源，是无，但它必须在万物中表现出来，离开了表现它的万事万物，也就无所谓道了。老子曰："有无相生"，离开了有，也就不会有无。由此可知，道与象、物、精又有被表现与表现的关系，即本质与现象的关系。道与象（广义）的关系是无与有的关系，这主要是从宇宙发生论的角度讲的；道与象的关系是本质与现象的关系，这主要是从本体论、认识论的角度讲的。在《老子》哲学中，这两个方面是有机统一，不可分割的。就是说，《老子》的道，既是世界的本原，又是万象的本质。

从道与象的关系中，我们也可以看出，《老子》的道，是从精、物、象中进一步抽象出来的。依据《老子》哲学的逻辑，从物质现象的三个不同层次（或称三种不同的表现形态）中，可以推出这样的结论：形象越大的东西，力量越大；力量越大的东西，形象越不具体；形象越不具体的东西，越神秘莫测；越神秘莫测的东西，人们对它的了解就越少；人们对它了解得越少，就越不可言说。正是靠了这种经验的推论，《老子》才从有形有象的具体事物，推到了可感而无定形的宏大的象，并进而推出了无状之状、无物之象的道。道是一种最大的象，是有，但它又不是任何具体的事象，这种有象实际上是无象、是无。道是有和无的统一。因此，对作为道的大象，不能仅做直观的了解。正因为道是最大的象，所以才是无形无名的；正因为是无形无名的，所以才不受任何具体的形名的限制，才能成为一切有形有名的事物的本原和本质。这就是道与象的关系的深刻的理论内容之一。

道与象的关系既然是本质与现象的关系，就不仅具有本体论的意义，而且具有认识论的意义。在《老子》看来，在纷繁复杂的万事万物之中，有一个共同的本质，这就是道。为此，《老子》提出了"为学日益，为道日损。损之又损，以至于无为，无为而无不为"（第四十八章）的修养认识方法。为学就是求对外物的知识，就是认识事物的现象，为学的方法是"日益"——观察、了解、积累大量的事物和现象。这种认识，在《老子》看来始终是肤浅的，因为它只是停留在事物的表面。为此，《老子》认为单纯的为学还很不够，还要绝学，并进而为道。绝学的意思并不是抛弃一切知识，而是主张抛弃一切肤浅的、虚假的知识，以达到真知——悟道。达到真知的唯一手段就是为道，"为道就是照着道那个样子去生活"①。而只有真正体悟到了道 —— 认识了事物的本质，才可能达到这种境界，达到这种境界的修养方法，实际上也就是认识事物本质的方法，这就是所谓"日损"—— 不断涤除物欲、剥落事物的现象。物欲越少，对道的体验就越深；对事物的现象剥落得越净，对事物的本质也就认识得越清。这种方法单从认识论的角度看，就是不断舍弃事物的具体规定性，抽象出它们共同本质的方法。这实际上也就是"道"这个范畴建立的逻辑过程。

在《老子》看来，"为道"与"为学"显然不同，它不是一个认知过程，而是一种体悟的过程，只有将物欲涤除得一干二净，才能体验、直觉道。很明显，这既是一种认识活动，又是一种修养功夫，是中国哲学本体论、认识论与伦理学天然合一的最早范例。《老子》把体验到了道的境界叫作"无为"。认识（直觉）、体验到了道，也就是抓住了万事万物的根本，所有事物只有通过这个境界才能被真正认识，这种无为实际上便是无不为了。所以，只有无为才能无不为。

我们说，《老子》的道与象有本质与现象的关系，表明《老子》对本质与现象的对立统一关系已有所领悟。这不仅表现在道、象关系的论述中，而且在其他论题中也有体现。《老子》一书中有许多哲学命题表明，已经认识到的事物表现出来的样子往往不是事物本来的样子，在事物现象背后还有更深刻的东西存在着。如《老子》讲：

明道若昧，进道若退，夷道若类，上德若谷，大白若辱，广德若不足，建德若偷，质真若渝。（第四十一章）

---

① 冯友兰：《中国哲学史新编》第二卷，人民出版社 1984 年版，第 52 页。

大成若缺，其用不弊，大盈若冲，其用不穷。（第四十八章）

正言若反。（第七十八章）

这些都表现出《老子》对事物真象与假象、本质与现象的对立统一关系的素朴认识。试以"大成若缺，其用不弊"一句为例说明之。这个缺只是假象，似乎是缺，并不真缺，恰恰相反是大成 —— 最不缺。这个大成才是其真象，只有"知常曰明"之人，才能知事物真象之如此。因为"其用不弊"才知道它是大成，而不是缺。"用"是事物真相的根据，因为，《老子》认为"有之以为利，无之以为用"（第十一章），事物的本质只有在无（它表现为用）中才能体现出来。从宇宙万物的总体上说，事物的本质就是无 —— 道本身。由此可见，"大成若缺，其用不弊"之类的命题，讲的不仅是假象与真象的关系，而且也涉及了现象与本质的关系，这些关系都是对立统一（尤其是统一）关系。这一点与西方哲学有所不同，在西方哲学中，有许多人认为现象与本质是绝对对立的，现象是现而不实，本质是实而不现的。

由《老子》的思路，我们可以推出"正言若反，其用不竭"的结论。《老子》视其道论为放之四海而皆准的理论，说这些理论看上去虽然都是些反话，但其实只有这些似乎是反话的话，才是道地的真理。

二

如果说《老子》是一部道论，象论只是其道论的一部分，那么，《易传》则完全可以看成是一部象论的专著。《易传》论《易经》时说：

"易者，象也。"（《系辞下》，以下凡引《系辞》只注上下篇）这也适用于《易传》本身。《易传》是为解释卦象的来源、意义、功能，发挥《易经》的思想而作的，所以通篇都在论象。

卦象是《易经》所使用的一种特殊符号，最基本的是八卦，它们分别象征着天、地、雷、风、水、火、山、泽，"八卦成列，象在其中矣"（下）。值得注意的是，八卦象征的都是宏大、可感的自然现象。《易传》的卦象所使用的符号十分原始简易，但却具有极强的排列组合能力。中国人早在两千多年以前就创造并利用这种符号来说明世界，这不能不说是一种伟大的创举。

《易传》讲："是故易者，象也，象也者，像也。"（下）这可以说是《易传》给作为卦象的象下的经典性定义。《易传》进一步解释道："圣人有以见天下之赜，而拟诸其形容，象其物宜，是故谓之象。"（上）也就是说，圣人觉得天下万物太复杂了，不易被人认识，为了帮助人们认识，便按照事物的形容，仿效事物的状态制作了卦象，使物能以类聚、人能以群分，通过卦象这种象征符号，使事物变得容易了解。那么，圣人最初是怎样从事物的形象、状态中"取象"的呢？

> 古者包牺氏之王天下也，仰则观象于天，俯则观法于地，观鸟兽之文与地之宜，近取诸身，远取诸物，于是始作八卦。（下）

可见，制象的主要方法是仰观俯察自然现象而取之，故称为"观物取象"。《易传》在谈到卦象的起源时，还有另外一种说法：

> 天生神物，圣人则之。天地变化，圣人效之，天垂象，见吉

凶，圣人象之。河出图，洛出书，圣人则之。易有四象，所以示也。系辞焉，所以告也。定之以吉凶，所以断也。（上）

这其中显然夹杂了不少迷信的说法，因为《易经》在形式上就是一部占卦算命的书，但其中仍然肯定了天地变化，天垂之象是"取象"的根据，纵观全书，我觉得《易传》更强调观物取象，故其基调是素朴的唯物主义。

《易传》在对卦象的分析中，已经涉及了事物的现象。那么，什么是作为事物现象的象呢？

见乃谓之象，形乃谓之器。（上）

这就是《易传》给作为事物现象的象下的定义。凡可见的，显现出来的东西都是象，凡有形体的东西都叫器。这个定义，抓住了事物现象最重要的特点，用一个"见"字揭示了事物现象"显现"、"可感"的基本特性。这个定义所言之象，理应包括宇宙间的一切现象，但《易传》对作为事物现象的象的理解，仅仅局限于自然现象，这与我们今天所说的现象仍有一定的差距。

在天成象，在地成形，变化见矣。（上）

这可以说是《易传》对狭义的象——天象的定义。其实，按"见乃谓之象"的说法，这里谈到的象、形、变化都是现象，它们都具有现象固有的特性——"见"。《易传》把作为现象的象分成象、形（即法）、器、变化等几类，并对它们各自的特点做了初步考察。

> 法象莫大乎天地，变通莫大乎四时，悬象著明莫大乎日月。（上）

法象即天地表现出来的样子，而"天地"在先秦哲学中，几乎就是世界、宇宙的同义语。因此，法象是最宏大的现象。变通是一切流变着的现象的总称，在当时人们的眼中，春夏秋冬、寒来暑往的变化是最大的变化。悬象也叫天象，指的是日月星辰等天文现象，其特点是著明，其中最显著的代表莫过于日月。这里值得我们注意的是，《易传》把变通也作为事物的现象，而其他物象莫不有变，这里透露出的是原始的时空统一性思想和素朴的辩证法思想，也是《易传》对现象认识的深刻处之一。

《易传》在论象时还涉及了象与意的关系：

> 子曰："书不尽言，言不尽意。"然则圣人之意，其不可见乎？
> 子曰："圣人立象以尽意……"（上）

这表明制作卦象的目的之一，是为了弥补语言文字在表达圣人之意方面的不足。《易传》已经深刻地认识到了符号象征法比文字表达法具有更大的灵活性。也正是这一点，给《易经》的卦象蒙上了一层神秘的面纱，使其在占卦的过程中有更多的回旋余地。

卦象尽意的功能和知器知来的功能是统一的。《易传》主要通过现象、卦象及其关系，将圣人的主观思想与客观事物及其变化趋势统一了起来。圣人通过观物取象的认识活动，认识到了事物的现象，并用符号象征法将其概括浓缩成为卦象，通过卦象，圣人既可表达自己的主观思想、意愿，又可以进一步认识事物现象及其本质，这也就是所谓知器知来。因为，圣人的思想是仰观俯察天文地理之后才产生的，所以才能和事物的本质统一起来，这也就是《易传》所说的："《易》与天地准，故能弥纶天地之道"、"与天地相似，故不违。"（上）《易传》力求使人的主观思想、意愿与客观事物及其发展趋势统一起来，这是《易传》象论的又一深刻之处。

《易传》在讨论卦象的过程中，把卦象与人类创造历史的活动联系了起来，初步涉及卦象与社会现象的关系，但《易传》却把这种关系搞颠倒了。

　　上古穴居而野处，后世圣人易之以宫室，上栋下宇，以待风雨。盖取诸大壮。古之葬者，厚衣之以薪，葬之中野，不封不树，丧期无数。后世圣人易之以棺椁。盖取诸大过。上古结绳而治，后世圣人易之以书契，百官以治，万民以察。盖取诸夬。（下）

这种颠倒，一方面说明《易传》作者不懂得实践与认识的源流关系，另一方面也说明从那时起人们就已经把《易经》的卦象教条化了，把它当成了人们行为的根据。

　　综观之，《易传》对《易经》符号象征法的论述值得引起我们的重视，符号象征法是《易经》特有的认识方法，它既不是单纯的形象思维，也不能归结为抽象思维，而是将抽象思维与形象思维巧妙地结合起来的产物。深入地探讨这种方法的意义与价值，对我们今天的科学和哲学都会有一些有益的启示。

三

通过以上分析，我们可以看出，《老子》、《易传》象论所讨论的问题虽有很多不同之处，但仍是异中有同。

第一，《老子》、《易传》象论的重要内容之一是关于现象的理论，对作为现象的象的理解基本上是相同的。另外，两书所说的象都仅指自然现象，象即宏观的自然现象。这就是《老子》、《易传》对作为现象的象的基本理解。

第二，《老子》、《易传》对现象性质的理解基本是一致的。现象最基本的特点，就是《易传》所说的"见"——显现，可感。现象既是实实在在的，又是变动不居的。《老子》说：

> 万物并作，吾以观其复。（第十六章）

《易传》开宗明义便讲：

> 在天成象，在地成形，变化见矣。（上）

现象是显现出来的，又是可感的。所以是可以认识的。这些观点抓住了现象最基本的属性，无疑是深刻的。

第三，《老子》、《易传》都涉及了现象与本质的关系问题，都认为现象与本质是统一的，本质与现象一样，也是可以被认识的。《老子》的"为道"，与《易传》的"知器知来"都有认识本质的意思。在认识事物本质的过程中，《老子》、《易传》都看到了语言文字的局限性。《老

子》认为："道可道，非常道。名可名，非常名。"（第一章）《易传》则发现："书不尽言，言不尽意。"（上）

第四，《老子》、《易传》象论都体现了中国哲学"天人合一"、"体用不二"的基本精神。《老子》论道说象，它讲的道既是天道又是人道；《易传》的这种倾向就更明显了，它取自然之象，以察人世之事。与此相关，《老子》、《易传》在哲学表现形态上都熔自然哲学与社会伦理哲学于一炉，显示了宇宙观、本体论、认识论与伦理学的天然合一。

第五，《老子》、《易传》象论作为中国哲学象论的滥觞，对后来的科学、哲学、艺术、宗教以至于整个中国文化都产生了广泛深刻的影响，甚至有人把它提到"中国文化的一种基因"①的高度来考察。

尽管《老子》、《易传》象论有这么多共同之处，但它们的相异也同样是明显的。

第一，卦象的理论是《易传》所特有的，《老子》的象论只是其道论的一部分，而《易传》的象论则是全书的主题，《易传》把对卦象的阐述作为解《易经》的一把钥匙，从而形成了完整的卦象理论。

就作为现象的理论而言，《易传》象论的内容显得比《老子》更丰富、精致，更具有科学精神，但《老子》已对假象有所认识，而且论及假象与真象的对立统一，仅就这一点说，《老子》象论又有比《易传》更高明深刻之处。

第二，作为哲学范畴《老子》的象不及《易传》的象抽象程度高。《易传》的"见乃谓之象"使象真正具有了哲学范畴的意义，相比之下，《老子》之象还带有浓厚的经验色彩。《老子》从象损出了道，

_____

① 顾晓鸣：《象：中国文化的一种基因》，《复旦学报》1986年第3期。

说明《老子》的抽象思维水平并不比《易传》低，但两者的运思方向显然不大相同。

第三，《老子》、《易传》都认识到了语言文字在表达思想、认识事物本质方面的局限性，但弥补这一局限的方法却不同，这实际上也就是认识本质的方法不同。《老子》主张"为道日损"，因为道是不可言说、不能被思考的，只能去体验、直观，这就需涤除物欲、剥落现象，物欲涤尽处，现象也就被一层一层地扒光了，那个作为本质的无——道也就被直觉、体验到了。《易传》则主张"立象以尽意、知器知来"，就是通过符号象征法去把握万事万物的本质，"以通神明之德，类万物之情"。由此，《易传》十分重视预见的作用，《老子》却相反，它认为："前识者，道之华，而愚之始也。"（第三十八章）从今天的观点看，《老子》浅薄，而《易传》深刻，因为，预见是人类自觉能动性的重要表现，没有预见就没有自觉的行动，就没有科学。然而，结合当时具体的历史条件，结合"前识"的另一层含义——无根据的猜测——来考虑，我觉得《老子》之言也不无道理。上古时期，科学迷信混沌未分，"古事知来"具有浓厚的宗教迷信色彩。事实表明，这种"古"灵验的时候并不多，故《老子》视其为愚蠢。如此说来，《老子》比《易传》在这一点上更具有求实精神。人类认识正是在这些对立见解的矛盾中不断提高的。

第四，作为道家经典的《老子》与作为儒家经典的《易传》，在象论方面，也表现出道儒两家不同的精神风貌。《老子》从象损出一个道来，主张做人要像道那样清静无为、顺其自然，不敢为天下先，颇具隐士风度。《易传》则主张"立象尽意，象事知器，古事知来"，处处体现出刚健有为、积极进取的精神。

纵观《老子》、《易传》象论的主要内容，我们认为，"象"是《老子》、《易传》中一个十分重要的哲学范畴。不理解《老子》的象，就不能明其道论；不懂得《易传》的象，就不懂得《易传》，当然，也就更不懂得《易经》。因此，对"象"范畴作全面深入地研究是很有必要的。其实，这个范畴是贯穿中国哲学始终的，又是与中国哲学的道器、体用、有无、形神、理气、心物等重要范畴密不可分的。可见，加强对"象"范畴的研究，是对中国哲学范畴研究的深化。

（本文在写作过程中，曾得到张岱年先生的精心指导，在此深表谢意。）

（原载《文史哲》1987 年第 5 期）

《老子》的形而上学与"自然"思想
——以北大简为中心

〔日〕池田知久　撰　曹峰　译

一、《老子》的形而上学

2012 年 12 月，北京大学藏西汉竹书《老子》公布了，这激发起我们对于《老子》文献与思想新的关注。自马王堆汉墓帛书和郭店楚墓竹简以来，这种关注已经是第三次了。

本文主要依据北大简《老子》，也适当参照郭店本、马王堆本、通行本（即王弼本），希望阐明《老子》思想的一个重要问题。这就是：把《老子》中形而上学与"自然"思想相互交缠纠结的实际状况，当作跨越哲学与政治两大领域的问题来加以考察。

（一）《老子》所见形而上学的定义与说明

这里所谓的"形而上学"，是《周易·系辞上》所说的意思，同时也是亚里士多德以来欧洲哲学所讲的意思。也就是说，这种哲学把"道"看作根源性的存在，"道"生出"万物"，使"万物"老病，使"万物"死灭，换言之，这种哲学认为只有"道"才能支配、决定"万物"生老病死等一切的运动和变化。如北大简第四十二章"道生一，一生二，二生三，三生万物"所示①，"万物"因为有"道"才得以产生。此外，如北大简第四十八章"为学者日益，为道者日损。损之有（又）损之，至于无〔为，无为而无不为。取天下常〕无事。及其有事，有（又）不足以取天下"所示②，那些为了能够"至于无为"而"为道"（治道、习道）的人，可以看作是"无不为"即全能的人。不用说，其思想背景显然存在着"道"是全能的这种形而上学。此外，如北大简第五十一章"道生之畜之，长之逐之，亭（停）之孰（熟）之，养之复（覆）之。故生而弗有，为而弗持（恃），长而弗宰，是谓玄德"所示③，认为"道"对于"万物"，如"生之畜之，长之逐之，亭（停）之孰（熟）之，养之复（覆）之"所表达的那样，发挥着所有的作用与功能。进而如北大简第五十四

---

①　第四十二章，马王堆甲本作"〔道生一，一生二，二生三，三生万物）"，乙本作"道生一，一生二，二生三，三生〔万物）"，王弼本作"道生一，一生二，二生三，三生万物"。

②　残缺部分据郭店本以及王弼本等今本补充。其中特别重要的"无为而无不为"一句，因为马王堆本的甲本、乙本全部残缺，因此关于北大简该如何补充，有各种意见出现，但考虑到该章下段有"〔常〕无事……取天下"，可见是"无为而无不为"的具体例证（后文详述），显然应该照此补充。第四十八章，郭店本（仅有上段）作"学者日益，为道者日损。损之或损，以至亡（无）为也。亡（无）为而亡（无）不为"，马王堆甲本作"为〔学者日益，闻道者日云（损）。云〔损）之有（又）云（损），以至于无为。无为而无不为。将〔欲〕取天下也，恒〔无事。及亓（其）有事也，不足以取天下〕"，乙本作"为学者日益，闻道者日云（损），云〔损）之有（又）云（损），以至于无〔为。无为而无不为。将欲〕取天下也，恒无事。及亓（其）有事也，〔不〕足以取天〔下矣〕"，王弼本作"为学日益，为道日损。损之又损，以至于无为。无为而无不为。取天下，常以无事。及其有事，不足以取天下"。

③　第五十一章，马王堆甲本作"道生之畜之，长之遂之，亭之〔毒〕之，〔养之复（覆）之。生而〕弗有也，为而弗寺（恃）也，长而弗宰也。此之谓玄德"，乙本作"道生之畜〔之，长之遂〕之，亭之毒之，养之复（覆）〔之。生而弗有，为而弗寺（恃），长而〕弗宰。是胃（谓）玄德"，王弼本作"道生之，德畜之，长之育之，亭之毒之，养之覆之。生而不有，为而不恃，长而不宰。是谓玄德"。

章"善建不拔，善抱不脱，子孙以其祭祀不绝。修之身，其德乃真。修之家，其德有余。修之乡，其德乃长。修之国，其德乃逢（丰）。修之天下，其德乃薄（溥）"所示[1]，"道"这种存在，无论是在"身"、"家"、"乡"、"国"、"天下"哪个层面，如能"修之"，就会获得期望的结果。因此，这种提倡"道"之全能性的形而上学在《老子》中有大量体现，这是大多数研究者所一致认可的，似无必要再做更多的说明。

（二）《老子》重视"道"的原因

《老子》究竟为什么重视"道"？关于这个问题，至今为止笔者已在许多论文、著作中多次做过探究[2]。因此，这里不做详细的讨论，仅简单阐述结论。

对于早期道家思想家们来说，人不过是包含在"万物"之中的一个"物"而已，这种"物"仅仅单向度（尽管这是从哲学的意义上讲的）地接受全能的"道"的支配，因而始终是一种只能以无主体形态生

---

[1] 第五十四章，郭店本作"善建者不拔，善伏（保）者不兑（脱），子孙以亓（其）祭祀不屯（顿）。攸（修）之身，亓（其）惪（德）乃贞。攸（修）之豪（家），亓（其）惪（德）又（有）舍（余）。攸（修）之向（乡），亓（其）惪（德）乃长。攸（修）之邦，亓（其）惪（德）乃奉（丰）。攸（修）之天下，〔亓（其）惪（德）乃博（溥）〕"，马王堆甲本作"善建〔者不〕拔，〔善抱者不脱〕，子孙以祭祀〔不绝。修之身，亓（其）〕德乃真。修之家，亓（其）德有〕余。修之〔向（乡），亓（其）德乃长。修之邦，亓（其）德乃晕（丰）。修之天下，亓（其）德乃博（溥）〕"，乙本作"善建者〔不拔，善抱者不脱〕，子孙以祭祀不绝。修之身，亓（其）德乃真。修之家，亓（其）德有余。修之乡，亓（其）德乃长。修之国，亓（其）德乃夆（丰）。修之天下，亓（其）德乃博（溥）"，王弼本作"善建者不拔，善抱者不脱，子孙以祭祀不辍。修之于身，其德乃真。修之于家，其德乃余。修之于乡，其德乃长。修之于国，其德乃丰。修之于天下，其德乃普"。

[2] 参见〔日〕池田知久：《道家思想的新研究 —— 以〈庄子〉为中心》（上）第五、六章，王启发、曹峰译，中州古籍出版社2009年版，第165—261页；〔日〕池田知久：《〈老子〉思想の基本構造》，《大東文化大學漢學會誌》第51號，大东文化大学汉学会2012年版。

存的、异化了的存在①。换言之，人这类存在者如果只是延续其一般的生存方式的话，就无法作为自身主人公而终其一生，只是个"物"而已。然而，虽然这是一种没有主体的、异化了的人，却有可能通过接近全能的"道"、把握"道"，与"道"成为一体，从仅仅属于被支配一方的"万物"中拔出来，从而有可能完全逆转过来，使自己站到支配者一方的"道"的立场，甚至在世界作为主人公生存下去。

《老子》如此重视"道"的理由就在于此——既为了修道者通过对"道"的把握，克服人的异化，获得人的主体性，也为了修道者成为世界的主人公而度过有意义的人生。因此，对具有上述性质的"道"加以把握和重视，可以看作是成为《老子》主体性论或反异化论之一环的哲学，对于《老子》而言，这正是根本性的哲学。

《老子》整体所阐述的思想，如果把细小的内容也包括在内，涉及的面非常广，要是仅举主要的方面，可以概括为以下四个领域的思想：第一，以上述形而上学为中心的哲学；第二，总体上探究人应该如何生存之问题的广义的伦理思想；第三，以如何成为帝王为主要目标的政治思想（后文详述）；第四，以实现长生不老为目的的养生说。在这四个领域的思想中，哲学处于其他三种思想的基础位置，以大致相同的构架为其他三种思想奠定了根基。也就是说，以上述内容，即"道—万物"关系的哲学为基础，在此之上，构建起了伦理思想中的"圣人—百姓"

---

① 如早期道家的代表性哲学著作《庄子·齐物论》"一受其成形，不亡以待尽。与物相刃相靡，其行尽如驰，而莫之能止。不亦悲乎。终身役役，而不见其成功。苶然疲役，而不知其所归。可不哀邪。人谓之不死，奚益。其形化，其心与之然。可不谓大哀乎。人之生也，固若是芒乎。其我独芒，而人亦有不芒者乎"所描述的那样，庄子悲叹人因为是被异化之存在者，故而只能以无主体的形态生存下去。持这类观点的文章不在少数，这一事实是众所周知的。

关系，也构建起了政治思想中的"圣人（实际上就是帝王）一民"的关系，进而还构建起了养生说中的"道一人"之身体、生命的关系。正因为有这样一个顺序，所以在《老子》思想整体中，"道"的哲学所具有的意义极为重要，这是不言而喻的。本文省去第二部分的伦理思想与第四部分的养生说，在将第一部分哲学与第四部分政治思想连接起来使之一体化的同时，做出若干的考察。

如果阐述《老子》的政治思想，其中心主题就是以上述"道"的形而上学为依据，修道者通过对"道"的把握实现"取天下"，亦即成帝王的目标。如上引北大简第四十八章"（取天下常）无事。及其有事，有（又）不足以取天下"所示，修道者通过把握"道"的实际内容——"无事"（和上文的"无为"相同），以实现"取天下"的目标。为什么能够做到这一点呢？这是因为，如果将形而上学的、由"道一万物"体现出来的哲学意义上的支配关系，平移到政治思想，那就能够非常容易地转变为"圣人"（帝王）一"百姓"、"民"的政治意义上的支配关系，因为《老子》的哲学中本来就包含着与其政治思想完全一致的逻辑。

再举其他例子。北大简第四十五章中有：

躁胜寒，静胜热，清静为天下政（正）。[1]

---

[1]　第四十五章，郭店本作"桑（燥）勗（胜）苍（沧），青（静）勗（胜）然（热）。清青（静），为天下定（正）"，马王堆甲本作"趮（燥）胜寒，靓（静）胜炅（热）。请（清）靓（静），可以为天下正"，乙本作"趮（躁）朕寒，〔靓（静）胜炅（热）。请（清）靓（静）可以为天下正）"，王弼本作"躁胜寒，静胜热。清静为天下正"。

"天下政"，郭店本作"天下定"，马王堆甲本、乙本作"天下正"，王弼本也作"天下正"，"政"和"定"可以看作是"正"的假借字。"天下正"就是"天下长"，亦即天子、帝王的意思，关于这一点，王念孙《读书杂志》有过出色的考证。因此，这部分内容的意思是，如果以"清静"（属于"无为"的范畴）的形式去把握"道"，修道者就可以成为帝王。

北大简第三十九章"侯王得一，以为正"也是一样的，马王堆甲本作"侯〔王得一〕，而以为正"，乙本作"侯王得一，而以为天下正"，王弼本作"侯王得一，以为天下贞"。"贞"是"正"的假借字，无论是"为正"还是"为天下正"，都说的是"侯王"通过得"一"（即"道"）而成为帝王①。

《老子》这种一君万民的思想，亦即试图把帝王权力向着中央集权方向强化的政治思想，与西汉初期政治状况相吻合。《史记》及《汉书》

---

①　此外，北大简第七十八章的"圣人之言云，受国之詢（垢），是谓社禝（稷）之主。受国之不恙（祥），是谓天下之王"，也与此同类。"社禝（稷）之主"可视为一国之君主，"天下之王"指的是第四十五章、第三十九章所谓的"天下正"。马王堆两个本子和王弼本与此都没有大的差异。顺便指出，第七十八章，马王堆甲本作"圣人之言云曰，受邦之詢（垢），是胃（谓）社稷之主。受邦之不祥，是胃（谓）天下之王"，乙本作"耵（圣）人之言云曰，受国之詢（垢），是胃（谓）社稷之主。受国之祥，是胃（谓）天下之王"，王弼本作"圣人云，受国之垢，是谓社稷主。受国不祥，是谓天下王"。另外，北大简第六十二章有"古之所以贵此者何也。不曰求以得，有罪以免虏（乎）。故为天下贵"。这说的也是，如果把握了"此"亦即"道"，就能够得到"为天下贵"的结果，这个"天下贵"也与第四十五章、第三十九章"天下正"没什么两样。顺便指出，第六十二章，马王堆甲本作"古之所以贵此者，何也？不胃（谓）〔求以〕得，有罪以免舆（与）？故为天下贵"，乙本作"古〔之所以贵此道者，何？〕不胃（谓）求以得，有罪以免舆？故为天下贵"，王弼本作"古之所以贵此道者，何？不曰以求得，有罪以免邪？故为天下贵"。此外，北大简第二十二章"圣人执一，以为天下牧"的"天下牧"，也与第四十五章、第三十九章的"天下正"意思相同。第二十二章，马王堆甲本作"声（圣）人执一以为天下牧"，乙本作"耵（圣）人执一以为天下牧"，这些都是《老子》的早期表现。王弼本作"圣人抱一，为天下式"，我想这是后代把"牧"改成了"式"。

都指出文帝、景帝、武帝及窦太后等当时的最高统治者都读了《老子》，其主要理由应该就在于此。相反是否可以推测，《老子》成书于能够充分预见这种政治状况即将到来的时代，也就是战国最晚期到西汉初期。

（三）道家思想史上的《老子》形而上学

以上所见《老子》的形而上学，除了与其政治思想相关联这一点外，基本上都是道家传统的思想，是《老子》以前所存在的早期道家思想的一部分①。早期的道家思想，形而上学没有和政治思想相联结，形而上学与养生说的联结也不明显，其中心思想以形而上学为根据，致力于探究人所应有的生存方式（属于广义的伦理思想）。

二、《老子》的"自然"思想

（一）"自然"概念

关于"自然"这个概念本来的意义，笔者在迄今为止的许多论文、著作中做过反复的探究②。在此，仅对结论做简单的论述。《老子》和《庄子》开始使用"自然"这个概念，是在相对较晚的时期（战国晚期）。原来的"自然"，既不是"自然而然"的意思，也非"大自然"的意思。从语法上看，属于副词或形容词，表示"万物"的自主性自发

---

① 关于《老子》以前存在更为早期的道家思想，可参见〔日〕池田知久：《道家思想的新研究——以〈庄子〉为中心》（上）第五、六章。

② 参见〔日〕池田知久：《论老庄的"自然"——兼论中国哲学"自然"思想的发生与展开》，《湖南大学学报》2009年第6期；〔日〕池田知久：《〈老子〉的政治思想与"自然"》，《第三届中日学者中国古代史论坛文集》，中国社会科学院历史研究所、日本东方学会、武汉大学三至九世纪研究所，2012年5月；〔日〕池田知久：《道家思想的新研究——以〈庄子〉为中心》（下）第十二章，第527—598页。

性，是自己如此的意思。《老子》一书中，"自然"这个概念总计出现五次（马王堆两个本子、王弼本、北大简也是如此），全部用的是原来的意思。然而，仅仅看到这几个"自然"就展开思考，未必能理解其意。如果我们打开视野，扩大探索的范围，可以发现，北大简第五十七章有：

圣人之言云，我无为而民自化，我无事而民自富，我好静而民自正，我欲不欲而民自朴。①

这里的"自化"、"自富"、"自正"、"自朴"，有必要都将其视为"自然"的具体体现。此外，北大简第三十二章有："道恒无名，朴唯（虽）小，天下弗敢臣。侯王若能守之，万物将自宾。天地相合，以俞（输）甘露，民莫之令，而自均安（焉）。"②这里的"自宾"、"自均"也都是"自然"的体现。此外，北大简第三十七章有："道恒无为，侯王若能守

---

① 第五十七章，郭店本作"圣人之言曰，我无事而民自褔（富）。我亡（无）为而民自蠤（为）。我好青（静）而民自正。我谷（欲）不谷（欲）而民自朴"。马王堆甲本作"〔声（圣）人之言曰〕，我无为也而民自化。我好静而民自正，我无事民〔自富。我欲不欲，而民自朴〕"，乙本作"〔耶（圣）〕人之言曰，我无为而民自化，我好静而民自正。我无事而民自富。我欲不欲而民自朴"，王弼本作"圣人云：我无为而民自化。我好静而民自正。我无事而民自富。我无欲而民自朴"。以上表述中，郭店本的"民自蠤（为）"，马王堆甲本以后各本全都变为"民自化"，笔者认为这是《老子》思想产生了变化所引起的。

② 第三十二章，郭店本作"道亘（恒）亡（无）明，仆（朴）唯（虽）妻（细），天陞（地）弗敢臣。侯王女（如）能兽（守）之，万勿（物）酒（将）自寈（宾）。天陞（地）相旨（会）也，以逾甘雾（露），民莫之命（令）而自均安（焉）"。马王堆甲本作"道恒无名，楃（朴）唯（虽）〔小，而天下弗敢臣。侯〕王若能守之，万物将自宾。天地相合，以俞（输）甘洛（露），民莫之〔令，而自均〕焉"，乙本作"道恒无名。朴唯（虽）小，而天下弗敢臣。侯王若能守之，万物将自宾。天地相合，以俞（输）甘洛（露），〔民莫之〕令而自均焉"，王弼本作"道常无名。朴虽小，天下莫能臣也。侯王若能守之，万物将自宾，天地相合，以降甘露，民莫之令而自均"。

之，万物将自化。化而欲作，吾将真（镇）之以无洺（名）之朴。无洺
（名）之朴，夫亦将不辱。不辱以静，天地将自正。"[①] 这里的"自化"、
"自正"也都是"自然"的体现。如果在这种扩大的视野下展开大范围
的探索，《老子》中相当多见的这类"自□"，也可以作为"自然"思
想的研究资料而发挥作用。而且，可以说，"自□"只是个别的具体的
"自然"思想，"自然"则是将"自□"综合化抽象化的产物，这样，两
者的相互关系也就容易理解了。

　　与此相同，和"自然"构成搭配的"无为"，也是将许多类似的、
个别的、具体的词语综合化抽象化的产物[②]。例如，将第五十七章"无
为"、"无事"、"好静"、"欲不欲"加以综合化抽象化之后用"无为"
来代表。将第三十二章的"无名"、第三十七章的"无为"、"静"加以
综合化抽象化之后用"无为"来代表。

　　在讨论《老子》的"自然"思想时，还有一个不能忽视的问题，
那就是这样一个事实："自然"及"自□"这类词语，基本上都是就
"万物"、"百姓"、"民"而言的。虽然实际上也有若干例外（例如第

---

①　第三十七章，郭店本作"衍（道）亘（恒）亡（无）为也。侯王能守之，而万勿（物）牂
　　（将）自愚（为）。愚（为）而雒（欲）复（作），牂（将）贞（定）之以亡（无）明之僮
　　（朴），夫亦牂（将）智（知）。智（知）足以束（静），万勿（物）牂（将）自定"，马王
　　堆甲本作"道恒无名。侯王若守之，万物将自愚（为）。愚（为）而欲〔作，吾将闑（镇）
　　之以无〕名之樜（朴），〔闑（镇）之以〕无名之樜（朴），夫将不辱。不辱以情（静），天
　　地将自正"，乙本作"道恒无名，侯王若能守之，万物将自化。化而欲作，吾将闑（镇）
　　之以无名之朴。闑（镇）之以无名之朴，夫将不辱。不辱以情（静），天地将自正"，王
　　弼本作"道常无为而无不为。侯王若能守之，万物将自化。化而欲作，吾将镇之以无名之
　　朴。无名之朴，夫亦将无欲。不欲以静，天下将自定"。以上表述中，郭店本和马王堆甲
　　本作"愚（为）"，保留了早期的形态，马王堆乙本以后各本改为"自化"，大概是《老子》
　　思想发生了变化所引起的。
②　参见卢育三：《老子释义》，天津古籍出版社1987年版，第12页。

五十一章等），但是，就"道"而言谈"自然"，却是"自然"思想的历史展开中比较晚发生的现象，这样的认识整体上讲是没有问题的。例如，上引第五十七章所见"自□"的主语，全部都是"民"。第三十二章所见"自□"的主语是"万物"和"民"。第三十七章所见"自□"的主语是"万物"和"天地"①。因此，这些例文所见的"自□"，全部处于"道—万物"的关系，以及"圣人—民"的关系中，属于哲学或政治意义上的"万物"与"民"的应有性质。

（二）"自然"思想之构造

《老子》中倡导"自然"的场合，没有例外，都是按照以下的构造建构起来的。就是说，在哲学上，以"道"的"无为"为原因，结果导致了"万物"的"自然"。同时，在政治思想上，以"圣人"及"侯王"的"无为"为原因，结果导致了"民"及"百姓"的"自然"。这里为了易于解说，主要对政治思想方面的若干例子做出具体分析。

北大简第二章中有：

> 圣人居无为之事，行不言之教，万物作而弗辞（治），为而弗侍（恃），成功而弗居。②

---

① 第三十七章的"天地"，其性质不能定位于"道"这一侧，而要定位于"万物"这一侧。这里的"天地"，郭店本作"万物"，王弼本作"天下"。把两者理解为"天地"中的"万物"、"天下"中的"百姓"，这不是很合适吗？

② 第二章，郭店本作"圣人居亡（无）为之事，行不言之季（教）。万勿（物）复（作）而弗竘（治）也，为而弗志（恃）也，成而弗居"；马王堆甲本作"声（圣）人居无为之事，行〔不言之教，万物昔（作）而弗始（治）〕也，为而弗志（恃）也，成功而弗居也"；乙本作"耵（圣）人居无为之事，行不言之教，万物昔（作）而弗始（治），为而弗侍（恃）也，成功而弗居也"；王弼本作"圣人处无为之事，行不言之教，万物作焉而不辞，生而不有，为而不恃，功成而弗居"。

这段文字主张，因为"圣人"的"无为"、"不言"，导致了"万物"的"作……，为……，成功……"之结果。这里确实没有出现"自□"的字眼，但不妨也可以将其视为"自然"思想。"万物"的"作……，为……，成功……"表明，"万物"是依靠自己的力量产生这样的举动，所以即便没有冠以"自"字，也有着同样的意思，将其视为"自然"思想也无不妥。只是在那些被冠以"自"字的词语中，"万物"的自主性自发性被进一步强调。这一构造可做如下图示：

圣人居无为之事，行不言之教（原因）

　——▶ 万物作……，为……，成功……（结果）

北大简第十六章中有：

至（致）虚极，积正督（笃），万物并作，吾以观其复。夫物云云，各复归其根。曰静，静曰复命。复命常也，智（知）常明也。不智（知）常，忘（妄）作，凶。智（知）常曰容，容乃公，公乃王，王乃天，天乃道。道乃久，没而〈身〉不殆。①

---

① 第十六章，郭店本（仅有上段）作"至（致）虚亘（亟（极））也，兽（守）中（盅）管（笃）也，万勿（物）方（并）复（作），居以须遉（复）也。天道员（贠）员（贠），各遉（复）元（其）董（根）"，马王堆甲本作"至（致）虚极也，守情（静）表（裻（笃））也，万物旁（并）作，吾以观其复也。天（夫）物云（贠）云（贠），各复归于其〔根。曰情（静）〕，情（静）是胃（谓）复命。复命常也。知常明也。不知常，市（妄），市（妄）作，兜（凶）。知常容，容乃公，公乃王，王乃天，天乃道。〔道乃久〕，沕（没）身不怠（殆）"，乙本作"至（致）虚极也，守情（静）督（笃）也，万物旁（并）作，吾以观元（其）复也。天（夫）物祜（贠）祜（贠），各复归于元（其）根。曰静，静是胃（谓）复命。复命常也。知常明也。不知常，芒（妄）。芒（妄）作，凶。知常容，容乃公，公乃

这段文字没有主语。但从"万物并作"的"作"字用法来看，如同第二章及第三十七章，主语无疑是"圣人"及"侯王"。这段话说的是，如果"圣人"做到"致虚之事达到极点，积正之事达到极致"（原因），"万物"就会自主自发地一起"作"，"云云，各复归其根"（结果）①。这里"至（致）虚极，积正督（笃）"一句也可以说本来就属于"无为"的范畴，因此这一章的思想构造只能是"无为"——▶"自然"。这一构造可作如下图示：

　　至（致）虚极、积正督（笃）（原因）

　▶万物并作，吾以观其复。夫物云云，各复归其根（结果）

北大简第十七章和第十八章，原来同属一章②。其上段（即第十七章）作：

　　大上下智（知）有之，其次亲誉之，其次畏之，其下母（侮）之。信不足，安（焉）有不信。犹乎其贵（遗）言，成功遂事，百姓曰我自然。

（接上页）王，〔王乃〕天，天乃道。道乃〔久〕，没身不殆"，王弼本作"致虚极，守静笃，万物并作，吾以观复。夫物芸芸，各复归其根。归根曰静，是谓复命。复命曰常，知常曰明。不知常，妄作，凶。知常容，容乃公，公乃王，王乃天，天乃道。道乃久，没身不殆"。这些文章中，北大简的"积正"不是《老子》等道家的用语，而是儒家用语，因此，是到了西汉晚期，才将原来的"守静笃"改为了"积正笃"（后文详述）。

①　第十六章的"极"和"督（笃）"是程度副词，因此北大简整理者"致虚，极；积正，督"的标点，即中间打"，"（逗号）是不合适的。此外，在"万物并作"下打"。"（句号），也只能说是因为对《老子》思想构造的不了解而产生的误解。

②　第十七章与第十八章原来同为一章，可参见〔日〕池田知久：《〈老子〉对于儒学的批判——以郭店〈老子〉第十八章的"仁义"批判为中心》，曹峰译，《宗教哲学》第53期，台湾"中华宗教哲学研究社"2010年版。

问题是"犹摩（乎）其贵（遗）言，成功遂事，百姓曰我自然"这个部分，其前半部分的主语，从文脉判断，似是"大上"这类君主（即"圣人"）。作为原因的"犹摩（乎）其贵（遗）言"，意思是，如果糊糊涂涂地（或者说悠哉游哉地）忘记语言（或者说放弃语言），就会……"贵言"，并不是尊崇语言，重视语言。因为《老子》、《庄子》、《淮南子》等等道家的各种文献中，完全看不到尊崇语言、重视语言的表述。因此，"贵"只能解释为"遗"的假借字①。可以将其视为"不言"、"无言"、"莫言"、"希言"、"忘言"、"去言"等等道家常用的表述之一。因此，其结果就不仅是"百姓"的"成功遂事"，而是还让百姓感觉是依靠自己的力量做到的。这个"贵（遗）言"也可以认作是"无为"的一种，相关的思想构造也呈现为"无为" —→ "自然"。这一构造可作如下图示：

犹库（乎）其贵（遗）言（原因）—→ 成功遂事，百姓曰我自然（结果）

北大简第二十三章开头作"希言，自然"②。这个"希言"和"不言"几乎同义，属于"无为"的范畴。其文章表述了这样一个思想，因为"道"是"希言"的，所以结果就是"万物"开始"自然"的活泼泼

---

① 虽然将"贵"视为"遗"假借字之用例，笔者还没有看到过，但北大简第二十章有"众人皆有余，而我蜀（独）遗（匮）"；马王堆甲本有"〔众人〕皆有余，我独遗（匮）"；乙本有"众人皆又（有）余（余），〔我独遗（匮）〕"；王弼本有"众人皆有余，而我独若遗（匮）"。这里所使用的"遗"字，全部都是"匮"的假借字。"贵"和"匮"的音符完全相同，因此足以作为参考。

② 第二十三章开头部分，马王堆两个本子和王弼本都完全相同。

的活动。这种"万物"之"自然"的活泼泼的活动，还有一例，那就是
下文所描述的"飘风"状态。这一构造可做如下图示：

希言（原因）──→ 自然（结果）

北大简第三十二章如前所引"道恒无名，朴唯（虽）小，天下弗
敢臣。侯王若能守之，万物将自宾。天地相合，以俞（输）甘露，民莫
之令，而自均安（焉）"，其所表达的思想是，假如"侯王"能够"守"
住"无名"的"道"，以此为原因，结果就是"万物"自愿地来"宾"。
还有，对"民"而言"侯王"即便不下任何"令"，他们也会自愿地
被"均一"化。"无名"属于"无为"的范畴，此章也无疑具有"无
为"──→"自然"的思想构造。顺便指出，"万物"这个词的意义，指
的就是下文的"民"。这一构造可做如下图示：

侯王若能守之，（"之"指的是"无名"之"道"）（原因）
──→ 万物将自宾。天地相合，以俞（输）甘露（结果）
侯王若能守之（原因）──→民莫之令，而自均安（焉）（结果）

北大简第三十七章如前所引，是以下的内容：

道恒无为，侯王若能守之，万物将自化。化而欲作，吾将真
（镇）之以无（名）之朴。无（名）之朴，夫亦将不辱。不辱以静，
天地将自正。

其思想和第三十二章几乎完全相同。"侯王""守"住"无为"的"道"是原因，"万物"自愿得"化"是结果，还有，"侯王"的"静"是原因，"天地"也自动地去"正"是结果。这个"天地"，指的是"天地"中的"万物"，"天下"中的"百姓"[①]，因此这一章的思想构造也是"无为"——→"自然"。这一构造可作如下图示：

> 侯王若能守之（"之"指"无为"的"道"）（原因）
> ——→万物将自化（结果）
> （侯王）不辱以静（原因）——→天地将自正（结果）

北大简第五十七章如前所引，是以下的内容：

> 圣人之言云：我无为而民自化，我无事而民自富，我好静而民自正，我欲不欲而民自朴。

其思想极为明白易懂，不需要做详细说明。此章的思想构造也是"无为"——→"自然"。这一构造可作如下图示：

> 我（"我"指"圣人"）无为（原因）——→而民自化（结果）
> 我无事（原因）——→而民自富（结果）
> 我好静（原因）——→而民自正（结果）
> 我欲不欲（原因）——→而民自朴（结果）

---

① 参见第 41 页注释②所列郭店本，马王堆甲本、乙本，以及王弼本之《老子·第三十二章》。

（三）"自然"思想之民主主义、无政府主义

如果将上述"自然"思想中的政治思想，去除复杂的枝蔓，为了简单易懂而以理念型（ideal typus）的形式加以简单化，可表示如下："圣人"及"侯王"的"无为"、"虚静"、"不言"等行为，指的是政治上的支配者什么也不做，至少在实际政治中不起任何的作用，也不发挥任何的影响力。因此，极端而言，几乎等同于不存在支配者。如果能够创造上述这些因，那么，作为其果，被支配的"百姓"、"民"就必然会自力自主地自发开展各种各样的活动，这是理所当然的。笔者惊讶于《老子》会对这样的状态予以肯定。这就是理念型的"自然"政治思想。

前引北大简第十七章中有：

> 大上下智（知）有之，其次亲誉之，其次畏之，其下母（侮）之。信不足，安（焉）有不信。[①]

这里被描绘为"大上下智（知）有之"，也即虽然君临却不作统治的君主，正是《老子》理想的君主形象之一。在哲学与政治相联结的文脉中，只允许对"百姓"、"民"之自主性自发性加以认可的"自然"政治思想，不正是中国古代民主主义的一种类型吗？或者也可以将其

[①] 第十七章，郭店本（仅存上段）作"大上下智（知）又（有）之，亓（其）即（次）斳（亲）誉之，亓（其）既（即（次））愧（畏）之，亓（其）即（次）癸（侮）之。誩不足，安（焉）又（有）不誩"，马王堆甲本作"大上下知有之，其次亲誉之，其次畏之，其下母（侮）之。信不足，案（焉）有不信"，乙本作"大上下知又（有）〔之〕，亓（其）〔次〕亲誉之，亓（其）次畏之，亓（其）下母（侮）之。信不足，安（焉）有不信"，王弼本作"太上下知有之，其次亲而誉之，其次畏之，其次侮之。信不足，焉有不信焉"。

视为无政府主义的一种类型。《老子》的"自然"思想究竟该如何评价？评价的方法其实本质上也是受阅读《老子》的现代人的各种各样的价值观所左右、所决定的，因此，笔者虽然不打算更进一步讨论这个问题，但联想到过去列夫·托尔斯泰、朱谦之等人之所以会喜欢《老子》，其原因也在于此吧。

追溯到更为遥远的时代，众所周知，西汉初期黄老思想广受欢迎，而黄老的中心就是《老子》。建国功臣曹参作为齐的丞相在惠帝元年（前194）以来的九年间，在齐国实施的"黄老术"，《史记·曹相国世家》中有以下记载："孝惠帝元年，除诸侯相国法，更以参为齐丞相。参之相齐，齐七十城。天下初定，悼惠王富于春秋，参尽召长老诸生，问所以安集百姓，如齐故（俗）诸儒以百数，言人人殊，参未知所定。闻胶西有盖公，善治黄老言，使人厚币请之。既见盖公，盖公为言治道贵清静而民自定，推此类具言之。参于是避正堂，舍盖公焉。其治要用黄老术，故相齐九年，齐国安集，大称贤相。"如文中描述的那样，曹参从盖公那里所受的教诲是"贵清静而民自定"。这和上面探讨的《老子》的"自然"政治思想完全一致，且在当时受到了人们的支持。然而这样一种被人们所支持，而且也获得了实际政治成果的"黄老术"，作为一个历史事实问题，具体来看究竟有着怎样的内容，还有必要在精密的实证研究基础上做出慎重的判断。实际上，"圣人"的"无为" ⟶ "百姓"的"自然"之关系，不仅仅限于走向弱化、消除中央的皇帝权力，听任"百姓"的自主性自发性之民主主义、无政府主义的方向。这里或许还包含着抑制长安的中央皇权、促进齐国等地方分权的含义。或者，还包含着试图削弱皇帝的一元性统治，强化臣下、贵族的政治基础之用意。

（四）形而上学与"自然"思想间的矛盾

以《老子》原有的、早期就存在的形而上学为基础、为依据，我们发现，《老子》在构建政治思想时，形成了以"圣人"（帝王）对"百姓"所有的活动给予一元管理，"百姓"则仅仅只是服从其统治为内容的一君万民式中央集权的政治思想。后来登场的"自然"政治思想，则形成了以帝王"无为"，不施加任何作用与影响力，而"百姓"自己成为社会主人公，自主自发地展开所有活动为内容的民主主义或无政府主义。这两种政治思想，处于一种难以并存的矛盾关系之中。

《老子》政治思想的实际情况，因涉及政治思想的章节不同而表现出若干差异。既有强调一君万民的章节，也有强调"自然"的章节。但从整体的、全局的角度看，可以说，上述矛盾的两者，勉强地统合在了一起，这就是《老子》政治思想的本质。后来对于《老子》的各种解释，尤其是近代以后在西学背景下对于《老子》的各种解释，笔者认为往往只是在以上两种倾向中，仅仅认可一方而无视另一方。导致解释发生分裂的原因，笔者认为最终还是在《老子》思想自体内部，也即上述矛盾双方的同生共居。

能够使矛盾双方勉强统一的理论框架，亦包含在《老子》之中，我们可以将其提取如下：

《老子》政治思想的基本内容，就形式而言，是以古已有之的形而上学为基础，并表现为一君万民式的中央集权的政治思想。那就是：一君即"圣人"（帝王）对万民亦即"百姓"所有的活动做出一元式管理。然而，因为《老子》创造了"圣人"取"无为"的姿态这样一个前提，并由此引出"百姓"、"自然"的结果，可以说，圣人的"无为"，正是有目的、有意识追求的"无为"。因为有"无为"的原因，结果导致"百姓"之"自然"，这也被设定为是"圣人"对"百姓"进行管理的一环，这种构想从一开始就被摄入上述形式之内。换言之，即便内容上是新的"自然"思想，但在形式上却仍然是旧的一君万民思想，万民的"自然"也依然把握在一君的控制范围之内。

例如，如果我们再次回顾上引第四十八章的内容：

> 为学者日益，为道者日损。损之有（又）损之，至于无（为，无为而无不为。取天下常）无事。及其有事，有（又）不足以取天下。

为了"至于无为"而"为道"者，也就是能做到"取天下"之政治行动的"圣人"（帝王），他通过自身的"无为"，反而"无不为"即成为全能者，如前面所讨论的许多资料反映的那样，在实施过程中这依存于"百姓"的"自然"，并由"百姓"的"自然"来承当。因此，可以这样理解，正是"百姓"的"自然"，构成了"圣人"之"无不为"实际上的内容。如上所述，《老子》对这种状态予以肯定。同时，由此发生的、第三节所要讨论的"对于过度'自然'的抑制"的问题，我们也必须给予充分的注意。

把目光转向上述政治思想的基础——哲学：一方面是早期的形而上学，即思考把"道"作为根源性的存在，在本体论的意义上对"万物"加以支配之问题；另一方面，是新的"自然"思想，那就是，因为"道"是"无为"的，即对"万物"而言是不加支配的，所以"万物"在"道"不发挥本体论作用的前提下（实即在对"道"的本体论予以否定的基础上），自主自发地存在与运动。早期的形而上学与新的"自然"

思想之间是相互矛盾的。将这矛盾的两者设法统一起来，这就是《老子》哲学的本来面目。而总的来说，发源自《老子》的"自然"思想，还是具有了削弱"道"的本体论意义，有时甚至会具有将本体论意义加以否定、排除的特质。

这两者间的矛盾，似乎引发了当时同为道家的思想家们的注意，《庄子·则阳》中有对"季真之莫为"与"接子之或使"之对立的描述①。所谓"莫为"即"无为"，也就是"自然"思想，所谓"或使"即把"道"视为本体的形而上学。后来，儒家的思想家们，如西汉董仲舒在《春秋繁露》的《实性》篇、《同类相动》篇中也表达了反对"自然"思想的立场，但到了东汉，郑玄却在《易纬·乾凿度》注中涉及了万物生成论，在认可"万物"、"忽然自生"的同时，接受了"自然"思想。东汉道家中，对"自然"思索最深者，不用说是王充，时代更晚的魏晋玄学思想家们，如阐述"万物自生"的向秀，论说"造物无物"、"有物之自造"的郭象等②，均走向了否定、排除"无"的形而上学、本体论，强调"万物"之"自然"的立场。此外，裴頠等崇有派及张湛等人的各种思想中也包含着与《老子》"自然"相关的要素③。

---

① 笔者以为《庄子·则阳》中少知、太公调的问答，是西汉时代的作品，参见〔日〕池田知久：《庄子》（下），学习研究社 1986 年版，第 596 页。关于"季真之莫为"和"接子之或使"，郭象注曰："季真曰：道莫为也。接子曰：道或使。或使者，有使物之功也。"成玄英疏曰："季真、接子，并齐之贤人，俱游稷下，故托二贤明于理。"（郭庆藩撰，王孝鱼点校：《庄子集释》，中华书局 2004 年版，第 916 页）不过，我们无法认定这是基于确切资料形成的说法。

② 郭象：《庄子序》，郭庆藩撰，王孝鱼点校：《庄子集释》，第 1 页。

③ 从东汉到魏晋"自然"思想史的描述，可参考〔日〕池田知久：《道家思想的新研究——以〈庄子〉为中心》（下）第十二章，第 575—585 页。

三、对于过度"自然"的抑制

（一）"自然"思想的危险性

如上所述，《老子》实际上并非对自己倡导的"自然"思想百分之百地、无条件地加以礼赞，他所倡导的是一种在调和与一君万民中央集权政治思想之矛盾的同时，容忍允许"百姓"之"自然"的政治思想。或者可以这样说，《老子》既力图与一君万民中央集权保持平衡、形成统一，同时又在这一范围内，认可"百姓"的自主性与自发性。

如果再次重申上述观点，那就是："自然"的政治思想，是以"圣人"的"无为"为原因，造就"百姓"的"自然"即自主自发地展开各种活动这样一个结果。但是，"百姓"的"自然"，对"圣人"（同时也是对《老子》）来说未必全部是值得期待的，而是有时也伴随着危险性和消极的一面。过度的"自然"、严重超越一定标准的自主性与自发性，在"圣人"看来也是危险的、消极的。

（二）限制过度"自然"的具体例证

对于过度"自然"的危险性，《老子》主张必须加以抑制，其具体例证可见第三十七章与第十六章。

北大简第三十七章，如前所引"化而欲作，吾将真（镇）之以无洺（名）之朴。无洺（名）之朴，夫亦将不辱"，这部分的思想，就是以"侯王"能"守""无为"之"道"为原因，以"万物"（实际上指"百姓"）的"自化"为结果。到这一点为止，对《老子》而言全无问题。然而，越过这一点再往前走的危险性，《老子》是有所预料的。那就是，"自化"即自主自发的活泼泼的各种活动，会引发一些不好的事情（"欲作"）。在这种情况下，"侯王"就会产生加以镇压（"镇"）

的必要感，关于镇压的方法，《老子》也事先做了考虑，那就是使用"无（名）之朴"，也即"道"的方法。——这样，《老子》对于"万物"的"自然"，也就并非百分之百无条件地予以肯定、认可，而是加以抑制，将其纳入到"侯王"中央集权式的对"百姓"的统治范围之中。

此外，北大简第三十七章的"化"，如前文注释所云，并非《老子》的本字。此字是到了抄写于西汉初期的马王堆乙本才开始出现的，因为从"化"这个字，我们可以读出受"侯王"善导之"万物"（实际上即"百姓"）被教化这种来自儒家伦理思想的影响。最早的《老子》郭店本和马王堆甲本作"蠱"，这是本来的字。"蠱"字，如果依据最早的郭店本，可以视为"侯王""亡（无）为"的结果，造成了"万物"的"自蠱"。无论是主体—客体，还是原因—结果，都围绕"为"的有无展开议论，因此可将其理解为是"为"的异体字或假借字。所以，马王堆乙本的"化"字，是因为西汉初期儒家思想开始盛行，受其影响而从"为"字改为"化"字，之后便固定下来。

北大简第十六章前文已有引用，但如前文注释所云，北大简"积正"亦不是《老子》本来的用语（后述），因此，这里依据《老子》本来用语即马王堆甲本"守情（静）"加以考察。第十六章的开头大致描述了这样的状况：假如"圣人"将"虚静"的态度推致"极……督（笃）"即彻底化，"至（致）……守"即招来并保持这种态度，那么以此为原因，其结果就是"万物"（实际上指"百姓"）一齐作为（"并作"），在乱糟糟（"云云"）、活泼泼地展开各种活动的同时，"复归"于作为"其根"的"道"。

下面这一段文章是对"物"的"自然"的各种活动的描写：

> 曰静，静曰复命，复命常也，智（知）常明也。不智（知）
> 常，忘（妄）作，兑（凶）。智（知）常曰容，容乃公，公乃王，
> 王乃天，天乃道。道乃久，没而〈身〉不殆。

这段话的主语是"物"，其中"不智（知）常"的内容，从文脉上看，应该是"不静"，但指的是包括"不静"在内的脱离了一定规准的事情。《老子》指出，如果不静而且脱离一定的规准（"不智〈知〉常"），荒唐地作为（"忘〈妄〉作"）的话，那结果就是"凶"。因此，《老子》对于过度"自然"所导致的危险性、消极面有充分的了解，把"百姓"自主性、自发性的暴发当作"凶"加以否定。

通过以上的考察，我们可以说，《老子》中的"百姓"之"自然"，被设置于一君的控制之下，两者虽然是相互矛盾的，但《老子》力图取得平衡，目标在于统一。

四、北大简第十六章之"积正"

（一）第十六章"积正"经文的变迁

如上所述，第十六章的"积正"并非《老子》本来的用语。不但如此，它甚至是不适合《老子》的用语。这里，我们主要从推测北大简的抄写年代的角度再做一些考察。

首先，在《老子》最早文本的战国晚期郭店本那里，北大简"积正督（笃）"的部分作"兽（守）中（盅）箇（笃）也"。"中"是"盅"的假借字，如《说文解字·皿部》"盅，器虚也"所示，意思和上文

"至（致）虚亘〈亟（极）〉也"中的"虚"大体相同。"管"字，是"笃"的异体字。《说文解字·宫部》："管，厚也。""管"和上文的"亘〈亟（极）〉"一样，属于表述"至（致）虚"和"兽（守）中（盅）"之程度达到极至的程度副词。

其次，马王堆甲本是刘邦死去（前195）以后西汉初期的抄写本①。甲本的这个部分作"守情（静）表〈朽〉裻（笃）也"。将上文与下文相合就成了"虚静"这个词，这个词不仅在《老子》这里，在《庄子》、《淮南子》等道家文献中也频繁使用，我们认为这正是《老子》本来的文字。

再次，马王堆乙本抄写于西汉文帝时期（约公元前180年）。乙本的这个部分作"守情（静）督（笃）也"。此外，王弼本作"守静笃"。

（二）北大简"积正"的由来

问题是北大简的这个部分作"积正督（笃）"。"积正"二字，是北大简之前及之后的《老子》第十六章各文本都完全没有出现过的，是《老子》文本史上首次出现的字，而且"积正"这个词汇，在古典文献中也极少出现，在西汉、东汉以前的文献中，仅仅发现以下4例：即《新序·杂事一》中有："孔子……既为司寇，季孟堕郈蹷费之城，齐人归所侵鲁之地，由积正之所致也。故曰：其身正，不令而行。"《新序·节士》中有："故孔子席不正不坐，割不正不食，不饮盗泉之水，积正也。"《说苑·修文》云："彼舜以匹夫，积正合仁，履中行善，而卒以兴。纣以天子，好慢荒淫，刚厉暴贼，而卒以灭。"《潜夫论·慎微》中有："非独山川也，人行亦然，有布衣积善不怠。必致颜、闵

---

① 因北大简整理者不避刘邦之讳而主张其抄写于战国时代，是错误的。

之贤，积恶不休，必致桀、跖之名。非独布衣也，人臣亦然，积正不倦，必生节义之志，积邪不止，必生暴弑之心。非独人臣也，国君亦然，政教积德，必致安泰之福，举错数失，必致危亡之祸。"通过分析这些资料可以发现，"积正"无疑是儒家的用语，西汉晚期刘向《新序》和《说苑》所见三例时代最早。另外，从东汉晚期《潜夫论》看，"积正"是深受战国晚期荀子"积微"思想影响的词汇。《新序》、《说苑》的"积正"是否受到过荀子"积微"思想的影响虽然还不清楚，但《新序》、《说苑》可能也是在荀子"积微"的影响下形成的。

从这一点来推测，北大简第十六章的抄写者，应是从外部摄入了当时儒家的用语，尤其是来自于荀子"积微"的"积正"，将《老子》经文的"守静"做了随意的改变。然而，如果将其置于《老子》第十六章的思想之中，儒家的"积正"这个用语，是和第十六章主旨完全不一致的脱节的词汇，因为其意义和道家频用的"守静"正好相反。

笔者认为，与这种经文如此牵强地被改变的现象相伴随而被再编辑的这部北大简，其抄写年代恐怕是在西汉晚期。如果我们把抄写时间置于儒家思想走向极盛的时代，例如以元帝时期（公元前 49 年—前 33 年在位）为背景来考虑的话，不就容易理解了吗？

（原载《文史哲》2014 年第 3 期）

论老子思想中所内涵的"绝对性"因素

乔 健

长于辩证思维是老子思想的重要特点[①]，老子思想中所内涵的具有"绝对"性质的因素却与老子的"辩证思维"始终相伴随。在老子的思想体系中，雌雄、强弱、高下等两两对立的事物和概念往往是相反相成的，但两两对立、相反相成的事物和概念却有被老子所"绝对"肯定的一方，在两两对立的价值取向上也有老子所"绝对"偏重的方向。老子的辩证思维常常被提及，但老子思想中所内涵的"绝对性"因素却往往被忽视，这种忽视直接引发了一系列对老子思想理解的偏差。

一般来说，"辩证"总是排斥和否定"绝对"的，但在老子那里，"辩证"和"绝对"却统一在了一起。老子对是非、善恶、高下、强弱等的对立统一、相反相成的强调，主要着眼于对以在上者的意志为转移却被普遍接受的价值标准、价值导向和礼法制度等的"批判"。与这种

[①] 严格说来，"老子"是书名而非人名，《老子》中的内容也可能不全是老子本人的东西，所以严谨的学者往往给"老子"加上书名号。但本文为了行文的方便，一般不加书名号。征引《老子》原文，章节排序依照通行本，文字以高明先生的《帛书老子校注》中的《帛书老子甲本勘校复原》为准。

批判相伴随的，是老子对"自然无为"及作为自然无为最终落实的"人之自为"（在本文中往往简化为"自为"）的"绝对"认同，对"雌"、"弱"、"下"的"绝对"偏重（这种"认同"、"偏重"中也包含着对与认同对象截然相悖的观念和行为的批判）。正是这些被老子"绝对"肯定的因素的存在，才使老子思想在人类历史的进程中能够切实有效地"警示"、"参照"和"引领"人们的一切观念和一切行为，使老子思想具有了永恒和普世的价值①。任何一种有价值的思想，特别是具有永恒、普世性质的思想，无论多么复杂和"辩证"，其核心理念必然是在毫不含糊地"绝对"肯定着什么，同时也在"绝对"否定着应该否定的东西，否则一种思想的核心主张、根本特质和关键取向就无法彰显。

　　以"道"为参照和依归的"自然 —→ 无为 —→ 自为"是老子思想的主干，也是老子所主张的根本的政治原则。老子的这一思想主干和政治原则与在上者所确定、又被世俗寻常之人所普遍认同的价值尺度、规范准则、理想目标等往往是直接对立、截然相反的，所以老子在确立自己思想系统时就必须经常不断地对这些尺度、准则、目标等进行批判，这就是老子常常要与"公认"的东西"反着来"②的根本缘由。在老子看来，世俗寻常的价值判断、价值追求等总是不对的，对"反面"因素的"反"恰恰就能够"返"向"正"③，恰恰就是正确的。如果没有"绝对"否定和肯定的东西，"反"和"返"就没有依据和目标，也无法成立。

---

① 参见袁保新：《老子哲学之诠释与重建》，文津出版社 1991 年版，第 119 页；刘笑敢：《老子古今：五种对勘与析评引论》，中国社会科学出版社 2006 年版，第 215、494、620 页。

② 参见萧天石：《道德经圣解》，华夏出版社 2007 年版，第 432 页；滕守尧：《中国怀疑论传统》，辽宁人民出版社 1992 年版，第 16 页；刘笑敢：《老子古今：五种对勘与析评引论》，中国社会科学出版社 2006 年版，第 422、669—670 页。

③ 陈鼓应：《老子注译及评介》，中华书局 1984 年版，第 223 页。

　　具有"绝对"性质的"道"①，是"人为之本"的万物之"本根"②，同时也是老子思想的起点，被老子所"绝对"肯定的"人之自为"则是老子思想最终的落实处。因此可以说老子思想是以"绝对"始，又以"绝对"终。对立统一、相反相成的"相对"的概念和因素，只是老子为了阐明其思想中更为关键且具有"绝对"性质的价值要素和价值指向的串连性环节。

　　下面就对上述问题进行具体的论述。

一、老子"辩证思维"所内涵的"批判性"

　　老子提出："上德不德，是以有德；下德不失德，是以无德。上德无为而无以为也。上仁为之而无以为也。上义为之而有以为也。上礼为之而莫之应也，则攘臂而扔之。……前识者，道之华也，而愚之首也。是以大丈夫居其厚而不居其薄；居其实而不居其华。故去彼取此。"（《老子·第三十八章》）这说明：其一，"上德"与在上者所确定并被世人所普遍接受的"下德"直接对待，在观念和行为上均体现了"上德"之精神，而真正"有德"的"圣人"却"不自以为有德，不炫耀自己的德性"③，而死抱着"下德"不松手并刻意表现自己是"有德"的人，实际上完全"无德"。老子的这一认识当然体现了"辩证"之精神。其二，

──────────

① 参见王淮：《老子探义》，台湾商务印书馆1969年版，第2、104页；陈鼓应：《老子注译及评介》，中华书局1984年版，第69页；萧天石：《道德经圣解》，华夏出版社2007年版，第197页。

② 张岱年：《中国哲学大纲》，中国社会科学出版社1982年版，第8页。

③ 刘笑敢：《老子古今：五种对勘与析评引论》，中国社会科学出版社2006年版，第397页。

从"仁"到"义"到"礼"每况愈下，能够确立"礼"并强迫人们来遵从这下之又下的"礼"的人，只能是掌握着巨大权力的在上者，而自以为具有"前识"的能力并时常运用"前识"①的人也只能是自视甚高的在上者，因而老子运用"辩证思维"的根本目的，是以"大道"为依据对现实社会、对在上者的观念和行为进行批判②。

在《老子》一书中强调两两对立的事物和概念之相反相成的最为典型的材料是第二章："天下皆知美之为美，恶已；皆知善，斯不善矣。有无之相生也，难易之相成也，长短之相形也，高下之相盈也，音声之相和也，先后之相随，恒也。是以圣人居无为之事，行不言之教。万物作而弗始也，为而弗恃也，成功而弗居也。夫唯弗居，是以弗去。"在本章的前半部分，老子强调的是事物和概念"辩证"的"相对"，而后半部分强调的则是以"辩证"为基础、同时又在"辩证"之上的应该"绝对"地加以肯定的"无为"。这说明老子对美恶、善不善等"辩证"的对立统一、相反相成的强调，最终是为了"绝对"地肯定"无为"的必要和"无为"的价值。萧公权先生指出，"'无为'之政治哲学遂成为失望之有心人对于暴君苛政最微妙而最严重之抗议。……老庄怀疑政治之效用而肯定个人之价值"③，说明"无为"既内涵着严厉的批判，同时也蕴涵着以"批判"为基础的对"个人价值"的"建构性"肯定，而认同每一个"个人"的"自为"，是对个人价值最为关键的肯定。高亨先生指出，"'是以'二字疑后人所加，……本章此前八句为老子之相对论，此后八句为老子之政治论。文意截然不

---

① 高明：《帛书老子校注》，中华书局 1996 年版，第 7 页。
② 参见止庵：《老子演义》，中华书局 2007 年版，第 39、87 页。
③ 萧公权：《中国政治思想史》，辽宁教育出版社 1998 年版，第 155 页。

相联，本无'是以'二字，明矣"①。刘笑敢先生则指出，"竹简本有本
章内容。……相当于传世本第二章的内容在竹简甲本第一组中排在相
当于第六十三章和第三十二章的文字之间，前后各有一个标明分段的
符号'■'，后面还留有空格"②。这说明传世本第二章后半部分内容不
是"错入此处"，而竹简本有"是以"二字③，则所谓"本无'是以'二
字"也显然不对。之所以会出现这种关键性的判断失误，似乎就在于
高亨先生忽略了老子之"辩证"着眼于目标十分明确的"批判"，而这
种批判既要以应该"绝对"否定的东西（如在统治者意志主导下的以
世俗寻常的价值判断为依据来明确区分是非善恶等 —— 因为"标准"
原本就不对，所以区分得越明确问题就越大）为批判的标靶 —— 即在
上者所确定的"是"实际上往往是"非"，其所确定的"善"往往是
"恶"，同时也需要以"绝对"肯定的因素（如"无为" —— "自为"）
为批判的依据和批判的"建构性"落实。《老子》第二章前后两部分内
容的逻辑关联性恰恰为本文所谓老子既以"辩证"的"相对"来进行
批判，又以"非辩证"的"绝对"为依据和落实提供了典型的例证。

　　《老子》第二十章与第二章所表达的主题、所体现的思维逻辑非常
接近。在二十章中老子阐述了"唯"与"诃"、"美"与"恶"这些两两
对立的事物和概念的"辩证"的相对性，但老子对这种"相对性"的强
调，最终是为了阐释自己与以在上者的意志为转移的世俗寻常的价值判
断、价值追求恰相背反的"政治哲学"④。具体地说，"众人熙熙"所追逐

① 高亨：《老子正诂》，开明书店1943年版，第6—7页。
② 刘笑敢：《老子古今：五种对勘与析评引论》，中国社会科学出版社2006年版，第107页。
③ 荆门市博物馆：《郭店楚墓竹简》，文物出版社1998年版，第112页。
④ 萧公权：《中国政治思想史》，辽宁教育出版社1998年版，第160页；王淮：《老子探义》，台湾商务印书馆1969年版，第188页。

的目标只能是功名利禄，而这种追逐又以在上者明确区分"贵贱善恶、是非美丑"[①]为基础，因为只有当贵贱是非等"刚硬"地确定之后，登上高位才能获得功名利禄，才能取得人生的"成功"，"向上"攀登也才完全是"善"和"是"的，人们也才会向更"高"更"贵"处狂热追逐。而老子以"相对"为依凭对两两对立者的"齐平"[②]，就有消解现实社会中贵贱是非的意义，且这种齐平和消解最终的落脚点还是"绝对"地朝"愚"、"沌沌"、"昏"、"闷闷"——即对功名利禄和贵贱是非"麻木迟钝"、毫不措意的方向迈进，向"本然"的"婴儿"境界趋进靠拢。

徐复观先生指出，老子通过"辩证思维"所实现的"玄同"以"完成自己个体生命的价值"[③]为最终的归宿，即："玄同"是对在上者主导下的一系列"分辨"的批判和超越，但"人"通过"自为"所完成的"自我实现"，却是内涵着"批判"的"玄同"具有"绝对"性质的建构性归趋，因此通过"辩证思维"所实现的"玄同"是前提，而被老子所"绝对"肯定的"人之自为"则是"玄同"的最终结果。具体地说，通过"玄同"，"人为之本"的万物就被完全齐平了，此时此刻由在上位者所确定，但被人们普遍认同的以尊卑贵贱的判然分别为前提，以功名利禄为追求目标的"外在"的价值尺度就在根本上被颠覆了，而当"外在"的价值尺度不复存在，当功名利禄不再是人们普遍热望的目标之后，以本真自我的自然自由实现为核心内容的价值系统就随之而确立，无法由任何人、包括"圣人"所预知预设的丰富多彩的"自为"方式也就会层出不穷，一个个具体存在的个体就能够沿着"自为"的路径去实

---

① 陈鼓应：《老子注译及评介》，中华书局1984年版，第146页。
② 乔健：《中国古代思想研究》，民族出版社2008年版，第165页注②。
③ 徐复观：《中国人性论史·先秦篇》，台湾商务印书馆1969年版，第350页。

现"本真"之"自我"。上述这一切基本上都是很难在现实中实际落实的"理想",但这些"理想"却对实际政治、对人们的观念和行为有着永恒的警示、参照和引领的作用。

止庵先生指出,"《老子》五千言,归根结底,即是'反者道之动,弱者道之用'",前一句讲道的规律,在于事物向着相反方面转化;后一句讲利用这一规律,所以置身于弱的一极,以期"柔弱胜刚强"。将"反者道之动,弱者道之用"提炼出来以彰显老子思想的灵魂之所在的确精辟,但止庵先生一再强调的"道的规律,在于事物向着相反方面转化"的观点似乎存在商榷的余地[①]。老子之"反"既是对社会现实的"批判",也是向"根"、"朴"、"婴儿"[②]——归根结底还是向"道"处的"复归"[③]。如果认为"反"仅仅是"向着相反方面转化",那么被老子"绝对"肯定的"柔弱"就必然向"刚强"转化,而被老子所"绝对"否定的"刚强"也必然会向"柔弱"转化。这与老子"单向"地"绝对"肯定"柔弱"、否定"刚强"并不吻合,也与止庵先生本人认为老子一般性地主张"柔弱胜刚强"、"去'刚强'而取'柔弱'"、"取'柔弱',而舍'坚强'"[④]的观点相矛盾。因为如果事物总会向相反的方面转化,"柔弱胜刚强"、"去'刚强'而取'柔弱'"还有什么意义?因此虽然老子的"辩证思维"也包含着一些"事物向着相反方面转化"和对立面的对立统一、相反相成的成分[⑤],但如果对这些内容作了不适当的强调,对老子思想中所内涵的"绝对性"因素有所忽略,那么老子许多更为关键的理念就失

---

① 止庵:《老子演义》,中华书局 2007 年版,第 95、191、137 页。

② 王淮:《老子探义》,台湾商务印书馆 1969 年版,第 161 页。

③ 陈鼓应:《老子注译及评介》,中华书局 1984 年版,第 126 页。

④ 止庵:《老子演义》,中华书局 2007 年版,第 140、190 页。

⑤ 陈鼓应:《老子注译及评介》,中华书局 1984 年版,第 223 页。

去了着落，老子"辩证思维"所具有的"批判"特质也将被遮蔽。

以"绝对"的"道"为依托，通过"辩证思维"来进行"批判"仅仅是老子思想的中间过渡环节，老子"批判"的最终归宿还是通过"自然 —— 无为"以实现"人之自为"。下面，笔者就来分析作为老子思想主干的"自然 —— 无为 —— 自为"系统中所内涵的"绝对性"因素。

二、老子"自然观"中所内涵的"绝对性"因素

"自然"是老子思想体系中一个十分抽象且含容广泛的概念[①]，由于它含容太广、抽象度太高，所以很难被清晰地界定。通观老子的整体思想，"大自然"[②]、人类的远古时期、人的婴幼儿阶段等天地万物的"原初状态"[③] 和时间在先的事物受到"人为"的影响最小，最具"本然"的特性，因而是老子"自然观"最为"客观"、"实在"的思想资源和参照对象，同时也是老子"自然"含义的明确指向。另外，"自然"既是老子所"绝对"认同的政治操作原则，更是老子政治实践"终极"的"形上"目标，而一个个活生生的个体自自然然地顺应着其"本真"特性的"自为"，则是老子之"自然"相对"形而下"的具体内容和实现途径。

未被"人类文明"和人的作为所破坏所污染的大自然、远古、婴儿

---

① 参见刘笑敢：《老子古今：五种对勘与析评引论》，中国社会科学出版社 2006 年版，第 46、56、291 页。

② 参见高明：《帛书老子校注》，中华书局 1996 年版，第 27 页；唐君毅：《中国哲学原论·原道篇》卷一，台湾学生书局 1986 年版，第 301 页；刘笑敢：《老子古今：五种对勘与析评引论》，中国社会科学出版社 2006 年版，第 510 页。

③ 刘笑敢：《老子古今：五种对勘与析评引论》，中国社会科学出版社 2006 年版，第 292 页。

等"万物""本真"的存在样式始终被老子所"绝对"地肯定，是老子
为现实存在的人们所确定的努力目标、参照系统和矫正坐标，因而在老
子的自然观系统中具有"绝对"优先的地位。在老子的思想系统中，不
存在大自然与"人类文明"、远古与当今、婴儿与成人之间"辩证"的
对立统一、相反相成。正如"希言自然"（《老子·第二十三章》）强调
的"希言"和"自然"的绝对性价值，而非"希言"与"多言"，"自
然"与"人为"之间"辩证"的"对立统一"。

"大自然"的存在特性、运作方式和作用结果是老子建构自己的思
想系统、提出自己的观念主张的重要参照和依托。老子认为，在"天
之道"的作用下，"万物"自自然然就会处于公平合理的存在状态，而
与"天之道"恰相背反的"人之道"作用的结果总是非常坏的，所以
"人""绝对"应以"大自然"为参照，在观念和行为上向大自然通过自
自然然的运行所形成的秩序和原则趋进靠拢（《老子·第七十七章》）[1]。

老子"常以道深德厚之人比作无思无虑的赤子，书中多见"[2]，可见
老子对"赤子婴儿"的认同程度。"赤子婴儿"没有被"文明"污染，
因此方能以"混浑"的态度来过一种"混浑"的生活[3]，且自自然然、不
知不觉地处于"混浑"的状态，在老子看来这当然是一种极其"自然"
的存在方式，因而被老子"绝对"肯定。

人类在远古时期的存在状态，是对古史有相当了解的老子重要的思
想资源、参照系统和批判依据[4]，"绝对"地崇"古"非"今"也相应成

---

① 刘笑敢：《老子古今：五种对勘与析评引论》，中国社会科学出版社 2006 年版，第 726 页。
② 高明：《帛书老子校注》，中华书局 1996 年版，第 90 页。
③ 徐复观：《中国人性论史·先秦篇》，台湾商务印书馆 1969 年版，第 345 页。
④ 参见萧公权：《中国政治思想史》，辽宁教育出版社 1998 年版，第 154 页；王淮：《老子探
　　义》，台湾商务印书馆 1969 年版，第 147、263、294—295 页。

为老子思想的一个重要特点①。老子之崇"古"，是以与"自然"相吻合的"古"为理想参照和价值尺度来"绝对"地否定和批判"当今"的一切，特别是在"当今"在上者主导下所确定的与"自然"不相吻合的价值目标、规范准则和礼法制度，所以老子的崇"古"在很大程度上是为了非"今"。而与老子"历史倒退论"恰成对待的"历史进化观"最为"实在"的意义，就是对"当今"在上者地位的强化，是对"当今"统治者主导下的一切作为的完全彻底的肯定，而这种强化和肯定只能更加促进"当今"在上者的自大张狂②。如果把老子思想与时代背景联系得更加紧密一些，似乎可以说老子对"古"的绝对崇尚和对"今"的绝对否定，与老子对春秋晚期开始的通过严密的户籍制度来强化对百姓的控制③以实现"富国强兵"、"广土众民"的"宏大"目标的批判有所关联，因为作为"今"的核心内容的这一切与"人"自自然然的自主自为截然相悖。

刘笑敢先生对《老子·第五十七章》是这样理解的："一般人常把这些内容解释为老子反对人类文明的进步，反对法律制度等，这都未必是老子的本意。在我们看来，这里讲的是文明进步带来的副作用，是对人类发展中出现的新问题的反思，未必是对法律本身或文明进步的全面否定。"④而杜正胜先生通过研究证明君王宫殿的建设规模和水平"进步"神速，民居的发展则长期停滞，这应该能够说明"国家""进步"的速

---

① 参见陈鼓应：《老子注译及评介》，中华书局 1984 年版，第 127 页；王淮：《老子探义》，台湾商务印书馆 1969 年版，第 153 页；李零：《人往低处走：〈老子〉天下第一》，生活·读书·新知三联书店 2008 年版，第 159 页；刘笑敢：《老子古今：五种对勘与析评引论》，中国社会科学出版社 2006 年版，第 187 页。

② 参见王淮：《老子探义》，台湾商务印书馆 1969 年版，第 153、227—231、295 页；乔健：《中国古代思想研究》，民族出版社 2008 年版，第 70—72 页。

③ 杜正胜：《编户齐民》，台湾联经出版事业公司 1988 年版，第 24、50、34 页。

④ 刘笑敢：《老子古今：五种对勘与析评引论》，中国社会科学出版社 2006 年版，第 558 页。

度远远超过了生产力和民间社会发展的速度①，进而说明"国家"的"汲取能力"② 很早之前就很强，因此"文明"的"进步"与"统治者垄断的资源更多，拥有的权力更大"、"整体资源集中在少数人手中，众人创造的财富大部分用来供养少数统治者"③ 紧密相伴随。竭力主张以"无为"的原则来制约在上者、追求万物齐平且精通古史的老子对此应该有所了解，所以老子所否定的似乎就不仅仅是"法律制度"和"文明进步"所引发的"副作用"，如果仅仅如此，老子与其他各家各派就没有本质区别了。刘笑敢先生对老子的这种理解，应该是要把老子思想解释得更加"全面"、"圆融"和"积极"一些，但实际结果却可能导致老子思想的鲜明特点和老子政治批判的锐利程度的大大减弱，这似乎也与对老子思想中所内涵的一些"绝对"性质的因素有所忽略不无关系。

刘笑敢先生为老子之"自然"加上了"人文"这样的修饰限定词，因此似乎可以说他认为老子"自然"的核心特质就是"人文"。刘先生进而指出："提出'人文自然'之概念的直接出发点是为了防止和杜绝下列及类似误解。（一）杜绝将老子之自然误作自然界或大自然的同义词，说明老子之自然不是物理自然；（二）杜绝将老子之自然误作动物界野蛮相食的状态或生物界的自发状态，说明老子之自然不是动物之自然或生物之自然；（三）杜绝将老子之自然误作人类历史上的原始社会的状态，说明老子之自然并非主张历史的倒退；（四）杜绝将老子之自然误作与人类文明相隔绝的状态，说明老子之自然不是反文

---

① 参见杜正胜：《古代社会与国家》，台湾允晨文化实业股份有限公司1992年版，第168、42、121页。

② 秦晖：《传统十论——本土社会的制度、文化及其变革》，复旦大学出版社2008年版，第51页。

③ 杜正胜：《古代社会与国家》，台湾允晨文化实业股份有限公司1992年版，第198、208页。

明、反文化的概念；（五）杜绝将老子之自然误作没有任何人为努力的
状态，说明老子之自然不是无所事事的主张。"① 刘笑敢先生所要"防
止和杜绝"的"误解"除"动物界野蛮相食的状态"之外，或多或少、
或隐或显地均内涵在老子的"自然观"中，而"人文"这一概念却很
难与老子之"自然"协调起来，甚至直接与"自然"相悖。刘笑敢先
生之所以提出上述观点，似乎就源于他太过强调"辩证"地认知老子
思想，而对老子思想中所内涵的"绝对性"因素则估价不足。另外刘
笑敢先生认为老子之"自然"的核心内容是"自然的和谐、自然的秩
序"②，但"自然的和谐、自然的秩序"多多少少有点空洞，笔者以为
"任人自为"、"人人自为"应该是"自然的和谐、自然的秩序"的核
心内涵和最终实现。如果不突出强调"人之自为"在老子自然观中的
地位，无论怎样诠释老子之"自然"都很难避免空洞，都很难使老子
之"自然"落到"实"处。

三、老子"无为观"中所内涵的"绝对性"因素

在《老子》一书中直接间接讲"无为"的内容很多。"位于道家思
想中心地带"的"无为"③，既是老子思想体系中一个至关重要的概念，
也是"自然"、"自为"等一系列重要观念不可或缺的中介环节，是许多

---

① 刘笑敢：《老子古今：五种对勘与析评引论》，中国社会科学出版社 2006 年版，第 48 页。
② 刘笑敢：《老子古今：五种对勘与析评引论》，中国社会科学出版社 2006 年版，第 48—49 页。
③ 〔美〕本杰明·史华兹，程钢译：《古代中国的思想世界》，江苏人民出版社 2004 年版，第
197 页。

重要观念的绾合点，是"道"的落实通道，是对人特别是对在上者最为明确、具体和"实在"的要求。而具有"绝对"性质的价值偏向，在老子"无为观"中体现得也最为丰富和充分。

老子的"无为观"是其"自然观"的逻辑延续。所有的人，特别是在上者的"无为"——即尽量不作为，甚至完全不作为、不刻意作为、不胡作非为等，本身就最为符合"自然"的原则。向"自然"这一政治终极目标的趋进靠拢，也必然要求所有的人，特别是在上者以"无为"的境界、原则和态度来为人行事，来应对一切。

《老子·第二章》中的一段内容是对"无为"观的关键阐释："圣人居无为之事，行不言之教。万物作而弗始也，为而弗恃也，成功而弗居也。"这说明，"无心施为"①——即主观上自觉地"不作为"，是"圣人"之所以为"圣人"的核心要素，且唯有这种"不作为"方能引发"万物"的充分"自为"。其他论述"无为"的一些具体细节的言论，均可理解为对《老子·第二章》的补充和说明，例如："不上贤，使民不争。不贵难得之货，使民不为盗。不见可欲，使民不乱"（《老子·第三章》）；"圣人执一，以为天下牧。不自是故彰，不自见故明，不自伐故有功，弗矜故能长。夫唯不争，故莫能与之争"（《老子·第二十二章》）；"见素抱朴，少私而寡欲"（《老子·第十九章》）；"圣人去甚，去泰，去奢"（《老子·第二十九章》）。上述一系列论述强调的均是"不"、"少"和"去"，以如此之多的"不……"来论述自己的一系列关键性主张，说明老子之"无为"强调的是在上者"无所作为"②——即"绝对"

① 参见王淮：《老子探义》，台湾商务印书馆 1969 年版，第 12 页。
② 李零：《人往低处走：〈老子〉天下第一》，生活·读书·新知三联书店 2008 年版，第 180 页；止庵：《老子演义》，中华书局 2007 年版，第 12、84 页。

地"不作为"，此正如老子从未说过通过在上者主动自觉的"作为"能把什么事情做好，而是不断强调在上者的一切"作为"只能使事情变得更坏（《老子·第七十五章》）[1]。老子还认为"杀"应该由"天"来执行[2]，推而广之，一切最为关键的举措均应由"天"而非"人"来实施。再推而广之，面对人世间的一切，在上者均应以"无为"的原则和态度加以应对——即尽可能地甚至"绝对"地"不作为"。

刘笑敢先生提出，"无为的根本意义就在于维护了万物的自然发展。……无为的根本目的、根本表现、根本意义都是'能辅万物之自然'。可见，无为不是无所事事，不是不负责任，不是畏缩不前，而是有着高于常人之为的抱负和理想，也就是维系和保护天下万物自然生长、黎民百工自然生产的秩序，也就是维护社会自然和谐的理想状态"[3]。刘先生的论断有巨大的启发意义，但似乎也对"无为"的"积极"方面强调得稍显过头了一些。首先，"作为动词的'辅'……在《老子》中仅此一见"[4]，这说明老子本人很少提及作为人的"动作行为"的"辅"。而之所以如此，似乎就在于"辅"的"人为"色彩毕竟比较浓重，太强调"辅"的价值和意义，"辅"便有可能朝"具体化"、"实在化"的方向"异化"。即便老子之"辅"原本强调的是"圣人"自己去"辅"，而让他人实际去"做"，可一旦太过强调"圣人"之"辅"，现实社会中的在上者（这些人很容易自视为"圣人"）便很容易越俎代庖地"亲自"代他人去"做"，进而打着帮助实现"自然"的旗号来实现

---

[1]　参见王淮：《老子探义》，台湾商务印书馆 1969 年版，第 280—281 页。

[2]　王淮：《老子探义》，台湾商务印书馆 1969 年版，第 279 页。

[3]　刘笑敢：《老子古今：五种对勘与析评引论》，中国社会科学出版社 2006 年版，第 619 页。

[4]　许建良：《"辅"——因循哲学的始发轮》，《云南大学学报》2008 年第 3 期。

自己的目的、满足自己的欲望。其次，"'辅'的行为对象是万物之自然，……'辅'的行为补语是'不敢为'，显示之所以采取'辅'的行为，其理由在于'不敢为'，因为'为者败之，执者失之'"①，即"辅"最终的落脚点还是"消极"意义上的"不敢为"，而非"积极"地去做。换言之，彻底根绝"作为"的冲动并进而"不作为"，就应该是一种最为根本的"辅"。再次，如果"抱负和理想"太高，且特别关注和实施"维系"、"维护"等，在上者就很容易偏向"有为"。刘笑敢先生当然强调的是"维系"、"维护"的"无为"性质，但其与带有主动、自觉和"积极"性质的"维系"、"维护"与"奋发有为"的界限实在是非常模糊的，把握好具有"有为"性质的"维系"、"维护"和"无为"性质的"维系"、"维护"的分寸以至于困难到了几乎无法操作的程度。而在上者干脆"无所作为"进而"任人自为"则目标明确也最易操作，它在不知不觉中就是一种"辅"。更何况如果"人"真的充分"自为"了，就连"维系"和"保护"都变得多余了。刘笑敢先生一系列"问题"的产生，似乎与其太过强调老子"作为"和"无为"之间的"辩证统一"，而对老子"无为"中所内涵的"圣人"应该"绝对"地"无所作为"这样更为关键的内容有所忽略不无关系。

接下来，一个无法回避的问题就随之产生了：如果"圣人"只是"无所作为"而"任人自为"，那么还要"圣人"干什么？"圣人"在"任人自为"的过程中究竟应该起什么作用？笔者以为对这一问题不应作太过"著实"的理解。老子无为思想最为关键的特质是"批判"而非"建构"，老子始终关心和一再强调的是在上者"不应该"做什么而非

---

① 许建良：《"辅"——因循哲学的始发轮》，《云南大学学报》2008 年第 3 期。

"应该"做什么。在春秋战国之际，在上者显然是太过"有为"了，此时的在上者只要不刻意"有为"，实际政治中的根本问题往往就釜底抽薪地彻底解决了，因此对始终关心着实际政治且把理想的"圣人"作为现实在上者的警示和参照、作为否定性的批判依据的老子来说，在根本上只存在"圣人"不应该做什么的问题，而完全没有他们应该做什么的问题。更何况以否定性的"无为"为原则和尺度来审视一切，人们特别是应以"圣人"为榜样的在上者"不应该"做什么非常的明确，而"应该"具体地做什么则非常不明确也不应该明确，因为这种明确恰恰是在上者"有为"的重要标志。如果上述说法能够成立，那么，说老子之"无为"强调的是在上者绝对地"无所作为"，无论与春秋战国之际的实际状况，还是老子思想的核心特质，应该都是吻合的。而人们之所以不大愿意承认"无为"的核心内容就是在上者的"无所作为"，似乎就在于这样说太过"绝对"也太不"辩证"了。但事实上，"批判"显得非常"绝对"，往往正是"批判"的根本特性之所在，因为"批判"是以"理想"的"应然"为依托，而非以"现实"目标的成功"实现"为指归的。基于作为自由思维产物的"应然"的"批判"，因其不必面面俱到、不必斤斤于"落实"，而可以在相当程度上"无视""客观现实"，它往往也会"理应"显现出"绝对"的性质。

"战争"是与"无为"截然对立的最为"有为"的行为，所以"反战"就成为老子思想的重要内容。正如王淮先生所言，"凡道家皆为天生之和平主义者，此实缘于其自然主义之基本立场与无为而治之政治哲学。何以言之，盖宗'自然'则必主'无为'而反'有为'，有为之大且甚者，莫过于战争，故凡道家必反对'战争'而崇尚'和平'

也"①,"老子论道以'自然'为宗,论政以'清静无为'为主,故原则上老子反对战争"②。

老子的反战应该具有"绝对"的性质,实际上把王淮先生"原则上老子反对战争"的论点再往前推进一小步,就可以说老子是"一般"乃至"绝对"地反战。老子"绝对"反战最为根本的原由,就缘于在"自然"的、人人充分"自为"的"小邦寡民"的理想生活状态下,战争完全是多余的③。反之,战事一开,全国上下就必须"拧成一股绳","人"必然随之而变成工具和手段④,程度不同、类型各异的"自为"便无从谈起。老子"反战"已成学界共识,但几乎无人明言老子"绝对反战",因为"绝对"的提法不大符合"辩证"的原则。

老子"绝对反战"最为突出的体现,就在于他对战争"正义性"的否定。在老子心目中完全没有"正义战争"的概念,因为战争就要杀人,所杀之人在世俗寻常人等的眼中是"敌人",在"慈悲"(《老子·第六十七章》)⑤的老子心目中他们却是"一般"意义上的"人",而杀"人"则是对"慈悲"的"绝对"背离。所以老子提出"杀人众,以悲哀莅之。战胜,以丧礼处之"(《老子·第三十一章》),说明在对

① 王淮:《老子探义》,台湾商务印书馆1969年版,第187页。
② 王淮:《老子探义》,台湾商务印书馆1969年版,第121页。
③ 陈鼓应:《老子注译及评介》,中华书局1984年版,第360页。
④ 乔健:《中国古代思想研究》,民族出版社2008年版,第23、54、176页。
⑤ 程树德先生指出:"儒家之所谓仁,即佛氏之慈悲。"(《论语集释》,中华书局1990年版,第430页)古今中外各种文化的核心价值往往具有相通性,因此将老子之"慈"大体上理解为内涵深邃广远的"慈悲"似无不妥,刘笑敢先生在阐释此章时就使用了"慈悲"一词(《老子古今:五种对勘与析评引论》,中国社会科学出版社2006年版,第657页),萧天石先生也曾提出"老子慈悲心切"(《道德经圣解》,华夏出版社2007年版,第285页)。

"人"有着更加深刻和合理的体认并进而生发出更为"超越"的价值判断的老子那里，"慈悲"理应覆盖一切"人类"——其中当然包括"敌人"。当"慈悲"没有了任何人我敌友的"对待性"区分，且不分彼此地含容所有的人的时候，"慈悲"就变得"绝对化"了。老子还提出"天下有道，却走马以粪"（《老子·第四十六章》），说明在天下"有道"之时战争完全是多余的，战争完全是天下"无道"之时所出现的"反常"情况；"以道佐人主，不以兵强于天下"（《老子·第三十章》），这里的"以兵强于天下"应该涵盖一切战争，而非仅指"非正义战争"，说明在老子看来一切战争均与"道"截然相悖。反之，一旦认同了战争的"正义性"，"正义"往往就会被强权盗用；一旦承认了"正义战争"的概念，有着强烈"有为"冲动的当权者就会获得从事战争的"正当"理由，战争也就往往会轻易地兴起；一旦区分出战争的"正义"和"非正义"性质，就必须确定判断"正义"与否的标准，而这一标准的确定当然须以在上者的意志为依据，以在上者所主导的"宣传"功用的充分发挥为转移[1]。

萧天石先生提出"人生天地间，欲求生存，岂可一日无兵乎？……大道行于天下，何用兵于天下为？亦备之而已，备而不用，兵亦无兵"[2]。这应该是古已有之的"兵不可废"（参见《左传·襄公二十七年》）观念的进一步延续，但是"兵不可废"与老子的基本主张显然是不一致的，所以萧先生在两者间所作的弥合也并不成功。如果"兵"始终只需"备"却永远不"用"，那么"备"将变得毫无意义。更为关键的是，在

---

[1]　刘笑敢：《老子古今：五种对勘与析评引论》，中国社会科学出版社 2006 年版，第 630 页。

[2]　萧天石：《道德经圣解》，华夏出版社 2007 年版，第 427 页。

"现实"社会中"兵"当然是"不可废"的，但在超越现实的"理想"世界中，在老子基于"理想"对社会现实进行批判所形成的理念系统中，"兵"则完全是多余和"可废"的。

刘笑敢先生提出"老子并非害怕战争，而是反对战争，极力避免战争，然而战则必胜"[①]，王淮先生也提出老子的一些战争原则乃"战无不胜之道"[②]，这些认识与老子思想的原貌并不吻合。老子似乎不大可能有"战则必胜"这样太过"实在"、"积极"和"世俗"的想法。事实上，如果真的按老子的主张来打仗，仗就没法打了！认为老子具有"战无不胜"观念的主要依据是《老子·第六十七章》，但王淮先生认为"'夫慈以战则胜，以守则固，天将救之，以慈卫之'。……此数句疑为古注语，错入经文，挂在章尾。通体观之，极不自然"[③]，说明王淮先生对通过"慈"就能打胜仗的看法也不无疑虑，同时也说明境界极高的"慈"与非常"实在"的"战胜"的确很难协调起来。如果第六十七章的所有文字均是《老子》的原文，恐怕也只能从"长时段"的视角和"道理"处将"以战则胜，以守则固"理解得更"虚"而非更"实"、更"理想化"而非更"现实化"一些，正如《老子·第七十三章》强调的是"不战"，强调的是作为战争取胜之关键因素的"勇敢"在根本上就不是一种正面价值，强调的是在"长时段"中爱好和平者、柔弱者因其观念和行为与"道"相合，所以"在道理上"最终"应该"能够"取胜"。

如果认为《老子》的很多章节是在"论兵"[④]，老子思想内涵着"战

[①] 刘笑敢：《老子古今：五种对勘与析评引论》，中国社会科学出版社 2006 年版，第 657 页。

[②] 王淮：《老子探义》，台湾商务印书馆 1969 年版，第 262 页。

[③] 王淮：《老子探义》，台湾商务印书馆 1969 年版，第 260—261 页。

[④] 李零：《人往低处走：〈老子〉天下第一》，生活·读书·新知三联书店 2008 年版，第 211、214、216、225 页。

无不胜之道"，以老子思想为指导真的就能够打胜仗，那么就势必会将老子的某些思想理解为指导战争的战略甚至战术，势必会尽可能地将老子思想拉向"现实"，以使老子思想变得更加"功能化"、"实用化"和"积极化"。这些实际上把老子思想"具体化"和"狭窄化"[1]的"努力"，与老子思想的"批判"特质明显不符，也会损害老子思想的"理想性"和"超越性"。而这些"问题"的出现，与对老子"绝对"反战倾向的估价不足，似乎不无关系。

王淮先生指出："无论就任何观点言，在人类之社会中战争永远是一种文化现象之病态，老子首先诊断病理，认为病因在于为政者主观心理之'多欲'、'不知足'与'欲得'。是故釜底抽薪之道，厥为消灭一切可能的战争之动机。而老子之处方，则为'知足常足'。知足是一种'智慧'，同时也是一种'德性'之涵养。老子之政治哲学以人君之修'德'养'智'为第一义。"[2]王淮先生深刻地指出了在老子看来战争的发生与在上者的"多欲"和"不知足"有着紧密的关联，但仅仅将老子之"知足"落实为一种"智慧"和"涵养"似乎又有些空洞了。袁保新先生指出："如果'大道'在人间的失废，主要是因为在'始制有名'、'散朴为器'的过程中，定名引起了心知的执取，器用诱发了情欲的追逐，则重建人间价值秩序，回归'大道'的途径，首先就是将制造争斗对立的根源——主观心知与情欲所缠结的虚妄主体——予以撤销。"[3]所谓"虚妄主体"应该是以追求外在物欲（对富国强兵、开疆拓土、广土众民等的欲求也可归入广义的"物欲"范畴）满足为人生根本

---

① 刘笑敢：《老子古今：五种对勘与析评引论》，中国社会科学出版社 2006 年版，第 708 页。

② 王淮：《老子探义》，台湾商务印书馆 1969 年版，第 188 页。

③ 袁保新：《老子哲学之诠释与重建》，台湾文津出版社 1991 年版，第 95 页。

目的的"主体",因为这种"追求"与"人之本然"截然相悖,所以从事这种"追求"的"主体"就只能是"虚妄"的。与"虚妄主体"的物欲满足相对待的,是通过对"无为"、"自为"的不懈追求方能体验到的"大欢愉"式的满足。这种满足又是对物欲的克服,对"人"的本真生命价值的深刻体认,以及在此基础上"精神生命"的实现[①]的结果。老子的"外其身而身存"、"无私成其私"(《老子·第七章》),就是这种克服、体认和实现的最佳证明。老子这里的"外"、"无"均有否定、摒弃和超越之义,而前后两"身"和两"私"则根本不同,前者是肉体、物欲意义上的"身"和"私",后者则是通过深刻而丰富的精神性活动所实现的、以"超越"为本质特征的"精神"意义上的"身"和"私"。另外,老子提出"圣人无积,既以为人,己愈有;既以予人矣,己愈多"(《老子·第八十一章》),说明"圣人"所"无积"的是"物质",而"圣人"最终"有"和"多"的则属"精神"的范畴[②];"天下皆谓我大,大而不肖。夫唯不肖,故能大"(《老子·第六十七章》),意义上的"大",也只能是个体自我通过深刻复杂的精神活动方能体认和实现的、以精神的满足和升华为核心内容的极特殊的"大",——因其特殊故"不肖"——即与世俗寻常的"价值追求"、"价值实现"和满足方式全然不同。总之,"绝对"地趋向和认同"精神",同时"绝对"地贬斥"物欲",而非主张"精神"与"物欲"之间的对立统一、相反相成,是老子思想的重要内涵和特点,是老子"绝对"反战的关键性依据。

老子"无为观"的一项重要内容是"绝对"偏重"雌、弱、下",

---

① 陈鼓应:《老子注译及评介》,中华书局 1984 年版,第 88 页。
② 王淮:《老子探义》,台湾商务印书馆 1969 年版,第 298 页。

并进而要求在上者"绝对"向"雌、弱、下"处趋进靠拢。此正如王淮先生所言"老子之思想显然是有'重点'而有所'取'的（贱与下），此与庄子之思想善于运用'双遮'而游于'中'的智慧不同"①；李零先生所言"恕道，讲的是对等。这是孔子的思想。老子不一样，他贵柔贵弱贵下，处处讲的是不对等"②；止庵先生所言"如用阳刚、阴柔来讲，则似乎道只是个阴柔"③，"唯一能明确的，就是'善为道者'总是体现出阴柔一面"④。因此，虽然"雌、弱、下"在世俗寻常的眼目中仅仅是"消极"和"负面"的，但"绝对"地认同"雌"和"弱"，"绝对"地趋向"下"，却被老子"绝对"地肯定。向"下"既是老子"无为"明确而"绝对"的指向，也是"无为"的鲜明标志、基本前提和重要结果。在老子"无为观"的最根本处不存在"雌"与"雄"、"弱"与"强"、"下"与"上"的对立统一、相反相成，正如"阴阳"的概念最具对立统一的"辩证"性质，但老子却提出"万物负阴而抱阳，冲气以为和。天下之所恶，唯孤寡不穀，而王公以自名也"（《老子·第四十二章》），说明老子思想体系中的"阴"与"阳"是有主次高低之分的。"负阴抱阳"是以"阴"为根本依托的"抱阳"，更为关键的是，"负阴而抱阳"以"王公"向"孤寡不穀"这样"绝对"的"低下"处的趋进靠拢为最终落实，这种趋进靠拢也是实现"和"的根本途径。这同时也说明，因为"无为"的主体主要是"圣人"⑤，所以向"下"主要是对应

---

① 王淮：《老子探义》，台湾商务印书馆 1969 年版，第 160 页。
② 李零：《人往低处走：〈老子〉天下第一》，生活·读书·新知三联书店 2008 年版，第 196 页。
③ 止庵：《老子演义》，中华书局 2007 年版，第 10 页。
④ 止庵：《老子演义》，中华书局 2007 年版，第 32 页。
⑤ 刘笑敢：《老子古今：五种对勘与析评引论》，中国社会科学出版社 2006 年版，第 561 页；止庵：《老子演义》，中华书局 2007 年版，第 22 页。

该效法"圣人"的在上者的要求,而芸芸众生往往无"下"可下。把在上者往"低"处拉而非往"高"处捧,是老子始终一贯的基本立场和价值偏向,而儒家,特别是法家都有把君王和圣贤向"高"处捧的趋向。

唐君毅先生认为应该这样理解老子的"人法地,地法天,天法道,道法自然":"先横断老子所言之道为四层面,则上述老子之言之高下不同者,即皆可分别纳之于不同层面之中;然后观其如何可逐步转选以层层上达,更相通贯。"[1] 唐先生进而认为,"法地、法天、法道、法自然,既各为一事,又有次第升进之义"[2]。既然是"次第升进",那么"法天"当然就高于"法地","天"自然就比"地"更为重要,"高"在价值序列上也就优于"低",这一切似乎与老子的主体思想并不吻合,虽然唐先生也注意到了"法地"、"法天"、"法自然"的"通贯",而强调"法地"、"法天"、"法自然"的"通贯"[3],的确比强调它们之间的层次区分要合理得多。如果强调由"法地"到"法自然"的"次第升进",那么势必会认为老子思想中存在着一个高低分明的价值序列和由"低"向"高"不断提升的价值追求,但老子似乎并没有这样的观念。实际上,徐复观先生曾对以黑格尔的辩证法"解释老子'有''无'的思想"提出了切中要害的批评,并进而提出"各归其根""只是向道自身的回归,也决不同于向高一层的发展"[4]。

"人法地,地法天,天法道,道法自然"这样具有"次第升进"

---

① 唐君毅:《中国哲学原论·原道篇》卷一,台湾学生书局1986年版,第294页。

② 唐君毅:《中国哲学原论·原道篇》卷一,台湾学生书局1986年版,第299页。

③ 高明:《帛书老子校注》,中华书局1996年版,第354页;袁保新:《老子哲学之诠释与重建》,文津出版社1991年版,第96页;止庵:《老子演义》,中华书局2007年版,第57页。

④ 徐复观:《中国人性论史·先秦篇》,台湾商务印书馆1969年版,第326页。

意味的内容在《老子》中仅出现了一次，以此为依据构建起老子言"道"的四个层次 —— 实质上是构建起老子思想的整体结构，似乎有证据不足的嫌疑。更为关键的是唐君毅先生把老子的价值取向往"上"推而非向"下"拉了，而事实上，"绝对"取"下"而非取"上"才是老子至为关键的价值偏向。而唐君毅先生也已注意到老子对"下"的偏重①，但唐先生似乎又不甘心仅仅强调老子思想的趋"下"特性，这似乎与唐先生太过强调老子之"辩证"有关，在他看来，如以"辩证思维"来认知事物，就不应该"绝对"趋"下"，甚至表面趋"下"而实质上却是向"上"。

四、老子"人之自为"观念中所内涵的绝对性因素

以"个体的自主性"②为核心内容、作为"道法自然"的关键指向③的"人之自为"是老子"无为观"最终的归宿，如老子认为"圣人"之"无为"最终应落实于"民"的"自化"、"自正"、"自富"和"自朴"（《老子·第五十七章》）—— 概括地说就是"自为"，这也说明"无为"是"因"，"自为"是"果"；"无为"是"自为"的前

① 唐君毅：《中国哲学原论·原道篇》卷一，台湾学生书局 1986 年版，第 301—303 页。
② 刘笑敢：《老子古今：五种对勘与析评引论》，中国社会科学出版社 2006 年版，第 349 页。
③ 唐君毅先生指出："唯赖有此生而不有之道，然后一一之事物，得各自然其所然，则道正为一一事物之自然其所然之主。'唯其主之，且遍主之、常主之，以法其自身之自然，而后有一一事物之自然其所然，若不见道为之主'也。"（《中国哲学原论·原道篇》卷一，台湾学生书局 1986 年版，第 327 页）"各自然其所然"应该就是以"人"为核心的"一一之事物"的充分自为，这似乎能够说明以"无为"为中介的"人之自为"是"道法自然"明确而关键的指向。

提，"自为"是"无为"的落实。老子还认为"万物"仅应"宾服"于"道"，且应"自"宾（《老子·第三十二章》），即自主自觉、自然而然地"宾"，"自宾"是对在上者教化引领、强迫控制的否定，其最为"实在"的意义是"万物"中的"人"在"道"的引领和支撑下的充分"自为"，即"为"到哪儿算哪儿，"为"成什么算什么[1]，同时最大限度地实现其本真生命之价值。

对"无为"最终必然落实在"人之自为"，古往今来的有识之士已有许多精辟的论述：鸠摩罗什提出"己虽无为，任万物之自为，故无不为也"[2]；蒋锡昌提出"'希言自然'，谓圣人应行无为之治，而任百姓自成也"[3]；萧公权提出"无为之第一义为减少政府之功用，收缩政事之范围，以至于最低最小之限度。盖天下之事，若听百姓自为，则上下相安，各得其所。若强加干涉，大举多端，其结果必至于治丝益棼，庸人自扰"[4]；萧天石提出"道，虚而无为，以任民之自为；虚而无治，以任民之自治；虚而无用，以任民之自用；虚而无成，以任民之自成"，"圣人不为，因人自为"[5]。

现实社会中既有"善人"，也有"不善人"，"善人"的"自为"当然应该被认同，但"不善人"的"自为"同样应该被认同吗？这一问题又进而引发了一系列新的问题：如果只有"善人"的"自为"应该被认同，而"不善人"的"自为"则应被坚决制止，那么，由谁、根据什么

①　参见陈鼓应：《老子注译及评介》，中华书局1984年版，第195页；乔健：《中国古代思想研究》，民族出版社2008年版，第184、188页。

②　转引自王淮：《老子探义》，台湾商务印书馆1969年版，第192页。

③　蒋锡昌：《老子校诂》，商务印书馆1937年版，第156页。

④　萧公权：《中国政治思想史》，辽宁教育出版社1998年版，第162页。

⑤　萧天石：《道德经圣解》，华夏出版社2007年版，第151、24页。

标准来区分"善人"与"不善人"？能够做出这种至关重要的区分的人，除了极少数"圣贤"之外，还能有其他人，特别是作为"自为"主体的芸芸众生吗？区分所依据的标准，除了在上者根据自己的意志所确定的法度和规范之外，还能有其他标准吗？如果在严格区分"善人"与"不善人"的基础上仅仅认同"善人"的"自为"，那么，"自为"真的还能够存在吗？面对如此众多的无可回避的问题，解决之道似乎只剩下泯灭善恶，混同"善人"与"不善人"，许多学者正是通过这样的思路来理解老子、来解决问题的。

老子提出"道者万物之主也，善人之宝也，不善人之所保也"（《老子·第六十二章》），"善者善之，不善者亦善之，德善也"（《老子·第四十九章》），表明老子明确区分了"善人"与"不善人"、"善者"与"不善者"。老子既然对"善人"与"不善人"有所区分，这说明他对所有的人皆"一视同仁"[1]，而说老子"泯灭善恶"[2]则并不妥当。唐君毅先生提出，老子"其旨明不同于世之君子之分辨善人与不善人，而严拒不善人之旨，亦正通于老子言天道之义者。……天道亦有'包涵善恶，而以恶成善，归于浑化善恶'之义。故人法天，亦当兼容善人与不善人，以浑天下之心，不必过重善人与恶人之别"[3]。事实上，"兼容善人与不善人"并不等于"浑化善恶"，尽管老子绝不"严拒"不善之人。另外，"恶人"是在"实实在在"地"作恶"，如笼统地强调"以恶成善"则会淡化恶人，特别是在上位的恶人之"恶"。对寻常人等"不善"的宽容，对简单机械地分别善恶的批判，

---

① 刘笑敢：《老子古今：五种对勘与析评引论》，中国社会科学出版社 2006 年版，第 491 页。

② 萧天石：《道德经圣解》，华夏出版社 2007 年版，第 53 页；高明：《帛书老子校注》，中华书局 1996 年版，第 368 页。

③ 唐君毅：《中国哲学原论·原道篇》卷一，台湾学生书局 1986 年版，第 314 页。

与在明确区分善恶的基础上严辞斥责大恶者（"盗竽"①）的所作所为，在老子那里是并行不悖的，但这种"并行不悖"与简单笼统地"辩证"完全不同。

老子还提出："大道甚夷，民甚好径"（《老子·第五十三章》）；"民之轻死以其求生之厚也，是以轻死"（《老子·第七十五章》）；"百姓皆属耳目焉，圣人皆孩之"（《老子·第四十九章》）②；"天下莫柔弱于水，而攻坚强者莫之能胜也，以其无以易之也。柔之胜刚，弱之胜强，天下莫弗知也，而莫能行也"（《老子·第七十八章》）；"吾言甚易知也，甚易行也；而人莫之能知也，而莫之能行也。……知我者希，则我贵矣。是以圣人被褐而襃玉"（《老子·第七十章》）。上述言论表明，在老子看来，"好径"者、"轻死"者、"属耳目"者及对其关键性理念"莫能知、莫能行"者是一个庞大的群体，而绝非少数。这同时也说明老子对现实的、活生生的"人"有着深刻而理智的认识，他并没有对"人"予以过高的估价，正如止庵先生所言老子"从来就不认同于普通百姓"③。

不认同普通百姓，但却认同所有的人 —— 其中自然涵盖着"不善人"的"自为"，是老子最具价值的"辩证思维"的结果，同时也是老子"自为观"的最为关键之处。老子提出"圣人恒无心，以百姓之心为心。善者善之，不善者亦善之，德善也。信者信之，不信者亦信之，德信也。圣人之在天下，歙歙焉，为天下浑心"（《老子·第四十九章》），说明老子所强调的是"圣人"之"恒无心"，"圣人"之"恒无心"的

---

① 陈鼓应：《老子注译及评介》，中华书局1984年版，第270页。
② 高明：《帛书老子校注》，中华书局1996年版，第195—196、63—64页。
③ 止庵：《老子演义》，中华书局2007年版，第38页。

具体内涵是无论"百姓心"是好是坏，"圣人"都必须以它为转移，必须予以"绝对"的认同，而不能有自己的主观好恶和价值偏向。"圣人"之"恒无心"最为关键的体现，是"不善者亦善之"，而"任人自为"，特别是任"不善者""自为"，才是最为具体和彻底的"善之"。当"不善者"的"自为"被完全认同之后，"人之自为"便显现出"绝对"的性质，达到了"彻底"的程度，这同时也能说明老子之"辩证"得到了具有"绝对"性质的要素的关键性支撑。

老子之所以"绝对"地认同"不善者"的自为，就在于只有这种认同方能使芸芸众生的"自为"真正实现，只有这种认同方能使"人"和"人"所赖以生存的"社会"变得更加美好，正如蒋锡昌先生所言，"'德'假为'得'。此言民之善与不善，圣人一律待之以善而任其自化，则其结果皆得善也"①。但蒋先生并未明言为何"圣人一律待之以善，而任其自化"就会使"结果皆得善矣"。对此，笔者尝试做这样的解释：当没有了外在的强制，当认同了所有的人的"自为"，当所有的人——特别是"不善人"在现实生活中都能够充分"自为"，都能独立自主地承担起自己的责任之后，趋善避恶就会成为人们普遍的行为方式，因为在人人普遍"自为"的条件下，行善往往能得到他人的以善相报，作恶也将会受到各种形式的惩罚，这种局面的长久持续将会使"善"的空间大大扩充，"不善"的必要和可能大大减少，最终"则其结果皆得善矣"。如果上述理解大致无错的话，那么萧天石先生"善者吾善之，不善者吾亦善之，无物我之分，无亲仇之别，一视

---

① 　蒋锡昌：《老子校诂》，商务印书馆 1937 年版，第 306 页。

同仁,而入于人我一体物我同化之境界,亦即天人物我之大同境界"①
的观点便有商榷的余地了。老子应该不是对"善者"和"不善者""一
视同仁","人我一体,物我同化"的说法也略显空洞,这种空洞的言
辞恰恰遮蔽了老子认同"不善者"之"自为",且"不善者"之充分
"自为"必然能够"得善"这样更为关键的内容。另外,萧天石先生似
乎太过强调各种形式和内容的"一"和"同"了②,事实上,"人之自
为"的最终结果往往是千差万别、"不一"和"不同"的③。萧先生对
"一"和"同"的过度强调也许源于其对"整体"的人与"个体"的人
的差异的混淆,同时事实上以"整体"的人取代了"个体"的人。而
当"人"被"整体化"之后,"个体"意义上的"人"也就无足轻重
了,"人"也就被"抽象化"和"空洞化"了④,严格意义上的"人之
自为"也就无从谈起了。萧天石先生在理解和阐释老子思想的过程中
所出现的"问题",应该与其太过关注"辩证"所必然强调的各种对
立面的"统一",而对老子思想中所内涵的"绝对性"因素在这一具
体问题上的体现 —— 即"人之自为"应该"绝对"地落实在每一个活
生生的"个体"的充分"自为"上 —— 有所忽略不无关系。

　　对万物齐平、生命平等的强调,与"混同善恶"并不是一码事。与
认同"不善者"之"自为"密切关联的对万物齐平、生命平等的强调,
体现了对善恶的超越,但实现这种超越须以分别善恶而非不分善恶为
前提,因为:不泯灭善恶,才有超越善恶的问题;泯灭了善恶,"超越"

---

① 　萧天石:《道德经圣解》,华夏出版社 2007 年版,第 208 页。
② 　萧天石:《道德经圣解》,华夏出版社 2007 年版,第 323、360 页。
③ 　陈鼓应:《老子注译及评介》,中华书局 1984 年版,第 83 页。
④ 　张灏:《幽暗意识与民主传统》,新星出版社 2006 年版,第 217—220、234 页。

便会落空，而变得毫无意义。不少学者似乎把较低层次的明确善恶与更高层次的超越善恶混为一体了，老子的"浑心"应该属于更高层次的超越善恶而非不分善恶。也只有在明确善恶的基础上又"超越"了善恶，"人之自为"才有了更高层次的理念依据。

"任人自为"，特别是任"不善者"之"自为"，是以"圣人"在"超越"的层面不太过"明白"、不苛察 —— 即"浑心"①为基础的。既然是以"圣人""超越"之后所达到的境界和作为为基础，那么，"自为"似乎就是有条件的而非"绝对"的了。但"《老子》中的圣人高于统治者，而不等于统治者"②；"圣人"是理想而非现实中人③，必然能够达到"自然"的境界，同时必然能够"无为而治"。这是"圣人"之所以为"圣人"不证自明的前提，"圣人"只会"任人自为"而完全不可能引领甚至强制人们去"他为"，因此"圣人"的存在与"自为之人"的存在是互为前提、相互证明、契合无间、浑然一体的。所以，任何人，包括"不善者"，其"自为"在根本上仍是"绝对"和无条件的。另外，老子将"圣人"的存在"虚化"到几近于无的程度。作为"道"的人格化形式的"圣人"，在很大程度上仅具"虚"而非"实"的"符号"意义。这种意义上的"圣人"，对现实中活生生的"人"的"自为"形不成任何干扰和阻碍，这也使"人之自为"在根本上仍是"绝对"的。

老子提出"天地不仁，以万物为刍狗；圣人不仁，以百姓为刍狗"

---

① 楼宇烈：《王弼集校释》，中华书局 1980 年版，第 130 页；王淮：《老子探义》，台湾商务印书馆 1969 年版，第 196 页。

② 刘笑敢：《老子古今：五种对勘与析评引论》，中国社会科学出版社 2006 年版，第 309 页。

③ 陈鼓应：《老子注译及评介》，中华书局 1964 年版，第 69 页；刘笑敢：《老子古今：五种对勘与析评引论》，中国社会科学出版社 2006 年版，第 561 页。

（《老子·第五章》）。对老子这段著名论述，陈鼓应先生是这样理解的："在这里老子击破了主宰之说，更重要的，他强调了天地间万物自然生长的状况，并以这种状况来说明理想的治者效法自然的规律（'人道'法'天道'的基本精神就在这里），也是任凭百姓自我发展。这种自由论，企求消解外在的强制性与干预性，而使人的个别性、特殊性以及差异性获得充分的发展。"[1] 高明先生的理解是，"'天地不仁'，言天地无施，则万物自长；'圣人不仁'，言圣人无施，则百姓自养"[2]。这说明，老子在此强调的仍是无论"善人"还是"不善人"均应"自为"，也只有当所有的人都充分"自为"之后，其"个别性、特殊性以及差异性"方能"获得充分的发展"，人也方能"自长"和"自养"。

老子还提出，"圣人恒善救人，而无弃人，物无弃材，是谓袭明。故善人，不善人之师；不善人，善人之资也"（《老子·第二十七章》）。这说明老子仍然是在清晰地划分"善人"与"不善人"的基础上主张"超越"地"无弃人"，"无弃"的对象显然是"不善人"（《老子·第六十二章》），而任"不善人"之"自为"应该是"无弃"最为具体、实在和积极的内涵。对老子的这一论断，萧天石先生的解释是，"圣人抱道而行，言为世法，行为世则，以利众生，以化天下，故为不善人之师。至若凡夫，流转于物欲，懵懵于生死，迷而不悟，往而不远故适为圣人行道救世之资。善资不善，不善师善，二者互为转用，至其极也，善恶同权，圣凡无分"[3]。事实上"圣人"、"善人"之"化"与"人之自为"是完全不相容的，真正的"自为"是排斥和否定

① 陈鼓应：《老子注译及评介》，中华书局 1964 年版，第 83 页。
② 高明：《帛书老子校注》，中华书局 1996 年版，第 244 页。
③ 萧天石：《道德经圣解》，华夏出版社 2007 年版，第 208 页。

任何人包括"圣人"之"化"的。说"不善人""适为圣人行道救世之资"，更是把"人"中间的一部分变成了"圣人"之"救世"所"取资"的工具和手段，这与老子的自为观相距更远。其最终结论"善恶同权，圣凡无分"既与前面的论述在逻辑上很难统一协调起来，也未必符合老子的本意。在萧先生之外，还有不少学者认为老子有"不善人化于圣人之道"①、"感化人民"②、"化民成俗"③之类的思想，这应该与老子至关重要的自为观不相一致。另外，刘笑敢先生指出，"老子哲学并非笼统地反对道德教化，所以，尽管天道自然，却是常与善人的"④，而"教化"只能是"善人"对"不善人"所实施的行为，只要存在一部分人对其他人实施"道德教化"的情况，严格意义上的"人之自为"便无从谈起，所以"教化"与"自为"截然相悖。对这一至关紧要的问题产生模糊的认识，应该与对老子"自为"的"绝对性"有所忽略不无关系。另外，"任人自为"是"圣人""无为"不知不觉的结果，"圣人"一旦"无为"了，"人之自为"在不经意间就会自自然然地萌生、扩展和深化，而"人之自为"的具体内容和方式等只能是不明确且不应该明确的，因为谁能知道千差万别的芸芸众生会自为成什么样子和"应该"自为成什么样子！如果个别"圣贤"能够知晓芸芸众生自为的"实然"和"应然"结果，那么人们就必然需要接受在上者的"教化"，"自为"也须得到"圣贤"的"指导"，这样，"自为"在本质上就只能是"他为"了。

---

① 高明：《帛书老子校注》，中华书局 1996 年版，第 127 页。
② 高明：《帛书老子校注》，中华书局 1996 年版，第 232 页。
③ 王淮：《老子探义》，台湾商务印书馆 1969 年版，第 244 页。
④ 刘笑敢：《老子古今：五种对勘与析评引论》，中国社会科学出版社 2006 年版，第 741 页。

　　陈鼓应先生将老子的上述论断解释为"善人可以做为不善人的老师，不善人可以做为善人的借镜。……具有这种心怀（指无弃人无弃物。——笔者注）的人，对于善人和不善的人，都能一律加以善待。特别是对于不善的人，并不因其不善而鄙弃他，一方面要劝勉他诱导他，另一方面也可给善人做一个借鉴"[1]。陈先生同样认为"不善人"是"善人"所"借鉴"和"取资"的对象，仍然强调老子思想中包含着"劝勉"和"诱导"的成分，这与"真实"的老子似乎很难一致，而在更加超越的层面上淡化"师"与"资"的区别[2]也许才是更为合理的解释。另外，如果"不善的人"应该被"劝勉"和"诱导"，那么，由个别"善人"——在现实社会中只能是在上者——以自己所认同、所确定的标准为依据来严格区分"善"与"不善"、"善人"与"不善人"便成必要。一旦由在上者做出这样的区分，无限扩大"不善人"的范围便是必然的了，因为无缺陷之完人在现实社会中完全不存在，严苛"责下"又是在上者普遍的心理定势和政策依据。故此，对"善人"与"不善人"的这种区分的最终结果，只能是把个别在上者之外的整个人群均变为"不善人"，变为"劝勉"和"诱导"的对象，这样的"逻辑推导"和现实状况在古今中外的历史中并不罕见。根除这种推导和现实的釜底抽薪之道，只能是在"超越"的层面上"浑化""善"与"不善"，且进而善待所有的人，而"善待"的核心内容则是"绝对"地认同一切"人"，特别是"不善人"的"自为"。

　　"小邦寡民"的人生理想是老子"任人自为"观念的人格化体现。

---

[1]　陈鼓应：《老子注译及评介》，中华书局 1984 年版，第 176—177 页。

[2]　高明：《帛书老子校注》，中华书局 1996 年版，第 368—369 页。

充盈着"寡民"的"小邦"，是"自然 —— 无为 —— 自为条件"下的有历史依据的"理想国"①。在这种对人的现实生存状态有着重要的警示、参照和引领作用的"理想国"中，人们不必被"劝勉"和"诱导"，更无须被强制就会自自然然、自主自为地吃该吃的，穿该穿的，习惯于该习惯的，住在该住的居所，并自以为"甘"、"美"、"乐"、"安"。这的确是一种生机盎然、恬静和乐，不对天地万物造成任何伤害，同时也避免成为广土众民、富国强兵的工具和手段的"自为"的生活方式。而"寡民"充分"自为"的结果，必然是"寡民"的千差万别、各具个性，而非千人一面。因此，"小邦寡民"与许多学者心目中的"大同"有着根本的差异，前者的核心和关键是"人"之"异"，而后者则是"人"之"同"。老子之"玄同"的核心"所指"，应该是外在等级贵贱的泯除，而非"人"的内在特性的泯灭。

杜正胜先生指出："族群间的对敌意识愈强，内部的服从要求愈重，统治者与被统治者的分野也愈明显。"②而在"小邦"中完全不存在所谓的"敌人"，在"寡民"中间也完全没有统治者和被统治者的区分，"寡民"也就完全无须服从强大的高高在上的异己力量。与之相一致，外在的强制、功名利禄的诱惑均不复存在，为谋求私利而不择手段地进行残酷争斗的必要性将荡然无存，"作恶"也在根本上变得毫无必要，甚至连作恶的欲念都不易萌生，这一切必然使"寡民"们在不知不觉中就能够通过"自为"而全部变成"善人"。

老子的"辩证思维"着眼于对复杂事物的深刻把握，更着眼于对

---

① 杜正胜：《古代社会与国家》，台湾允晨文化实业股份有限公司 1992 年版，第 457 页。
② 杜正胜：《古代社会与国家》，台湾允晨文化实业股份有限公司 1992 年版，第 124 页。

在上者所确定的价值目标、价值尺度和礼法制度的批判。而老子思想中所内涵的"绝对性"因素，则是老子"批判"的根本依据，是老子政治理想的肯定性指向和建构性落实。梳理清楚与老子之"辩证"相伴随的"绝对性"因素，能够使老子思想的核心内容、根本特性和基本价值都更加清晰。

（原载《文史哲》2010 年第 4 期）

庄子养生说发微

陈绍燕

庄子在《大宗师》中说:"夫大块载我以形,劳我以生,佚我以老,息我以死;故善吾生者,乃所以善吾死也。"这说明庄子在生死观上持一种彻底随顺自然的态度。这种观点是对世俗之人悦生恶死的生死观的批评。虽然《庄子·至乐》篇有空髑髅"死,无君于上,无臣于下,亦无四时之事,从然以天地为春秋,虽南面之乐,不能过也"的言论,但《至乐》篇的主旨仍然是在说明:只有因顺自然,无欲无为才能"至乐无乐、至誉无誉"。"至乐"是超脱世俗情欲的恬淡宁静的心境。庄子与空髑髅的对话,不过是借空髑髅之口倾诉人生的种种苦难。综观《庄子》一书,庄子把生与死同样都看作是自然的变化,庄子并没有针对世俗的悦生恶死的观点,提出与之截然相反的恶生悦死的主张。

庄子从同生死、齐万物的观点出发,认为人的生命是自然变化所产生的客形,既然自然的造化赋予了人以生命,人类本身同样也要自然地善待个体的生命。所以《庄子·大宗师》开篇说:"知天之所为,知人之所为者,至矣。知天之所为者,天而生也;知人之所为者,以其知之所知,以养其知之所不知,终其天年而不中道夭者,是知之盛也。"这段话围绕着天（自然）与人的关系，表达了庄子天人一体、自然与人是一个息息相关的不可分割的整体的观念，"以其知之所知，以养其知之所不知"，二句中前一个"知"字当读为"智"。宜颖《南华经解》说"智之所知，指卫生之术；智之所不知，指年命之数"。"卫生之术"即《庚桑楚》所言之"卫生之经"。庄子认为洞明事理的极境在于能明白天人的分际。知识的能事在于明了天之所为是完全出于自然，明了人之所为是以人的养生之术去养护人的智力难以了解的年寿，使自己能享尽天然的年寿而不至于中道夭亡。《庄子》外杂篇还有"活身"、"全形"、"卫生"、"养生"、"达生之情"等提法。可见，养生是庄子思想的一个重要内容。无怪乎，有人曾经提出庄子学说的主旨是全身养生。

一、宗道顺化　天人一体

庄子认为，人的生死是大化的流行，有生必有死，如同有白天就有黑夜一样，这是自然的规律，许多事情是人力所不能企及的，这是客观存在的事实，事实既然如此，那就不必乐生悲死、执著自身。人们应当寻求宇宙间生命的原委，宗法大道而与之为一。人之形体受之父母，因而待之如天，终身孝敬。君主由于势位高于自己，主宰芸芸众生，犹且要为他舍身效忠。那末，对于超越生身父母、超越人君的"道"，不是更要尊敬和亲近吗？但世间之人不知寻求天地万物根源的大道，专门靠人为的智力，去谋求长生久视的方法，其结果只能是适得其反。

庄子说，把船藏在山谷中，把车藏在大泽中，人们一定以为藏得相当牢靠了，但是半夜里力大无穷的人把舟与车背走了。昏昧的人丝毫也不能察觉。把小的东西藏在大地方，方法应当是适宜的，仍然免不了要丢失，但倘若能体悟大道，一切顺任自然，这就可以"藏天下于天下，而不得所遁"（《大宗师》），这才是天地万物的真实情况。庄子把体悟大道，与道为一又称为"与造物者为一"，或称为"登假于道""同于大通"等，这都是指一种认识达到了洞彻宇宙变化、与本体合而为一的精神境界，在这种神秘的精神体验之中，天下万物，自我的躯体、是非辩难的智慧都消解了。"天地与我并生，万物与我为一"（《齐物论》），得道之人既不为物累，也不为名利伤神，"独与天地精神往来"（《天下》），逍遥自得，这自然是最高的养生原则。

庄子采取"心斋"、"坐忘"、"守宗"的方法来体悟大道，这些方法前后都有叙述。庄子之所以采用这些方法，可能与受到先秦时期养生学说的影响有关。先秦养生学说现存最早的记载要算石刻文中的《行气玉佩铭》了。铭文刻在一个十二面体的小玉柱上，共45字。郭沫若先生认为是战国初年的实物（公元前380年左右）。铭文说："行气，深则蓄，蓄则伸，伸则下，下则定。定则固，固则萌，萌则长，长则退，退则无。天几春在上，地几春在下。顺则生，逆则死。"郭沫若先生解释说："这是深呼吸的一个回合。吸气深入则多其量，使它向下伸，往下伸则定而固；然后呼出，如草木之萌芽，往上长，与深入时的径路相反而退进，退到绝顶。这样，天机便朝上动，地机便朝下动。顺此行之则生，逆此行之则死。"[①] 气功学者则进一步指出这是周天功的运气过程。这说明在我国古代气功的锻炼与应用已相当广泛了。

《庄子·人间世》载，颜回向孔子请教何为"心斋"，孔子说"若

---

① 郭沫若：《奴隶制时代》，人民出版社1973年版，第263页。

一志，无听之以耳而听之以心，无听之以心而听之以气，听止于耳，心止于符。气也者，虚而待物者也。唯道集虚，虚者，心斋也。"气功家对这段话有比较明晰的解释。"若一志"，指练功时意念专一。"无听之以耳，而听之以心"，句中的"听"，指听鼻中呼吸之气。众所周知，凡呼吸系统正常、无障碍的人，以鼻呼气或吸气都几近无声，而不被耳闻，所以说"无（勿）听之以耳"，但鼻中气息出入，或急或缓，人总是会有感觉的，所以要"听之以心"。"无听之以心，而听之以气"，是指呼吸工夫久深，心与气自然合一，不必再用心去体察气，故曰："勿听之以心。"这时任气自然出入，故曰"听之以气"。"听止于耳，心止于符"是说练气功时不要运用耳朵的听觉，心要与神相融合。"气也者，虚而待物者也。唯道集虚，虚者，心斋也。"这是说，气虽虚空却包容万象，只有得道（练功到一定程度）才能达到空虚的境界。

《大宗师》谈到"坐忘"时说："堕肢体，黜聪明，离形去知，同于大通，此谓坐忘。"道家气功以静坐为主。练功至静态，一切感官和思维的活动暂时停歇，有一种虚无缥缈，恍恍惚惚的感觉，此时物我两忘，人与自然浑然一体，这种状态或许就是庄子所说的"坐忘"。

《大宗师》讲"得道"的过程为"守之三日"，"守之七日"，"守之九日"。《庄子·达生》有"纯气之守"的说法，这里的"守"多是指守气。守气，也就是该篇所说"壹其性，养其气，含其德，以通乎物之所造"，这仍与道家静功有关。"外天下"、"外物"、"外生"，可以看作是练功时逐步达到的"忘我"境界的过程。

现代医学实践证明，道家静功对于恢复疲劳，积聚精力，增强身体抵抗力，祛病延年具有积极作用。《大宗师》中还有"真人之息以踵，众人之息以喉"的说法。踵即脚后跟，踵息法可能是古代一种从脚后跟向上引气的气功功法。章乃器认为，"真人之息以踵"，这可能是"大周天"运动的原始文献。而"缘督以为经"，则可能是"小周天"运动的原始文献。1973 年，长沙马王堆汉墓出土的古经络学佚书揭示了踵息法的理论基础。《应帝王》篇中郑巫季咸见壶子一段中，提到的"地文"、"天址"、"太冲莫胜"、"未始出吾宗"等难以确切解释的词语，可能也与气功有关。这些都可以看作是古代气功在《庄子》书中的反映。通过上面的分析，我们可以推测庄子可能是把当时文奇义奥、极富神秘色彩的气功养生法，引申为体悟大道的修养方法。尽管庄子笔下的"神人""不食五谷、吸风饮露"，可以用气功的"辟谷"术解释，"入水不濡"、"蹈火不热"的"真人"可以用练气功达到一定的高深境界来解释，但与宇宙同体的"神人"、"至人"、"真人"却是只可意会而不可企及的。这是庄子天人合一思想的体现，是庄子理想人格的体现。庄子强调人与自然之道的统一是有积极意义的。因为人的生老病死都要受自然规律的制约，人必须正确处理人与自然的关系，才能达到维护自身的身心健康，即养生的目的。庄子的"神人"、"至人"、"真人"的理想人格和修养方法，后来为道教所利用，改造为修炼神仙的方术。

二、缘督为经　顺世存身

《庄子·养生主》篇是专门谈养生的篇章。该篇首节文字为："吾生也有涯，而知也无涯。以有涯随无涯，殆已！已而为知者，殆而已矣！为善无近名，为恶无近刑，缘督以为经。可以保身，可以全生，可以养亲，可以尽年。"其中"缘督以为经"是全篇的纲领，也是世间之人养生处世的核心。"督"指"督脉"，李时珍在《奇经八脉考》中说，"督脉起于会阴，循背而行于身之后，为阳脉之总督，故曰阳脉之海"。任督二脉的运行理论是中医气功养生保健的要领，故有"任督一通，百病全除"的说法。王夫之《庄子解》注"缘督以为经"一句话，"身前之中脉曰任，身后之中脉曰督。督者居静，而不倚于左右，有脉之位而形质者也。缘督者，以清微纤妙之气循虚而行，止于所不可行，而行自顺以适得其中"①。这是从医学的角度来解释的。实际上庄子是借用中医经络学的概念来说明养生的道理，"督"此处为"循虚"、"居中"的意思。"经"有常义。郭象注"顺中以为常也"，颇得庄子之意。庄子认为，养生之人为善不可有求名之嫌，养生之人不可作恶，作恶则易遭受刑戮。凡行事要以沿袭自然的中道为常法，这样就可以保身、全生、养亲、享尽天年。

　　庄子接着以"庖丁解牛"的故事，来说明"缘督以为经"的养生要旨。一个名叫丁的厨子为文惠君解牛，技艺达到了出神入化的程度，文惠君看了，禁不住赞叹道："真是好极了，你的技艺是怎样达到这种地步的？"庖丁回答说："我所爱好的是道，已经超出了技艺。我刚开始解牛，满眼都是囫囵牛，无处下刀。三年之后，我熟知牛身上的窍穴间隙，从此便目无全牛了。""方今之时，臣以神遇而不以目视，官知止而神欲行，依乎天理，批大郤、导大窾，因其固然，技经肯綮之未尝微碍，而况大軱乎？……彼节者有间，而刀刃者无厚，以无厚入有间，恢恢乎其于游刃必有余地矣。"庖丁说明，他只用心神与牛接触，而不需用眼。感觉器官的作用停止，只有心神在运行。顺着牛身上的天然的纹

---

① 　王夫之：《庄子解》，中华书局 1964 年版，第 30—31 页。

理，劈开肌肉的间隙，导向骨节的空隙，顺着牛的自然结构去用刀，就连经络相接的地方都没有一点妨碍，何况那些大骨头呢？因为牛的骨节是有间隙的，而刀刃是没有厚度的。以无厚的刀刃，入有间的牛身，则游刃其中自然绰绰乎有余地了。文惠君听后说："好啊！我听了厨子的一番话，悟得了养生之道。"文惠君悟出的养生之道也就是依乎天理，顺其自然，"以无厚入有间"，循中道以为常则。这则故事可以理解为，庄子是以牛比作社会环境，以牛刀比作吾人之身。刀的运行要"依乎天理"、"因其固然"、"以无厚入有间"，吾人处世，也应"缘督为经"，远功名，却利欲，与世无忤，才可以尽养生之道，享尽天年。这是说养生必须要协调个人与社会的关系，才能得以实现。

　　庄子还详细地讲述了士人一旦进入仕途，如何与时君世主相处，存身免祸的方法。封建专制时代，伴君如伴虎。《庄子·人间世》说，国君或"轻用其国"、"轻用其民"，或"其德天杀"，士人"与之为无方，则危吾国，与之为有方，则危吾身"，真是进退两难。韩非子在《说难》中更是详细分析了士人伴君可能遇到的七种危及生命的情况，以及八种君主对士人的猜疑。庄子为士人设计了一套虚己游世、随机应变、和顺于人，以求免祸保身的方法，这就是"行莫若就，心莫若和"，表面上最好表现出顺从附和的样子，心里最好存着和善诱导之意。或者"彼且为婴儿，亦与之为婴儿；彼且为无町畦，亦与之无町畦。彼且为无崖，亦与之无崖，达之，入于无疵"。君主像婴儿那样天真，你也就姑且像他一样；君主的行为像没有田垄的田地那样无规则，你也随他的样子；君主无拘无束，你也跟着无拘无束。这样引导他，入于无过失的正途上。表面上顺从君主，内心里存引导君主为善之心，这是一种"外曲"而"内直"的方法。庄子说："内直者，与天为徒，与天为徒者，知天子之与己皆天之所子，而独以己言蕲乎而人善之，蕲乎而人不善之邪？若然者，人谓之童子，是之谓与天为徒。外曲者，与人为徒也。擎跽曲拳，人臣之礼也，人皆为之，吾敢不为邪？为人之所为者，人亦无疵焉，是之谓与人为徒。""内直"就是与天为徒。所谓与天为徒，是把天子和自己，都看作自然之子，见什么，就说什么，既不求人誉以为善，也不考虑人以为不善。世人称自己为"童子"，如童子般天真。这就是与天为徒。"外曲"就是与人为徒，如执笏、长跪、鞠躬等，都是人臣应行的礼节，人人都这样，我敢不这样吗？我想做大家都做的，别人也不会责怪我。这就叫与人为徒。这种"外曲而内直"的处世方法，一方面要坚守正道、维护自己的独立人格，一方面要虚与委蛇、苦心孤诣地去诱导。这在理论上似乎成立，但实际做起来却是太难了。所以庄子以为最好的方法还是："当时命而大行乎天下，则反一无迹；不当时命而大穷乎天下，则深根宁极而待，此存身之道也。"（《庄子·缮性》）当其时则出，不当其时则隐，归隐或出仕，皆以"存身"为重，这是免祸存身最好的方法。

　　庄子认为，知道者可以全身免害。《秋水》篇说："知道者必达于理，达于理者必明于权，明于权者不以物害己。至德者，火弗能热，水弗能溺，寒暑弗能害，禽兽弗能贼。非谓其薄之也，言察乎安危，宁于祸福，谨于去就，莫之能害也。"认识了道的人，必定通达事理；通达事理的人，必定明白权变；明于权变的，不会被外物伤害。至德之人，水、火、寒暑、禽兽不能加害于他。这并不是说他真正接近而不受伤害，而是说他能辨别安危，安心于祸福之境地，进退十分谨慎，所以没有什么能加害于他。这一段话是对神秘玄远之道的明白晓达而又合于常情的解释。

　　在庄子时代那样一个凶险的社会中，生存是人们所面临的第一位的问题。不知避祸，夭死非命，己身不存，谈何尽年，所以，庄子把避祸存身作为养生的前提。

三、纯素之道　唯神是守

　　人的生命整体可以分为"躯体"与"精神"两个对立而又统一的方面。在我国古代，躯体称为"形"，精神称为"神"。形神合一不离才是活生生的人。《庄子·应帝王》篇说："胥易技系，劳形怵心者也。"掌舞乐之官为"胥"，掌占卜之官为"易"，胥易都被技能所累，劳苦形体扰乱心神。《大宗师》说"离形去知，同于大通"，形即形体，知即精神。可见庄子已经从形、神两方面来描述人的生命整体。从内篇看，在养形与养神的关系上，庄子重在养神。

　　《庄子·德充符》篇有一则寓言故事说，孔子曾经出使到楚国，正巧看见一群小猪在刚死的母猪身上吃奶，一会儿都惊慌地抛开母猪逃走。因为母猪已经失去知觉了，不像活着时的样子。可见，小猪爱母猪，不是爱其形体，而是爱主宰母猪形体的精神。这是说，神为形之主，无神则形不可活，生命也就不再存在。所以庄子重在养神。

　　庄子认为养神之道，贵在一个静字。《庄子·天道》篇以水为例阐明了神贵为静的道理。庄子说："水静则明烛须眉，平中准，大匠取法焉。水静犹明，而况精神！"水清静时，能清晰地照出须眉，水平面合于准则，可以为工匠们取法。水清静尚且明彻，何况精神！庄子接着说："静则无为，无为也则任事者责矣。无为则俞俞，俞俞者忧患不能处，年寿长矣。夫虚静恬淡寂寞无为者，万物之本也。"清静便可无为，无为而处，任事者就可各尽其责。无为便安逸自得，安逸自得的人忧患不居于内心，寿命就延长了。所以虚静、恬淡、寂寞、无为乃是万物的本原。这是说养神贵在神静，静则无为，无为则寿。清静和无为便可达到养生长寿的目的。所以说"虚静恬淡、寂寞无为者，万物之本也"。

《庄子·在宥》篇有一则寓言更进一步说明了"抱神以静"对于养生的作用。寓言说，得道之士广成子朝南躺着，黄帝在他的下方跪地前行，一再叩头问道："听说先生明达至道，请问怎样修养自身才能长生久存？"广成子在回答黄帝的求教时反复申明了神静的重要性。"无视无听，抱神以静，形将自正。"什么也不看，什么也不听，保持精神的安宁，形体自能康健。"必清必静，无劳汝形，无摇汝精，乃可以长生。"一定要神清虑静，不要劳累你的形体，不要耗费你的精神，形体才能长生。广成子最后提出了长寿要坚持"守一"的原则，"天地有官，阴阳有藏，慎守汝身，物得自壮，我守其一以处其和，故我修身千二百岁矣，吾形未尝衰"。天地各司其职，阴阳各居其所，谨慎地守护着自身，不要过问身外的事物，万物自然会昌盛。我只是坚持使内心安静这一原则，以和谐的心态处世，所以我修身一千二百岁，形体却没有衰老。在《庄子》书中"守一"之"一"，一般指"道"，从广成子反复强调"目无所见，耳无所闻，心无所知"，精神不要外求来看，此处的"守一"当为守神，也就是保有宁静的心境，神清气朗自然会身体健康。

如何才能心神安静平正？《庄子·庚桑楚》篇归结为四个方面，即"彻（撤）志之勃，解心之谬，去德之累，达道之塞"。撤除意志上的勃乱，解脱心灵上的束缚，却除德性的负累，疏通大道上的阻塞。庄子进一步说明，"贵富显严名利六者，勃志也。容动色理气意六者，谬心也。恶欲喜怒哀乐六者，累德也。去就取与知能六者，塞道也"。

荣贵、富有、高显、威势、声名、利禄这六种东西是悖乱意志的。容貌、举止、颜色、辞理、气度、情意这六种东西是束缚心灵的。憎恶、爱欲、欣喜、愤怒、悲哀、欢乐这六种东西是牵累德性的。去舍、从就、获取、施与、智虑、技能这六种东西是阻塞大道的。庄子认为："此四六者，不荡胸中则正，正则静，静则明，明则虚，虚则无为而无不为也。"这四类，每类六种，二十四种追求或心态如果不在胸中扰乱，就可使心神平正，平正就能安静，安静就明彻，明彻就能心境空明，心境空明就能恬淡无为，因而任何事情都可做成，养生长寿自然不在话下。庄子在《天地》篇中，借凿隧入井，抱瓮而灌的丈人之口说："有机械者必有机事，有机事者必有机心，机心存于胸中，则纯白不备，纯白不备，则神生不定，神生不定者，道之所不载也。""机心"指机巧之心，与《庚桑楚》篇中二十四种追求与心态相类似，同样是影响心神安宁的因素。

庄子把精神宁静的极至称为"神全"。《庄子·天地》篇说："执道者德全，德全者形全，形全者神全，神全者，圣人之道也。""神全"是心境的最佳状态，这种不被外物和杂念干扰的心境具有神奇的功效。《庄子·达生》篇说："壹其性，养其气，合其德，以通乎物之所造。夫若是者，其天守全，其神无隙，物奚自入焉。"养神之人纯一其本性，涵养其精神，与自然的德性相合，以通向自然。这样的人天性完备，精神凝聚，外物怎能浸入他呢？庄子以醉者坠车不伤为例，来说明神全的功效。"夫醉者之坠车，虽疾不死。骨节与人同，而犯害与人异，其神全也。乘亦不知也，坠亦不知也，死生惊惧，不入乎其胸中，是故迕物而不慑。彼得全于酒而犹若是，而况得全于天乎！"醉酒的人从车上掉下来，虽然受伤却不会摔死。骨节与别人一样，但伤害却与别人不同，这是由于他的精神凝聚，乘车不知道，从车上坠下也不知道。因害怕摔死而产生的惊惧感情不能进入他的胸中，所以能撞外物而不惊惧，因醉酒而保全精神尚且如此，何况是因顺自然而保全精神呢？

《庄子·达生》篇还有一则齐桓公见鬼的故事。齐桓公在沼泽中打猎，看见一个怪物，以为是鬼，归来心神不宁，便生病了，好多天不外出。齐国士人皇子告敖进见桓公说："您是自己伤害自己，鬼怎能伤害您呢？气经郁结，发散而不返回，就精力不足。气淤积于体上而不下行，人就容易发怒，淤积于体下而不上行，就使人健忘；不上不下，淤积心中、就要生病。"桓公问："到底有没有鬼？"皇子告敖说："有，鬼有各种各样，野泽中的鬼叫委蛇。"桓公问："委蛇是什么样子？"皇子告敖把打听到的桓公所见怪物的形状告诉桓公，并且投其所好地说："见到这种鬼的人，就要成为霸主。"齐桓公听后开怀大笑，"正衣冠与之坐，不终日而不知病之去也"。精神不畅可以使人致病，精神舒畅可以使人病愈，所以养生必须重视精神因素。我国中医学理论十分重视人的精神活动与生理活动之间的内在关系，认为七情，即喜、怒、忧、思、悲、恐、惊七种情志的变化属于精神性致病因素，可直接影响有关内脏而发病，又称"内伤七情"。《内经》的《素问·阴阳应象大论》具体地指出"怒伤肝"、"喜伤心"、"思伤脾"、"悲伤肺"、"恐伤肾"等。庄子的养神说正是强调了精神因素对人的生命健康的作用，这里包含有合理的成分。

庄子主张养生要注意精神因素，要"四六不荡于胸中"，要去除"机心"，"抱神以静"，努力达到"神全"的境界。这种思想的产生，有其社会的根源。老庄道家产生于动荡的春秋战国时代，社会上新旧势力斗争激烈。随着社会物质文明的提高，财富与欲望同时增长，权势、物欲成为人们追逐的目标。昔日人与人之间的纯朴、和谐关系逝去了，人们的心理也失去了昔日的平衡。一部分失意的士人不愿与社会同流合污，于是把视线从社会转向自身，寻求心理的平衡，以便在纷乱的社会中求得安身立命之所。这是老庄哲学的实质所在。现代社会是一个竞争的社会，竞争是社会物质文明发展的原动力。如果人们完全按照庄子"顺天安命"的消极思想去做，社会就不可能进步与发展。人们总要有自己的追求，并要为自己的追求去奋斗、去拼搏。然而在勤奋工作、激烈竞争中正确对待名利、成败、机遇、挫折，淡化各种对物质、荣誉的追求，注意自身心理的调适，尤其是在逆境中自我调整情志活动的变化，保持心理的平衡与宁静，对于防治现代社会所造成的心理疾病具有积极的意义，庄子的静神说不失为一种有益的借鉴。

四、导引养形　节度食色

《庄子·刻意》篇还提到古代的导引养形之术。"吹呴呼吸，吐故纳新，熊经鸟申，为寿而已矣，此导引之士，养形之人。彭祖寿考者之所好也。"吹嘘呼吸，吞吐空气，像熊一样攀树自悬，像鸟一样腾空伸腿，为了延长寿命而已，这是导引养形的人，彭祖高寿者所喜好的。导引是以肢体活动与呼吸运动相结合的健身运动。1973年长沙马王堆三号汉墓出土文物中，就有导引图，用红、蓝、棕、黑等颜色描述了44种不同姿态的导引人形，是我国最早的导引图谱。导引养生法"导气令和，引体令柔"，"深能益人延年，与调气相须，令血脉通，除百病"。虽然《庄子》书中没有更多的描述，但是却较早地记录了导引的具体方法。

《庄子·达生》篇说"人之所畏者，衽席之上，饮食之间，而不知为之戒者，过也"。人最该畏惧的，是在枕席之上，饮食之间，可是不知道要警戒，这是错误的啊。这是说养生必须谨慎饮食、节度色欲，而不能贪图一时之欢娱，不顾后果。饮食是人体营养的主要来源，是维持生命的首要条件。饮食是否合理与健康长寿有着密切的关系。饮食有节制，食物结构搭配合理，五味调和，有利于人体健康。饮食不节，品种单一，五味偏嗜，则可诱发疾病使人折寿。因此，饮食是养生的重要内容。

中国古人很早就认识到男女之间的性生活是人类繁衍的前提。如《周易·系辞》说："男女构精，万物化生。"我国传统医学认为，"一阴一阳之谓道，偏阴偏阳之为疾"。正常的性生活可以延年益寿，这也是古代房中术研究的课题。从古人造字也可以形象地反映出男女相配是天经地义的事情。如《说文》释"安"为"从女在山中"，即室中有个温柔的女子谓之安。"妥"字从字形看是以手触女，《说文》释为："安也，从爪女。妥与安同意。"禁止阴阳配合、男女行房会有损于健康，但纵情恣欲、偏阴偏阳必损年寿。因此，一定要掌握适度的原则。节度食色历来是祛病延年的重要方法。

五、形神相济　内外兼修

中国古代的养生说有养神、养形两派。综观《庄子》书，内篇重在养神；而外、杂篇除养神外，多处谈及养形。可以说《庄子》书初步具备了养生要形神相济的原则。这种形神相济、内外兼修的思想对后世影响极大。如嵇康就在《养生论》中将这个原则表述为："修性以保神，安心以全身，爱憎不栖于情，忧喜不留于意，泊然无感而体气和平。又呼吸吐纳，服食养身，使形神相亲，表里俱济也。"

《庄子·达生》篇有一段周威公与田开之的对话，讲到了养生问题。田开之说，听先生说过，"善养生者，若牧羊然，视其后者而鞭之"。善于养生的，就像放羊一样，看见落后的，就用鞭子去抽它。周威公请教说："这是什么意思？"田开之回答说，鲁国有个叫单豹的，在山中居住，到山泉小溪里饮水，不与人争利，行年七十脸色还像婴儿那样。但他不幸遇到饿虎，被饿虎吃掉。有个叫张毅的，大家小户没有不去走动的，行年四十，却得内热病死了。单豹与张毅"豹养其内而虎食其外，毅养其外而病攻其内，此二子者，皆不鞭其后者也"。这是说养生要内外兼修，内有所养，外有所防，只注意一个方面是不妥当的。后世论养生者多将此处之"内"理解为"内修形神"，"外"理解为"外避祸患"。如葛洪《抱朴子·内篇·微旨》说："内修形神，使延年愈疾，外攘邪恶，使祸害不干。"颜之推在《颜氏家训·养生》篇说："夫养生者先须虑祸，全身保性，有此生然后养之，……单豹养于内而丧外，张毅养于外而丧内，前贤所戒也。"不管把养神、养形看作是内外兼修，还是把"内修形神"、"外避祸患"看作是内外兼修，都是对庄子养生思想的继承和发展。

总之，庄子的养生说以宗法大道为宗旨，以避祸存身为前提，虽侧重于养神，但也谈及养形。庄子的养生说也是人类文明的宝贵财富，理应得到人们的重视和挖掘。

（原载《文史哲》1997 年第 4 期）

体道与成人

——《庄子》视域中的真人与真知

杨国荣

在本体论上，《庄子》[①]强调道通为一；在物我关系上，《庄子》要求以道观之。前者表现为存在的原理，后者则涉及把握存在的原则。作为存在的原理与把握存在的原则，"道"构成了《庄子》一再追问的对象，与之相关的是如何得道的问题。在《庄子》那里，如何得道既涉及广义的"知"，又与如何成就人相联系，后者具体展开为"真知"与"真人"的互动。

一

《庄子》对"知"的理解，与"技"和"道"之分相联系。在庖丁解牛的寓言中，《庄子》提出了"技进于道"之说，这里所谓"技"，涉

---

① 《庄子》引文皆据郭庆藩辑《庄子集释》，中华书局 1961 年版。

及的是操作层面的经验性知识，"道"则超越了经验之域而表现为形上的原理。对《庄子》而言，唯有与"道"为一，才构成真正意义上的"知"（所谓"真知"）。这样，在"技"与"道"的区分背后，便蕴含着"知"本身在形态上的差异。

相应于"技"的"知"，主要指向"物"："知之所至，极物而已。睹道之人，不随其所废，不原其所起，此议之所止。"（《庄子·则阳》）"极物而已"，即仅仅限定于物；作为区别于"道"的存在，"物"主要呈现为经验领域的对象，所谓"知之所至，极物而已"，意味着经验之知无法超越经验对象。值得注意的是，《庄子》在这里将"知物"与"睹道"区分开来，从而更明确地划分了以物为对象的经验之知与指向道的形上之知。上述意义上的经验之知常常被视为"小知"，与之相对的形上之知或道的智慧则被理解为所谓"大知"。对《庄子》而言，停留于经验层面的"小知"，将遮蔽以"道"为对象和内容的"大知"；唯有消除"小知"，才能彰显"大知"："去小知而大知明。"（《庄子·外物》）

从本体论层面看，经验之知所指向的"物"，形成于"道"的分化过程。作为分化的存在形态，"物"处于变迁过程，具有不确定性："彼出于是，是亦因彼，彼是方生之说也。虽然，方生方死，方死方生；方可方不可，方不可方可。"（《庄子·齐物论》）对《庄子》来说，这种变动不居的经验世界当然并非理想的存在形态，但它却构成了经验之知所面对的现实对象。经验世界的这种相对性、不确定性，使"极物而已"（限定于物）的经验之知从一开始便面临着困境："夫知有所待而后当，其所待者特未定也。"（《庄子·大宗师》）对象的"未定"性，使经验之知本身难以获得确定的内涵，从而缺乏可靠性，所谓"知有所困"（《庄子·外物》），便是对如上关系的概述。

　　"知"之所"困"不仅体现于所知（对象），而且表现于能知（主体）。以现象的感知过程而言，在不同的感知主体中，无法找到统一的判断标准："庸讵知吾所谓知之非不知邪？庸讵知吾所谓不知之非知邪？且吾尝试问乎女：民湿寝则腰疾偏死，鳅然乎哉？木处则惴栗恂惧，猨猴然乎哉？三者孰知正处？民食刍豢，麋鹿食荐，蝍蛆甘带，鸱鸦耆鼠，四者孰知正味？猨猵狙以为雌，麋与鹿交，鳅与鱼游。毛嫱丽姬，人之所美也；鱼见之深入，鸟见之高飞，麋鹿见之决骤。四者孰知天下之正色哉？自我观之，仁义之端，是非之涂，樊然殽乱，吾恶能知其辩！"（《庄子·齐物论》）从逻辑的层面看，《庄子》的这种推论无疑颇成问题：人与其他动物分属不同的类，墨家早已指出，异类之间无法加以比较，这一点也适用于不同主体对感知对象的不同评判。当然，《庄子》罗列以上现象，主要在于强调：在经验领域，对同一对象，不同的主体之间，难以形成一致的判断准则[1]。感知层面的以上困境，同时也制约着广义的价值评判，与何为"正处"、何为"正色"、何为"正味"都无法以统一准则加以判定一样，对价值领域的仁义、是非，也难以做出确定的判断。通过强调经验世界之"知"的如上困境，《庄子》

---

[1]　学界通常以此作为《庄子》在认识论上主张相对主义的根据，但事实上，上述现象恰好构成了《庄子》责难、批评的对象：对《庄子》而言，在未始有封的未分化形态下，并不发生对象本身及关于对象的判断的相对性问题；唯有当存在分化为不同的形态时，才形成以上种种现象。与其说《庄子》试图以上述现象论证相对主义的认识论原则，不如说它旨在以此突出分而齐之的必要性。从《庄子·徐无鬼》所记叙的庄子与惠施的如下对话中，我们可以更具体地看到此点："庄子曰：'射者非前期而中，谓之善射天下皆羿也，可乎？'惠子曰：'可。'庄子曰：'天下非有公是也，而各是其所是，天下皆尧也，可乎？'惠子曰：'可。'庄子曰：'然则儒墨杨秉四与夫子为五果孰是耶？'"郭象注曰："可乎，言不可也。"在此，惠施的立论明显地表现出相对主义的倾向，《庄子》则明确地对其观点提出责难；对各是其所是的如上批评，无疑同时表现了反相对主义的立场。

进一步突出了经验之知与"真知"的距离。

类似的问题也存在于一般的论辩过程中。《庄子》曾假设了论辩过程的几种情况，得出的结论是论辩的参与者之间无法相知："既使我与若辩矣，若胜我，我不若胜，若果是也，我果非也邪？我胜若，若不吾胜，我果是也，而果非也邪？其或是也，其或非也邪？其俱是也，其俱非也邪？我与若不能相知也，则人固受其黮暗，吾谁使正之？使同乎若者正之？既与若同矣，恶能正之！使同乎我者正之？既同乎我矣，恶能正之！使异乎我与若者正之？既异乎我与若矣，恶能正之！使同乎我与若者正之？既同乎我与若矣，恶能正之！然则我与若与人俱不能相知也，而待彼也邪？"（《庄子·齐物论》）以上推论在形式上似乎相当合乎逻辑，但在认识论上却无法立足[1]。这里的问题在于，在上述种种假设中，判断的准则都被仅仅限定于主体之间，从而无法获得普遍有效性：认识论上的是非之争如果单纯地从主体之间去寻找判断的根据，则确乎难以达到普遍、客观的结论。如后文将进一步看到的，《庄子》本身当然并没有否定普遍的准则。事实上，与道通为一的本体论立场与齐是非的认识论原则相一致，《庄子》对普遍性给予了更多的关注。稍加分析便不难看到，《庄子》的以上推论涉及的主要是经验之知：对《庄子》而言，经验之知或者无法超越个体之域[2]，或者仅仅限于主体间的关系，正是在这里，"极物"之知（经验之知）与道的智慧（真知、大知）之间的差异更具体地突现了。

"极物"之知与道的智慧作为"知"的二重不同形态，同时表现

---

[1]　后期墨家曾对"辩无胜"的观点提出质疑，认为此说"必不当"（《墨子·经下》），其中显然也包含着对《庄子》这一类推论的批评。

[2]　在"师乎成心"的过程中，所谓"成心"亦属个体之见，详见后文。

为"知"与"不知"的区分:"不知深矣,知之浅矣;弗知内矣,知之外矣。"(《庄子·知北游》)这里的"知",即对经验领域之物的把握,"不知"或"弗知"则并非完全无知,而是超越了经验层面、以道为内涵的"体道"之知:体道之知不以经验之物为对象,相对于极物之知或经验之知,它也可以被视为"不知"或"弗知"。而达到了如上认识境界的人,则被视为体道者:"夫体道者,天下之君子所系焉。"(《庄子·知北游》)上述意义上的"不知"或"弗知",也被称为"不知之知":"弗知乃知乎!知乃不知乎!孰知不知之知?"(同上)体道之知虽"弗知"于物,但仍是一种"知"(弗知乃知),极物之知虽有知于物,但却无知于道(知乃不知),较之极物之知,无知于物而有知于道,乃是更高境界的知(所谓"知不知之知")。在这种玄之又玄的表述后面,是对极物之知与体道之知的区分,以及对后者(体道之知)优先性的强调。在《庄子》看来,一般人仅仅着眼于"知之所知",而对"不知之知"的意义却未能予以充分的关注:"人皆尊其知之所知,而莫知恃其知之所不知而后知,可不谓大疑乎?"(《庄子·则阳》)"知之所知"也就是经验之知,"知之所不知"则是体道之知,尊奉前者而忽视后者,显然不能视为明智的选择。

具体而言,经验之知虽有知于物,但亦"极物而已",从而蕴含自身的局限,这种限定决定了它无法成为走向世界或返归自我的出发点:"古之行身者,不以辩饰知,不以知穷天下,不以知穷德。"(《庄子·缮性》)"穷天下"以认识世界为指向,"穷德"则以自我认识、自我涵养为内容,而在这一过程中,经验之知都难以作为凭借和依赖的对象。在相近的意义上,《庄子》提出了"知止"的观点:"知止乎其所不能知,至矣。"(《庄子·庚桑楚》)"故知止其所不知,至矣。"(《庄子·齐物论》）在此，经验之知被规定了一个限度：它不能越出自身界限、融入认识世界与认识自我的过程。

极物之知，既限定于物，又展开于与物打交道的过程。以知作用于物，便难免产生所谓"机械"、"机事"，后者又进一步影响人的内在精神世界："有机械者必有机事，有机事者必有机心。机心存于胸中，则纯白不备；纯白不备，则神生不定；神生不定者，道之所不载也。"（《庄子·天地》）"机事"即借助经验之知而作用于物的活动，"机心"则与"技"处于同一序列，主要被理解为经验之知在"机事"过程中的体现。作为"机事"的产物，机心既表现为有意而为之，从而与自然相对，又与精神世界的统一性、纯粹性相对，所谓"机心存于胸中，则纯白不备"。在以上二重意义上，"机心"都构成了对"道"的否定。从认识论的层面看，对机心的如上批评的实质涵义，是进一步强调经验之知与道的智慧之间的张力。

与机事、机心相联系的"知"，同时呈现出工具的意义。事实上，在"技"的层面，经验之知已表现出工具的性质。对《庄子》而言，作为工具，"知"更多地具有负面意义：

> 将为胠箧、探囊、发匮之盗而为守备，则必摄缄縢、固扃鐍，此世俗之所谓知也。然而巨盗至，则负匮、揭箧、担囊而趋，唯恐缄縢、扃鐍之不固。然则乡之所谓知者，不乃为大盗积者也？故尝试论之，世俗之所谓知者，有不为大盗积者乎？所谓圣者，有不为大盗守者乎？（《庄子·胠箧》）

世人试图运用经验、技术层面之知，来达到某种实际功用的目的，但这种"知"反过来却往往成为对人自身的否定。《庄子》的这一看法注意到了经验之知作为作用于对象的手段，具有服务于不同价值目标的可能，但它由此认为一切"知"均是为盗所用的工具（"为大盗积"），则忽视了经验层面的知识具有价值中立的特点，而将知识运用的多重价值方向归结为单一的负面定向。正是从这种抽象的立场出发，《庄子》引出了如下结论："故天下每每大乱，罪在于好知。"（《庄子·胠箧》）作为乱天下的根源，"知"便自然成为消解的对象："故绝圣弃知，大盗乃止。"（同上）《庄子》的以上看法与《老子》大致一脉相承，但在《庄子》那里，所弃之"知"，更直接地与"机心"、"技"相联系并以经验之物为其对象。

《庄子》对"知"的以上考察，以体道之知与经验之知（极物之知）的区分为主要关注之点。在《庄子》的视域中，经验之知首先指向物并限定于物（极物而已），无论从所知抑或能知的角度看，它都呈现出不确定、不可靠的性质。就其作用方式而言，这一意义上的"知"又与"技"、"机心"处于同一序列，并相应地表现出负面的形态。对《庄子》来说，"知"的如上形态，既与存在的分化过程相联系，又与是非之辩的展开相应。从本体论上说，由未始有封到分而化之，意味着存在的分裂（失去统一的形态）；从认识论上看，是非之辩的纷起，则意味着道术之裂①。《庄子》对"知"的种种怀疑、责难，首先表现了对分化的存在形态及一曲之士的是非之争的不满。对《庄子》而言，分化或分裂的存在形态中的"知"，仅仅指向分别之物，难以再现统一的世界。与这

---

① 《庄子·天下》："天下之人，各为其所欲焉以自为方。悲夫！百家往而不反，必不合矣！后世之学者不幸不见天地之纯，古人之大体，道术将为天下裂。"

一立场相应，它对所知及能知的不确定性、相对性的论述，对是非之争中普遍判断准则的质疑，主要并不是试图展示一种相对主义的原则，而是旨在扬弃存在的分裂与是非的纷争，回归统一的世界图景。换言之，相对主义在这里更多地呈现为《庄子》力图超越的对象，而非它所肯定或认同的原则。

然而，《庄子》对经验之知的理解，无疑存在自身之弊。它指出并强调所知与能知的相对性，固然注意到了问题的一个方面，但同时却忽视了二者所内含的确定性。事实上，就所知而言，经验对象既处于变迁的过程之中，又内在于一定的时空关系，具有确定的存在形态和规定，并呈现出相对稳定的性质；就能知而言，具有正常感官及感知能力的主体，对同一条件下的同一对象，可以形成相同或一致的感知，所谓"凡同类同情者，其天官之意物也同"（《荀子·正名》）。同时，对命题或陈述的断定，其评判准则并不仅仅限于主体间，它更需要引入基于知行过程的主客体关系。主体间关系并不是认识过程中唯一的关系，在认识过程中，主体间关系与主客体关系本身具有互动的性质，命题、陈述所包含的认识内容，既需要为主体间所理解并置于主体间加以讨论，也需要衡之于相关对象，以判断其正确或错误。从根本上说，经验命题的判断，不能仅仅限定于主体间，而应当同时走出主体间、引入主客体关系。《庄子》对认识过程的以上复杂性，显然未能予以充分注意。

在《庄子》那里，经验层面的"知"往往被纳入"技"或"机心"之域，而"技"或"机心"又与机事相联系，被赋予消极或负面的意义。历史地看，经验之知或以"技"的形式表现出来的工具性之知在人的"在"世过程中具有重要作用，无论是广义的生产劳动，抑或日常的

生活实践，都无法离开"知"与"技"：略去上述意义上的"知"，人
与世界的关系便将停留或回到前文明的形态。《庄子》对经验之知的批
评、责难，无疑缺乏历史的意识；而在《庄子》那里，这种立场同时又
与天人之辨上将自然（天）理想化的趋向一致。

与经验之知向"技"、"机心"还原相应的，是经验之知与体道之
知的张力。如前所述，《庄子》区分了"技"与"道"，体道之知即以道
为内容的形上之知。对《庄子》而言，经验之知以分化的存在为对象，
仅仅限定于具体之物（极物而已），体道之知则超越了经验之物，以分
而齐之为指向，二者难以相融；在技进于道、"小知"与"大知"等表
述中，已蕴含了体道之知与极物之知的分野。从认识论上看，经验之知
或极物之知可以视为知识，体道之知则近于形上的智慧。知识固然应提
升为智慧，但智慧本身并非隔绝于知识。事实上，经验层面的知识与形
上的智能本身呈现为互动的关系：知识的形成总是受到智慧的制约，智
慧则奠基于知识并体现于知识的展开过程。《庄子》将体道之知与极物
之知加以对立，似乎未能注意二者的相关性与互动性。

当然，《庄子》严于体道之知与极物之知、大知与小知之辨，主要
意在通过二者的比照，进一步彰显道的智慧对人之"在"的意义。与
《老子》一样，《庄子》将理解与把握道，视为达到理想存在形态的前
提，正是由此出发，它一再追问以何种方式才能知道、安道、得道：
"何思何虑则知道？何处何服则安道？何从何道则得道？"（《庄子·知
北游》）对道的如上关切，同时也使形上之知如何可能的问题，在《庄
子》那里获得了优先性。

二

在《庄子》那里，对道的追问，并未引向思辨的玄想。形上之知如何可能的问题，与人本身如何走向真实存在的问题，呈现为相互关联的两个方面，而道的关切，则最后落实和体现于人的存在。体道之知与人的存在之间的关系，具体地展开为"真知"与"真人"或"真知"与"至人"之辨[①]。

经验之知与体道之知的区分，既以对象世界的"物"与"道"之分为前提，又以人自身不同存在形态的区分为内涵。就人自身之"在"而言，真人或至人无疑表现为理想的存在之境，而在《庄子》看来，走向这种存在形态，又以体道或得道为条件。作为理想的存在之境，至人或真人的品格始终与道相联系：

> 夫道，于大不终，于小不遗，故万物备。广广乎其无不容也，渊乎其不可测也。形德仁义，神之末也，非至人孰能定之！夫至人有世不亦大乎！而不足以为之累。天下奋棅而不与之偕，审乎无假而不与利迁，极物之真，能守其本。故外天地，遗万物，而神未尝有所困也。通乎道，合乎德，退仁义，宾礼乐，至人之心有所定矣。（《庄子·天道》）

"道"作为存在原理，具有普遍性，"德"则可以视为道的具体体现。至

---

① 在《庄子》那里，真人与至人彼此相通，所谓"不离于真，谓之至人"（《庄子·天下》），亦表明了这一点。

人或真人不同于常人的主要之点，在于"通乎道，合乎德"，亦即从不同的层面体悟并把握了道。他固然也与物打交道，但却并不停留于经验的层面，而是指向物的真实根据（"极物之真，能守其本"）。在这里，成就至人与得道、体道展开为同一过程。

作为理想的人格之境，至人或真人不仅以得道为指向，而且在知与行的过程中始终坚持而不违逆道："不忘其所始，不求其所终，受而喜之，忘而复之，是之谓不以心捐道①，不以人助天，是之谓真人。"（《庄子·大宗师》）"捐道"与认同道相对，"不以心捐道"，从正面看，也就是对道的接受、认同、贯彻，而这一过程同时表现为顺乎自然（"不以人助天"）。无论是积极意义上的"通乎道"，抑或消极意义上的"不以心捐道"，走向真人或至人之境，都伴随着对道的把握与认同。

上述论点，可以概括为"有真知而后有真人"。在肯定真知与真人的如上关系的同时，《庄子》又强调了问题的另一方面，即"有真人而后有真知"（《庄子·大宗师》）。真人与真知的如上关系，以成就真人和体道的过程性为其逻辑前提。对《庄子》而言，超越经验层面的极物之知而达到形上之知，从执着于"技"到"通乎道"，从囿于"机心"的常人到真人之境，都非一朝一夕之功，而是展开为一个过程。从过程的角度看，真人与真知之间便内在地呈现为"有真知而后有真人"、"有真人而后有真知"这样一种互动的关系。

作为达到真知的前提，"真人"在《庄子》那里有多重内涵。从某

---

① "不以心捐道"一句，王叔岷认为："'捐'盖'损'字之坏，下文'不以人助天'，一损一助，相对而言，意甚明白。《史记·贾谊列传》《索隐》引此文，正作损。"（王叔岷：《庄子校释》卷一，商务印书馆 1947 年版）按：王说可从。

些方面看，真人往往被赋予某种超凡入神的形态："古之真人，不逆寡，不雄成，不谟士。若然者，过而弗悔，当而不自得也。若然者，登高不栗，入水不濡，入火不热，是知之能登假于道者也若此。"（《庄子·大宗师》）如果说，"不逆寡，不雄成"等主要表现为一种现实的社会性品格，那么"登高不栗，入水不濡，入火不热"则已走向神化之境。《庄子》以后者描述真人的品格，既试图进一步展示道与经验现象之间的区别，也希望由此突显把握形上之道与达到经验之知在前提、方式上的差异。当然，对真人的如上渲染，也使之蒙上了几分神秘的色彩，它对后来道教的得道成仙诸说，似乎也产生了历史的影响。

　　不过，从如何把握道的角度看，真人与真知之辨更实质的意义，在于对主体作用及其内在规定的关注。在认识论的视域中，真人或至人首先可以理解为具体的存在，作为达到真知的前提，这种存在不同于某一或某些方面的特定能力，而是表现为整个的人。在谈到真人或至人的特点时，《庄子》便指出："故素也者，谓其无所与杂也；纯也者，谓其不亏其神也。能体纯素，谓之真人。"（《庄子·刻意》）"素"与"纯"原有本然、自我同一等义，以"无所与杂"、"不亏其神"具体地界定其内涵，等于是在强调真人在精神等层面的统一性和整体性。以上特点同样体现于"至人"之上："至人之用心若镜，不将不迎，应而不藏，故能胜物而不伤。"（《庄子·应帝王》）"用心若镜"，是直观对象而不改变其本然形态，"不将不迎，应而不藏"，则是顺物之自然，二者都指以如其所是的方式来敞开世界，在这一过程中，"至人"始终呈现为统一的存在，而非仅仅是某一方面的规定。

　　真人与真知之辨及对真人的以上理解，在更内在的层面上涉及认识论与本体论的关系。如前面所分析的，真人在认识论意义上首先表现为一种统一的存在形态，与之相应，"有真人而后有真知"，意味着肯定人的存在形态与得道、体道过程之间的联系。对此，《大宗师》借南伯子葵与女偊之间的对话做了进一步的阐述："南伯子葵问乎女偊曰：'子之年长矣，而色若孺子，何也？'曰：'吾闻道矣。'南伯子葵曰：'道可得学邪？'曰：'恶！恶可！子非其人也。'"这里值得注意之点在于对学道与"其人"关系的确认："其人"即处于一定存在境界的人，非其人，意味着尚未达到这种存在形态——对《庄子》而言，人能否学道或把握道，以他是否具备了相应的存在形态或境界为前提。"非其人"（未具备某种存在的规定），便难以学道。质言之，人之"知"，以人之"在"为前提，唯有达到了一定的存在形态，才可能真正理解和把握道。

"知"与"在"的如上关系，在鲲鹏与蜩、学鸠的视域差异中得到了更形象的阐述。在《逍遥游》中，《庄子》曾以寓言的形式，描述了鲲鹏与蜩、学鸠的不同境界。鲲鹏欲"背负青天"而"图南"，但这种宏远的志向却遭到了蜩与学鸠的嘲笑："蜩与学鸠笑之曰：'我决起而飞，抢榆枋，时则不至而控于地而已矣，奚以之九万里而南为？'"《庄子》作者由此做了如下评论："适莽苍者，三餐而反，腹犹果然；适百里者，宿舂粮；适千里者，三月聚粮。之二虫又何知！"不同的存在方式，往往伴随着不同的观念；蝉与鸠的活动范围，只是蓬间树丛而已，这种存在境域，使它们无法理解飞越九万里的鲲鹏之志。《庄子》以"之二虫又何知"，着重指出了蝉鸠的存在境域对其"知"的限制。

在"知"的层面上所展示出来的以上差异，同时被理解为小知与大知之别，所谓"小知不及大知"（《庄子·逍遥游》）。关于这种小大的区分，《庄子》有如下的具体解释："穷发之北有冥海者，天池也。有鱼焉，其广数千里，未有知其修者，其名为鲲。有鸟焉，其名为鹏，背若太山，翼若垂天之云，抟扶摇羊角而上者九万里，绝云气，负青天，然后图南，且适南冥也。斥鴳笑之曰：'彼且奚适也？我腾跃而上，不过数仞而下，翱翔蓬蒿之间，此亦飞之至也。而彼且奚适也？'此小大之辩也。"（同上）这里叙事的内容与上文大致相近，其侧重之点同样在于存在形态不同所导致的视域差异。不过，同小知与大知之分相联系，这里的"小大之辩"进一步突现了存在境域与认识视域之间的相关性、对应性。

从把握道的层面看，存在境域对人的影响表现为多方面。在《秋水》篇中，《庄子》作者通过对井蛙、夏虫、曲士各自特点的概述，具体地阐明了这一点：

> 井蛙不可以语于海者，拘于虚也；夏虫不可以语于冰者，笃于时也；曲士不可以语于道者，束于教也。（《庄子·秋水》）

井蛙、夏虫在此隐喻具有某种存在形态的人。"虚"涉及存在的空间，引申为特定的环境，"拘于虚"，亦即受制于特定环境；"时"关乎时间关系，引申为具体的历史条件，"笃于时"，即为一定的历史条件所限定；"教"与学说、观念相关，它所涉及的是一定的思想背景，"束于教"，指具有片面性的思想、观念对人的影响。作为具体的存在，人总是受到内在、外在的各种因素的影响，而不同的存在境域，又进一步制约着人对世界（包括道）的认识和理解。在此，特别值得注意的是"束于教"。与"虚"和"时"涉及的主要是人之外的条件有所不同，观念形态的"教"更多地通过人自身的接受、认同而化为人的内在意识、融入人的精神世界，从而与人同"在"。如果说，从真知到真人，又由真人到真知,着重从积极的方面体现了人之"在"与人之"知"的互动,那么,已有的一偏之见向人的精神世界的渗入,这种观念通过转换为人的思想背景而限定当事人把握世界的过程,则从消极的方面体现了同样的关系。

不难看到,有真知而后有真人,有真人而后有真知,二者展开为真知与真人的互动。真知在融入意识与精神世界的过程中化为人的具体存在,人的存在境域又在不同的层面上构成了面向对象、敞开世界的本体论前提,人之"在"与人之"知"的如上关系,同时体现了认识论与本体论的统一。

三

真人与真知之辨通过肯定人之"知"与人之"在"的相关性,着重展示了达到真知和道的本体论背景。以此为进路,《庄子》对如何得道的过程作了进一步的考察,而"坐忘"与"心斋"则构成其中重要的范畴。

在《庄子》以前,《老子》曾区分了为学与为道:"为学日益,为道日损,损之又损,以至于无为。"(《老子·第四十八章》)"为学"是一个经验领域的求知过程,其对象主要限于现象世界;"为道"则指向形上本体,其目标在于把握统一性原理与发展原理。在《老子》看来,经验领域中的为学,是一个知识不断积累(日益)的过程,以形上本体为对象的为道,则以解构已有的经验知识体系(日损)为前提,后者构成了无为的具体内涵之一。

《老子》对为道过程的如上理解,在《庄子》那里得到了进一步的发挥。与《老子》强调"日损"相近，《庄子》提出了"坐忘"之说。何为"坐忘"？在《大宗师》中，《庄子》以孔子与颜回对话的方式，对此作了阐述：

> 颜回曰："回益矣。"仲尼曰："何谓也？"曰："回忘仁义矣。"曰："可矣，犹未也。"他日复见，曰："回益矣。何谓也？"曰："回忘礼乐矣。"曰："可矣，犹未也。"他日复见，曰："回益矣。"曰："何谓也？"曰："回坐忘矣。"仲尼蹴然曰："何谓坐忘？"颜回曰："堕肢体，黜聪明，离形去知，同于大通，此谓坐忘。"仲尼曰："同则无好也，化则无常也，而果其贤乎，丘也请从而后也。"

这里，《庄子》作者显然是借孔子与颜回之口，以述己意。从精神活动及意识活动的角度看，"忘"的特点是有而无之，亦即将已融合于主体精神世界并入主其中的内容加以消除。仁义、礼乐表现为文明的社会规范，"形"与身相关，主要从感性的层面表征人的存在，"知"则涉及人的理性能力与理性之知。如果说，仁义礼乐构成了人存在的社会文化背景，那么，"形"与"知"则更多地与个体存在相联系；与之相应，忘仁义、礼乐，意味着疏离社会文化背景，由文明的约束回归自然的形态；离形去知，则是从个体的层面，消解感性与理性的规定，所谓"堕肢体，黜聪明"表达的也是同一意思：肢体涉及形，"聪"、"明"则分别与耳目的感官能力相联系。对《庄子》而言，消除社会文化背景的影响，还具有外在的性质，因此，仅仅"忘仁义"、"忘礼乐"，虽"可矣"，但"犹未也"；以"堕肢体，黜聪明，离形去知"为内容的"坐忘"，则由消除外在的影响，进一步回到个体自身，从感性（形）与理性（知）等方面净化个体存在，使之"同于大通"（与道为一）。

"离形去知"分别涉及"形"和"知"，对"坐忘"的分析，也具体地展开于以上两个方面。在《庄子》看来，与"形"相联系的"聪"和"明"，首先指向以"声"、"色"为内容的外在世界："是故骈于明者，乱五色，淫文章，青黄黼黻之煌煌非乎？而离朱是已。多于聪者，乱五声，淫六律，金石丝竹黄钟大吕之声非乎？而师旷是已。"（《庄子·骈拇》）五色、五声既是经验领域的对象，又表现为文明演化的产物，"聪"、"明"作为耳目的功能，本来以经验现象为作用的对象，而在以上的关系中，它同时又指向了文明的世界。"骈"与"多"在此指赘生之物，对《庄子》而言，体现于五色、五声的耳之"聪"、目之"明"，便属于赘生的多余之物；一旦执着于"聪"和"明"，便不免沉溺于声、色的世界："说（悦）明邪，是淫于色也；说（悦）聪邪，是淫于声也。"（《庄子·在宥》）就人的存在而言，耳之"聪"、目之"明"可以视为"形"的表征，而人之"形"又影响人之"心"，以"形"为依托，往往导致心随形化："其形化，其心与之然。可不谓大哀乎？"（《庄子·齐物论》）作为"坐忘"的内容之一，"黜聪明"、"离形"等既旨在超越感性的世界，也意味着消除"形"对"心"的消极影响。

与"离形"相联系的是"去知"。在《庄子》那里，"知"与"故"被视为同一序列，二者的消除，构成了循天之理的前提："去知与故，循天之理。"（《庄子·刻意》）"故"本来包含有意为之的含义，在此引申为诈伪[1]，"知"与"故"并提，使之同时被赋予否定的意义。有意为之或伪诈，是文明演进的伴随物。广而言之，"知"与"故"都是在文

---

[1]　参见刘文典：《庄子补正》，云南人民出版社 1980 年版，第 494 页。

化及文明发展的影响下形成的，在此意义上，"去知与故"，以消除文明发展对个体的影响为实质的内容。这里既渗入了天人之辨，以"去知与故"为循天之理的前提，便是自然原则对于人化观念的优先性，又表现出对已有知识结构的消极理解。

"去知与故"的主张，在师其"成心"之说中得到了进一步展开："夫随其成心而师之，谁独且无师乎？"（《庄子·齐物论》）成心即既成或已有的观念，它产生于一定的社会文化背景，在形成之后，又融入主体之中，并构成了其思维定式及考察问题的前见。每一个体都无法摆脱外在的社会影响，从而也都相应的有自身的成心，而以成心为师，便难免囿于内在的成见，由此出发，便容易衍化出是非之分："未成乎心而有是非，是今日适越而昔至也。是以无有为有。"（同上）在此，成心即被视为是非之分与是非之争发生的根源。前文所提及的"束于教"，在某种意义上也体现了"成心"对人的影响："教"内化于主体的意识，便转化为"成心"，成心的制约又使个体成为一曲之士。就其内容而言，"成心"表现为一种观念系统，其中既包含关于经验事实的知识，也蕴含价值取向或价值立场；与批评"束于教"、师其"成心"相应，"去知"在此具体地表现为解构既成或已有的观念系统。

在观念形态上，与"成心"相联系的是"机心"。成心表现为已有的知识结构与价值定势，机心则既以知识系统与价值取向为内容，又展开为具体的动机意识或目的意识。在"有机械者，必有机事者，必有机心"的逻辑关系中，机心便表现为基于一定的知识背景及功利目的而展开的谋划和算计。在体现出较强的功利意识的同时，机心也隐含着向"伪"发展的可能。在此意义上，机心与"故"无疑有相通之处；《庄子》认为"机心存于胸中则纯白不备"，显然也肯定了这一点。

机心的以上特点，决定了它与得道过程之间的紧张，所谓"纯白不备，则神生不定，神生不定者，道之所不载也"（《庄子·天地》），便突出了以上关系。如果说，对"成心"的消解可以视为"去知"的引申，那么，对"机心"的否定则更多地表现为"去故"。作为坐忘的具体内容，离形去知在总体上表现为闻见与心知的双遣："目无所见，耳无所闻，心无所知，女神将守形，形乃长生。"（《庄子·在宥》）目之所见、耳之所闻，属感性之知；心之所知，则与理性相涉。对二者的否定所引向的，是"解心释神"："堕尔形体，吐尔聪明①，伦与物忘，大同乎涬溟。解心释神，莫然无魂。"（《庄子·在宥》）"堕形体"、"吐聪明"，主要侧重于感性之"形"及感性之知；"解心释神"，则具有综合的意义，它所指向的，不仅仅是理性的内容和规定，而且是兼及精神领域的各个方面。在消除了感性作用与精神领域的不同存在形态以后，个体的精神世界便随之解体。这既是一种较为彻底的"忘"，也是对精神世界的有意解构，在《庄子》看来，由此达到的便是合乎道、与自然为一的境界，所谓"伦与物忘，大同乎涬溟"②，即可看作是对这种状况的写照。

　　为学过程及精神世界的形成，更多地展现出建构的性质。然而，当知识系统及精神世界的建构衍化为"成心"时，这种建构本身也呈现出消极的意义：它在认识论上容易引向独断论。从这方面看，解构已有知识系统及精神世界，无疑具有通过消除成心以抑制独断论的意义。笛卡尔以怀疑的方法对曾经接受和相信的一切加以重新审视，便表现了如

---

① 　王引之："吐当为咄，咄与黜同。"（参见刘文典：《庄子补正》，第 361 页）按：《庄子·大宗师》有"堕肢体，黜聪明"语，用法与之相通，此似亦可印证"吐聪明"当为"黜聪明"。

② 　成玄英："涬溟，自然之气也。"（《庄子疏·在宥》）

上趋向；胡塞尔要求悬置已有的知识与信念，也在某种程度上体现了类似的观念。《庄子》主张"解心释神"，既表现为从精神世界的建构走向精神世界的解构，又意味着超越以"成心"为形式的独断论，后者显然具有更实质的意义。

与"坐忘"相联系的是"心斋"。何为"心斋"？从《庄子》的如下阐释中，我们可略见其大概：

> 若一志，无听之以耳，而听之以心；无听之以心，而听之以气。听止于耳，心止于符，气也者，虚而待物者也，唯道集虚。虚者，心斋也。（《庄子·人间世》）

"一志"即专注而有定向，"听之以耳"泛指感性的考察方式，"听之以心"则以理性的方式为指向。这里值得注意的是"听之以气"之说。"气"作为本体论的范畴，有质料之义，但《庄子》在此则以"虚"说气，将"气"主要与"虚"联系起来。耳目之知与心知，具有对象性或意向性：耳所听者，为感性的对象；心所指向的，则为理性之域。与之相对，以"虚"为内涵的"气"则不具有对象性或意向性。《庄子》要求由"听之以耳""听之以心"，进而"听之以气"，意味着从对象性的关切及意向性的活动，返归虚而无物的精神形态。"虚"在此既被理解为道的体现（所谓"唯道集虚"），也被视为进一步把握道的前提，而以"心斋"指称这种"虚"的形态，则使之平添了几分玄秘的色彩。"斋"本来与祭祀活动中的自我净化相联系：唯有消除世俗的不洁之物，才能与神明沟通。《庄子》以此作为得道之境所可能的前提，无疑突出了解构、消除、净化既成精神世界对于把握道的意义。

从先秦哲学看，将"气"引入精神领域的思想家，当然不限于庄子。事实上，孟子也曾从精神的层面解释"气"。在谈到"浩然之气"时，孟子作了如下阐发："其为气也，至大至刚，以直养而无害，则塞于天地之间。其为气也，配义与道，无是，馁也。是集义所生者，非义袭而取之也。行有不慊于心，则馁矣。"（《孟子·公孙丑上》）就其内容而言，这里值得关注的，首先是孟子以"义与道"来规定"气"。"义"表示价值的观念或价值的规范系统，与"义"处于同一序列的"道"，其内涵首先也涉及价值理想。在此，以"义与道"为具体的内容，"气"更多地与精神领域的积累、沉淀过程相联系，所谓"集义所生"，也表明了这一点。同是对"气"的规定，孟子的"集义"与庄子的"集虚"无疑表现了不同的趋向：前者侧重于形成、确立内在的精神世界，后者则更倾向于对其加以解构；而在以上二重趋向的背后，则蕴含着理性的强化与理性的限定、独断的走向与独断的消解等张力。

四

以解构已有的精神世界为指向，"坐忘"和"心斋"着重于"破"或否定。既"破"之后，如何体道和悟道？《庄子》由此进一步考察了通常的感知和理性之外的方式。前文曾提到，在经验的层面，耳目之知首先指向外部对象，所谓"极物而已"，也隐含着这一涵义。从体道的角度，《庄子》对耳目的作用方式做了不同的规定："夫徇耳目内通而外于心知，鬼神将来舍，而况人乎？"（《庄子·人间世》）在这里，耳目不再以对象为指向，而是反身向内；这种反观又不同于理性之知，相反，它以"外于心知"为特点。表现为"内通"的耳目之知，也涉及"聪"和"明"，但此"聪""明"并不以外部对象为内容。关于这一点，《庄子》有如下解释："吾所谓聪者，非谓其闻彼也，自闻而已矣；吾所谓明者，非谓其见彼也，自见而已矣。夫不自见而见彼、不自得而得彼者，是得人之得而不自得其得者也，适人之适而不自适其适者也。"（《庄子·骈拇》）这里区分了两种"聪"和"明"："闻彼"之聪与"自闻"之聪，"见彼"之明与"自见"之明。从目的的层面看，自闻、自见旨在自适；从作用的方式看，自闻与自见则以反视内听为特点。

作为把握道的方式，耳目的"内通"或反视内听（自视自见）在认识论或方法论上究竟具有何种意义？从认识论上看，耳目之知或"聪"和"明"既与广义的"观"及"听"相联系，又具有直接性（无中介）的特点。在对耳目及聪明重新界定之后，将其引入得道的过程，无疑同时肯定了以直接（无中介）性为特点的这种"观"或"听"的作用。然而，以"内通"规定耳目的功能，并将其与"心知"隔绝开来，则使之不同于经验或感性的直观，而在实质上表现为某种有别于单纯理性作用的直觉。事实上，当《庄子》从方法论的角度对庖丁解牛的过程加以概述时，已从一个方面表明了这一点。在它看来，上述过程的根本特点之一在于"以神遇而不以目视"（《庄子·养生主》）。"不以目视"，是指不以"见彼"（指向对象）的方式"视"；"以神遇"，则是以内在的明觉直接地把握。用"以神遇"来表示这种直觉，主要在于突出其非程序性、非推论性以及难以言说的特点。这种体悟的方法，对应于"技进于道"的过程①，从而，所谓"以神遇"在实质上便被视为得道的方式。

---

① 《庄子》借庖丁之口，以"技进于道"概括庖丁解牛的内在意义（参见《养生主》）。

通过"以神遇"的方式领悟道，在形式的层面上表现为对感性直观与理性推论的双重扬弃，其前提则是有见于单纯的感性直观或逻辑推论都难以把握道。与之相应，"以神遇"的直觉方式，本身也隐含多个方面。它不限于感性直观，但又包含"观"的因素（包括想象等）；它超越了理性的、逻辑的推论，但又内在地渗入某种理性的内涵：所谓"内通"、"自闻"、"自见"，都已不同于单纯的感性活动，而是交错着理性的作用。事实上，"以神遇"之"神"，便既有神而不可测（非逻辑或理性的程序所能限定）之意，也兼指精神的综合作用。心斋之说中所谓"听之以气"，也以扬弃"分"而走向"合"为其深层内涵：在《庄子》那里，"气"往往与统一性、综合性相联系，所谓"通天下一气耳"（《庄子·知北游》）、"游乎天地之一气"（《庄子·大宗师》）、"游心于淡，合气于漠"（《庄子·应帝王》），等等。"气"的本体论内涵在此便具体表现为"通"、"一"、"合"，后者同样体现于作为得道方式的"听之以气"。对《庄子》而言，"气"既以"虚"为其特点，也以超越界限的方式沟通、连接存在形态以及把握存在的方式。唯其"虚"，故在本体论及方法论上都不限定于某一方面，而能展现普遍的涵盖性。也正是在相近的意义上，《庄子》将"养气"与"通乎物之所造"联系起来："壹其性，养其气，合其德，以通乎物之所造。"（《庄子·达生》）

《庄子》对"虚"和"以神遇"的如上理解，无疑注意到了直觉在体道过程中的作用，与本体论上注重"齐物"、突出"道通为一"相呼应，它在确认存在本身"未始有封"的同时，也肯定了把握存在的方式不能限定于耳目之知或心知，这些看法显然有见于得道或体道方式的综合性、整体性等特质。不过，在强调"以神遇"等直觉的方式具有非限定性特点的同时，《庄子》对感知、心知等往往未能给予合理的定位。

在"自闻""自见"以及"慎女（汝）内，闭女（汝）外"（《庄子·在宥》）等主张中，对道的把握过程不仅疏离于感知，而且似乎也隔绝于外部世界；而"无思无虑始知道"（《庄子·知北游》）等看法，则进一步悬置了理性思维。这样，在《庄子》那里，尽管"以神遇"、返身"内通"作为直觉的方式在逻辑上渗入了感知、心知，但在自觉的方法论层面，它们似乎并没有获得应有的确认。事实上，"闭女（汝）外"、"无思无虑"与"坐忘"、"心斋"等思想彼此交融，在相当程度上赋予体道的方式以超验的、神秘的性质。

　　就其认识论涵义而言，"无思无虑"同时意味着向前概念形态的回归。从逻辑上看，"坐忘""心斋""以神遇"等形式，本身具有超越感知、心知等界限的特点。与之相近，前概念的形态也以无思虑、感知等区分为其特点：在无所"分"这一点上，二者无疑呈现出某种相通之处。这样，从超越认识能力之分的直觉，走向无耳目之知与心知之分的前概念形态，也有其内在的关联。与悬置思虑、心知相应，《庄子》将"同乎无知"、"结绳而用之"视为至德之世的形态："夫至德之世，同与禽兽居，族与万物并，恶乎知君子小人哉？同乎无知，其德不离。"（《庄子·马蹄》）"子独不知至德之世乎？……当是时也，民结绳而用之。"（《庄子·胠箧》）"至德之世"即理想之世，"同乎无知"、"结绳而用之"则是前概念的存在形态。这里不仅仅涉及历史的回溯和评价，作为理想的存在形态，它内在地蕴含着"应当"的要求：理想的也就是"应当"达到或实现的。从后一方面（"应当"之维）看，"同乎无知""结绳而用之"的前概念形态，同时也构成了走向"道"的前提：在一定意义上，以上论述可以看作是"无思无虑始知道"的注脚。

　　在《庄子》看来，相对于"思虑"和心知，前概念形态对人而言更合乎得道之境。关于这一点，《庄子·达生》篇有一具体阐释："夫若是者，其天守全，其神无却，物奚自入焉？夫醉者之坠车，虽疾不死，骨节与人同，而犯害与人异，其神全也，乘亦不知也，坠亦不知也，死生惊惧不入乎其胸中，是故遻物而不慑。彼得全于酒而犹若是，而况得全于天乎？""全""无郤"有统一而无分之意，"其天守全"、"其神无郤"，主要表示本然之性（天）及精神世界的浑而未分。按《庄子》之见，当人处于无知无识的形态时，其精神世界便具有统一而未分（"其神全"）的特点，后者同时体现了与道为一的境界，所谓"致道者忘心矣"（《庄子·让王》）；正是以上背景，使人虽遇变故（坠车）而能免于伤害。在这里，无所知的前概念形态构成了"其神全"的前提，"其神全"则既体现了得道之境，又为个体的安然"在"世提供了担保。

不难看到，由回归前概念的形态而体道，其意义已不仅仅限于在理论层面把握道，而是更多地涉及实践层面的存在方式。对《庄子》而言，以道为内容的"真知"不同于经验层面的知识：经验之知所指向的是外部对象，"真知"则旨在提升人自身的存在形态。前概念形态的特点在于既无物我之分，又无感知与心知之别，它在某种意义上体现了"未始有封"的存在形态，唯其如此，故能得道和体道。在这里，认识的方式已与存在的方式相互交融："未始有封"既是人把握道的背景或前提，又是人自身的存在方式。

认识方式与存在方式的如上交融，在更深沉的意义上涉及认识与涵养的关系。如前所述，《庄子》一再肯定真知与真人的互动，这种互动已蕴含着达到真知与成就真人之间的统一。从成就真人的维度看，问题总是关联着涵养。事实上，前文所论及的"坐忘""心斋"，都同时展开为一个涵养的过程。"坐忘"以忘仁义、忘礼乐为前提，其中包含着对儒家道德系统的解构或扬弃，这种解构同时构成了达到"真人"的条件。正是在此意义上，《庄子》将"坐忘"之境与"贤"联系起来，所谓"果其贤乎"，便表明了此点。同样，"听之以气"的"心斋"，也渗入了个体的涵养，以"唯道集虚"为内容，"心斋"意味着对个体精神世界的净化，这种净化包含着个体在精神层面的努力和工夫。"心斋"的讨论以颜回与孔子对话的形式展开，在谈到"心斋"所体现的"虚"时，《庄子》继续借用这种对话的方式来加以阐释："颜回曰：'回之未始得使，实自回也；得使之也，未始有回也。可谓虚乎？'夫子曰：'尽矣。'"（《庄子·人间世》）这里所说的"未始有回"，是指人格或观念形态的转换：在实现"心斋"之后，原来的"我"以及"我"的精神世界便不复存在，取而代之的是经过净化的自我及其精神世界。人格或精神世界的这种转换，从一个方面体现了涵养工夫及其效应。

认识与涵养的以上关系，同时被理解为一个二者互动的过程。在谈到"恬"与"知"的关系时，《庄子》写道："古之治道者，以恬养知；知生而无以知为也，谓之以知养恬。知与恬交相养，而和理出其性。"（《庄子·缮性》）"恬"有"静"之义，在此指合乎"天"的自然形态，它本身可以视为涵养的产物。事实上，这种静而天之境，在《庄子》那里又与"养神"过程相联系："纯粹而不杂，静一而不变，淡而无为，动而以天行，此养神之道也。"（《庄子·刻意》）"以恬养知"所肯定的，也就是涵养所登达到的合于"天"（自然）之境对认识过程的作用；"以知养恬"则是指认识对涵养的影响。

知与恬的"交相养"，在总体上表现为得道或体道过程的相关方面。如前所述，得道不同于对象性的认知，它一开始便指向人自身之"在"：达到与道为一的真知与成就真人，在《庄子》那里表现为一个统一的过程；认识与涵养的互融，可以看作是真知与真人互动的体现。从哲学史上看，以成就人自身为"知"的目标并将涵养引入认识过程，同样构成了儒学的内在特点。在这方面，《庄子》与儒学无疑有相通之处。不过，儒家的涵养以德性的形成、提升为指向，《庄子》则将净化精神世界作为知与恬的"交相养"的内容，而这种净化又以消解德性为题中之义。不难看到，《庄子》与儒家尽管都以人之"在"为关注点，但在何为人之"在"的理想形态、人应如何"在"等问题上，却表现出了不同的趋向。

（原载《文史哲》2006 年第 5 期）

道教思想

马王堆一号汉墓四重棺与死后仙化程序考

姜 生

1972 年发掘的马王堆一号汉墓的葬具，由二层椁室、四层套棺及椁下垫木组成（纵剖面见图 1），棺椁置于墓室底部正中，方向正北[①]。巨型木椁内置四重髹漆套棺。由内向外可厘为第 1—4 重（Layers 1-4）：最里层（L1）为锦饰内棺（长 202 厘米，宽 69 厘米，通高 63 厘米），向外一层（L2）为朱地彩绘棺（长 230 厘米，宽 92 厘米，通高 89 厘米），再外一层（L3）为黑地彩绘棺（长 256 厘米，宽 118 厘米，通高 114 厘米），最外一层（L4）为黑色素棺（长 295 厘米，宽 150 厘米，通高 144 厘米）；各层棺的内里皆髹朱漆。

然而学界对套棺的研究，较成熟的观点仅集中于对朱地彩绘棺的认识；至于其他三重及各重之间是否存在逻辑关联及其思想依据等，认知现状混乱，部分合理的认知"点"被淹没在谬误缠结的泡沫中。

[①] 湖南省博物馆、中国科学院考古研究所编：《长沙马王堆一号汉墓》上集，文物出版社 1973 年版，第 6 页。

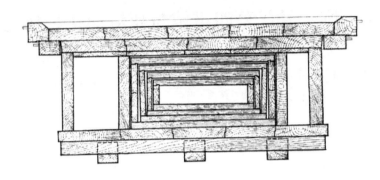

图1　长沙马王堆一号汉墓葬具纵剖面图 [①]

　　孙作云曾对该套棺的中间两层棺表面图像进行基本解释，未及各棺之象征性 [②]。曾布川宽著《向昆仑山的升仙》论及 L2，认为 T 形帛画顶部的人身蛇尾人物是女娲，至于墓主人升仙到昆仑后是否更可升天则无法判断 [③]。巫鸿认为：轪侯夫人四重棺的最外层黑漆素棺（图2），"黑色的象征意味很明显，在汉代，黑色与北方、阴、长夜、水和地下相关，而这一切概念又都与死亡联系在一起。……庄重的黑色意味着把死者与生者永远分开的死亡，也意味着这个黑色外棺之内的第二、三重外棺表面的华丽图案，并非为了在送葬仪式中被人观赏，而仅仅是为死者设计制作的"；其余三重彩棺，"第一重即最外一重（引者按：实指 L3）把她与生者分离开来，第二重（引者按：实指 L2）代表了她正在进入受到神灵保护的地府，第三重（引者按：实指 L1）一变而为不死之仙境。

①　采自湖南省博物馆、中国科学院考古研究所编：《长沙马王堆一号汉墓》上集，文物出版社1973年版，第6页。

②　孙作云：《长沙马王堆一号汉墓漆棺画考释》，《考古》1973年第4期。

③　〔日〕曾布川宽：《昆仑山への升仙：古代中国人が描いた死后の世界》，中央公论社1981年版，第125页。

这些套棺的独特设计不见于古代典籍记载，大概反映了汉代早期丧葬艺术中出现的新因素"①。

L4. 黑漆素棺　　L3. 黑地彩绘棺　　L2. 朱地彩绘棺　L1. 锦饰内棺

图2　右起：马王堆一号汉墓的锦饰内棺（L1）、朱地彩绘棺（L2）、黑地彩绘棺（L3）和黑漆素棺（L4）②

诸如此类的讨论，对于探究重重棺椁的象征意义，不无启发性。然而遗憾的是，最外层的黑漆素棺（L4）在许多研究中被忽略了。直接原因在于，黑漆素棺完全没有纹饰，不引人注意。虽然认识到三重彩棺象征三重空间，然而究竟套棺各层代表什么空间，各层之间的逻辑关系及其含义如何，仍待合理的理解和解答。

按《礼记·檀弓上》："天子之棺四重。"依此观之似有僭越。然如俞伟超所论，轪侯（列侯）夫人的四重套棺乃承旧制。事实上，诸侯僭用天子之制，早在两周之际已经发生，所以西汉诸侯王用过去的天子之制，列侯用战国时代列国的封君贵族或列卿之制是很自然的③。更关键的

① 巫鸿：《礼仪中的美术·马王堆的再思》，生活·读书·新知三联书店2005年版，第111、115页。

② 上图中，L1为湖南图书馆藏，L2—L4采自湖南省博物馆、中国科学院考古研究所编：《长沙马王堆一号汉墓》下集，文物出版社1973年版，第17页图版26。

③ 俞伟超：《马王堆一号汉墓棺椁的推定》，《先秦两汉考古论集》，文物出版社1985年版，第130页。

是，此四重之棺并非仅仅用来表示其身份之重，而是以每重棺代表不同的时空，其所指向的焦点乃是死者；四重棺及其表饰画像之施用，俨如重重暗道，其复杂架构里面隐含着严密的内在逻辑和思想。与此紧密相关的是，铺在锦饰内棺盖上（方向为上南下北）的 T 形帛画的信仰逻辑问题。研究表明，帛画由下而上逐一对应墓主死后升往蓬莱仙岛"服神药"、"登昆仑"、"上九天"的"尸解"登仙成神过程（图3）①。事实上，四重棺同样表达着墓主在死后经历的迁移变化，但需特别注意的是，这个过程乃由内而外（L1——L4）逐层呈现；每一层棺的颜色和图像，代表了一种空间的性质和该道程序对于死后过程的意义。具体来说，由内而外的三重彩绘套棺（L1——L3）之所表达，与 T 形帛画所呈现的冥界蓬莱、昆仑、九天三种空间及相应的死后三历程完全吻合。而最受忽视的最外层黑漆素棺（L4），则以其黑色代表"包天裹地"、"玄之又玄"的"道"。T 形帛画和四重套棺，可以说是汉初黄老道信仰及其生命与宇宙思想的绚烂艺术呈现。

以下将按由内向外的原本时空迁移顺序，逐层解释四重棺各自的时空象征，以及整个套棺对死后尸解成仙过程的完美表达。

一、L1 锦饰内棺代表九泉冥界，归土为鬼

装载着轪侯夫人尸体的是最里层的锦饰贴羽内棺（L1，图 2，《长

---

① 姜生：《马王堆帛画与汉初"道者"的信仰》，《中国社会科学》2014 年第 12 期。

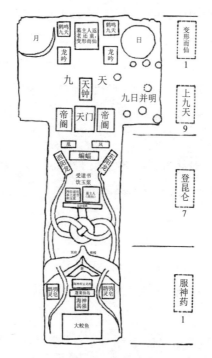

图 3　马王堆一号墓 T 形帛画尸解成仙过程示意图①

沙马王堆一号汉墓》识之为第四层②）。该层棺木外髹黑漆，髹漆之外贴
一层锦饰，锦上图案为各种菱形纹，别无他图；锦上复贴鸟羽。内棺表
饰如此简单，是否尚有含义或象征可寻？

　　在汉墓画像系统中，菱形纹多见，蕴义独特。菱形纹或单独刻画，
或与五铢钱等纹饰组合，形成具有特定寓意的图像格套。事实上，在

---

①　采自姜生：《马王堆帛画与汉初"道者"的信仰》，《中国社会科学》2014 年第 12 期。

②　湖南省博物馆、中国科学院考古研究所编：《长沙马王堆一号汉墓》上集，文物出版社
1973 年版，第 13 页。

这些单独的或组合的图像中，菱形纹作为方形的大地 —— "天圆而地方"[①] —— 思想的一种表达，实际上代表着阴性的石头（"地之骨"），暗示着死者暂居的"九泉之下"（五铢钱纹则寓意"泉" —— 九泉 —— "地之血"）[②]。人死为鬼是起于远古、世代传承的一种观念，睡虎地秦简《日书》甚至记有 20 余种鬼[③]。《礼记·祭义》：

> 气也者，神之盛也；魄也者，鬼之盛也；合鬼与神，教之至也。众生必死，死必归土，此之谓鬼。

故《说文解字·鬼部》释云："人所归为鬼。从人，象鬼头。"

因此，按四重套棺的思想逻辑，直接装殓死者尸体的最里层锦饰内棺，乃象征人死后所归"九泉之下"的冥界，所谓入土为鬼，代表死后历程的第一步。

T 形帛画即覆盖于此棺盖上。L1 究竟与该帛画有何关联？显然，L1 用实物加符号，简洁地表达了死后入冥的第一道程序。关于 L1 及其与 T 形帛画的关系，贺西林认为："内棺上的羽饰具有羽化升天的象征寓意，象征墓主之魂还将继续飞升。那么，其究竟要飞升何处呢？"贺西林进而提出墓主将循着 L4 → L3 → L2 → L1（由外而内）→ T 形帛画↑（由下而上）这个顺序经历"从死到再生直至永生的整个时间流

---

① 《大戴礼记·曾子天圆篇》："天之所生上首，地之所生下首，上首之谓圆，下首之谓方。如诚天圆而地方，则是四角之不掩也。且来！吾语汝。参尝闻之夫子曰：天道曰圆，地道曰方；方曰幽，圆曰明。"

② 姜生：《界定者：汉墓画像边饰研究》，《东岳论丛》2015 年第 11 期。

③ 王子今：《睡虎地秦简〈日书〉甲种疏证》，湖北教育出版社 2002 年版。

程"①。同样需要强调的是,《长沙马王堆一号汉墓》对套棺所做的由外而内的主观排列②,其序不合古意,依此解释套棺所蕴含的升仙迁转流程,只能走向一种颠倒的、与原始逻辑不符的想象,难免自相矛盾。

事实上,T形帛画所表达的,与套棺的 L1——→L3 之所表达的完全相同。也就是说,它们之间是并列关系,互为重复强调,帛画与L1——→L3 之间不存在由套棺再转向帛画的前后衔接顺序。

二、L2 朱地彩绘棺代表昆仑,"登之不死"而仙

由 L1 再向外一层为朱地彩绘棺(L2,图 2),色彩鲜艳,图案丰富;《长沙马王堆一号汉墓》识之为第三层,并据《山海经》和《淮南子》的有关叙述,指出此层棺"头挡和左侧面上所绘高山,应该不是一般的山,而是所谓仙山。……可能是昆仑的象征"③。巫鸿亦认为,此棺"通体为明亮的红色,象征着太阳、南方、日光、生命和永恒。三峰竞起的仙山昆仑处于神龙、神鹿、天马和羽人之间,成为此棺的中央意象"④,并且:

① 贺西林:《从长沙楚墓帛画到马王堆一号汉墓漆棺画与帛画——早期中国墓葬绘画的图像理路》,《艺术史研究》第 5 辑,中山大学出版社 2003 年版。

② 湖南省博物馆、中国科学院考古研究所编:《长沙马王堆一号汉墓》上集,文物出版社1973 年版,第 13—27 页。

③ 湖南省博物馆、中国科学院考古研究所编:《长沙马王堆一号汉墓》上集,文物出版社1973 年版,第 26 页。

④ 巫鸿:《黄泉下的美术:宏观中国古代墓葬》,生活·读书·新知三联书店 2010 年版,第227 页。

　　其"中央部分"由第四重内棺和放置在棺上的帛画组成，保存着墓主的尸体与形象；第二重棺的装饰主题是阴间世界和护卫死者的神灵；……最重要的是，升仙在这时期被看作死后世界的一个组成部分。在第三重棺上，我们可以看到有三个尖峰的昆仑山和两侧的吉祥动物，这些图像将此棺转化为一个超凡脱俗的天堂。①

三个尖峰何以代表昆仑？学界对此尚未给出应有的论证，仍停留在推测的层面。

　　L2"通体为明亮的红色"，实为丹砂之色。类似的棺表颜色处理，亦见于汉代其他漆棺资料。1997 年发现的临沂金雀山金民 4 号西汉中期周氏墓（公元前 110 年前后），木棺表面显然曾施朱漆，唯其色彩已较淡，棺上亦敷一幅彩绘帛画②。元寿二年（公元前 1 年）汉哀帝暴崩，宠臣董贤免官归第自杀，其父恭等仍欲高之，"以（朱）沙画棺③，四时之色，左苍龙，右白虎，上著金银日月，玉衣珠璧以棺，至尊无以加"（《汉书·佞幸传》）④。可见西汉礼制中以朱砂画棺为尊贵之器（东汉亦然，见后文）。

　　作为一种矿物，朱砂以其色朱红得名，事实上，"丹"字本为其古称。按"丹"字甲骨文和金文作**⿴**、**⿴**。《说文解字·丹部》："丹，

---

① 巫鸿：《超越"大限"——苍山石刻与墓葬叙事画像》，郑岩译，《南京艺术学院学报》2005 年第 1 期。

② 金雀山考古发掘队：《临沂金雀山 1997 年发现的四座西汉墓》，《文物》1988 年第 12 期。棺木照片见封三彩版；又见郭文铎、杜学民、徐淑彬：《银雀山金雀山西汉墓群》，解放军出版社 2004 年版，彩版 6。关于墓主周姓及其墓葬年代判断，见该书第 192—193 页。

③ 《汉书》卷九十三《佞幸传》颜师古注："以朱砂涂之，而又雕画也。"（班固：《汉书》，中华书局 1962 年版，第 3740 页）

④ 《长沙马王堆一号汉墓》："看来，这类纹饰的朱漆棺，是当时封建统治阶级所习用的葬具。"湖南省博物馆、中国科学院考古研究所编：《长沙马王堆一号汉墓》上集，第 26—27 页。

巴越之赤石也。象采丹井。◖，象丹形。凡丹之属皆从丹。Ｙ，古文丹。"①《史记·货殖列传》记载，秦始皇帝曾专门接见远在巴地的一位寡妇，只为她所经营的祖传丹砂矿："巴寡妇清，其先得丹穴，而擅其利数世，家亦不訾。清，寡妇也，能守其业，用财自卫，不见侵犯。秦皇帝以为贞妇而客之，为筑女怀清台。"（《史记·货殖列传》)②可见丹砂资源之重。事实上，对朱砂的信仰非常古老。考古显示，新石器时代墓葬已有在人骨周围播撒朱砂的现象，仰韶文化大型墓葬遗存亦有在死者头骨和器物上涂朱现象，瓮棺葬也有在棺内施用朱砂习俗，春秋战国时期墓底施朱现象则较多见。非独华夏，在欧美古代墓葬中亦均发现有施用朱砂的情况③。事实上，直到现代，朱砂在历史悠久的二次葬仪式中仍具重要功能。壮族的捡骨葬仪式中，仍保存着为骨坛内死者骸骨施洒朱砂的传统。罗二虎在对汉墓的相关研究中指出，此或与辟邪及升仙有关④。当是。显然，将朱砂作为神药施之墓中并期待其对死者生命赋予再生的转变，是一种十分古远而执着的人类信仰：朱砂的所在就是"不死之地"，死者将在那里得到重生。

　　与此密切相关，中国古代以朱色代表西南之天。《吕氏春秋·有始》谓天有九野，其中"西南曰朱天"，《淮南子·天文》亦云"西南方曰朱天"。

---

① 许慎撰，段玉裁注：《说文解字注》，上海古籍出版社 1988 年版，第 215 页。

② 按史家记述：秦始皇陵内使用了巨量的水银，耗用丹砂之多，可以想见。《史记》卷六《秦始皇本纪》："以水银为百川江河大海，机相灌输。"《汉书》卷三十六《楚元王传》："秦始皇帝葬于骊山之阿……水银为江河。"

③ 更多相关考古资料，参见高志伟：《考古资料所见赭石、朱砂、铅丹及其运用》，《青海民族大学学报》2011 年第 1 期；方辉：《论史前及夏时期的朱砂葬》，《文史哲》2015 年第 2 期。

④ 罗二虎：《四川汉代砖石室墓研究》，《考古学报》2001 年第 4 期。

正如上文所见，L2 同时代表着昆仑。而 L2 棺表画饰为昆仑神山，自有其方位暗示。《山海经·海内西经》："海内昆仑之虚，在西北，帝之下都。"可见昆仑在古中国的西北方。这些方位概念，均是以古老的中央帝国——中原的"中国"为坐标基点的描述。

西王母一方面被描述为西方之神（汉墓画像石上，西王母皆出现在西面），一方面又被描述为昆仑之主（汉墓画像石、壁画、器物彩绘中的西王母总是坐在上宽下狭的昆仑之巅）。战国《穆天子传》描绘的西征过程，便是一路向西，达于昆仑："丁巳，天子西征。己未，宿于黄鼠之山，西口乃遂西征。癸亥，至于西王母之邦。"[①] 西北自然被包含在西方之内。

古来中国以"往西天"讳称人死。这个西天，显然包含了西南朱天、西北昆仑以及西极之天。正如本文所揭示的，汉人相信，死后所经历的首先是入冥为鬼，而后逐步上升。汉初淮南派给出了从登昆仑（不死而仙）到登天（成神）的完整表述。《淮南子·地形》：

> 昆仑之丘，或上倍之，是谓凉风之山，登之而不死；或上倍之，是谓悬圃，登之乃灵，能使风雨；或上倍之，乃维上天，登之乃神，是谓太帝之居。

向上推溯，则战国时期《九歌·河伯》似已表达类似从 L1 登往 L2 的信仰："与女游兮九河，冲风起兮横波。乘水车兮荷盖，驾两龙兮骖螭。登昆仑兮四望，心飞扬兮浩荡……"这里已有从水（冥、鬼）到

---

① 王贻梁、陈建敏集释：《穆天子传汇校集释》，华东师范大学出版社 1994 年版，第 155 页。

山（阳、仙）而游的内容。古"九"、"鬼"通假，且林河对沅湘民歌的研究表明，侗语称"鬼"曰"九"，所谓《九歌》就是《大鬼歌》①。如此，则"九河"或即"鬼河"之意。其实，在汉晋后葬俗信仰中，泰山下的滦河即是这种鬼河。西汉都城长安北面的渭河具有类似的象征性。渭河以北的五陵塬多汉帝陵墓（西汉 11 帝之 9 帝陵）；其于汉人，过渭桥正如过滦河桥一样，意味着告别人间进入冥界。如此，则"乘水车"、"驾骖螭"从"九河"而"登昆仑"，表达的应即战国楚地"鬼歌"中对于从鬼界（水）往仙界（山）游历的向往。

关于西北昆仑山与朱色的复合，在先秦到汉晋的中国传统中保持了某种连续性。先秦时期以朱色涂棺及画像的形态，或可从曾侯乙墓墓主的两重套棺（图 4）之棺表颜色及纹饰窥其一斑。据发掘报告描述，曾侯乙墓外棺全身（包括铜足、铜框架）外表均以黑漆为底，绘朱色间黄色花纹。棺盖顶面木板上主要饰龙形蜷曲勾连纹，盖顶铜框架的四侧饰云纹。棺身上 24 组图案基本相同，每组以阴刻的圆涡纹为中心，周饰朱绘龙形蜷曲勾连纹，铜立柱上有龙形蜷曲勾连纹和花瓣纹，底部铜框架上有云纹和花瓣纹，铜足上施鳞纹②。总之，外棺表面主要纹饰特征均属流动的圆形元素（"天圆"属性③）。内棺内壁遍髹朱漆，外表基色为朱漆，图案用墨、金等色绘成。盖面上画 68 组双龙。棺身四周图案由龙、蛇、鸟、神等构成，很多龙为有翼之龙。内棺的棺表画像有些可能源自神话传说，有些可在《山海经》、《楚辞》

---

① 林河：《〈九歌〉与沅湘民俗》，上海三联书店 1990 年版，第 70—76 页。
② 湖北省博物馆编：《曾侯乙墓》（上），文物出版社 1989 年版，第 25—26 页。
③ 《吕氏春秋·圆道》："何以说天道之圜也？精气一上一下，圆周复杂，无所稽留，故曰天道圆。"高诱注："杂犹匝，无所稽留，运不止也。"

等文献中找到印证①。曾侯乙墓套棺没有出现对应于马王堆一号墓套棺外层棺的设计。但曾侯乙墓内棺表面的朱漆底色、各种纹饰颇与马王堆一号墓套棺的 L2 底色、L3 纹饰相似，所表达的应是在这个空间获得不死，从外棺表面象征玄天的黑漆上所作大量圆弧性质的图案中则可读出升天信仰。死者从内棺到外棺的境界升迁，与马王堆一号墓从 L2 向 L3 的空间迁转象征甚为相似。

图 4　曾侯乙墓墓主的内棺（右）和外棺（左）②

与马王堆同时代的例证，见于长沙砂子塘一号西汉墓的两重棺（图 5），年代约当公元前 157 年前后③。内棺为朱漆内里、黑漆外表。外棺为朱漆内里、彩绘外表，菱形纹与云气纹相配。两面侧板漆画相同。侧板的中间部位绘陡峭悬绝、高耸入云、仙气缭绕的神山，山下左右各有一豹把守，双龙游于云气中，从"神兽把守神山"的这种图像叙事模式看，应系昆仑山。又安徽潜山县彭岭 58 号墓出土的西汉早期彩绘漆棺（图 6），亦甚得马王堆一号汉墓漆棺及帛画之意④。是皆可证汉初"道

① 湖北省博物馆编：《曾侯乙墓》（上），文物出版社 1989 年版，第 28—45 页。
② 采自陈振裕主编：《中国漆器全集 1·先秦》，福建美术出版社 1997 年版，图 187、188。
③ 湖北省博物馆：《长沙砂子塘西汉墓发掘简报》，《文物》1963 年第 2 期。
④ 傅举有主编：《中国漆器全集 3·汉》，福建美术出版社 1998 年版，图 50。

者"死后信仰流布之广。

图5　左：长沙砂子塘一号西汉墓外棺壁板漆画（摹本）；
右：头足挡（摹本）①

图6　安徽潜山县彭岭58号墓出土西汉早期彩绘漆棺②

---

① 采自湖南省博物馆：《长沙砂子塘西汉墓发掘简报》，《文物》1963年第2期，图版二、彩
色图版。

② 采自傅举有主编：《中国漆器全集3·汉》，福建美术出版社1998年版，图50。

马王堆之后的例子，见于新疆楼兰古城北汉晋墓所出四足箱式朱地彩绘木棺（图7）。该棺为单层，头、足挡大菱形纹交叉点上所绘的朱雀和蟾蜍，暗示了昆仑西王母（蟾蜍在汉画中是西王母身边的司药之神）；其朱色背景则表明这个空间同时代表西南朱火之天。造于太元十一至十九年（286—294）间的云南昭通后海子东晋壁画墓（霍承嗣墓）①，南壁西段有朱绘建筑（图8），楼阁西侧绘有高冠、披甲、执环首刀而立的武官，及其头部东侧"中门侯"榜题，暗示这里是被严密把守的天上宫殿。西侧书早期道教特有的朱书文字符——云文（或曰云篆）题记，其字宜识为"朱天"，表示楼阁所代表的空间（方位恰在南方西端），为汉晋道教的"朱火宫"。《真诰》卷十六《阐幽微第二》陶弘景注："在世行阴功密德，好道信仙者，既有浅深轻重，故其受报亦不得皆同。有即身地仙不死者，有托形尸解去者，有既终得入洞宫受学者，有先诣朱火宫炼形者。"②所谓"朱火宫"即西南朱天宫。由此亦可见，关于西南朱天的信仰传统，从先秦到汉晋保持了它的历史连续性。

系统地看，轪侯夫人的三重彩棺表达着一个由内而外的连续性升迁转化过程，这个过程指向的终极目标是升天，很难说此中存在某个"中央"性质的空间。

贺西林提出，"帛画与四重漆棺为同一观念的两个表述系统。……帛画自下而上营造了四个不同空间，展现了从死到再生直至永生的整个时间流程"③。这一论述存在逻辑问题。巫鸿提出"尚未统一"，"这些境

---

①　云南省文物工作队：《云南省昭通后海子东晋壁画墓清理简报》，《文物》1963 年第 12 期。
②　〔日〕吉川忠夫等编：《真诰校注》，朱越利译，中国社会科学出版社 2006 年版，第 492 页。
③　贺西林：《从长沙楚墓帛画到马王堆一号汉墓漆棺画与帛画——早期中国墓葬绘画的图像理路》，《艺术史研究》第 5 辑，第 143—168 页。

地之间的关系是不明确的"，对来世的解释"在佛教传入之前的中国却没有产生"，这些否定性的看法，可在我们对马王堆汉墓的最新发现中得到重新认识。

图7　楼兰古城北汉晋墓出土彩绘木棺①

图8　云南昭通后海子东晋霍承嗣墓南壁西段壁画摹本局部：
朱绘建筑（朱火宫）旁的朱书云篆"朱天"题记和带"中门侯"
榜题的守宫武官②

① 采自《新疆文物古迹大观》，新疆美术摄影出版社1999年版，第33页。
② 完整原图见徐光冀主编：《中国出土壁画全集》第十册，科学出版社2011年版，第167页。

　　进一步可以确认，L2 同时代表昆仑仙境和朱火宫，应无疑义。"我们可以看到三座尖峰的昆仑山上和两侧的吉祥物，这些图像将此棺转化为一个超凡脱俗的天堂。"[1] 只不过，L2 所代表的昆仑，并未因此而成为"一个超凡脱俗的天堂"，而仍是死者转变升仙的中间过程。这里值得注意的是，遍布 L1 外表的菱形纹饰，出现在 L2 外表的边框纹饰中，表示这里是仍在大地上的"帝之下都"[2] 昆仑，是朝向"得道成仙"最高境界所必经的步骤而非终点[3]。相比之下，更外一层表示玄天的 L3，则未再出现表示"地之骨"石头的菱形纹，可见整个套棺设计制作之严谨缜密。

　　研究表明，马王堆一号墓 T 形帛画中部贵妇人脚下的白色 T 形台，以菱形纹饰示为山石，表示此处为昆仑悬圃[4]。现在，关于 L2 代表昆仑的更丰富图像符号信息，反过来可为边饰研究提供更多的支持。

　　总之，按其表面绘画含义及四重套棺的思想逻辑，L2 朱地彩绘棺实际上象征沟通天地、升仙必至的昆仑，同时复合了西南朱火宫，代表死后的第二个境界。

三、L3 黑地彩绘棺代表九天，"登之乃神"为"真人"

　　再外一层的棺（L3，《长沙马王堆一号汉墓》识之为第二层），

---

① 巫鸿：《超越"大限"——苍山石刻与墓葬叙事画像》，郑岩译，《南京艺术学院学报》2005 年第 1 期。

② 《山海经·西次三经》："昆仑之丘，实惟帝之下都。"

③ 相关研究参见姜生：《汉画孔子见老子与汉代道教仪式》，《文史哲》2011 年第 2 期。

④ 姜生：《界定者：汉墓画像边饰研究》，《东岳论丛》2015 年第 11 期。

基底为黑色，其上彩绘复杂多变的云气纹，以及穿插其间、形态生动的许多神怪和禽兽。按《长沙马王堆一号汉墓》的描绘，"黑地彩绘棺上的花纹，除盖板四侧边缘满饰带状卷云纹外，五面的四周都有宽15厘米以上以流云纹为中心的带状图案。盖板和左、右侧面的云气纹均为六组，上下两列，每列三组；头挡和足挡上的云气纹则均为四组，上下两列，每列二组"①。云气纹里多处可见怪神、怪兽及长发带翼仙人。

棺表的黑色基底代表天的本色。《易·坤卦·文言》："夫玄黄者，天地之杂也，天玄而地黄。"此处"玄"即黑。可见棺表涂黑乃表玄天之色，是以颜色喻示该层空间的九天属性。棺上全部描画云气，目的是在玄天之色的背景上，描绘死者上升九天成神而为"真人"之胜景。

上引《淮南子·地形训》曰："或上倍之，乃维上天，登之乃神，是谓太帝之居。"《孔子家语·哀公问政》：

> 人生有气有魄。气者，神之盛也。众生必死，死必归土，此谓鬼；魂气归天，此谓神。合鬼与神而享之，教之至也。

如何"归天"？按《长沙马王堆一号汉墓》的描述，此棺"右侧板内壁中上部的朱漆面上，有黑漆勾出的奔马和人，笔画草率，勉强成形"②。贺西林认为，这组几乎被遗忘的画面，起着联系黑地彩绘棺表、

① 湖南省博物馆、中国科学院考古研究所编：《长沙马王堆一号汉墓》上集，文物出版社1973年版，第15页。
② 湖南省博物馆、中国科学院考古研究所编：《长沙马王堆一号汉墓》上集，文物出版社1973年版，第15页。

朱地彩绘棺表这两重棺表图像的关键作用，"它很可能是一组赴仙的车马人物，表明已复苏的墓主之魂正在通往仙境的道路上"。这个"解释零件"很好，但把墓主变仙的时空流程在套棺中解释为从外到内的方向，造成自相矛盾。类似又如："四层套棺从外到内表现复活的墓主之魂正在赶往仙境的路上，最后进入帛画的世界。帛画自下而上营造了四个不同空间，表现了从死到再生直至永生的过程。"[①] 虽妙，但均需理清逻辑。

在黑地彩绘棺的头挡下部边框的内边线正中，浮现一个很小的半身人物（《长沙马王堆一号汉墓》提供的照片和摹本见图9右、中）。对此孙作云曾予仔细观察并指出："在这幅图的最下方正中，画着一个老人，包着头、弯着腰、伸着手，好像摸索着前进。露出上半身，正表明她刚刚出来。这老人的姿态，使我们想起画幡中段那位老妇人。她倚杖而立，背微驼，面向左，和这位老人有些相像，只是头挡上的老人，画得有点不太清楚。这老人的形状、姿态、神气，和画棺上其他人物迥然不同，可能代表着墓中的死者。"[②] 巫鸿赞同，又说："该图所表现的是轪侯夫人处于刚刚越过死亡的大限，正在进入地府（underground world）的一瞬间。"[③] 贺西林否定此说而提出"其魂已经复苏、正从地府中走出来"（部分值得认同），但同时又认为此棺表面"色彩和图像均表现为阴间景致"[④]。这些半正半谬的解释，致使对死者迁移方向之判断与对此棺

---

① 贺西林：《从长沙楚墓帛画到马王堆一号汉墓漆棺画与帛画 —— 早期中国墓葬绘画的图像理路》，《艺术史研究》第5辑，第143—168页。

② 孙作云：《长沙马王堆一号汉墓漆棺画考释》，《考古》1973年第4期。

③ 巫鸿：《礼仪中的美术·马王堆的再思》，生活·读书·新知三联书店2005年版，第112页。

④ 贺西林：《从长沙楚墓帛画到马王堆一号汉墓漆棺画与帛画 —— 早期中国墓葬绘画的图像理路》，《艺术史研究》第5辑，第143—168页。

所代表空间之判断自相矛盾。

图 9　黑地彩绘棺头挡下部所绘人物 [1]

　　此类正谬掺杂的解释，往往在同一学者的同一篇文章中即自成矛盾。造成这种困境的根本原因，是对墓葬之信仰逻辑的认知缺乏系统合理准确的把握。

　　根据本文所论和四重套棺所呈现的时空流程与思想逻辑，可以推断，L3 黑地彩绘棺象征的并非"地府"，而是九天，代表死后过程的第三步；头挡图像底部中出现的妇人形象应代表轪侯夫人由"帝之下都"昆仑上升九天，得成神仙之上品 —— "真人"。

　　值得一提的是，棺表云气的绘制，在汉代，颇有形胜及物件关联方面的讲究。《史记》卷二十七《天官书》："凡望云气……云气有兽居上者，胜。……其气平者其行徐。"由其棺表云气、仙人及神兽画像，不难见证矣。

---

[1]　左图采自孙作云：《长沙马王堆一号汉墓漆棺画考释》，《考古》1973 年第 4 期；中图采自湖南省博物馆、中国科学院考古研究所编：《长沙马王堆一号汉墓》上集，第 19 页图 18；右图采自湖南省博物馆、中国科学院考古研究所编：《长沙马王堆一号汉墓》下集，文物出版社 1973 年版，第 23 页图 30。

四、L4 黑漆素棺代表"包裹天地"
"玄之又玄"的"道"

最外层的黑漆素棺（L4，图2），《长沙马王堆一号汉墓》（上集）识之为第一层。"棺的外表遍涂棕黑色漆，素面无纹饰。"[1] 可能是这种朴素，导致此棺未被收入《长沙马王堆一号汉墓》（下集，图版26）公布的木棺全套彩色图片，此后所有相关出版物亦皆如此。相应地，这层素棺亦往往因其简单的外表被忽略了。

古以黑色解"玄"字。《诗·商颂·玄鸟》："天命玄鸟，降而生商。"《说文解字》卷四"玄部"："玄，幽远也。黑而有赤色者为玄。象幽而入覆之也。"可见汉人以颜色表达宇宙观，所思深矣。黑漆素棺的这种棺表髹漆当即"玄"色。

在前三重的既有逻辑上，进一步推断，黑漆素棺当是象征"包天裹地"、"玄之又玄"而为宇宙之本的"大道"。应当说，在整个套棺中，L4 蕴涵着最为精微奇妙的宇宙观、生命观。甚至可以说，基于其内三重彩棺所表达的思想，包裹一切的黑漆素棺以玄素的沉默，暗示着道家思想的精髓。

按马王堆三号汉墓出土帛书《老子乙本》：

> 浴（谷）神不死，是胃（谓）玄牝。玄牝之门，是胃（谓）天地之根。

---

[1]　湖南省博物馆、中国科学院考古研究所编：《长沙马王堆一号汉墓》上集，第14页。

又按《道德经》第一章，道乃"玄之又玄，众妙之门"。《道德经》第二十五章："有物混成，先天地生。寂兮寥兮，独立而不改，周行而不殆，可以为天地母。吾不知其名，强字之曰道，强为之名曰大。"《老子河上公章句》注《道德经》第四十二章曰："道始所生者一，一生阴与阳也；阴阳生和、清、浊三气，分为天、地、人也。"《庄子·大宗师》："夫道，有情有信，无为无形；可传而不可受，可得而不可见；自本自根，未有天地，自古以固存；神鬼神帝，生天生地；在太极之先而不为高，在六极之下而不为深，先天地生而不为久，长于上古而不为老。"老庄所论，皆以"道"为先于天地的宇宙本原。

《淮南子·原道训》开篇即言：

> 夫道者，覆天载地，廓四方，柝八极，高不可际，深不可测，包裹天地，禀授无形。

此乃汉代元气论宇宙观之体现。这种宇宙观内在地构造了一个时代的死后世界观，马王堆四重套棺即是这种思想的典型体现。

复按东汉道经《太平经》己部之十三（卷九十八）《包天裹地守气不绝诀第一百六十》：

> 凡道包天裹地，谁持其气候者？
>
> 善哉，子之言入微意。然天地之道所以能长且久者，以其守气而不绝也，故天专以气为吉凶也，万物象之，无气则终死也。子欲不终穷，宜与气为玄牝，象天为之，安得死也？亦不可卒得，乃成

幽室也，入室思道，自不食，与气结也。[①]

同样，东晋葛洪《抱朴子内篇·畅玄》卷首开篇即言：

> 玄者，自然之始祖，而万殊之大宗也。眇昧乎其深也，故称微焉。绵邈乎其远也，故称妙焉。其高则冠盖乎九霄，其旷则笼罩乎八隅。光乎日月，迅乎电驰。……胞胎元一，范铸两仪，吐纳大始，鼓冶亿类，徊旋四七，匠成草昧，辔策灵机，吹嘘四气，幽括冲默，舒阐粲尉，抑浊扬清，斟酌河渭，增之不溢，挹之不匮，与之不荣，夺之不瘁。故玄之所在，其乐不穷。……其唯玄道，可与为永。[②]

葛洪以玄论道，将"玄"解释为自然之"始祖"、万物之"大宗"，成为"道"的代名词，乃因其身在魏晋玄学时代之故。

从其思想史背景来看，L4 外表的玄漆无饰，同样也是对道家所崇的虚无素朴思想的奇妙艺术表达。《道德经》崇尚"见素抱朴，少私寡欲"以近其"道"。老子认为，人不能期待通过物质的或感官的过程去直接领略那"视之不见"、"听之不闻"、"搏之不得"的"道"。《道德经》第二十一章：

> 道之为物，惟恍惟惚。惚兮恍兮，其中有象。恍兮惚兮，其中

---

①　王明编：《太平经合校》，中华书局 1960 年版，第 450 页。
②　王明校译：《抱朴子内篇校释》，中华书局 1985 年版，第 1 页。

有物。窈兮冥兮，其中有精，其精甚真，其中有信。

《道德经》第十四章：

> 视之不见，名曰夷；听之不闻，名曰希；搏之不得，名曰微。此
> 三者不可致诘，故混而为一。其上不徼，其下不昧，绳绳兮不可名，
> 复归于无物。是谓无状之状，无物之象，是谓惚恍。迎之不见其首，
> 随之不见其后。执古之道，以御今之有，能知古始，是谓道纪。

这意味着，只有在虚无惚恍若有若无之中，才能尝试去把握那不可名状
的"道"。

《庄子·天地》："泰初有无，无有无名。一之所起，有一而未形。"
《庄子·齐物论》："有始也者，有未始有始也者，有未始有夫未始有始
也者。"《文子·十守》："故静漠者神明之宅，虚无者道之所居。"《列
子·天瑞》：

> 夫有形者生于无形，则天地安从生？故曰有太易，有太初，有
> 太始，有太素。太易者，未见气也；太初者，气之始也；太始者，
> 形之始也；太素者，质之始也。气，形质具而未相离，故曰浑沌。

两汉元气说盛行，以元气为万物之本体。故《春秋繁露》说，"元
者，始也"（《王道》），"元者，为万物之本"，生于"天地之前"（《玉
英》）。《说文解字·一部》："元，始也。从一从兀。"这个"元"的实
质即是道家所论宇宙万物之本的"道"。《淮南子·俶真》："是故虚无

者道之舍，平易者道之素。"《淮南子·本经》："太清之始也，和顺以寂漠，质真而素朴，闲静而不躁，推移而无故，在内而合乎道，出外而调于义，发动而成于文，行快而便于物。其言略而循理，其行悦而顺情，其心愉而不伪，其事素而不饰。"《淮南子·天文》："天墜未形，冯冯翼翼，洞洞灟灟，故曰太昭。"高诱注："冯、翼、洞、灟，无形之貌。"

一言以蔽之，最外层黑漆素棺所表现的乃是《淮南子·原道》所论"与道为一"，"与道同出"，终得"全其身"而"与道游"的终极理想境界。

马王堆一号墓晚于二、三号墓，其时间顺序，二号墓主轪侯利苍，公元前186年卒，其子为三号墓主，公元前168年卒，约5年后（前163）一号墓主轪侯夫人辛追去世。按前引《礼记·檀弓上》："天子之棺四重。"郑玄注："诸公三重，诸侯再重，大夫一重，士不重。"《荀子·礼论》："天子棺椁七重，诸侯五重，大夫三重，士再重。"利苍身被爵秩，未敢有所僭越，葬具为二重棺二重椁。因其套棺仅存底板，内髹朱漆、外髹黑漆、未见棺周表饰[1]。三号墓所用为三重棺二重椁，三重棺皆内髹朱漆，外髹深棕色漆，外棺、中棺表面无彩饰；内棺外表四周和棺盖贴满锦和绣，各方四周方框用起绒锦装饰，中间为长寿绣[2]。约公元前163年去世的轪侯夫人辛追墓用四重棺二重椁，帛画及棺表画饰臻乎完美，艺功精湛。

二、三号墓两重深棕色棺，似乎缺乏类似一号墓所见的完美程序。

---

[1]　湖南省博物馆、湖南省文物考古研究所：《长沙马王堆二、三号汉墓》第一卷《田野发掘报告》，文物出版社2004年版，第11页。

[2]　湖南省博物馆、湖南省文物考古研究所：《长沙马王堆二、三号汉墓》第一卷《田野发掘报告》，文物出版社2004年版，第40页。

实质上轪侯利苍生前身处黄老道流行环境中，死后成仙的"尸解"信仰就是那个时代关于终极信仰的主导话语。三号墓的 T 形帛画及随葬的大量黄老道典籍亦堪为证。这些黄老道信仰者自称"明大道"、"有道"——"道者"之称及其同义词，于《十问》凡九见（"道者"五次、"明大道者"两次、"有道之士"两次），其最高理想是复归"混混冥冥"的"大道"。因此，或许二、三号墓套棺设计本身即忽弃中间过程，而由 T 形帛画所示的三道程序直入棕黑色棺所代表的"合大道"第四道（也是终极）程序（二号墓棺木毁坏，已无从得知是否有帛画），而由一号墓的套棺从内向外形成逻辑序列，自可推断，各层棺表颜色与画饰乃死后变仙过程逻辑之对应象征与表达，换句话说，他们将经历与一号墓主相同的变仙历程。二、三号墓外棺表饰颜色与一号墓黑漆素棺表面或有色差，但应是技术条件所致，而其含义无异。

五、结　语

基于对马王堆汉墓的讨论，巫鸿提出：

> 死后的理想世界被概念化为各种独立境地（realms）的集合，以墓葬中的各个部位以及不同的物品和图像来象征和代表。这些境地之间的关系是不明确的，死者究竟居住在哪个特定的境地也不清楚。似乎是造墓者的孝心使他们为了取悦死者，而把所有关于超越"大限"的答案都统统摆了进去。

我们或可假定这种对来世的模棱两可、自相矛盾的理解会导致更系统的理论性的解释。但是这种解释在佛教传入以前的中国却并没有发生。①

这或许低估了汉初宗教的发展。汉初，以窦太后为首的"道者"们对老子及其思想虔诚信仰，大尊奉之。在这个信仰体系中，他们追求"乃合大道，混混冥冥，光耀天下，复反无名"（《史记·太史公自序》）。淮南学派则从理论上予以总结，《淮南子·诠言》："稽古太初，人生于无，形于有，有形而制于物。能反其所生，若未有形，谓之真人。真人者，未始分于太一者也。"考虑到这些，便不难理解，在马王堆一号墓四重套棺中，汉初"道者"的死后信仰，已经得到系统而具象的表达。

轪侯夫人的四重棺，从内到外的三重彩绘棺 L1 → L3，分别代表着冥界、昆仑、九天等三种空间，与 T 形帛画一样象征死后的三段转变过程；L1 → L3 与 T 形帛画之间为并列关系。最外层 L4 则作为"包天裹地""玄之又玄"的"大道"的象征，是 L1 → L3 和 T 形帛画共同的归宿。装入黑漆素棺意味着"乃合大道"，进入混混冥冥"与道为一"的终极境界，其蕴义可谓至妙②。

---

① 巫鸿：《超越"大限"——苍山石刻与墓葬叙事画像》，郑岩译，《南京艺术学院学报》2005 年第 1 期。

② 东汉，画棺入于礼制。《后汉书·礼仪志下》有三等之棺："诸侯王、公主、贵人皆樟棺，洞朱，云气画。公，特进，樟棺黑漆。中二千石以下，坎侯棺。"（司马彪撰，刘昭注补：《后汉书志》，中华书局 1965 年版，第 3152 页）《周礼·春官·髹人》："凡裸事用概。"唐贾公彦疏："既是黑漆为尊，以朱带落腹，故名概。"（郑玄注，贾公彦疏：《周礼注疏》，北京大学出版社 1999 年版，第 512 页）关于坎侯漆，《通典》卷八十六《礼典·丧制之四》释曰："空中勘合而漆之，如漆坎侯，即箜篌。"（杜佑：《通典》，岳麓书社 1995 年版，第 1198 页）即在棺木组装后整体漆之待用，工艺稍简。所谓"洞朱"即"洞赤"即通朱，《后汉书·礼仪志下》："东园匠、考工令奏东园秘器，表里洞赤。"（司马彪撰，刘昭注补：《后汉书志》，第 3141 页）皇室和显贵所用之棺，表里皆髹朱漆。

　　简言之，整个套棺从内向外依次表达了汉初死后尸解成仙信仰的完整程序：入冥界、登昆仑、上九天、合大道。从道家和道教的信仰史来看，这样的程序，逻辑上完全合理，且与每个图像蕴义相符合①。

　　T 形帛画和四重套棺的物理结构与符号结构完美结合，使之形成"象征"和"现实"的混融态。套棺实物与棺表及帛画图像配合，使入冥、变仙、成神、合道的系列程序被现实化。墓主人于死后世界借此而被实现，成为得道升天的"真人"。汉初的黄老道信仰在整个套棺中获得如此精微的体现，遥想其时代、其思想，堪称宏大。

（原载《文史哲》2016 年第 3 期）

　　（接上页）《后汉书·舆服志上》："轻车，古之战车也，洞朱轮舆。"（司马彪撰，刘昭注补：《后汉书志》，第 3650 页）即轻车的轮、厢皆漆作通红。这种作为礼制的棺饰规定，以棺表的不同颜色和纹饰分别用于不同等级之人，则显然不可将三种棺饰同时用于一人，而与马王堆所见汉初之情形已甚为不同。

①　后世道教则从中发展出炼精化气、炼气化神、炼神还虚以合大道的修仙逻辑。

东汉时期道教参与丧葬活动的考古学证据

杨爱国

近年来，对道教的研究方兴未艾，其中道教起源时期[①]，即汉代道教的研究受到学界的普遍重视。学者们一方面沿着传统的道路，对传世文献大下功夫，另一方面不断用新资料来丰富早期道教研究。在这些新资料中，考古发现的文物受到学人的特别青睐，解除瓶及其上的解除文、道符、买地券、画像石等艺术品、印章、肥致碑等均被用来研究早期道教的内容及其表现形式，甚至道教派别[②]。这些研究成果有力地推动了道教研究的发展。由于这些新资料大多出自东汉时期的墓葬，可能与丧葬活动有关，本文将从参与丧葬活动的角度考察东汉时期的道教，以期丰富早期道教研究的内容。

东汉时期的早期道教虽然继承发展了战国以来的神仙思想，追求长生不死和得道成仙，但是同时也继承了传统的对死亡的自然主义态

---

① 笔者以为，道教的起源可以西王母崇拜的出现和齐人甘忠可向朝廷上《天官历包元太平经》为标志，时间在西汉晚期，比一般以东汉顺帝时《太平经》出现为道教的起源要早。

② 除了发表在学术期刊和相关论文集上的论文外，还有以考古发现为主研究道教的著作，如张勋燎、白彬：《中国道教考古》，线装书局 2006 年版；刘昭瑞：《考古发现与早期道教研究》，文物出版社 2007 年版。

度①，即相信一般人是要死的。早期道教经典《太平经》中就说："今人居天地之间，从天地开辟以来，人人各一生，不得再生也。""夫物生者，皆有终尽，人生亦有死，天地之格法也。"东汉时期的道教不仅相信人是要死的，而且认为生死是不同的，"死生异路，安得相比"②。活着可以追求长生不死，但既然已经死了，还是要按照一定的礼俗安葬死者。尽管早期道教也主张事死不能过事生③，但不是不管死者。正是对死亡有了这样的观念，东汉时期的道教徒才会顺理成章地积极参与当时的丧葬活动。

需要说明的是，道教是中国土生土长的宗教，它在形成和发展的过程中与中国传统的思想、文化和宗教信仰等有千丝万缕的联系，具体到本文涉及的材料，则更多地与巫术有关。诚如学者所指出的那样，"就两汉情况而言，仍是巫与巫术的黄金时代"④。不过这个时候的巫术，更多的已经是道教巫术，如画于解除瓶上的灵符⑤。东汉的解除文在内容上与此前的告地下文书在内容上已经有所不同，"很可能出自早期道徒之手"⑥。尽管如此，为了防止在使用材料的过程中扩大道教的范围，本文将只使用东汉坟墓发现和出土的资料，这些资料已经为学者们认可是属于道教范畴的。当然，这个认可不可能是大家完全一致的意见，对有些

---

① 相关研究参见余英时，侯旭东等译：《东汉生死观》，上海古籍出版社 2005 年版，第 78—84 页。
② 王明编：《太平经合校》，中华书局 1960 年版，第 340、341、554 页。
③ 《太平经》专有一章讲"事死不得过生法"，参见王明编：《太平经合校》，中华书局 1960 年版，第 48—53 页。
④ 马新：《两汉乡村社会史》，齐鲁书社 1997 年版，第 352 页。
⑤ 王育成：《东汉道符释例》，《考古学报》1991 年第 1 期；胡新生：《中国古代巫术》，山东人民出版社、人民出版社 2010 年版，第 63 页。
⑥ 胡新生：《中国古代巫术》，山东人民出版社、人民出版社 2010 年版，第 261 页。

材料是否属道教，肯定会有见仁见智的看法。

一、传统解除观念和仪式的继承与应用

考古发现中最常见的解除瓶和解除文，反映了东汉时期道教在对待死亡的态度和丧葬仪式等方面对传统的继承。所谓解除，就是通过对鬼神的祭祀而除去凶灾，是古已有之的巫术。王充在《论衡》中专设《解除》一章对其详加批判，从王充的批判中可以看出，解除术在汉代社会是广泛流行的。

道教兴起之后，把传统巫术中的解除拿了过来。《太平经》中说："生亦有谪于天，死亦有谪于地。"[①] 谪就是罪过，解谪就是解除罪过。所谓"下为帝王万民具陈，解亿万世诸承负之谪"[②]，就是解除亿万世的各种罪过。"天教吾具出此文，以解除天地阴阳帝王人民万物之病也，凡人民万物所患苦，悉当消去之"[③]，也是相类似的意思。

考古发现或传世的解除瓶，在学术界名称不一，有的称之为镇墓瓶（罐），有的称之为解除（注）瓶，其上或有解除文，或无解除文。本文根据其上的解除文一律将其称作解除瓶。目前可以确定为解除瓶的器物主要是陶器，形制有两种：一种为大平底罐式，如河南洛阳烧沟 147 号墓和 1037 号墓随葬的陶罐（两座墓葬的年代皆为东汉晚期）[④]，洛阳史家

---

① 王明编：《太平经合校》，中华书局 1960 年版，第 74 页。
② 王明编：《太平经合校》，中华书局 1960 年版，第 64 页。
③ 王明编：《太平经合校》，中华书局 1960 年版，第 694 页。
④ 洛阳区考古发掘队：《洛阳烧沟汉墓》，科学出版社 1959 年版，第 97、98 页图四九-14。

湾东汉墓随葬的永寿二年（156）解除瓶①等；另一种为瘦高的瓶式，形制一般为侈口，平折沿，方唇，束颈，斜肩，斜直腹，平底，如西安中华小区东汉墓地18号墓随葬的解除瓶。值得注意的是，西安中华小区东汉墓地还有的墓随葬的是大平底式解除瓶，如15号墓随葬的阳嘉四年（135）解除瓶和22号墓随葬的熹平六年（177）解除瓶等②。

　　东汉时期，洛阳和西安等地出土的解除瓶和解除文，年代最早的为东汉明帝永平三年（60），最晚的为献帝初平四年（193）③。这些解除瓶都出自墓中，与丧葬礼俗有关自不待言，而判定其与道教有关，除了解除文的内容，如"死生异路，毋复相忤"，"生死异路，相去万里"④，"死人行阴，生人行阳，各自有分画，不得复交通"⑤等，与上文提到的《太平经》中的"死生异路，安得为比"相类外，更直接的证据是解除瓶上往往画有道符⑥。如陕西省长安县韦曲镇南李王村5号墓随葬的朱书解除瓶上的解除文文右为道符⑦。陕西咸阳渭城区窑店镇聂家沟村一汉墓中出土的陶解除瓶上，除了画有道符和星象，腹部还有朱书5行24字的解除文："生人有乡，死人有墓。生人前行，死人却行。死生异路，毋复相忤。"⑧

---

①　蔡运章：《东汉永寿二年镇墓瓶陶文考略》，《考古》1989年第7期。

②　西安市文物保护考古所：《西安中华小区东汉墓发掘简报》，《文物》2002年第12期。

③　张勋燎、白彬：《中国道教考古》，线装书局2006年版，第55页。

④　禚振西：《陕西户县的两座汉墓》，《考古与文物》1980年第1期。

⑤　河南省文物研究所：《密县后士郭汉画像石墓发掘报告》，《华夏考古》1987年第2期。

⑥　王育成：《东汉道符释例》，《考古学报》1991年第1期。罗二虎把汉代画像中的一些符号也与道符相连。参见罗二虎：《东汉画像中所见的早期民间道教》，《文艺研究》2007年第2期。

⑦　负安志、马志军：《长安县南李王村汉墓发掘简报》，《考古与文物》1990年第4期；王育成：《南李王陶瓶朱书与相关宗教文化问题研究》，《考古与文物》1996年第2期。

⑧　刘卫鹏、李朝阳：《咸阳窑店出土的东汉朱书陶瓶》，《文物》2004年第2期。

不仅画在解除瓶上的道符，表明解除文不是一般的巫师所为，而是出自道徒之手，而且宝鸡铲车厂 1 号汉墓[1]等朱书解除文中提到的"黄神"应当就是"黄神越章"的省称。"黄神越章"被认为与道教有关，如释玄光在《辩惑论》中就骂道士"造黄神越章，用持杀鬼"[2]。释玄光虽是南北朝时人，但当时道士造的"黄神越章"印，在汉代已经有类似之物，罗福颐编的《秦汉南北朝官印征存》中就收录有"黄神之印"的印章[3]。另外一个常在解除文提到的"天帝使者"也被认为是道教人物[4]。

道教徒们不仅用解除瓶和解除文来帮助丧家解除灾殃，还用其他被认为具有解除功能的物品，如雄黄等物同时随葬，以增强解除的功力。如陕西潼关吊桥 2 号墓随葬的 5 件解除瓶内就有雄黄[5]。西安市和平门外雁塔路 4 号出土初平四年（193）朱书解除瓶内装有汉白玉石一小块[6]。陕西咸阳教育学院 2 号汉墓随葬的永平三年（60）解除瓶内装的东西较多，有白砂石条 1 件、黄砂石块 2 件、蓝和青灰小颗粒 3 件、鸡蛋壳 1 件，另外，该墓在前室门口还放有铅人 9 件[7]。江苏省睢宁县刘楼东汉墓中室上部填土中随葬的 1 件陶罐中放有 3 件铅俑[8]。山东省邹平县开发区

① 宝鸡市博物馆：《宝鸡市铲车厂汉墓》，《文物》1981 年第 3 期。
② 释玄光：《辩惑论》，僧祐：《弘明集》，上海古籍出版社 1991 年版，第 50 页。
③ 罗福颐主编：《秦汉南北朝官印征存》，文物出版社 1987 年版，编号第 490、1177。
④ 王育成：《东汉天帝使者类道人与道教起源》，陈鼓应主编：《道家文化研究》第 16 辑，生活·读书·新知三联书店 1999 年版，第 181—203 页。
⑤ 陕西省文物管理委员会：《潼关吊桥汉代杨氏墓群发掘简记》，《文物》1961 年第 1 期。
⑥ 唐金裕：《汉初平四年王氏朱书瓶》，《文物》1980 年第 1 期。
⑦ 刘卫鹏：《汉永平三年朱书陶瓶考释》，岳起主编：《文物考古论集——咸阳市文物考古研究所成立十周年纪念》，三秦出版社 2000 年版，第 164—169 页。
⑧ 睢文、南波：《江苏睢宁县刘楼东汉墓清理简报》，《文物资料丛刊》（4），文物出版社 1981 年版，第 112—115 页。

7 号画像石墓封门砖外的墓道中随葬 1 件灰陶罐，内装 1 个动物的骨骼、1 个鸡蛋、2 块红色颜料和 2 件男女铅俑[1]。这些随葬品被认定为与道教有关，是因为解除文提到了它们[2]，而且潼关吊桥 2 号墓、咸阳教育学院 2 号墓等墓葬中的解除瓶中就装有这些随葬品。

二、道教升仙追求与坟墓艺术中的相关图像和文字

东汉时期的早期道教继承了战国以来神仙家的思想，追求长寿，追求成仙，并且相信通过修炼能够成仙。《太平经》中就说："奴婢常居下，故不伸也，故象草木。故奴婢贤者得为善人，善人好学得成贤人；贤人好学不止，次圣人；圣人学不止，知天道门户，入道不止，成不死之事，更仙；仙不止入真，成真不止入神，神不止乃与皇天同形。"与此同时，道徒们也指出，不是人人都可以成仙，能成仙的人极少，即所谓"白日之人，百万之人，未有一人得者也"，"尸解之人，百万之人乃出一人耳"[3]。

东汉时期的道教虽然继承了战国以来的神仙思想，但崇信的对象已经有了一些变化。战国至西汉武帝时期，人们更多地受燕齐方

---

[1]　李曰训、郑希敏、郭立民：《山东邹平发现汉代墓地》，《中国文物报》2007 年 9 月 14 日第 2 版。

[2]　如陕西长安县三里村墓随葬解除瓶上的解除文中就提到："铅人池池，能春能炊，上车能御，把笔能书。"与解除瓶同出的 1 件陶罐内放有 2 件铅人，可与解除文对应。（陕西省文物管理委员会：《长安县三里村东汉墓发掘简报》，《文物参考资料》1958 年第 7 期）陕西潼关吊桥 2 号墓随葬的 5 件解除瓶外壁朱书："中央雄黄，利子孙，安土。"瓶中亦装有雄黄。（陕西省文物管理委员会：《潼关吊桥汉代杨氏墓群发掘简记》，《文物》1961 年第 1 期）

[3]　王明编：《太平经合校》，中华书局 1960 年版，第 222、596 页。

士的蛊惑，崇拜海上神仙，秦皇汉武皆受之迷。自从汉武帝崇信少翁、栾大和公孙卿等方士，欲见海上仙人未果之后（参见《汉书·郊祀志》），海上仙人的地位有所下降；与此同时，山里仙人乘虚而入，而山里仙人的代表就是西王母。至西汉晚期，西王母崇拜已经形成相当大的气势，哀帝时京师祠西王母事件就是一例。据《汉书·五行志》载，哀帝建平四年（前3）"夏，京师郡国民聚会里巷仟佰，设张博具，歌舞祠西王母。又传书曰：'母告百姓，佩此书者不死。不信我言，视门枢下，当有白发。'至秋止"。其声势之大，持续时间之长可见一斑。

与哀帝时京师郡国民祠西王母的时间相先后，西汉末齐人甘忠可曾向朝廷上《天官历包元太平经》，东汉时期的《太平经》在一定程度上继承了这本书的思想，而我们目前所能见到的西汉末年至王莽时期的西王母形象，就出现在鲁南苏北的画像石椁上。如山东微山县微山岛万庄村20号汉墓是5椁并列的墓葬，其中1号、2号和4号石椁东侧板上都刻有西王母形象。4号石椁东侧板上的右格内刻一栋二层楼，楼两侧有双阙；西王母头戴胜，凭几坐在二层楼上，身旁有玉兔捣药和一只壶分列左右；楼下右侧是三青鸟、九尾狐、蛇身人和鱼身人，左侧是鸡首人，鸡首人后立一人，人后上方是一龙执烛照明[1]。

东汉时期，西王母崇拜不断发展，《太平经》即云："乐莫乐乎长安市，使人寿若西王母，比若四时周反始，九十字策传方士。"[2] 而且，汉代坟墓艺术中西王母及与她相伴的图像，以及后来出现的东王公都是在

---

[1] 微山县文物管理所：《山东微山县微山岛汉代墓葬》，《考古》2009年第10期。本文描述的左右是图像本身的左右，与原报告观者的左右正相反，特此说明。

[2] 王明编：《太平经合校》，中华书局1960年版，第62页。

道教兴盛后迅速扩散开来的①，这绝不是时间上的巧合，而是有着深刻的内在联系。

　　与道教有关的坟墓艺术品的分布范围比上文提到的解除类随葬品更为广阔，不仅出土解除类随葬品的地区都有这类艺术品，在这些区域之外的陕北和晋西北也同样存在，如画像石。陕北的画像石是东汉才出现的，晋西北的画像石则是继承陕北画像石而来，这里的画像石上也常见西王母形象。

　　东汉道教徒不仅以图像的方式向人们宣传升仙的思想②，还常常在图像旁题相关的文字，明示有关升仙内容，其中，最具代表的文字是"此上人马皆食太仓"③。"此上人马皆食太仓"常见于山东地区东汉画像石上的题记，且分布范围较广，在嘉祥、曲阜、枣庄、泗水、苍山、临沂、安丘、东平、肥城、长清、东阿等地发现的画像石上皆有所见。不仅山东，江西、湖北、江苏、安徽、河北、陕西、内蒙古等省区的东汉文物上也有类似的文字。陈直在考释河北望都汉墓壁画题字时指出："太仓为汉代太仓令，藏粟最多之处，比拟死者禄食不尽之意。"④这应当是"此上人马皆食太仓"的一层意思，不过这句话可能不止这一层意思。刘增贵就肥城北大留墓画像石上的"此人马食太山仓"指出，图像上"所描述的人物车马府

①　相关研究参见李凇：《论汉代艺术中的西王母图像》，湖南教育出版社 2000 年版；巫鸿：《汉代道教美术试探》、《地域考古与对"五斗米道"美术传统的重构》，《礼仪中的美术》，生活·读书·新知三联书店 2005 年版，第 485—508 页。

②　有学者认为汉画上常见的孔子见老子图也是汉代道教仪式的表现。参见姜生：《汉画孔子见老子与汉代道教仪式》，《文史哲》2011 年第 2 期。

③　杨爱国：《"此上人马皆食太仓"解》，中国社会科学院考古研究所、陕西省考古研究院、西安市文物保护考古所编：《汉长安城考古与汉文化》，科学出版社 2008 年版，第 565—570 页。

④　陈直：《望都汉墓壁画题字通释》，《考古》1962 年第 3 期。

第，皆属死后世界之太山君管辖，同样不能视为生前生活场景之重现"①。我们则认为它的确不是生前生活场景的重现，而是与道教相关。

《太平经》卷四十七《上善臣子弟子为君父师得仙方诀第六十三》云："'今天地实当有仙不死之法不老之方，亦岂可得耶？''善哉，真人间事也。然，可得也。天上积仙不死之药多少，比若太仓之积粟也；仙衣多少，比若太官之积布白也；众仙人之第舍多少，比若县官之室宅也。常当大道而居，故得入天。'"②《太平经》卷一二〇《有过死谪作河梁诫第一百八十八》中又说："天有倡乐乐诸神，神亦听之。善者有赏，音曲不通亦见治。各自有师，不可无本末，不成，皆食天仓，衣司农……不得无功受天衣食。"③既然不死药可以比作太仓之粟，"太仓"在有的榜题文字中又写作"天仓"。由此可以推测，所谓"此上人马皆食太仓"，并非真希望死后能食太仓之粟，而是要上天食不死之药。

三、道教徒与普通人丧葬礼俗之异同

上文所述是讲道教徒参与普通人的丧葬礼俗活动的情况，那么，他们自己死后如何处理呢？

道教徒虽然自称可以化去不死，并以此惑众，引人信教，但客观上却无法逃脱死亡的命运。虽然在已知的东汉墓中能够确定为道教徒的墓葬数量很少，但就仅有的少数之例还是能看出一点问题来。

---

① 刘增贵：《汉代画象阙的象征意义》，《中国史学》第十卷（2000年12月）。
② 王明编：《太平经合校》，中华书局1960年版，第138页。
③ 王明编：《太平经合校》，中华书局1960年版，第579页。

　　说到东汉道教徒的墓葬，最具代表性，且常被人们引用的是河南偃师南蔡庄乡南蔡庄村建宁二年（169）"真人"肥致墓①。肥致墓为砖室墓，由墓道、甬道、前室及左右侧室、后室组成，和当地常见的东汉晚期墓的形制没有多少差别。不仅如此，墓中的随葬品除了肥致碑以外，其他的如陶盒、魁、罐、铁剑等皆与同时期墓相似②。虽然该墓早年曾被盗，具道教特色的随葬品可能已被盗走，但残存的随葬品说明，"真人"也用俗人的随葬品，如果不是肥致碑的存在，仅据墓葬形制和残存的其他随葬品，我们很难把这座墓定为"真人"墓。由此可见，东汉时期道教徒的墓葬与非道教中人的墓葬同一性极强，而不似后来的僧人墓与俗人墓判然有别。

　　另外，四川的个别崖墓中出土有道符一类的铜印章③，巫鸿认为"这类铜印在崖墓中发现可证明死者为道教徒"④，而崖墓在东汉晚期至蜀汉时期的四川是极为流行的一种墓葬形制。江苏江宁的东汉早期墓中出土有"黄帝神印"的道教木印⑤，遗憾的是只有印章的报道，没有墓葬的报告，对墓葬的形制、随葬品以及与周围墓葬的关系我们不得而知。"黄帝神印"与传世的"黄神越章"当属一类，是道士们常用的神印⑥。

---

① 河南省偃师县文物管理委员会：《偃师县南蔡庄乡肥致墓发掘简报》，《文物》1992 年第 9 期。

② 洛阳地区东汉晚期墓可参见洛阳区考古发掘队：《洛阳烧沟汉墓》，科学出版社 1959 年版。

③ 冯广宏、王家佑：《四川道教古印与神秘文字》，《四川文物》1996 年第 1 期。

④ 巫鸿：《汉代道教美术试探》，《礼仪中的美术》，生活·读书·新知三联书店 2005 年版，第 455—484 页。

⑤ 邵磊、周维林：《江苏江宁出土三枚古印》，《文物》2001 年第 7 期。

⑥ 吴荣曾认为汉代的这类印章"都是人们驱鬼辟邪所用之物"，没有提到它们是否与道教有关。参见吴荣曾：《镇墓文中所见到的东汉道巫关系》，《先秦两汉史研究》，中华书局 1995 年版，第 362—378 页。胡新生则认为"黄神越章"是东汉至魏晋南北朝时期道士最常用的神印。参见胡新生：《中国古代巫术》，第 228 页。这类印能在从江苏到四川这么广阔的地域里出土，不是一般巫术所能做到的，而应当是道教兴起后，作为道教神印不断扩散的结果，如同东汉时期西王母崇拜一样。

西安世家星城 169 墓出土"黄神之印"道教陶印[1]，和肥致墓一样，该墓的形制以及其他随葬品与西安地区同时期其他墓葬没什么明显的不同。也有学者只谈印章的功能，不及墓主的身份，如张勋燎和白彬就认为这类印章（封泥）和解除瓶一样是解除器[2]。从目前所能见到的资料看，虽然不排除此类印章（封泥）有解除的作用，但它并不与解除瓶等物同出，笔者也怀疑使用者的身份可能有些特别，是道教徒的可能性极大。

以上例子说明，虽然东汉时期道教徒的墓葬形制和墓中的随葬品与非道教中人的墓葬形制和随葬品多有雷同之处，但还是会有标明其身份的特殊随葬品如印章之类存在，以示其非俗人。

四、道教参与丧葬活动的意义

我们今天能查考到的东汉时期道教参与丧葬活动的方式主要有两种：一是通过制作和出售解除瓶等解除用品直接参与到丧葬活动中去；一是巫道信仰的内容在民间广为流传，其中有关的内容被丧葬礼俗所采用，如"此上人马皆食太仓"之类，这时，巫师道徒未必亲自参加丧葬活动，我们把这种情况称为间接参与。道教参与丧葬活动，对当时丧葬礼俗的意义主要表现在以下几个方面。

最直观的意义是丰富了丧葬礼俗的内容。众所周知，丧葬礼俗同其他礼俗一样，随着社会的变化而变化。新石器时代晚期，当社会

---

[1]　西安市文物保护考古所：《西安东汉墓》，文物出版社 2008 年版，第 722 页，图三四八-5。
[2]　张勋燎、白彬：《中国道教考古》，线装书局 2006 年版，第 53 页。

变成等级结构的时候，丧葬礼俗马上对之做出反应，于是在考古发现中，我们看到这一时期的墓葬无论规模、葬具，还是随葬品的组合与陈设，都出现了等级化。东周时期，随着礼制遭到破坏，用鼎制度受到挑战，于是在墓葬中，我们看到了同样的现象。这两点是从比较大的方面着眼，细节性的变化更是不胜枚举。东汉中期以后，逐渐在社会上流行的道教和早已在社会上流行的巫术对丧葬活动的共同参与，无疑丰富了丧葬活动的内容，使丧葬礼俗中出现了一些前所未有的东西，如解除瓶和解除文、道符之类，以及坟墓艺术中西王母等与道教有关的图像。

　　道教参与丧葬活动最重要的意义是，帮助人们找到了一种新的心理安慰方式。由于对死者的敬畏，人们需要对自己的心灵进行安慰，对死者的安葬，并在安葬前后举行各种仪式都有这方面的目的。道教徒的行为有极强的神秘性，并且被很多人承认有法力，因此，无论请他们医病，还是请他们参与丧葬活动，对于邀请者都能起到心理安慰的作用。道教虽然与传统的巫术有着千丝万缕的联系，但道教参与丧葬活动对人们的心理安慰与传统的巫术又有所不同。传统的巫术只是用解除一类的仪式，让死者安心住在地下世界，不要搅扰生人，而道教在此基础上，又给死者营造了一个地下神仙世界，让其和生产不死药的西王母在一起，永享荣华。

　　道教对丧葬活动的参与，增加了人们在丧葬活动中的开支。道教参与丧葬活动之后，有可能在当地替代某些原有丧葬活动，但更大的可能是在原有活动的基础上增加道教的内容，这样一来，哪怕只是买一个无字的解除瓶也在客观上增加了丧家的经济负担。虽然缺少直接证据来证明我们的推论，但可以参考的资料还是有的。一些汉代画像石题记中就记录了所用的费用，如著名的山东嘉祥武氏阙铭中就写道："使石工孟孚、李弟卯造此阙，直钱十五万；孙宗作师（狮）子，直四万。"[1] 山东莒南东兰墩出土的孙氏阙铭中也写道："元和二年正月六日，孙仲阳、仲升父物故，行丧如礼，刻作石阙，贾直万五千。"[2] 这些文字清楚地说明，东汉时期的丧葬活动已经有很浓的商业气息，在这样的社会环境中，人们要用与道教有关的物品随葬，同样不可能是免费的。

道教对丧葬活动的参与为其在社会上传播，扩大自身的影响增加了一种方式。为人治病、消灾、参加丧葬活动是巫术产生和发展的动力，土生土长的道教因为与巫术等传统宗教有千丝万缕的联系，在它产生之初，就继承巫术原有功能参与到治病、消灾和丧葬活动中去，是一种自然的现象，而这为它在社会上传播，扩大自身的影响起到了积极的作用。从现在见到的考古资料看，东汉时期丧葬礼俗中与道教有关的文物大多出土在道教流行的山东、苏北，直到四川这样的区域范围内，其他地区相应地较少，这种重合应当是道教通过参与丧葬礼俗扩大自身影响的表现之一。

请道教徒参与丧葬活动或购买道教用品在墓中随葬的家庭，从社会上层到下层都有。陕西潼关吊桥杨氏墓地，是东汉中晚期著名的四世三公杨震家族的墓地，墓中使用了解除瓶；河南洛阳烧沟墓地中的墓主身份普遍较低，无一能与吊桥杨氏墓相匹，墓中也有使用解除瓶的情况。这一现象从一个侧面说明，当时道教在一定的区域内受到社会各阶层人士的广泛欢迎。

---

[1]　蒋英炬、吴文祺：《汉代武氏墓群石刻研究》，山东美术出版社 1995 年版，第 11 页。

[2]　刘心健、张鸣雪：《山东莒南发现汉代石阙》，《文物》1965 年第 5 期。原报告将该阙左右侧面图像和题记位置颠倒。

　　总之，东汉时期道教对于丧葬活动的参与，对非道教徒而言丰富了丧葬礼俗的内容，增加了一种心理安慰的方式；对道教而言则借此扩大了自身的影响，增加了自己的收入。而且，与古已有之的巫术、西传而来的佛教一样，道教在产生之初就参与丧葬活动，至今在一些乡村，道教仍然在参与丧葬活动，只是方式和近两千年前的东汉时期有所不同而已。正如林富士在研究东汉晚期的疾疫与宗教的关系时所指出的那样："巫祝、道士，与僧人，针对当时人的需求，适时提供了心理或生理上的医疗与救护，也使他们各自吸引了不少的信徒，因而形成三者鼎足而立的局面。当然，单以疾疫流行的社会情境，并不足以解释巫、道、佛三种宗教势力在东汉晚期的发展。但是，疾疫流行与宗教情势二者之间在当时的紧密交缠却也不能忽视。"[①]东汉时期道教与丧葬礼俗的关系同样不容忽视。

　　　　　　　　　　　　　　　　（原载《文史哲》2011 年第 4 期）

[①]　林富士：《东汉晚期的疾疫与宗教》，台北《中央研究院历史语言研究所集刊》第六十六本第三分（1995 年），第 695—745 页。

全真道的创建与教旨

周立升

金元之际创立的全真道，以感悟"全真"、修仙证真为鹄的，成为在中国影响最大的道教教派之一。笔者拟从王重阳的创教与修真这一维度，论述本文的主题 —— 行愿与修证。

一、重阳创教

王重阳（1112—1170），名喆，字知明，道号重阳子，京兆咸阳大魏村人，家业丰厚，为咸阳望族。他原名中孚，字允卿，传说他"臂力倍人，才名拔俗，早通经史，晚习刀弓"①。早年曾两次应试，一次是应文试，在废齐刘豫摄事时，但忤意而黜；一次是应武举，在金熙宗天眷年间（约1138或1139），得中甲科，于是易名德威，字世雄，足见其秣马厉兵之志。然而其仕途并不称心，只分拨在甘河镇任酒税官。由于战

---

① 白如祥辑校：《王重阳集》，齐鲁书社2005年版，第332页。

乱频仍，饥荒连年，以致人相食，当时咸阳、醴泉唯有王家富魁两邑，"其大父乃出余以周之，远而不及者咸来劫取，邻里三百户余亦因而侵之，家财为之一空"[①]。是后，慨然入道，并于终南刘蒋村居之。遂置家事不问，半醉高吟曰："昔日庞居士，如今王害风。"至此，人皆呼曰王害风。据《甘水仙源录·终南山神仙重阳真人全真教祖碑》载：正隆己卯季夏既望（1159），王重阳于甘河镇醉中啖肉，遇两位穿毡衣的道者，遂授以口诀，其后愈狂。第二年庚辰，再遇道人于醴泉，留歌颂五篇，即"秘语五篇"[②]。于是他尽断诸缘，拂衣尘外，过起了超俗遁世的生活。

金大定元年辛巳（1161），王重阳入住终南山南时村，他掘地为穴，封高数尺，圹深丈余，穴居打坐，佯狂传道，名"活死人墓"，在墓的四隅各植海棠一株，口称"将来使四海教风为一家耳"。大定三年癸未（1163）秋，他自填其穴，弃"活死人墓"，与和玉蟾、李灵阳结庵于终南刘蒋村北，寓水中坻，静心修炼。他日夜苦心经营，但收效甚微，道徒寥寥无几，只有史处厚、刘通微、严处常相继受业为其弟子。大定七年（1167）丁亥岁四月二十六日，他放火自焚其庵，邻居争相救火，王喆却婆娑起舞。乃作《烧庵》诗曰："茅庵烧了事休休，决有人人却要修。便做惺惺成猛烈，怎生学得我风流。"[③]他浪迹江湖，云游方外，迤逦东行，经咸阳，出潼关，过洛阳，谒上清宫，题诗于壁上曰："丘谭王风捉马刘，昆仑顶上打玉球。你还搬在寰海内，赢得三千八百筹。"[④]经过近四个月的长途跋涉，于大定七年（1167）闰七月十八日抵达胶东

---

① 白如祥辑校：《王重阳集》，齐鲁书社 2005 年版，第 341 页。
② 白如祥辑校：《王重阳集》，齐鲁书社 2005 年版，第 316 页。
③ 白如祥辑校：《王重阳集》，齐鲁书社 2005 年版，第 30 页。
④ 白如祥辑校：《王重阳集》，齐鲁书社 2005 年版，第 317 页。

宁海州（今烟台市牟平区）径直至儒者范明叔家。在宁海，他先后度化了七位弟子，此即后来敬称的"北七真"，亦通称"北七子"。他们是：马钰、谭处端、刘处玄、丘处机、王处一、郝大通、孙不二。王重阳与马宜甫（马钰初年之字）会面，问答契阔，乃筑室于马氏南园，题名曰"全真堂"。"全真"的道号由此揭出，标志着"全真道"正式立教。

在王重阳及其七大弟子的努力下，全真道在胶东半岛获得了蓬勃发展。金大定八年（1168）秋八月，王重阳偕同弟子在文登姜实庵设立了"三教七宝会"；大定九年（1169）八月在宁海创立了"三教金莲会"；同年九月，在福山建立了"三教三光会"；之后在登州建立了"三教玉华会"；十月又在莱州建立了"三教平等会"。短短两年时间，王重阳便同几位高徒建立了五个全真道的基层会道组织，说明全真道的信徒逐渐增加，影响逐渐扩大，胶东半岛成了全真道的重要阵地。

金大定九年（1169）秋末，王重阳留王处一、郝大通在铁查山修炼、传道，自己亲率马钰、谭处端、刘处玄、丘处机回关中，途经汴梁（今开封市），寓于王氏客栈，不幸罹患急症，于大定十年（1170）正月初四登真。在他弥留之际，曾嘱托四大弟子务必振兴全真道。马、谭、刘、丘四人扶王重阳的灵柩回关中，安葬于其故旧隐修之地终南刘蒋村，结庐守墓三年。大定十四年（1174）中秋，马、刘、谭、丘四人游秦渡镇，投宿真武庙，月夜四人各言其志：马钰云"斗贫"，谭处端云"斗是"，刘处玄云"斗志"，丘处机云"斗闲"。翌日四人分手，马钰留驻重新修葺的刘蒋故庵称曰"祖庭"；谭处端、刘处玄游洛阳；丘处机隐磻溪。在守墓期间，郝大通也于大定十一年（1171）由铁查山赶来，并想与四位师兄同庐墓侧，由于谭处端的讥讽，第二天即离开刘蒋至岐山，大定十三年（1173）度关而东，云游于赵魏间。大定十五年

（1175）夏，孙不二亦西入关，未几即出关游洛阳，居风仙姑洞修真接引弟子。这样，全真道的活动中心便由胶东半岛转移到了关中和中原地区。

二、全真指要

王重阳创立的全真道，其教理教义的最大特色，就是寻觅到了人类共同的灵性——真性，一个未经物欲染著的灵性，因此他用"全真"来命名该教。《全真堂》诗云：

> 堂名名号号全真，寂正逍遥子细陈。岂用草茅遮雨露，亦非瓦屋度秋春。……气血转流浑不漏，精神交接永无津。慧灯内照通三曜，福注长生出六尘。[1]

依王重阳的解释，"全真"的意蕴有：（1）投真换假；（2）识心见性；（3）福注长生。关于（1），他说："好把灵明开远近，便令性曜出西东。投真换假光辉至，步步莲花接上宫。"[2] 这儿的"真"与道家老庄是一脉相承的。在老子、庄子那儿，"真"就是自然、纯朴、诚实、不虚假。如老子说："其精甚真，其中有信。"（《老子》第二十一章）庄子说："彼其真是也，以其不知也。"（《庄子·知北游》）关于（2），王重

---

①　白如祥辑校：《王重阳集》，齐鲁书社 2005 年版，第 18 页。

②　白如祥辑校：《王重阳集》，齐鲁书社 2005 年版，第 6 页。

阳说："识心见性全真觉，知汞通铅结善芽。慧灯放出腾霄外，照断繁云见彩霞。"[①] 此处之"真"谓真心、真性。在老庄那儿，真性乃指本性、天性、自然之性。如庄子说："此马之真性也。"（《庄子·马蹄》）有时庄子又把真心称作"真君"、"真宰"。关于（3），王重阳说："慧灯内照通三曜，福注长生出六尘。自哂堂中心火灭，何妨诸寇积柴薪。"[②]"福注（'注'同'住'）长生"也就是全真而仙，此乃全真道的修持目标。这与老庄也是先后承传的。老子说："是谓深根固柢，长生久视之道。"（《老子》第五十九章）庄子描述女偊修炼过程时说：首先是外天下、外物、外生，然后是朝彻、见独、无古今，最后达到不死不生。所谓不死不生，也就是长生不死（《庄子·大宗师》）。

就全真的哲学思想而论，其要旨不外本体和伦理两大层面。从本体层面言，全真因保全、完善、纯粹人的本真而得名，而人的本真就是人的道性，因此真也就是道。在老庄那儿，真与道往往是二而一的。如庄子说："人特以有君为愈乎己，而身犹死之，而况其真乎！"（《庄子·大宗师》）王重阳说："道在性长在"[③]，"心如朗月天心运，性似清风道性流"[④]。道是无形的，真也是无形的。具体的物是有形、有限的，有生有灭的，因此就不是本真，只有返朴（道）才能归真。"存神养浩全真性，骨体凡躯且浑尘。"[⑤]"返见本初真面目，白云稳驾一仙神。"[⑥] 在《金关玉锁决》中也说："大道无形，生育天地；大道无名，长养万物。

---

① 白如祥辑校：《王重阳集》，齐鲁书社 2005 年版，第 4 页。
② 白如祥辑校：《王重阳集》，齐鲁书社 2005 年版，第 18 页。
③ 白如祥辑校：《王重阳集》，齐鲁书社 2005 年版，第 22 页。
④ 白如祥辑校：《王重阳集》，齐鲁书社 2005 年版，第 13 页。
⑤ 白如祥辑校：《王重阳集》，齐鲁书社 2005 年版，第 34 页。
⑥ 白如祥辑校：《王重阳集》，齐鲁书社 2005 年版，第 37 页。

从真性所生为人者，亦复如是。"①

从伦理层面言，全真的道德指归即是至善。人的生命本来是完整的、圆满的，是禀受了"真性"、"灵光"的。在上古至德之世，人们行为凝重，纯朴无私，相互不用智巧，所以本性不致离失；无贪无欲，所以纯真朴实；纯真朴实，所以与道合真。降及后世，当人尘落于现实生活之中，自觉不自觉地为物欲、情欲牵动，被名缰、利索缠绕，道亡德丧，朴失性离，情随欲动，性随情迁，天真耗尽，迷而不返。所以王重阳才行愿济世以度人，使人们返朴还醇，守静致虚，养亘初之灵物，见真如之妙性，识本来之面目，复真常之自然。他说："夫全真者，是大道之清虚无为潇洒之门户，乃纯正之家风。""自见道德之祖宗，认是清闲之源本，乃性命之妙门，是脱神仙之模子。人人悟透此玄机，乃得长生而久视，……伏望人人离俗以登真，一一断尘而得道，然愿一切众生，皆登仙阙者矣。"②

总之，全真即是至真、至善、至美，是圆融无碍的，是尽善尽美的合一。全真就是全万物之本真，这个本真就是万物蕴含的道。由道所生为人者，亦当独全其真。

三、修仙证真

修仙证真是王重阳了达性命的根本。他在《辞世颂》中说：

---

① 白如祥辑校：《王重阳集》，齐鲁书社 2005 年版，第 281 页。
② 白如祥辑校：《王重阳集》，齐鲁书社 2005 年版，第 298—299 页。

地肺重阳子，呼为王害风。

来时长日月，去后任西东。

作伴云和水，为邻虚与空。

一灵真性在，不与众心同。①

在这里，王重阳所谓的真性，指的是死后真实存在的性灵。在他看来，证悟的真性与尘俗之人的心灵是不同的。尘俗之人，由于社会生活的误导，由于酒色才气的熏陶，完整的心灵被生生地扭曲了。是非善恶，人妖神鬼，全然昧了。而证悟之人，捐舍情欲，返朴还醇，灵光真性，一存于道。对生死、生命和仙真，有着特殊的感受和关注。

（一）对生死的感悟

生死问题是人类最为关注的问题之一，也是一切宗教的核心问题，真可谓之"重中之重"，故而儒、释、道均对之做出特殊的反映与阐释。世俗之人总是喜生惧死、贪生恶死，认为人生在世就要享尽清福，受尽荣华，"酒饮清光滑辣，肉餐软美香甜"②。贪名图利，纵欲顺情，爱河流浪，欲海涌波，那就必定命赴黄泉，直奔酆都了。因此，宗教总是劝人超离此岸而渡赴彼岸。全真道亦不例外。王重阳说："叹人身，如草露。却被晨晖，晞转还归土。百载光阴难得住。只恋尘寰，甘受辛中苦。"③又说："百年恰似水中泡。一灭一生何太速，风

---

① 白如祥辑校：《王重阳集》，齐鲁书社 2005 年版，第 141 页。

② 白如祥辑校：《王重阳集》，齐鲁书社 2005 年版，第 123 页。

③ 白如祥辑校：《王重阳集》，齐鲁书社 2005 年版，第 75 页。

烛时烧。"①"堪叹生老病死，世间大病洪疴。伤嗟憨卤强添和，怎免轮
回这个。"②对于六道轮回，王重阳表现出一种无奈的哀叹。"世上轮回
等等人，各分神性各分因。百年大限从胎死，五蕴都归尘下尘。"③"一
个灵明，因何堕落，扑入凡胎处。轮回贩骨，几时修歇停住。"④他描
述人到死亡时的悲凉说："福谢身危，忽尔年龄限满。差小鬼、便来追
唤。当时间，领拽到，阎王前面。""问罪过，讳无谈矫。当时间，令
小鬼，将业镜前照。失尿，和骨骸软了，也兀底。"⑤又说："酆都路，
定置个、凌迟所。便安排了，铁床镬汤，刀山剑树。""鬼使勾名持黑
簿，没推辞、与他去。早掉下这尸骸，不借妻儿与女。地狱中长受苦，
地狱中长受苦。"⑥

　　如何解脱六道轮回，免除人生的苦恼？他以比喻的方式，道出
了自己的心声，即不要在世间不断地投胎，一再抢夺肉体以为居舍，
应通过修证，使新生命诞生在西王母的瑶池中，成为一朵清香的白
莲。"莫希夺舍学投胎，便向瑶池下手栽。生出白莲花一朵，清香直
许透天台。"⑦又说："会步修行路，应先上宝台。仰瞻超廓落，俯看
免轮回。清净真灵现，玲珑慧眼开。须凭颠倒法，怎得倒颠来。"⑧所
谓"颠倒法"亦即功行双全的修仙大法，所谓"倒颠来"也就是内外
双修的实地修证。

---

①　白如祥辑校：《王重阳集》，齐鲁书社 2005 年版，第 84 页。
②　白如祥辑校：《王重阳集》，齐鲁书社 2005 年版，第 122 页。
③　白如祥辑校：《王重阳集》，齐鲁书社 2005 年版，第 36 页。
④　白如祥辑校：《王重阳集》，齐鲁书社 2005 年版，第 57 页。
⑤　白如祥辑校：《王重阳集》，齐鲁书社 2005 年版，第 53—54 页。
⑥　白如祥辑校：《王重阳集》，齐鲁书社 2005 年版，第 61 页。
⑦　白如祥辑校：《王重阳集》，齐鲁书社 2005 年版，第 39 页。
⑧　白如祥辑校：《王重阳集》，齐鲁书社 2005 年版，第 22 页。

{

（二）对生命的觉解

　　天地之生人为贵。世间的一切，最贵重的莫过于人的生命，因此儒道两家对人的生命最为关爱和呵护。特别是道家和道教，对生命的特点和奥妙、对养生之道，进行了深入系统的探讨和研究，形成人体科学和生命科学，为人们的健康长寿做出了积极的贡献。王重阳说："天地唯尊人亦贵，日月与星临。道释儒经理最深，精气助神愔。四个三般都晓彻，丹结变成金。兖上明堂透玉岑，空外得知音。"① 正是在"天地唯尊人亦贵"之理念的范导下，王重阳高唱出了"我命在我不由天"的浩然正气歌。他唱道："自坐自坐，木上见真火。自咼自咼，从前没灾祸。……翠雾腾空外遍锁，白露凝虚上负荷。换构交睡同舒他，性命方知无包裹，不由天，只由我。"② 又吟曰："一失人身万劫休，如何能得此中修。须知未老闻强健，弃穴趋（抛）坟云水游。云水游兮别有乐，无虑无思无做作。一枕清风宿世因，一轮明月前生约。"③ 他劝人放弃一切，专事修行，以便名列仙班，长生久视。他说："简声频，简声快，休妻别子断恩爱。往昔亲情总休怪，害风不把三光昧。酆都鬼使已回头，黑府除名无追对。口能言，心能行，蓬莱稳路是长生。"④ 在王重阳看来，生命的最高价值不是享受，不是满足人的各种非分欲望，而是长生成仙，快乐逍遥。他让全真道人离俗出家，放弃世俗之人很难割舍的一切，如父母妻儿、名利声色，等等，适性自在地游于方外，捐弃世俗社会的身份和地位、权利和责任。按理说，这种割舍和捐弃是极其痛苦}

---

① 白如祥辑校：《王重阳集》，齐鲁书社 2005 年版，第 69 页。
② 白如祥辑校：《王重阳集》，齐鲁书社 2005 年版，第 79 页。
③ 白如祥辑校：《王重阳集》，齐鲁书社 2005 年版，第 137—138 页。
④ 白如祥辑校：《王重阳集》，齐鲁书社 2005 年版，第 133 页。

的，然而王重阳却认为那是"别有乐"的，因为此可以无思无虑，伴着清风和明月，逍遥于云水之中。正如他所唱的："自在自在真自在，不论高低及内外。照见五蕴即皆空，咄了八方无挂碍。维摩笑我因何退，我笑维摩尚礼拜。教公认得这害风，大家总赴龙华会。"① 表现出王重阳已超越了一切痛苦，从而获得了恬适和愉悦，得以乘神舟而达彼岸，进入仙圣之乡、玉清之境。

（三）对仙真的畅想

王重阳对仙真的畅想、对仙界的向往，是由其"悟真"而来。所谓悟真不过是对世俗的一切做彻底的放弃，对世俗的无谓选择做彻底的超越，从而获得一种一劳永逸的终极选择 —— 全真。从宗教的维度说，全真乃是一种最高的精神满足，这种最高的、极致的精神满足，只能从虔诚的神仙信仰中获得。而神仙在王重阳看来，不过是人处在气神相结的和谐状态，"气神相结，谓之神仙"②。由于王重阳强调以神御气，从而确立了元神可以脱离形体而住世或超升天界的可能性。但他反对传统道教长期以来所宣扬的肉体不死的长生信仰，认为是愚妄不达真道。他说："今之人欲永不死而离凡世者，大愚不达道理也。"③ 他的仙真观是对道教信仰的革新，是一种创造性的发展。如何修仙证真？他在回答马钰问话时说："修者真身之道，行者是性命也。""是这真性不乱，万缘不挂，不去不来，此是长生不死也。"④ 显然，这就有别于传统道教的长生不死观了。在《修仙了性秘决》中，王重阳讲得更为精密。他说："只

---

① 白如祥辑校：《王重阳集》，齐鲁书社 2005 年版，第 138 页。
② 白如祥辑校：《王重阳集》，齐鲁书社 2005 年版，第 159 页。
③ 白如祥辑校：《王重阳集》，齐鲁书社 2005 年版，第 279 页。
④ 白如祥辑校：《王重阳集》，齐鲁书社 2005 年版，第 295 页。

要人人自悟，不用摇筋摆髓之功，亦没惑人采战之术，但会无为之初始，自觉神炁而冲和，自然丹炉而药就，显现灵砂而照照，明彻神光而灿灿，自见道德之祖宗，认是清闲之源本，乃性命之妙门，是脱神仙之模子。人人悟透此玄机，乃得长生而久视。"[1]

　　基于上述理念，王重阳在继承葛洪神仙说的基础上，提出了他的五等仙说，即：鬼仙、地仙、剑仙、神仙和天仙。显然，剑仙和人仙是不同的。人仙"不必论"。剑仙"好战争"。所谓好战争乃指"第一先战退无名烦恼，第二夜间境中要战退三尸阴鬼，第三战退万法"[2]。

　　最后，我们引用王重阳在一幅自画像上的题辞名曰《传神颂》作为结语。其颂曰：

　　　　来自何方，去由何路？
　　　　一脚不移，回头即悟。[3]

　　既然"一脚不移"，那么来和去的过程也就是如如为一，感悟那个未生时已然如此、既生后亦然如此的灵明真性，那么真性也就超越了有限的形躯，有限的境遇，内忘乎其身，外忘乎万物，超出三界外，不在五行中，在复归本性的意义上获得永恒——全真而仙。

（原载《文史哲》2006 年第 3 期）

---

① 白如祥辑校：《王重阳集》，齐鲁书社 2005 年版，第 298—299 页。
② 白如祥辑校：《王重阳集》，齐鲁书社 2005 年版，第 282 页。
③ 白如祥辑校：《王重阳集》，齐鲁书社 2005 年版，第 139 页。

黄老学钩沉

黄老思想要论

陈丽桂

马王堆黄老帛书出土已四十余年，黄老之学各层面的议题研究，不论哲学、政治，还是数术、方技、养生，都已受到学界的重视。但是，面对这些内容丰富的新材料，仍有不少学者心存各种疑惑，感到无所适从。对于这些疑虑，笔者曾在两种黄老专著及一些相关论文中有所论述。但因分散于不同议题的论文或专著之中，这些论述尚未以整体性面貌呈现于学界。本文拟借此机会，对这一特殊的学术议题，试作较为全面而提纲挈领的论述，希望能具体而微地鸟瞰黄老思想的林相，及其主要大树。

一、齐国政治环境与稷下黄老思潮

"黄老"在先秦是一种学术思潮，而不是一个学派。它源起于战国中期田齐的稷下学宫，因着稷下学宫特殊的学术交流环境，辐射层面广大。儒、道、墨、法、刑名、阴阳，乃至数术、方技、神仙、小说，各家各派都来参与，黄老因此很难像儒、墨、道、法那样，有着比较固定的代表人物。

《汉书·艺文志》著录诸多依托黄帝或归为道家的著作，而按照《史记》所说：法家的申不害之学"本于黄老"，韩非也"归本于黄老"[①]，慎到、田骈、接子、环渊皆"学黄老道德之术，因发明、序其旨意"[②]。慎到著十二论，环渊著上下篇，田骈、接子亦皆有论著，都与黄老有关。而《管子》四篇，与后期道家的《庄子》外、杂篇，都被归为黄老著作。田骈、彭蒙、尹文，则被归为黄老学者。杂家的《吕氏春秋》，尤其是《淮南子》，里面也有大量的黄老理论。换言之，稷下学术虽非只有黄老，但黄老确实是稷下学术的主流，其流传也不局限于稷下。

汉志所载诸多黄老之作，初始或不免有些是附会时尚的依托，然在田齐既定目标与策略的推动下，黄老虽没有固定的专属大家，也非固定的学派，却有着特定的重大目标、思想倾向与重点议题。

它的重大目标是什么呢？简单地说，初期的重大目标就是，为田齐漂白政权进行造祖运动，并由此引申出经世实用的理论探讨，后者其后成为黄老之学的主要宗旨与目标。稷下学宫的创建者田齐政府，在篡取了姜齐政权之后，为了在"国际上"改易自己的"篡逆"形象，大搞"国际"学术交流中心建设，以稷下学宫招徕天下学术英雄"华山论剑"，并利用这些优质的学术人力资源，抬出一个远古传说中打败姜齐祖先炎帝部族的领袖——黄帝——作为自己的先祖[③]，拔高自己的来

---

① 司马迁撰，裴骃集解：《史记集解》，艺文印书馆影印清乾隆武英殿本，第 860 页。
② 司马迁撰，裴骃集解：《史记集解》，艺文印书馆影印清乾隆武英殿本，第 940 页。
③ 在一个稷下学宫全盛时期齐威王因齐所铸的敦上，有这样一段铭文："……惟因齐扬皇考，邵申高祖黄帝，侎嗣桓文……"该铭文明确推黄帝为高祖，可作为正文立论的有力佐证。参见香港中文大学社会科学院考古研究所编：《殷周金文集成释文》第三卷四六四九，香港中文大学中国文学研究中心 2001 年版。

历，显赫自己的身世。

这种身世叙事透露着这样的寓意：田氏代齐（姜姓吕氏），不过如当年自己的祖先黄帝部族取代炎帝部族一样，是光荣历史的再现。在此背景下，黄帝战蚩尤、败共工、败炎帝的诸多传说记载与附会，借着黄帝名下的典籍著作，便从稷下学宫这个学术中心逐渐辐射出去，并霎时在战国中期丰富起来、传扬开来。这就是战国以下诸多黄帝事迹，与汉志所载各类"六国人所依托"附会的黄帝著作的由来。黄帝外王经世的标志从此确立。

此外，从太公封齐"因其俗而简其礼"的立国风教，到姜齐桓公的春秋霸业，乃至田齐合纵的"东帝"威望，齐国始终都走在图强称霸的经世路线上。而太公当年因贤受封，田齐祖先陈完以贤受重得权（子孙因得以篡），决定了由姜齐至田齐一以贯之的尊贤容众传统。在此特殊的传统环境下，稷下学宫的黄老之学自然呈现出尊重多元的融汇性格。

总之，仰仗着稷下学宫多元富盛的学术资源，依恃着合纵"东帝"的威名，上述以"黄帝"为标志、以当时流行的《老子》学说为主要素材的百家共汇的"黄老"学术思潮，便由稷下学宫快速地推展出去、辐射开来。此成为战国、秦、汉时期的学术主流，甚至成为几千年来华人社会潜在的重要文化元素。

二、黄老之学的性质与议题

我们再来看黄老之学的思想倾向与主要议题。衡量黄老之学有一把很重要的标尺，或者也可以看作一张简要的黄老议题地图，那就是司马谈《论六家要旨》对所谓"道家"的概括。司马迁称自己的父亲司马谈"习道论于黄子"，也就是说，他是很地道的黄老学者。《论六家要旨》很明晰地为我们提挈了"黄老"之学的主要纲领：

> 道家使人精神专一，动合无形，赡足万物。其为术也，因阴阳之大顺，采儒墨之善，撮名法之要，与时迁移，应物变化，立俗施事，无所不宜，指约而易操，事少而功多。……至于大道之要，去健羡，绌聪明，释此而任术。夫神大用则竭，形大劳则敝，行神骚动，欲与天地长久，非所闻也。……道家无为，又曰无不为，其实易行，其辞难知。其术以虚无为本，以因循为用。无成埶，无常形，故能究万物之情。不为物先，不为物后，故能为万物主；有法无法，因时为业；有度无度，因物与合。故曰"圣人不朽，时变是守"。虚者道之常也，因者君之纲也，群臣并至，使各自明也，其实中其声者谓之端，实不中其声者谓之窾；窾言不听，奸乃不生，贤不肖自分，白黑乃形。在所欲用耳，何事不成？乃合大道，混混冥冥，光耀天下，复反无名。凡人所生者神也，所托者形也。神大用则竭，形大劳则敝，形神离则死。死者不可复生，离者不可复反，故圣人重之。由是观之，神者生之本也，形者生之具也。不先定其神，而曰"我有以治天下"，何由哉？[①]

这是"道家"一词的首度出现，它代表汉代人心目中的"道家"。其所述实际上就是黄老道家的思想总纲。根据它的说法，黄老道家因承老子，教人善养精神，虚无以处事应世，力忌刚强、贪欲，不用心机智

---

① 司马迁撰，裴骃集解：《史记集解》，艺文印书馆影印清乾隆武英殿本，第1349—1350页。

巧，要人"无为无不为"，明白大道"混冥"，成功后当身退，"复反无名"。这些观点因承了《老子》思想的要旨与重点，但除此之外"黄老"之学也转化了《老子》的思想成分：

（一）《论六家要旨》重复三次称"道家"为一种"术"，说"其为术也"、"释此而任术"、"其术以虚无为本"，从头至尾未曾称"其道"。由此可见，在司马谈心目中，黄老学说是一种"术"，而不是"道"。"道"是境界、理念、思维、规则、要领，是"体"；"术"则是可以落实操作的方案，是"用"。称"黄老"为"术"，清楚地说明了黄老之学重"用"的经世特质与功能。它不是孤虚的玄理，而是可以落实为运作的原则与方案。套用汉代集黄老思想大成的《淮南子·要略》的说法：它是言"道"兼言"事"的[①]。司马谈说黄老"道家"要求"立俗施事，无所不宜"，希望透过无形迹的手法，达到"指约而易操，事少而功多"的做事效果，四两拨千斤，精简而省力。为此，它必须兼容并包各家，阴阳、儒、墨、名、法皆所撷采。

（二）黄老道家是一种以"虚无为本，因循为用"的"君纲"或"君术"。"因"是这种君纲或君术的操作要领，它"以因循为用"，"与时推移，应物变化"，"因时为业"，"因物与合"，重时变，讲求顺应时机，顺随事物变化而调整、应对。"因"是黄老哲学的核心精神。《老子》说过"动善时"、"和其光，同其尘"[②]，似乎也重视"时"，也注意要顺随外物以反应，但却不曾正面强调时变与因循的重要性。黄老专门强化这一方面的道理，以此作为处理、应对事物的重要纲领。《老子》要人守柔、守后、不躁进。黄老则说，先、后不是问题。该不该有法、

---

① 刘安撰，刘文典集解：《淮南鸿烈集解》，文史哲出版社1992年版，第700页。
② 分别参见王弼：《老子道德经注》第八、四章，世界书局1963年版，第4—5、3页。

有度？需要怎么样的法与度？这要由时机与状况来决定。时机的掌握才是关键。能掌握时机，与之相应变化，才能不败不朽。对时变与因循观念的着重强调，是黄老道家从《老子》思想中提炼出来的处事要领。

（三）黄老道家不但是一种"术"，而且还是一种以人君为领导核心，群臣辐辏共效，人君考核其虚实以赏罚的"刑名术"。与法家申不害、韩非一系所推阐的督核臣下的君术一样，黄老君术亦为《老子》所未言。它是"合名法"的结果。

（四）较特别的是，上述《论六家要旨》引文前后两次提及形、神的关系，以及如何处理形、神关系的问题。它主张以神为生命的主体，形为精神寄托运作的工具，提醒人形神相依、双养的重要性，并以形神的健全修治为领导统御成功的先决条件。这与老、庄道家不同，是黄老道家对老、庄身体观的转化与改造。老子原本以形身为生命之沉重负担，《庄子》则教人"堕肢体，黜聪明，离形去智"、"心斋坐忘"，必须遗忘形骸的存在，才能大通于道，黄老则开始提醒形身健康的重要性。

总之，按照司马谈所述，黄老道家之学是《老子》学说的经世、入世转化，它的基本特征在于：

（一）继承《老子》学说，并吸收各家以转化《老子》学说，是治身、治事、治国并重之"术"。

（二）就治事言，它讲求无形操作，要求掌握时机，顺物、顺势，弹性调整因应；就治国言，它明推循名责实的"刑名"考核方案，与暗地虚无因循的操作要领，以此作为领导统御的纲领。

（三）就治身言，它认为健全的身心是领导统御成功的先决条件。它不再如《老子》般重神轻形，虽仍以神为主，却以形为神之依托，强调形、神一体，不可分离，提倡二者兼重并养。

继司马谈之后，东汉班固在《汉书·艺文志》中也说，"道家"是一种"知秉要执本，清虚以自守，卑弱以自持"的"君人南面之术"①。《史记》、《汉书》所谓"道家"，都代表着汉人心目中的"道家"，指的是以西汉"黄老治术"为代表的"黄老"道家。参酌司马谈《论六家要旨》的概括，对照《史记》、《汉书》所载，以及出土与传世的先秦两汉黄老相关文献，可以对黄老之学的理论内容给出比较可靠的提挈。

实际上，站在哲学的角度，如果要用最简单的概念来提挈黄老思想与《老子》思想的关系，那就是"'道'的'术'化"与"'道'的'气'化"。一方面，"黄老"结合法家的刑名与时变观念，使《老子》的虚静无为之"道"积极化，并基于阴阳家观象授时的天人观与《洪范·九畴》一系的"五福"、"六极"天人灾异说，构筑其明堂月令施政总纲，形成一种既精简省力、高效不败，且气派堂皇的政"术"。另一方面，它又"气"化《老子》之"道"，用以诠释"道"的创生，开启了战国秦汉以下的气化宇宙论与精气养生说，确立了中国传统宇宙论与养生说的典型。这两大转化，在集黄老思想理论大成的《淮南子》中，都有很清楚的推阐与呈现。而司马谈与《淮南子》的撰作者刘安都是黄老道家，也都身处黄老之治的末期与武帝独尊儒术的前夕。从这两位黄老治术末期的黄老学家入手，通过并观《论六家要旨》与《淮南子》之《原道训》、《修务训》的核心要旨，再进一步参采马王堆诸多黄老帛书的材料，可以清楚地归纳出黄老思想的理论内容。

---

① 班固撰，颜师古注，王先谦补注：《汉书补注》，艺文印书馆影印清光绪庚子（1900）春月长沙王氏校刊本1995年版，第892页。

三、"道"的"术"化：由天道到政道

司马谈《论六家要旨》所提挈的那些黄老思想纲领，在《淮南子》中得到了相当一致的呼应。《淮南子·原道训》在论述一个体道者如何以其体道的心灵去应对外在事物时，将黄老道家如何把《老子》虚静柔弱之"道"转化为高效不败的治事之"术"，铺写得淋漓尽致。

（一）治事之术：由虚无、柔后到因循、时变

《淮南子·原道训》说：

> 得道者志弱而事强，心虚而应当。所谓志弱而事强者，柔毳安静，藏于不敢，行于不能，恬然无虑，动不失时，与万物回周旋转，不为先唱，感而应之。是故贵者必以贱为号，而高者必以下为基。托小以包大，在中以制外，行柔而刚，用弱而强，转化推移，得一之道，而以少正多。所谓其事强者，遭变应卒，排患扞难，力无不胜，敌无不凌，应化揆时，莫能害之。是故欲刚者，必以柔守之；欲强者，必以弱保之。积于柔则刚，积于弱则强。……所谓后者，非谓其底滞而不发，凝结而不流，贵其周于数而合于时也。夫执道理以耦变，先亦制后，后亦制先。是何则？不失其所以制人，人不能制也。时之反侧，间不容息，先之则太过，后之则不逮。夫日回而月周，时不与人游。故圣人不贵尺之璧，而重寸之阴，时难得而易失也。禹之趋时也，履遗而弗取，冠挂而弗顾，非争其先也，而争其得时也。是故圣人守清道而抱雌节，因循应变，常后而不先。柔弱以静，舒安以定，攻大

靡坚，莫能与之争。①

《老子》教人虚无柔弱，《淮南子》则主张，处理事情心志要虚无柔弱，不要主观刚愎，表面上看起来"安静"、"恬然"、"不敢"、"不为"，操作时却要把握时机、积极快速。虚无、柔弱是操作的形式与手法，"事强"、"应当"才是终极目的。所谓"事强"、"应当"即处理事情能以简驭繁、精简省力，不论遭遇何种状况，都能快速有效地迎刃化解，永不毁败摧折。为了达到这种目标，必须全面而彻底地与所要处理的事物"回周旋转"，紧相应随，由注意、了解进而准确掌握其状况，然后才能有效因应、处理。这也正是司马谈所说的"虚无为本"、"因循"为用、"因物与和"。"虚无"、"柔弱"、"因循"，不是没主见，而是沉稳、不蠢动。它不是"应当"与强事的唯一法则，而只是过程中的观察与等待，以便相准最恰当的时机，准确反应、迅速出击。时机未到，当然要柔、后、藏、"不能"，关键性的时刻一旦来到，就须快速响应、处理。因此，制胜的关键不是先、后问题，而在把握"时机"。《原道训》因此和司马谈一样，对于时机和应变一再作重点强调。"柔"是为了保住"刚"，"弱"是为了保住"强"，它要积柔、积弱以致刚强。《原道训》希望提炼出一种"执道理以偶变"、"周于数而合于时"的能切中要害从而高效不败的"术"。将《老子》的虚无、柔后，转化为因循、时、变，并对它们进行了有机的结合，这是黄老治事之"术"的核心内容。

除《原道训》外，在《淮南子·修务训》中，这样的黄老思维与特质又一次被强调。《修务训》开宗明义，对先秦道家的"无为"作了直

---

① 刘安撰，刘文典集解：《淮南鸿烈集解》，文史哲出版社1992年版，第24—27页。

截了当的诠释，它说：

> 或曰：“无为者，寂然无声，漠然不动，引之不来，推之不往。”如此者乃得道之像，吾以为不然。……若吾所谓无为者。私志不得入公道，嗜欲不得枉正术，循理而举事，因资以立功①，推自然之势②而曲故不得容者，事成而身弗伐，功立而名弗有，非谓其感而不应，攻而不动者。③

《修务训》和《道应训》一样，剀切扼要地对《老子》学说的思想核心——虚无、柔弱、无为——作了治事、经世的积极诠释。“无为”不是不要作为，没有作为，而是依顺、尊重客观规律，把握要害，积极有效地作为，而非自以为是、自作聪明地胡作乱为。所谓“有为”、“无为”，不是“为”与“不为”的问题，而是“如何为”的问题。凡能充分利用客观条件，顺势以为，都是“无为”。“循理”、“因资”以“举事”、“立功”是黄老所强调的重点。

总之，黄老重视治事的功能效果。它积极运用、转化《老子》的虚无、柔后哲学，使之成为“因循”之术，并有机地结合时、变概念，希望造成一种内在积极有效，外表却淡定、平和，操作时能自然顺入而高效的治事之“术”。

---

① 此句本作“因资而立”，王念孙云：“‘因资而立’下脱一字，当依《文子·自然》篇作‘因资而立功’，‘立功’与‘举事’相对为文。”今从校改。参考刘安撰，刘文典集解：《淮南鸿烈集解》，文史哲出版社1992年版，第634页。
② 此句本作“权自然之势”，王念孙云：“当依《文子》作‘推自然之势’，字之误也。”今从校改。参考刘安撰，刘文典集解：《淮南鸿烈集解》，文史哲出版社1992年版，第635页。
③ 刘安撰，刘文典集解：《淮南鸿烈集解》，文史哲出版社1992年版，第629—635页。

（二）治国之术

研究黄老之学如果要寻找第二把标准尺，那就是 1973 年出土的马王堆《经法》等四篇黄老帛书，以及同时出土的诸多方技类医书。兹先说《经法》等四篇黄老帛书。

1.因道全法：暗则静因，明则刑名

马王堆帛书文献中有四篇连抄于隶体《老子》之前，同置于乙匣中的佚籍，篇题依次为《经法》、《十大经》、《称》、《道原》，唐兰以为即汉志"道家类"中所著录，但却早已亡佚的《黄帝四经》。因为该墓葬于黄老治世盛期的文帝前元十二年（前 168），又连抄在《老子》之前，一般认定即是"黄老"合卷的明证。其中的理论被公推为黄老学说的理论记录。四篇第一篇叫《经法》，《经法》第一节有篇题，叫《道法》，《道法》开篇就说："道生法。法者，引得失以绳而明曲直者也。"为了保障"法"的推行能顺利无阻碍，黄老学说把管理意义上的绝对的"法"与自然的"道"联系起来，以自然之道作为政治管理之"法"的源头。"法"因而显得自然而惬理厌心，容易推行。《韩非子·大体》说："因道全法，圣人乐而大奸止。"《饰邪》说："先王以道为本，以法为常。……道法万全，智能多失。"帛书《十大经·成法》述力黑回答黄帝问"正民"之"成法"时，也说：

　　昔天地既成，正若有名，合若有刑（形），□以守一名。……循民复一，民无乱纪。[1]

---

[1]　河洛图书出版社主编：《帛书老子》，河洛图书出版社 1975 年版，第 219 页。

既说"道生法"，又说"成法"的根源在"刑名"，可见在黄老帛书里，谈到政治时，"道"就是"刑名"。《经法·论约》说：

> 执道者之观于天下也，必审观事之所始起，审其刑名，刑名已定，逆顺有位，死生有分，存亡兴坏有处……是故万举不失理，论天下而无遗策，……是谓有道。[①]

换言之，"道"的内容就是"刑名"。以"道"治政就是以"刑名"管理。这种管理之"道"和"刑名"的接榫不是凭空而来的，它们之间原本就有密切的关联。黄老谈治事的道理时，不大提作为生化始源、先天地生的超越之"道"，而常下落一层，就时空中的天、地之道来提炼政道。《经法·道法》说：

> 天地有恒常，万民有恒事，贵贱有恒立（位），畜臣有恒道，使民有恒度。[②]

人事的政道是从自然有规律的天道中提炼出来的。天地有"四时、晦明、生杀、柔刚"的"恒常规律"，有各种可信、可期的质性与恒度，所谓的"七法"、"八正"，所以能天长地久。人间事务，尤其是政事，要管理得好，一定要效法这些井然有秩的天道，让它们各自拥有自己的"位"，执守自己的"度"，去操作、运转，其成效便能如天地般恒生

---

① 河洛图书出版社主编：《帛书老子》，河洛图书出版社 1975 年版，第 206—207 页。
② 河洛图书出版社主编：《帛书老子》，河洛图书出版社 1975 年版，第 194 页。

久长。因此，人主施政，要尊天、重地、顺四时之度，以正外内之位，应动静之化，这叫"因道全法"；其所谓"法"，主要也是指"刑名"。《十大经》说：

> 欲知得失，请必审名察刑（形），刑（形）恒自定，是我愈静，事恒自施，是我无为。①

马王堆黄老帛书里充斥着这类天道、刑名牵连互依的治政大论。依此思维开展下去，至少衍生出两大支系：其一是《管子》四篇、申不害、《韩非子》一系静因的"刑名"督核政术；其二则是《管子·四时》、《五行》、《吕氏春秋》"十二纪"、《淮南子·时则训》、《礼记·月令》一系，星象、节令、物候、方位、政令紧密搭配的一年十二个月天人施政总纲。

兹先说第一系的静因、刑名的督核术。《管子·心术上》说：

> 物固有形，形固有名，此言不得过实，实不得延名。姑形以形，以形务名，督言正名，故曰圣人。②

一个理想的领导统御者要看清楚统御对象的"形"，分别给予适当的"名"（位），再以"名"去督核其"实"，这样，管理起来才能精简省力而有效。为此，人君须知虚静因任之妙用，沉稳淡定，居高位，任

---

① 河洛图书出版社主编：《帛书老子》，河洛图书出版社 1975 年版，第 224 页。
② 〔日〕安井衡：《管子纂诂》，河洛图书出版社 1976 年版，第 7 页。

督核，只依"形"赋"名"，因"名"核"实"，不必亲自操作。《心术上》认为，君统百官，如心统九窍，要安静不动，让百官各司其职分，辐辏并进，如九窍各依其功能，正常运作，才能齐头并进，成就事功。《心术上》说：

> 心术者无为而制窍者也。无代马走，使尽其力；毋代鸟飞，使弊其羽翼；毋先物动，以观其则。动则失位，静乃自得。[1]

它运用转化《老子》的虚静、柔后哲学，力戒人君躬身操作，而应以静制动，终于提炼出"因"而不设、"应而偶之"之"术"。《心术上》说，君道"贵因"：

> 因也者，舍己而以物为法者也，感而后应，非所设也；缘理而动，非所取。……无益无损，以其形，因为之名，此"因"之术也。[2]

完全顺随外物，采取必要的相应措施。这就是司马谈所说的"其术以虚无为本，以因循为用"，"虚者道之常也，因者君之纲也"之理。换言之，要沉稳淡定，看着办，这是人君暗的内在修为。至其明的外在管理，仍须有一套公开的考核方案，那就是前面所说的因其"形"（才、能）而予之"名"（权位），再依"名"核"实"的"刑名术"，也即司马谈所谓"群臣并至，使各自明"，再核其实之"中"不中声，以为判

---

① 〔日〕安井衡：《管子纂诂》，河洛图书出版社 1976 年版，第 3—4 页。
② 〔日〕安井衡：《管子纂诂》，河洛图书出版社 1976 年版，第 8 页。

别是非、贤不肖的赏罚依据。

《管子》之外，田骈、彭蒙、慎到也谈"因"术，申不害、韩非进一步深化了其内容，推衍窜端匿迹、无限"阴鸷"的君"术"，黄老尚存的一点温润从此褪去，完全进入了法家的领域。

田骈、彭蒙常被与慎到合论。慎到学说重"势"、重"因循"，《慎子》一书虽亡佚，从辑佚的七篇看，确有《因循》篇。《庄子·天下》说慎到与田骈、彭蒙之学，曰：

> 公而不党，易而无私，决然无主，趣物而不两，不顾于虑，不谋于知，于物无择，与之俱往，古之道术有在于是者。田骈、彭蒙、慎到闻其风而说之。齐万物以为首，……弃知去己而缘不得已，泠汰于物以为道理。……蘻髁无任……纵脱无行……椎拍挽断，与物宛转，……推而后行，曳而后往，若飘风之还，若羽之旋，若磨石之隧，……至于若无知之物而已，无用贤圣，夫块不失道。豪杰相与笑之曰："慎到之道，非生人之行，而至死人之理，适得怪焉。"田骈亦然，学于彭蒙，得不教焉。……彭蒙、田骈、慎到不知道。[1]

慎到、田骈、彭蒙诸人站在道家万物一曲、唯道大全的基础上，主张去除偏执与智巧，不尚贤，要彻底扬弃自我与主观，完全地弃智去己，努力寻找一个绝对客观之物作为依据，不惜与物透迤，若飘风、转蓬，可左可右，一任外物，所谓"推而后行，曳而后往"。因此，哪怕是

---

[1]　郭庆藩：《庄子集释》，河洛图书出版社 1976 年版，第 1086—1091 页。

无意识的土块，慎到认为，都有理可寻、可据，都较"心"更客观。如此一来，主观思虑固然剥尽，一切精神层面的心灵活动也荡然无存，这在重视心灵主体的《庄子》看来，当然是大有可议，不以为然的。

有关田骈的思想，《尸子·广泽》、《吕氏春秋·不二》、《淮南子·道应训》都说田骈"贵均"、"贵齐"。不过，其"齐"与《庄子》不同，却与慎到一样，主张要"因物任性"，尊重物性，顺随物性，而非《庄子》重视心灵自主的"齐物"。

把田骈、慎到这一系"块不失道"、公以任物的观点推阐至极，就会找到一个绝对外在的"法"，来统摄并具体化那些抽象的无知之理。以这样的"法"取代"道"，作为判断是非价值的绝对依据，最终就转入了法家的领域。这是慎到、田骈、彭蒙一系黄老道家对《老子》学说的改造，《四库全书总目提要》因此归慎到为由"道"入"法"的人物，它说：

> 今考其书，大旨欲因物理之当然，各定一法而守之，不求于法之外，亦不宽于法之中，则上下相安，可以清静而治。然法所不行，势必刑以齐之，道德之为刑名，以此转关。[①]

可见慎到重"法"，其"法"往往也就是"刑名"。《慎子·威德》说：

> 明主之使其臣也，忠不得过职，而职不得兼官，……守职之吏人务其治，而莫敢溢偷其事，官正以敬其业，和顺以事其上，如

---

① 　永瑢等编撰：《四库全书总目提要》，商务印书馆 1934 年版，第 2455 页。

　　此则至治矣。①

　　这就是其后申不害所说的各守其职的"刑名"术。《荀子·非十二子》这样批评他们：

　　　　尚法而无法，下修而好作，上则取听于上，下则从众于俗……则偶然而无所归宿，……是慎到、田骈也。②

　　荀子隆礼重分，视慎到、田骈一派"与物逶迤"、因任外物的主张为和稀泥，说他们"尚法而无法"。《庄子·天下》也批评慎到、田骈等人过度任物而丧失体道的主体心灵，是崇"道"而"不知道"。然慎到去己弃智、因循、刑名，游走调和于道、法之间的学说，正是黄老道、法、刑名融合的特质所在。彭蒙、田骈著作虽亡，却一再地被与慎到合论，可见也属这一系的黄老学说。这就是司马谈为何说田骈、慎到等人"学黄老道德之术，因发明序其旨意"的原因。惜环渊、接子、田骈诸人著作皆不传，无由深入了解。

　　《慎子·因循》又说：

　　　　天道因则大，化则细。因也者，因人之情也。人莫不自为也……人不得其所以自为也，则上不取用焉。故用人之自为，不用人之为我，则莫不可得而用矣，此之谓因。③

①　钱熙祚校：《慎子》，《新编诸子集成》第五册，世界书局1991年版，第5页。
②　荀卿撰，王先谦集解：《荀子集解》，艺文印书馆影印本1957年版，第229页。
③　钱熙祚校：《慎子》，《新编诸子集成》第五册，世界书局1991年版，第3页。

它教统治者"依顺"人心自私、自我的本能，设法让他感觉他的一切作为都是为了他自己，而不是为了你，这样，他就能为你竭力效劳。"因"的权谋的意味，由此透显了出来。

慎到之外，申不害、韩非亦然。《北堂书钞》卷一五七《地部一》引《申子》说："地道不作，是以常静，常静是以正方举事为之。"《申子·大体》说：

> 善为主者倚于愚，立于不盈，设于不敢，藏于无事，窜端匿迹，示天下无为。①

《韩非子·扬权》也说：

> 人主之道，静退以为宝。不自操作而知拙与巧，不自计虑而知福与咎。是以不言而善应，不约而善增。②
> 明君……虚静以代令……虚则知实之情，静则知动者正。③

这些说法都尚在黄老的叮嘱中，但申不害既已叮嘱人主要"窜端匿迹"，《韩非子·主道》又说：

> 道在不可见，用在不可知。虚静无事，以闇见疵。

---

① 申不害：《申子》，严可均校辑：《全上古三代秦汉三国六朝文》，中华书局 1985 年版，第 33 页。
② 王先慎撰，陈奇猷校注：《韩非子集释》，上海人民出版社 1974 年版，第 68 页。
③ 王先慎撰，陈奇猷校注：《韩非子集释》，第 67 页。

> 函其□，□其□，下不能望；掩其迹，匿其端，下不能原；去
> 其智，绝其能，下不能意。……谨执其柄而固握之。……大不可
> 量，深不可测……①

要人君"去好去恶"、"去旧去智"，让人臣看不清，猜不透，也无法"测"、"量"，人臣才会无所巧饰地安分戮力其事。既要"窜端匿迹"，又要"以闇见疵"、"大不可量，深不可测"，再加上对"八奸"、"五壅"种种防范之术的强调，法家无限深囿、阴鸷的权谋本质至此展露无遗。而这一切基本上虽说是远承于老子，实际上却是透过"黄老"过渡、转化过去的。这就是为什么司马迁既将申不害、韩非与老子合传，却又说申、慎、韩三人学"本于黄老"，"学黄老道德之术"的原因。但黄老却并不如此阴鸷尖刻，黄老道家与法家之"术"的不同在此。除了以闇见疵的虚静因任之"术"外，申不害、韩非也与慎到一样，主张采用一种分官分职、循名责实的刑名术来公开考核臣下。《韩非子·定法》说："术者因任而授官，循名而责实，操生杀之柄，课群臣之能者也，此人主之所执也。"② 黄老学家与法家都一致相信，这就是最井然有序而精简高效的管理策略。

2. 法生于众适，合于人心：采儒墨之善

上文说过，《论六家要旨》称"黄老"为"术"，是"君纲"；班志也称"黄老"为"君人南面之术"，这个"术"主要是指"静因"、"刑名"的君纲，其"因道全法"的"法"，主要指"刑名"，而不是

---

① 王先慎撰，陈奇猷校注：《韩非子集释》，上海人民出版社1974年版，第68页。
② 王先慎撰，陈奇猷校注：《韩非子集释》，上海人民出版社1974年版，第68页。

法家所着重叮嘱的律令、赏罚。这种现象普遍显现在黄老重要文献典籍中。作为黄老合卷的重要文献——马王堆四篇黄老帛书，从始至终强调的，就是一种因天道以为政道之理。在被称为尚实派法家代表的《管子》中，重要的黄老篇章——《内业》、《心术》、《上下》、《白心》四篇也都只谈治身、治国之术，不大涉及律令、赏罚。被推为"尚实派法家"的《管子》，整体上当然也重法，而有《法禁》、《重令》、《法法》等强调明法审令、勿轻赦的篇章。然《法禁》所说的近二十项"圣王之禁"，内容仍多属君术、君纲问题。即便在其开宗明义的三大要则中，"法制不议"与"爵禄毋假"两项，讲的也仍是君术问题。其论述律令的重点篇章《法法》篇说：令重而不行，是赏罚不信，赏罚信而不行，是人君"不以身先之"。它因此告诫人君，"禁胜于身，则令行于民"。又说，人君应"置法以自治，立仪以自正"[1]。此乃要求人君自己作法令施行中的第一只白老鼠，躬身践法，以为民先。

　　汉代黄老要典《淮南子》就说得更彻底了，《淮南子·主术训》说：

> 法籍礼仪者，所以禁君，使无擅断也。[2]

谈到法令设立的根源时，《主术训》说：

> 法者非天堕，非地生，发于人间而反以自正。是故有诸己不非诸人；无诸己，不求诸人。所立于下者不废于上，所禁于民者，不

行于身。①

　　　法生于义，义生于众适，众适合于人心。②

归法令的根源为民心的需要，并以人君为法令约束的第一对象。此乃是黄老论"法"与法家之"法"最大的不同。以民为本是儒家的基本呼吁，黄老之法重民约君的叮嘱，就是司马谈所谓黄老道家"采儒墨之善"的原因之一。

　　3. 明堂阴阳的天人政纲：因阴阳之大顺

　　我们再来看《管子·四时》、《管子·五行》、《吕氏春秋》"十二纪"、《淮南子·时则训》、《礼记·月令》一系的明堂阴阳天人政纲。中国农耕文明起源甚早，观象授时的记载可以早到《尚书·尧典》。但是真正以农作配合天候、节令的定式记载，最早见诸《大戴礼·夏小正》，此应可视为早期阴阳家说，也应是中国最早的农民历。其重点既在指导农事，当然是治政要项。兹单举"一月"为例，以推知其一年十二月之大要：

　　　正月启蛰，雁北乡。……九月避鸿雁，……雉震鸲。……正月必雷，……鱼陟负冰。……农纬祭耒。……时有俊风。……寒日涤冻涂。……田鼠出，……农率均田，……獭祭鱼，其必与之献，……鹰则为鸠。……农及雪泽。初服于公田。……采芸为庙，……见鞠，……初昏参中。……斗柄县在下。……柳

———————————
①　刘安撰，刘文典集解：《淮南鸿烈集解》，文史哲出版社 1992 年版，第 296—297 页。
②　刘安撰，刘文典集解：《淮南鸿烈集解》，文史哲出版社 1992 年版，第 296 页。

秭。……梅、杏、杝桃则华。……缇缟。……鸡桴粥。[①]

这里只有天象、物候、简单的农作与出产的记载，而到了《管子·四时》、《管子·五行》、《吕氏春秋》"十二纪"、《淮南子·时则训》，篇幅、性质、内容都繁复了起来，所配列的天人事物、项目也多了起来。《管子·四时》先说：

> 令有时，无时，则必视顺天之所以来……唯圣人知四时。不知四时，乃失国之基。不知五谷之故，国家乃路。……阴阳者，天地之大理也；四时者，阴阳之大经也……[②]

马王堆黄老帛书也说：

> 天有死生之时，国有死生之政，因天之生也以养生，……因天之杀也以伐死……则天下从矣。（《经法·君正》）[③]
>
> 人主者，……号令之所出也，……不天天则失其神，不重地则失其根，不顺［四时之度］而民疾。（《经法·论约》）[④]

司马谈《论六家要旨》说阴阳家"阴阳、四时、八位、十二度、二十四节各有教令，顺之者昌，逆之者不死则亡"。其说虽"未必然"，

---

① 今所见《夏小正》，为宋代傅松卿据所藏两种《夏小正》文稿汇集而成的《夏小正传》而来，内中经注文混而不分，笔者试为删省注文，恢复古经文之原貌，此处所引"一月"经文内容即删去注文所成者。

② 〔日〕安井衡：《管子纂诂》，河洛图书出版社1976年版，第8—9页。

③ 河洛图书出版社主编：《帛书老子》，河洛图书出版社1975年版，第196页。

④ 河洛图书出版社主编：《帛书老子》，河洛图书出版社1975年版，第2页。

但"春生、夏长、秋收、冬藏，弗顺则无以为天下纲纪"，却是基本事实。黄老学说强调人事之道与政道配合天时、天道的重要性，由此可见。因此，在《四时》里，从星、时、气、木、骨、德的配列，以迄人事祭祀、农事、公共工程的进行、政令的发布，乃至灾眚的相应合，都有繁复的配应。值得注意的是，它开始强调政令与灾眚的密切关联。后来，通过进一步结合着五行观念，经过《吕氏春秋》"十二纪"与《礼记·月令》，到《淮南子·时则训》，上述配应达到了最繁复整齐的定式。思虑所及的所有人文元素——月份、天文、方位、干支、虫、音、律、数、味、臭、祀、祭、天候、物象、政令、服饰、旗帜、颜色、食物、官、动植物，以迄顺时令之政事，琳琅满目，逐月搭配，构成了一幅豪华气派的明堂月令施政总纲①。这是黄老因天道以为政道最具体明白的构图，它具体呈现了司马谈所说的黄老"因阴阳之大顺"的整体格局。姑不论其在当代或后世被遵循、落实的情况如何，它至少是代表黄老天人合一政纲的极品，在历朝历代得到了程度不一的尊重与依循。

以上是黄老道家"术"化《老子》之"道"为治事、治国纲领的大要。但司马谈早就说过，黄老道家认为，治国的基础在形、神，而《老子》原本也是治国、治身并论的，认为治国要清静无为，治身要重神、寡欲。黄老道家依循、推阐《老子》哲学，除"因阴阳之大顺"、"撮

---

① 兹以"孟春"之配列与论述为例，以见其大要，其余十一月类此："孟春之月，招摇指寅，昏参中，旦尾中。其位东方，其日甲乙，盛德在木，其虫鳞，其音角，律中太蔟，其数八，其味酸，其臭膻，其祀户，祭先脾。东风解冻，蛰虫始振苏，鱼上负冰，獭祭鱼，候雁北。天子衣青衣，乘苍龙，服苍玉，建青旗，食麦与羊，服八风水，爨萁燧火。（下叙配合时令之政事与逆政灾眚）正月官司空，其树杨。"见刘安撰，刘文典集解：《淮南鸿烈集解》，文史哲出版社1992年版，第55页。

名法之要"，以术化其治事、治国之"道"外，也同样"术"化其"治身"之"道"。然而，要论黄老的治身之"术"，须从其根源即"气"化《老子》之"道"说起。

四、"道"的"气"化：气化宇宙与精气养生

《老子》全书论"道"，重在进行本体性铺写，而不大谈论创生。它只推"道"为"天地根"，称之为"玄牝"，唯一涉及生成命题者只有一则：

> 道生一，一生二，二生三，三生万物。万物负阴而抱阳，冲气以为和。[①]

对于"道"如何由"无"生"有"，《老子》没有其他说明。黄老道家除了继承《老子》对"道"的本体性论述外，也试为解证《老子》之"道"对万物的生成。《老子》的"道"是虚无的，其所生不论一、二、三或万物，都是"有"，这由"无"到"有"的间距要如何拉近？黄老道家以一个介于有无、虚实之间的"气"作为媒介与缓冲，因为"气"既具备"道"的一切虚无性，却又明显是物质性存在，同时具备"有"的特征，被视为初始状态的"有"。总之，它介于虚、实或有、无之间，很方便沟通两面。战国秦汉的黄老文献，谈到创生，因此都以

---

① 　王弼：《老子道德经注》第四十二章，世界书局 1963 年版，第 26—27 页。

"气"替代"道"去推衍。

（一）气化宇宙论："气"在时空中

黄老学说之所以以"气"替代"道"，论生成，主要是因为《老子》第四十二章末两句"万物负阴而抱阳，冲气以为和"。黄老道家认为，根据这两句，"道"生化万物的条件就是阴阳之"气"的平和稳定。"气"是"道"生万物的核心质素。"道"只作为根源性的存在，"气"才是"道"创生活动的核心。马王堆黄老帛书《原道》说"道"："湿湿梦梦（蒙蒙），未有明晦。""湿湿梦梦"指水气充满，可见"道"有物质的质性。《管子·内业》说"道者所以充形"，《心术下》说"气者身之充"，显见"道"就是"气"。《管子·内业》又说："气，此则为生，下生五谷，上为列星。流于天地之间，谓之鬼神，藏于胸中，谓之圣人。"[1]

"气"是天地间最细微精纯的物质元素，它生化一切天地万物，包括了天上的星辰、地上的五谷，无形的鬼神，灵妙的圣人心灵，当然也包括了人与地面上的一切生灵。《韩非子·解老》也说"死生气禀焉"，都把"道"生化万物看作是一种"气禀"的过程。《庄子·知北游》说："臭腐复化为神奇，神奇复化为臭腐。故曰：'通天下一气耳。'""人之生，气之聚也，聚则为生，散则为死。"此亦以一切的生命状态为"气"的变化与作用，视"气"为一切生命的原质。凡此种种表明：就生化而言，"道"就是"气"，道生万物就是"气"化万物。

秦汉以下，《吕氏春秋·大乐》说：

---

[1] 〔日〕安井衡：《管子纂诂》，河洛图书出版社 1976 年版，第 1 页。

万物所出，造于太一，化于阴阳。①

所谓"太一"，孔疏解释曰："谓天地未分，浑沌之气也。"据此以观，《大乐》所言，等于说万物的生成是来自天地未分前的浑沌之气，由这浑沌之气再分生阴阳，生成万物。这正是《老子》第四十二章"万物负阴而抱阳，冲气以为和"之意。

《淮南子》则终于开始正面以"气"来诠释万物的创生，并大篇幅地铺写其过程，完成了黄老气化宇宙论的建构。其中，《天文训》说：

天地未形，冯冯翼翼，洞洞灟灟，故曰太始②。太始生虚廓③，虚廓生宇宙，宇宙生元气。元气有涯垠④，清阳者薄靡而为天，重浊者凝滞而为地。清妙之合专易，重浊之凝竭难，故天先成而地后定。天地之袭精为阴阳，阴阳之专精为四时，四时之散精为万物。⑤

《天文训》虽以"太始"为宇宙生成之始源，但其真正之生成活动却是从"元气"出现后才开始，而"元气"是肇生在时空中的。有了宇宙时空，才产生元气，然后，因着元气而有"清阳"、"重浊"质性之不同，才分生天地，继之而有四时、万物。较之以前各家，此处虽铺

---

① 许维遹集释：《吕氏春秋等五书集释》，河洛图书出版社1974年版，第207页。
② "太始"本作"太昭"，王引之据《易》纬《乾凿度》与《太平御览·天部一》，认为当作"太始"。见刘安撰，刘文典集解：《淮南鸿烈集解》，第79页引王念孙说。今从校改。
③ "太始生虚霩"本作"道始于虚霩"，兹从王引之校改，见刘安撰，刘文典集解：《淮南鸿烈集解》，第79页引王引之说。
④ "宇宙生元气，元气有涯垠"，本作"宇宙生气，气有涯垠"。王念孙据《太平御览·天部一》"元气"下所引改此，见刘安撰，刘文典集解：《淮南鸿烈集解》，第79页。今从校改。
⑤ 刘安撰，刘文典集解：《淮南鸿烈集解》，第79—80页。

写得更加详细丰富，但述说万物的生成，基本上仍是通过"气"区分阴阳。而阴阳或和合而生，或分生天地，天地之气再和合，才生万物。不管总论，还是由道分生天、地的分论，基本上都是气（或元气）的运作过程。

值得注意的是，几乎所有黄老文献，讲"道"也罢、"气"也罢，不论如何地抽象无形，基本上都是落实于时空中或现象界中来讲，而不大强调其超现象的质性。因为黄老重经世，尚用、求用，是"术"，当然要在现象界里操作。更何况万物、万象本来就是时空中的物质性存在，其生化万物、万象的"气"或"元气"，不论如何地虚无遍在，终究是被界定在"宇宙"形成之后的"时空"之中。万物、万象的生化、形成，因此也都是时空中（"天地"间）的活动。这是黄老诠释《老子》"道生一，一生二，二生三，三生万物"的命题，建构其气化宇宙论的必然结果；而不少学者甚至直接将"一"解释为"气"，也就很可理解了。

这种认为"气"的出现晚于"时空"的观念，甚至呈现在上海博物馆购自香港古董店的战国楚简《亘先》中。《亘先》在论及一个类似于"道"的始源——"亘先"——的生成时，也以"气"为生成活动运作的开始与基本元素；生成的始源虽是原初至朴、至虚、至静状态的"亘先"，但那时候没有任何生息与活动，只有自然而整全的状态。然后，一种类似"空间"概念的"或"出现了：

有"或"焉有"气"，有"气"焉有"有"……①

---

① 马承源主编：《上海博物馆藏战国楚竹书（三）》，上海古籍出版社 2003 年版，第 288 页。

空间性的"或"概念出现之后，"气"才自然产生，万有的生成活动这才揭开序幕：

> 浊气生地，清气生天，气信神哉，云云相生。①
> 异生异，鬼生鬼，韦生韦，非生非……②

《亘先》虽然强调不论始源的"亘先"、空间的概念"或"还是作为生成元素的"气"都是自然、自生，彼此只有先后问题而没有母子关系，但"气"还是被安排在空间概念"或"之后出现。并且，它也同样通过不同质性的清、浊之"气"，来分生天、地，再续生万物，所谓"异生异，鬼生鬼，韦生韦……"。总之，《亘先》也是以"气"代替始源之"亘先"，运作其生成，一如"黄老"以"气"代"道"，执行生成活动。不少学者因此归《亘先》为黄老类文献，从义理相关性角度看是有一定道理的。

（二）精气养生：从重神轻形到形、神兼治

既然人的生命与万物、万象一样，都是宇宙元"气"的化生，而生命的健全又是"治天下"的基础，黄老在论治国之"术"时，便也因此重治身之理。其理且须从生命的根本元素——"气"——的调理着手，由"气"化宇宙论延伸出精气养生论。

其实，不只黄老，《老子》原本在谈治国的同时，也论及治身问题。只不过，《老子》论"治身"，总以精神为主，视形体的存在为生命的负

---

① 马承源主编：《上海博物馆藏战国楚竹书（三）》，上海古籍出版社 2003 年版，第 291 页。
② 马承源主编：《上海博物馆藏战国楚竹书（三）》，上海古籍出版社 2003 年版，第 290 页。

担，越自然、清简越好。所有虚静、俭、啬、寡欲的主张，目的都在还精神、心灵一个清新、清明的空间。黄老则重视经世、治事，而现象界里的活动，需要在生命健全存在的基础上才能运作。因此，除了精神，形身的存在与健康也是黄老重视的焦点。司马谈说"形者生之具"——所有生命现象与活动，都寄托在形体上，没了形体，或形体不健康，精神的运作也将落空。《管子·内业》说：

> 精存自生，其外安荣，内藏以为泉原，浩然和平，以为气渊。渊之不涸，四体乃固；泉之不竭，九窍遂通。乃能穷天地、被四海，中无惑意，外无邪苗，心全于中，形全于外，不逢天菑，不遇人害，谓之圣人。[1]

> 抟气如神，万物备存。能抟乎？能一乎？能无卜筮而知吉凶乎？能止乎？能已乎？能勿求诸人而得之己乎？思之，思之，又重思之，思之而不通，鬼神将通之，非鬼神之力也，精气之极也。四体既正，血气既静，一意抟心，耳目不淫，虽远若近。[2]

物质性的精、气是精神灵明的基础，它若充满于形身（四体）之内，人的生命状态便如有源之水永不枯竭，智慧也跟着灵明起来，一切天地、人间事物之理，都能了然通透，清楚明白，如有神助，能预知吉凶、祸福。其实不是真有神助，只是由于精气的凝聚、储积，强健了形体生命，也连带清明了精神状态。在《管子·内业》里，"精"和"气"一

---

[1] 〔日〕安井衡：《管子纂诂》，河洛图书出版社1976年版，第6页。

[2] 〔日〕安井衡：《管子纂诂》，河洛图书出版社1976年版，第7页。

体混说，因为"精也者，气之精者也"①。称之为"精"，只是要强调其质性之细微、纯粹不杂，因为只有高品质的"气"，才能有高品质的形、神状态，以便运作高品质、高效率的生命活动。

　　就情绪而言，《管子·内业》说：

　　　　凡人之生也，必以其欢，忧则失纪，怒则失端，忧、悲、喜、怒，道乃无处。②

保持愉快的心情是健康的要诀，情绪起伏太大，会使精神乱了条理与分寸。而保持精神良好、心灵清明的不二法门就是沉淀思虑的杂质，让内心稳定平和。《管子·内业》主张"节其五欲，去其二凶。不喜不怒，平正擅胸"，"正心在胸，万物得度"。过度的思虑是有碍健康的，《老子》曾经如此叮嘱。《管子·内业》也说："思索生知，……思之而不舍，内困外薄，……生将巽（让）舍。"寡欲、清静一直是《老子》与黄老共同的叮嘱③，但黄老对于生理调养有更多的关注。《内业》说：

　　　　凡人之生也，天出其精，地出其形，合此以为人；和乃生，不和不生。④

---

① 〔日〕安井衡：《管子纂诂》，河洛图书出版社 1976 年版，第 4 页。
② 〔日〕安井衡：《管子纂诂》，河洛图书出版社 1976 年版，第 9 页。
③ 《老子》曰"不见可欲，使民心不乱"（第三章），并要求人戒除五色、五音、五味、驰骋田猎等乱人心性的活动项目（第十二章）。
④ 〔日〕安井衡：《管子纂诂》，河洛图书出版社 1976 年版，第 8 页。

人是天地之气和合所生，其精神由于虚无不可见，《管子·内业》想其当然而归其来源为无形的"天"气；形体则具体可察，故归其来源为可见、可察的"地"气。人就是由这天、地之精气与形气和合产生的，这等于是从人的生成角度解释了《老子》所说的"负阴而抱阳，冲气以为和"。《淮南子·原道训》说：

> 今人之所以眭然能视，萱然能听，形体能抗，而百节可屈伸，察能分白黑、视丑美，而知能别同异、明是非者何也？气为之充而神为之使也。……无所不充，则无所不在。①

换言之，不论生理官能运作，还是精神意识判别，基本上都被认为是"气"的充盈作用在推动。"气"充盈到哪里，形体、精神就运作到哪里。精神、形体或生理、心理活动，本质上都是一气。《吕氏春秋·尽数》早就说过：

> 精气之集也，必有入也。集于羽鸟，与为飞扬；集于走兽，与为流行；集于珠玉，与为精朗；集于树木，与为茂长；集于圣人，与为夐明。②

因此，要让形神得以正常运作，不只是要充盈精气，还要让这些充盈的精气得以流通而不郁滞。《吕氏春秋·尽数》说：

---

① 刘安撰，刘文典集解：《淮南鸿烈集解》，文史哲出版社 1992 年版，第 40—41 页。
② 许维遹集释：《吕氏春秋等五书集释》，第 138—139 页。

精气之来也，因轻而扬之，因走而行之，因美而良之，因长而养之，因智而明之。流水不腐，户枢不蝼，动也。形气亦然，形不动则精不流，精不流则气郁：郁处头则为肿、为风，处耳则为挶、为聋，处目则为瞗、为盲，处鼻则为鼽、为窒，处腹则为张、为疛，处足则为痿、为蹷。①

储积的精气必须通过"动"而畅通，只有这样才能正常运作。不动，则郁积在不同部位，便要产生各种疾病。除《尽数》之外，《吕氏春秋》又有《达郁》篇讨论精气的郁积、通畅与形身健康与病痛的关系。它说：

凡人三百六十节，九窍五藏六腑，肌肤欲其比也，血脉欲其通也，筋骨欲其固也，心志欲其和也，精气欲其行也，若此，则病无所居，而恶无由生矣。病之留、恶之生，精气郁也。②

养生问题，不论形、神，说穿了，都只是个精气的疏通调理问题。而精气的疏通调理，要从平日的生活起居与饮食习惯注意起。《吕氏春秋·尽数》认为，必须让"精神安乎形"，年寿才得长。而所谓"长"，不是设法延续它，而是做好日常生活的保健，去除一切生"害"的条件，饮食不要大甘、大辛、大咸，情绪不要大喜、大怒、大忧、大恐、大哀，避免处于大冷、大热、大燥、大湿、大风、大雨、大雾的环境

---

① 许维遹集释：《吕氏春秋等五书集释》，第139—140页。
② 许维遹集释：《吕氏春秋等五书集释》，第954—955页。

中。总而言之，生活习惯要简单、正常而良好。居住"不处大室，不为高台"；穿着不必厚衣暖袄；饮食要定时、定量，不要过饥、过饱，不喝烈酒，喝时要小口小口吞咽，让它顺畅、不呛，不撑、不胀，以便善待肠胃、护保五脏，体会美味。在《尽数》、《达郁》、《重己》各篇中，《吕氏春秋》把这些养生、卫生之"术"写得细微、深入、淋漓尽致。讲到最后，连水质的好坏，也都被纳为健康与否的因素。不同水质地区的人，形象、面貌的美丑，乃至健康情况的好坏都不同，所说非常合乎现代科学与医学的道理。而这一切，都是在呼吁人，重视形身的健康问题。总结这一切，《淮南子·原道训》说：

> 形者，生之舍也；气者，生之元也；神者，生之制也。一失位，则三者伤矣。是故圣人使各处其位，守其职，而不得相干也。故夫形者非其所安也而处之，则废；气不当其所充而用之，则泄；神非其所宜而行之，则昧。此三者不可不慎守也。[①]

形、气、神三位一体，一者出状况，会有连锁的多米诺骨牌效应。这是黄老治身之"术"的基本思维。其详细而深入的专业之"术"，涉及古方技类房中、医方等学问。《黄帝内经》与马王堆出土诸多帛书医经，如《天下至道谈》、《却谷食气方》，以及各种脉经、灸经、养生方、病方、杂疗方等文献，都有深入而具体、丰富的记载，由于已越出哲学范

---

① 刘安撰，刘文典集解：《淮南鸿烈集解》，文史哲出版社1992年版，第39页。其中，"气者，生之元也"本作"气者，身之充也"。王念孙认为："充本作之，此涉下文'气不当其所充'而误，元者本也。言气为生之本也。"王念孙说见刘安撰，刘文典集解：《淮南鸿烈集解》，文史哲出版社1992年版，第39—40页。今从校改。

围，姑且不论。

总之，形神兼顾的黄老精气养生论，和老子的原旨与重点有相当大的距离。到了东汉，经过《河上公章句》、《太平经》、《老子想尔注》等养生家与宗教家的推阐与过渡，直到魏晋神仙家葛洪的《抱朴子》，表面来看这些著述对于"精神"的推崇力度似不曾稍减，但对形身调养的重视程度实际上一直在增强。最终，通过提出宗教性长生不老修炼目标，"形身"的重要性被推崇到了极致。而这一切，正是从黄老的形、神兼治过渡过去的。

值得一提的是，自武帝罢黜百家、儒术独尊后，治国的黄老治术从此成为过去。但治身的黄老养生术，诚如司马谈所说，因统治者政权延续之需求，反而更加蓬勃、茁壮，最终形成了东汉、魏晋的道教养生长生说。

五、余论：黄帝标帜的转化与提升

简单作一下总结。黄老之学是由战国时期田齐稷下学宫推阐、开展起来的学术思潮。稷下学宫海纳百川的特殊质性，决定了黄老学说兼容并包、涵融各家的特质。作为稷下学者集体著作的《管子》，很明显地体现了这种兼容并包的特征。当然，因着姜齐以来太公尚权变、桓公成霸业的立国传统与风教，尤其是田齐"东帝"理想之需求，黄老思潮在兼合各家的同时，仍有一定的目标、主调与策略。它们以黄帝为标帜，目标在经世、治事，主调是道家，素材是《老子》，策略是"因道全法"，主张天道、政道一体，治国、治身一理。

黄老思潮承继并转化《老子》的虚无、柔弱、雌后之"道"，结合着法家的"刑名"督核方案，发展出"虚静—因循"之"术"，其理想境界是既积极高效而又和顺温润的政治统御。黄老学者们参采观天授时的阴阳说，架构其明堂月令的天人政纲，由"体"入"用"，最终在西汉初期大致完成了理论的建构工作，并成功地落实为高效的治术——黄老之治。此外，黄老学术转移了《老子》论"道"重视本体这一焦点，转而试论"道"的"创生"。围绕着《老子》的"道生一……冲气以为和"命题，黄老学者以"气"代"道"，尝试详述宇宙万物的创生过程。为此，他们架构起战国秦汉以下延续了几千年的中国传统气化宇宙论的基本模式，并进而开展出传统中国的精气养生说，完成了治身治国一体、形神兼养并治的黄老治身论，成为中国传统医理的基本纲领与方技文化的主要源头。

与此同时，黄老思潮具有"兼儒墨"的成分。虽然与法家思想渊源密切，但黄老之学并不一味强调重赏严罚，而是以民心为法令产生的根源，且以人君作为法令约束的第一对象，显示出与儒家躬身立教及民本思维的内在关联。此外，从《管子·牧民》的"四维"说，到《淮南子·原道训》末对仁、义、礼退而求其次的肯定，也可以看出黄老之学对儒、墨的兼采。当然，由于儒墨不是黄老核心思想，故本文不予细论，而着重强调其"因阴阳之大顺"、"撮名法之要"，以"术"化、"气"化《老子》之"道"的思想特质。

最后，我们还要谈一个值得注意的问题，那就是：作为"黄老"标帜的"黄帝"最后的去处问题。

在黄老学术思潮与治术发展的过程中，"黄帝"与"老子"的功能性质原本就大不相同。《老子》是实际运作的素材与内容，《黄帝内经》

只是标帜，其阶段性的意义非常明显。然而，当六国统一，稷下学宫与田齐政权成为历史，"东帝霸业"成为过去之后，"黄帝"标帜的热潮事实上也随之退去。在秦汉以下道家名著《吕氏春秋》、《淮南子》中，我们清楚可见：不论治国或治身，都只推衍《老子》之说，而不大谈"黄帝"了。较之班固《汉书·艺文志》所列诸多附会依托的黄帝之作，这种变化非常明显。

　　至于西汉的伟大治术——黄老治术，虽仍留有"黄"的外王印记，内容却都是清静无为，事实上仍是《老子》学说在政治上的体现。而呈现在学术上的，不再有黄帝说，而只有老子说。《老子》被奉为经典，有傅氏经、邻氏经，以及诸多解老之作。而唯一的治身宝典《黄帝内经》，事实上材料来源甚早，可能早至六国时期，与《汉书·艺文志》所列诸多方伎类医典以及马王堆诸多医经、经方文献或有来源上的关联。这些文献特被精粹而系统地整理出来，其时间大致当在西汉早期以前，可视为先秦医典的集大成之作。更重要的是，武帝以后，百家尽黜，黄老治世、治国术受挫，道家思想影响力衰退。但几乎与此同时，司马迁却在《史记·五帝本纪》里，为"黄帝"确立了历史尊位，推之为中国历史上的第一帝。从此，"黄帝"非但不再专属于田齐，也不再专属道家，而是归属了全体"中华民族"。从此，大家不再提"黄老"，而改提"炎黄"。"黄帝"的标帜，并非消失了，而是升格了。

（原载《文史哲》2016年第6期）

论西汉黄老道家的去向

——以《淮南子·道应训》所引《老子》为中心

〔日〕谷中信一 撰 孙佩霞 译

前汉文景时期，在由黄老道家促成的《老子》经典化的最终阶段，老子何以未与黄帝相关联，却被与庄子关联起来加以阐释？对于这一问题，本文将通过对淮南王刘安编撰的《淮南子·道应训》的分析，尝试阐明其中的经纬脉络。

为此，首先要检视《老子》的思想在《淮南子·道应训》（以下简称《道应训》）篇中是被如何阐释的。应当指出，其采用的手法是以"老子言"的形式为历史故事等提供理论依据，并试图以此来具体证明其作为经典的正统性；也因此，出现了对其所引用的"老子言"加以《道应训》独家解释的情况；通过检析还可以发现，其独立的解释是因亲炙《庄子》而有的结果。因此，本文将确认《道应训》乃是《老子》解释史上的一个转机，并且论证这是一次方向性的转变 —— 正如《淮南子·要略》篇所指出的那样，乃是由战国时期以来的黄老道家，向与之立场不同的老庄道家的转变。

通过以下的考察可得知，在汉初的文景期间，亦即武帝之前，至少在淮南之地，业已明显存在着欲以老庄的角度，而并非黄老角度，对《老子》进行再解释的动向。这一事实又恰恰表明，在经典化的最终过程中，《老子》已出现了与其作为黄老道家经典的原初定位所不同的位置移动。

诚然，在权力中央，几乎是同时期，因景帝之母窦太后笃好《老子》，故在宫中，以景帝为先，《老子》已被视作"不得不读"的文献。若以此推论的话，似乎当时"黄老思想"甚为流行。不过，正是所谓"不得不读"这一表述，也暗示着阅读《老子》未必是一种自发的主动行为①。景帝关于辕固生的《老子》"家人言"的应对，使人推想以景帝为首的宫中人等，对迫于窦太后的压力而阅读《老子》一事，未必是心悦诚服的②。众所周知，其后不久，即自武帝即位后，儒教便迅速得势③。

---

① "窦太后好黄帝、老子言，帝及太子诸窦不得不读黄帝、老子，尊其术"一句中"不得不……"的含义是，并非出于自我意志的主动行为，而是因自身所处的境况所"迫不得已"。因此，此处文字也可以解释为：人们不是因为窦太后的推荐而积极地阅读，而是不敢无视其在宫中的权势，或者是为了不伤及她的面子才勉强进行的阅读。如此看来，窦太后时黄老思想似乎已然度过了其流行的高峰期。在此情况下，作为同一事态的延续，辕固生的《老子》"家人言"的事件发生了。可以说，这是一场口舌之祸，但实际上，此时欲治辕固生死罪的也只有窦太后一人，景帝等则寄予同情并悄然拯救使之脱离死地，而窦太后也未予更深的追究。此后，辕固生在宫中越发受到重用，甚至为官至武帝之时。参见《史记·儒林列传》。

② 《汉书·儒林传》对当时的经过作了如下记载："窦太后好老子书，召问固。固曰：此家人言耳。太后怒曰：安得司空城旦书乎。乃使固入圈击彘。上知太后怒，而固直言无罪，乃假固利兵。下，固刺彘正中其心，彘应手而倒。太后默然，亡以复罪。后上以固廉直，拜为清河太傅，疾免。武帝初即位，复以贤良征。"可见，即或是辕固生肆意论断《老子》为"家人言"，为此狂怒的也只有窦太后一人，景帝始终保持着冷静。

③ 但是，在武帝即位后的一段时间里，窦太后的实权似乎依旧不小。即"元年汉兴已六十余岁矣，天下乂安，荐绅之属皆望天子封禅改正度也。而上乡儒术，招贤良，赵绾、王臧等以文学为公卿，欲议古立明堂城南，以朝诸侯。草巡狩封禅改历服色事未就"（《史记·武帝本纪》）。即：武帝意欲尽早树立儒术之尊，参与政务，但是，窦太后却厌恶这些儒者官僚，想尽办法欲将他们逐出朝堂。然而，出自武帝的事情，以外戚的身份仍不便多言阻拦，于是，就出现了借微末之理由迫使儒者官僚自杀的情况，亦即"会窦太后治黄老言，不好儒术。使人微得赵绾等奸利事，召案绾、臧，绾、臧自杀，诸所兴为者皆废"。这其中的原委，《史记·魏其武安侯列传》中记载得更为详细："太后好黄老之言，而魏其、武安、赵

一、《道应训》的思想

（一）老庄之术 —— 以"道"为媒介

在思考这一问题之前，首先有必要确认一下《淮南子》全书所持的立场。众所周知，《淮南子》的第一篇《原道训》、第二篇《俶真训》，分别是以老子、庄子的思想为中心的，这足以证明《淮南子》是以老庄道家为基础的。此外，《要略》中以"老庄之术"的特有词语对《道应训》进行概述的事实，也应给予关注。金谷治在其所著《老庄的世界 ——〈淮南子〉的思想》一书中，对此已作详细论述，在此恕不赘复[①]。

另外，编撰《淮南子》的文景时期亦是"黄老思想"盛行的时代，这也是为人们所熟知的。不言而喻，所谓"黄老思想"，是将黄帝和老子合为一体的称谓，与把老子与庄子并称的"老庄思想"，自然是不同的思想观念。可以说，问题也正在于此。即：在崇尚"黄老思想"的时代里，《淮南子》对黄帝并未给予很高的评价，却对老庄加以赞扬，这是为什么呢？

本章将通过对《道应训》的分析，探究《淮南子》为何更倾向于对老庄的强调，而不是黄老，借此厘清其将"老子"与"黄帝"分割开来，转而贴近"庄子"的整个过程。

（接上页）绾、王臧等务隆推儒术，贬道家言。是以窦太后滋不说魏其等。及建元二年，御史大夫赵绾请无奏事东宫。窦太后大怒，乃罢逐赵绾、王臧等，而免丞相、太尉，以柏至侯许昌为丞相，武强侯庄青翟为御史大夫。魏其、武安由此以侯家居。"这些官员都是从儒家的立场出发而贬斥道家言论的。由此可以窥见，武帝初年，黄老道家较之儒家已悄然呈现出劣势。

① 参见〔日〕金谷治：《老庄的世界 —— 淮南子の思想》，平乐寺书店 1972 年版，第 7 页。

　　《道应训》的特色，就在于他罗列了以老子言论为其支撑的各种论说（以历史故事、寓言等体裁的文字居多）；且不止于此，其间还引用了庄子言、慎子言、管子言各一例。此外，还应关注的是，其论说中的一些材料，多是源于《吕氏春秋》等，并被当时的人们所熟知的历史故事，包括《庄子》——尽管为数不多。例如，第一则从《庄子·知北游》中引用了"太清"、"无穷"、"无始"这三者对于"道"的认识的对话；第七则引用了"啮缺"与"被衣"关于"得道"的对话；第三十四则引用了"大司马"与"兵戈匠人"关于"用道"的对话；第四十五则引用了"光耀"与"无有"关于"无"的对话。可以认为，这四则皆出自《庄子·知北游》①。

　　《淮南子·道应训》著述的目的，就在于以"老庄之术"将过去发生的事情（即"遂事之踪"、"往古之迹"）的"得失之势"加以梳理——正如《淮南子·要略》所述，即"揽掇遂事之踪，追观往古之迹，察祸福利害之反，考验乎老庄之术，而以合得失之势者也"。不过，因其对于何谓"老庄之术"并未具体言及，我们只能通过分析《道应训》本身来探明这一点。

　　《淮南子·道应训》开篇第一则故事，恰是庄子所擅长的寓言故事，其第二则之后的"遂事之踪"、"往古之迹"等亦非普通的历史故事，而是与第七则"啮缺"、"被衣"的问答、第四十五则"光耀"、"无有"的问答等有着同样性质，即都是以有关"道"的认识为主题的寓言。就

---

① 　此外，取之于《庄子》的还有第十六则中山公子牟与詹子关于重生的问答（《庄子·让王》），第十八则齐桓公与轮人的问答（《庄子·天道》），第三十七则盗跖与其手下的问答（《庄子·胠箧》），第三十九则颜回与仲尼关于坐忘的问答（《庄子·大宗师》）等。另外，关于《淮南子》与《庄子》间的引用关系，可参考〔日〕楠山春树：《淮南子より见たる庄子の成立》，《道家思想と道教》，平河出版社1992年版，第290—318页。

是说，作为"考验乎老庄之术"的第一步，它必须确立能够认识"道"的这些主体。

接下来的问题是，这种"老庄之术"与"道应"这一题目有着怎样的关联。"道应"这一命名，从根本上说，着眼于"道"这一不具实体的抽象存在，如何作为"应"（即"表象"、"显在"）而体现、作用于具体的历史故事①。因而可以推论：如前所述，《道应训》从《庄子》中摘取难以称之为历史故事的寓言，作为其"应"（即"道"的体现）与《老子》的一节并置，其意图就在于将《庄子》中由寓言渲染的思想和《老子》的务实思想，通过抽象而难以把握其实体的"道"这一媒介重叠为一体，并以此为据，构建出新的学说。这就是所谓的"考验乎老庄之术"。

（二）《庄子·知北游》与《老子》——"老"与"庄"相折衷的立场

上节所列举的与《老子》的"道"有着最为密切关联的四则典故，皆源自《庄子·知北游》。那么，《庄子·知北游》所具有的最本原的性质是什么呢？

福永光司在《庄子·外篇杂篇》译注中指出：

可以明显地看出，其试图依据《老子》的思想解说《庄子》内篇的思想，或者欲将两者加以折衷。

值得注意的事实是，《老子》的思想被与《庄子》内篇相折衷，而且整体的议论逐渐移向了《庄子》式的言说。

---

① 高诱注："道之所行，物动而应，考之祸福以知验符也。故曰道应。"刘安撰，刘文典集解：《淮南王鸿烈集解》卷十二，台湾商务印书馆，第 1a 页。

福永进而认为：

> 可以看出其意欲将庄子的思想与老子相折衷融合的显著倾向……
> 可以发现其很多与现行本《老子》共通的思想……①

在言及"老庄相折衷"这一特色的同时，福永特别就《庄子·知北游》开篇的黄帝、知、无为谓、狂屈四人的问答对话，提出见解：

> 我们应该注意的是：本章引用了诸多与现行本《老子》一致的语句，用作黄帝的言论。……使人推想这些故事与汉初所盛行的"黄老之学"的关联。②

福永在言及《道应训》与黄老道家的关联性的同时，也指出了其"老庄相折衷"这一事实。本考察将以此为重要的提示，在推进本研究中给予重视。

金谷治在《庄子》第三册中，也对《庄子·知北游》加以同样的论述："多处引用《老子》之语，足见其老庄折衷的旨趣……"③

由上述可知，《知北游》在《庄子》中尤以其老庄相折衷为特色。基于这一事实，重新审视《知北游》与《道应训》的关联，可以看出，"老"、"庄"之间存在明确的共通点绝非偶然。由此似乎可以推论：《道

---

① 〔日〕福永光司译注：《庄子·外篇杂篇》，朝日新闻社1979年版，第631、640、659、680页。
② 〔日〕福永光司译注：《庄子·外篇杂篇》，朝日新闻社1979年版，第639页。
③ 〔日〕金谷治译注：《庄子》第三册，岩波书店1982年版，第139页。

应训》是在与《知北游》相同的思想背景下著述而成的；另外，从《淮南子》所使用的有别于《庄子》的老庄用语来看，《淮南子》应是在《庄子·知北游》的思想基础上著述而成的。

（三）《管子·宙合》及其老庄立场

与上述内容相关联，在此有必要看一下引自《管子·宙合》的第五十一则故事。虽然这是对《管子》的唯一引用，不过，正如金谷所指出的那样，"其内容主旨乃是政治思想"，论说的是"道家式的道的思想"，其所持的是"与万物的多样性、天地的广阔性相应的，包摄一切"的立场，并且"可以从《庄子·天下》中发现与之相类似的思想"。金谷由此判断"《天下》篇的作者"所立足的，是"强调老聃、庄子的道的立场"，而且这"也是《淮南子》所持的立场"。据此，金谷论证了《宙合》的思想，是以《庄子·天下》为媒介的，并且直接影响到了《淮南子》[①]。根据金谷的论证来看，具有老庄道家思想倾向的《宙合》在《道应训》中被引用并非偶然，而是出于其思想上的需要[②]。

（四）《淮南子》的黄帝观

在《庄子·知北游》篇首的故事中，黄帝也曾登场。但是，此中的黄帝并不是一统天下的至圣之君，毋宁说，看上去倒像一位不完美的帝王。由黄帝自己的口中说出"彼无为谓真是。狂屈似之。我与汝终不近也。夫知者不言，言者不知。故圣人行不言之教"，同时又引用了《老

---

① 〔日〕金谷治：《管子研究》，岩波书店1987年版，第291—292页。

② 另外，慎子言仅有一例被引用，却为佚文。慎子，即慎到，乃是齐宣王时稷下学士之一，与田骈、接舆、环渊共同修习"黄老道德之术"（《史记·孟子荀卿列传》）。在《庄子·天下》篇中，彭蒙、田骈被一并提及，但却被认为不及"关尹、老聃"，而《汉志》将其归入法家。"彭蒙、田骈"与庄子在思想上的关联性有诸多不明之处。参见〔日〕金谷治：《慎到的思想について》，《金谷治中国思想论集》中卷，平河出版社1997年版，第416—440页。

子》的所谓"知者不言，言者不知"，"圣人行不言之教"，"失道而复德，失德而后仁，失仁而后义，失义而后礼，礼者道之华而乱之首也"，"为道者日损，损之又损之，以至于无为，无为而无不为也"，兼以感慨自身的不完美不充分。这种安排，无非是对无条件的肯定黄帝有所保留所致①。

还应注意的是以下四例，它们不仅没有将其定位成理想帝王，相反，无处不充满着否定的语气：

> 及世之衰也，至伏羲氏，其道昧昧芒芒然，吟德怀和，被施颇烈，而知乃始昧昧茂茂，皆欲离其童蒙之心，而觉视于天地之间，是故其德烦而不能一。及至神农、黄帝……于此万民睢睢盱盱然，莫不竦身而载听视，是故治而不能和。（《淮南子·俶真训》）

可以看出，此处是将黄帝之世与伏羲之世，皆视作"世之衰"；尤其黄帝之世，乃是"万民睢睢盱盱然，莫不竦身而载听视，是故治而不能和"。就是说，人们由于总是处于眼耳警惕的紧张状态，虽属治世，却缺乏祥和；并认为这与《淮南子·俶真训》中的理想之世——"圣人呼吸阴阳之气，而群生莫不颙颙然，仰其德以和顺。当此之时，莫之领理，决离隐密而自成，浑浑苍苍，纯朴未散，旁薄为一，而万物大优，是故虽有羿之知而无所用之"——相去甚远。这意味着，伏羲、黄帝之世未必是理想之世，终极的理想世界需回溯到更久远之前。

---

① 与所谓《黄帝四经》中的黄帝形象相比较，其不同一目了然。

昔者，黄帝治天下，而力牧、太山稽辅之，以治日月之行，律阴阳之气，节四时之度，正律历之数，别男女，异雌雄，明上下，等贵贱，使强不掩弱，众不暴寡，人民保命而不夭，岁时孰而不凶，百官正而无私，上下调而无尤，法令明而不闇，辅佐公而不阿，田者不侵畔，渔者不争隈，道不拾遗，市不豫贾，城郭不关，邑无盗贼，鄙旅之人相让以财，狗彘吐菽粟于路而无忿争之心，于是日月精明，星辰不失其行，风雨时节，五谷登孰，虎狼不妄噬，鸷鸟不妄搏，凤皇翔于庭，麒麟游于郊，青龙进驾，飞黄伏阜，诸北、儋耳之国，莫不献其贡职。然犹未及虑戏氏之道也。（《淮南子·览冥训》）

此处虽连绵地铺陈了看似已实现了的黄帝的理想治世，但却仍然认为其未能达到"虑戏氏之道"。

兵之所由来者远矣。黄帝尝与炎帝战矣，颛顼尝与共工争矣。故黄帝战于涿鹿之野，尧战于丹水之浦，舜伐有苗，启攻有扈。自五帝而弗能偃也，又况衰世乎。夫兵者，所以禁暴讨乱也。炎帝为火灾，故黄帝擒之。共工为水害，故颛顼诛之。（《淮南子·兵略训》）

这段陈述的是遥远的黄帝之世也与当下的世间一样，不能回避战争，可见其未必是以黄帝之世为理想世界的。

黄帝生阴阳，上骈生耳目，桑林生臂手，此女娲所以七十化

也。（《淮南子·说林训》）

这段文字讲述了与创造耳目的上骈、创造四肢的桑林同样，因为创造了阴阳（男女性器）的黄帝的存在，女娲才得以重复了七十回造化。在此，黄帝仍然被描述为一种神话性的存在，与黄老道家所理想化的黄帝相去甚远。

> 故黄帝亡其玄珠，使离珠，捷剟索之，而弗能得之也，于是使忽恍，而后能得之。（《淮南子·人间训》）

这则黄帝丢失玄珠而派遣"忽恍"（无固定形态之物，"忘我"的比喻）寻找的寓言，在《庄子·天地》中亦可见到，但找回玄珠的是"象惘"（形象模糊之物，"无心"的比喻），《淮南子》的引用或出于此。《庄子·天地》中的这则寓言，正如福永所论述的那样，是"黄帝的有为政治——黄帝出于统治者意志的统治，使无为自然的政治受到损害并消失这一情况，被寓言化了"[1]。也就是说，这则寓言不仅不是基于黄老思想而构成的，甚且应当看作是立足于批评的立场上的一则故事[2]。

> 世俗之人，多尊古而贱今，故为道者必托之于神农、黄帝而

---

[1] 〔日〕福永光司译注：《庄子·外篇》，朝日新闻社 1966 年版，第 158 页。

[2] 《庄子·在宥》中记载广成子对黄帝说："余将去女，入无穷之门，以游无穷之野。"由此对答，广成子拒绝了前来就教的黄帝，可见并未将黄帝视为至高无上的存在。这一点在《庄子·知北游》中亦是同样。在《庄子·知北游》中，第一则故事有"知"与"无为谓"以及"狂屈"和黄帝四人登场，围绕对"道"的认识方式展开了议论，但是，甚至连黄帝自身亦感慨在对"道"的认识的层次上，自己不及"无为谓"和"狂屈"。

后能入说。乱世暗主，高远其所从来，因而贵之。为学者，蔽于论
而尊其所闻，相与危坐而称之，正领而诵之。此见是非之分不明。
（《淮南子·修务训》）

此处认为：托之于黄帝、神农之类而言"道"者，不过是乘世俗的"尊
古贱今"的风潮而已，以此为难得者即是"乱世昏君"。可见其非但没
有肯定黄帝，甚至是在批判黄老道家。

通过上述几则故事中的黄帝观可得知，这些足以证明：从一开始，
《淮南子》就是与黄老道家保持了一定距离的。因而可以认为，《淮南
子》所说的"老庄之术"，佐证了在此之前广泛流行于汉初的黄老逐渐
向老庄转化的过程。

在下一节中，我们将通过分析《道应训》篇引用《老子》时的视
点，更为具体地探析这一过程。

（五）《老子》已经是经典了吗？

至于《淮南子·道应训》是否已经把《老子》当作经典看待了，
这并非不可怀疑。假如已然把《老子》当成经典看待，则应自始至终
地引用《老子》以示此意。但是《道应训》在引用《老子》的同时，
还引用了《庄子》、《管子》、《慎子》各一例。这些引用加起来仅有三
例。究竟是什么原因妨碍了《老子》引用的统一性呢？是因为仅仅引
用《老子》还不够，还有必要引用一些其他的文献之故吗？果然如此
的话，则可推论《道应训》作者并无在《老子》与其他三种文献之间
划定差异的意向。就是说，假如《道应训》作者已经把《老子》视作
经典，则其所引用的另外三种文献也必定被赋予了经典或接近于经典
的价值定位；反之，假如《庄子》等三种文献仅仅被视为诸子百家之

书的同类的话，那么《老子》虽是经典，却也并未受到与诸子不同的
待遇。可以说，这暗示着《道应训》作者对于把《老子》当经典看待
是持反对态度的。

　　关键是《道应训》即便不引用这三种文献，作为一篇文章它也并没
有失去其完整性；反倒是因为赋予这三种文献与《老子》同样的作用，
《道应训》失去了文章的统一性。这里可以看出和《韩非子》的《解
老》、《喻老》不同的态度。也就是说，把难以称为经典的三种文献和
《老子》放在一起引用，其原因，要么是这些文献被置于和《老子》同
等的经典地位，要么就是反过来，《老子》未被视为经典。最终，认为
《老子》是被置于与其他三种文献同等地位的看法，似乎更自然些，即：
《道应训》在《老子》时并未被视作经典。以下将通过对《道应训》的
详细分析来说明这一点。

二、《道应训》篇末武王与太公的问答

（一）武王与太公的问答

　　如上文所述，引用与《庄子·知北游》相同的寓言，并以《老子》
言说的方式，为其提供依据的《道应训》的开头部分，可以解释为暗示
了其"老庄之术"的立场——如《要略》所指出的那样。但是，值得
注意的是与之相关联并被置于篇末的武王与太公的问答对话。

　　这则问答故事与其他大部分故事一样，也是以《老子》言说的方式
为其提供依据的。不过，问题在于，这篇故事的内容中似乎隐含着若干
应予探究之处。虽略显冗长，姑且将全文摘引如下：

武王问太公曰："寡人伐纣天下，是臣杀其主而下伐其上也。吾恐后世之用兵不休，斗争无已，为之奈何。"太公曰："甚善，王之问也。夫未得兽者，惟恐其创之小也。已得之，唯恐伤肉之多也。王若欲久持之，则塞民于兑，道令为无用之事，烦扰之教。彼皆乐乐其业业，佚其情，昭昭而道冥冥，于是乃去其瞀而载之术，解其剑而带之笏。为三年之丧，令类不蕃。高辞卑让，使民不争。酒肉以通之，竽瑟以娱之，鬼神以畏之。繁文滋礼，以扇其质。厚葬久丧，以扇其家。含珠、鳞施、纶组，以贫其财。深凿高垒，以尽其力。家贫族少，虑患者寡。以此移风，可以持天下弗失。"故老子曰：化而欲作，吾将镇之，以无名之朴也。

文中的"太公"应是太公望吕尚。太公望乃是殷周变革之际，以谋略使殷纣王最终灭亡的战略家，也是因此而蜚声后世的传说式的人物。《史记·齐太公世家》的篇首可见其传记。《汉书·艺文志·六艺略》"道家者流"中记有"太公二百三十七篇、谋八十一篇、言七十一篇、兵八十五篇"，如据班固自注，"或有近世又以为太公术者所增加也"，即：及至汉代，仍有缘起于太公的故事被虚构出来①。本篇所记载的太公与武王的问答故事或许是当时业已流传的内容，抑或是《淮南子·道应训》篇作者的新创作。无论怎样，可以想见，此类言说在当时的思想界，似被普遍认为非太公之口则不能说出的。从这个意义上看，与其说是完全的虚构，不如说这些言说，是被看

① 关于太公望吕尚，可参考〔日〕谷中信一：《齐地の思想文化の展開と古代中國の形成》，汲古书院 2008 年版，第 156—162 页。

作只有假托于太公才最为妥帖的言说。无需赘论，最适合假托于太公的思想，自然是权谋术数 ①。

（二）黄生与辕固生的"受命"与"弑杀"之争论

在此首先应该注意的是，上引武王所谓"寡人伐纣天下，是臣杀其主而下伐其上也"。这里设定的是武王因为自己所实施的讨伐纣王一事陷入困惑："伐纣"若不是杀害君主的行为又是什么呢？归根结底，倘若不是出于某种"受命"，不也就是单纯的"弑杀"吗？

殷周王朝的更替，原本就是"弑杀"的结果？抑或是因"受命"而为之？围绕这一段历史的评价，汉代曾发生过一场论争，《史记·儒林列传·辕固生传》中有所记载 ②，如下：

> 辕固生……与黄生争论景帝前。黄生曰："汤武非受命，乃弑也。"辕固生曰："不然。夫桀纣虐乱，天下之心皆归汤武，汤武与天下之心而诛桀纣，桀纣之民不为之使而归汤武，汤武不得已而立，非受命为何？"黄生曰："冠虽敝，必加于首；履虽新，必关于足。何也，上下之分也。今桀纣虽失道，然君上也；汤武虽圣，臣下也。夫主有失行，臣下不能正言匡过以尊天子，反因过而诛之，代立践南面，非弑而何也？"

"黄生"之名通观《史记》、《汉书》，仅见于此，其为何许人物及其行

---

① 《史记·齐太史公世家》载："周西伯昌之脱羑里归，与吕尚阴谋修德以倾商政，其事多兵权与奇计，故后世之言兵及周之阴权皆宗太公为本谋。"讲述的正是此事。

② 《汉书·儒林传》中亦有几乎相同的记载，并记录了黄老家的黄生与儒家的辕固生之间的这场争论，最后是以景帝的仲裁，即"食肉毋食马肝，未为不知味也。言学者毋言汤武受命，不为愚"而"遂罢"。这是一个似乎也直接关涉到汉室的正统性的微妙问题。

迹皆不见传。但是，在《史记·太史公自序》中有"太史公……习道论于黄子"，裴骃《集解》有云"徐广曰：《儒林传》曰黄生，好黄老之术"①，由此可以看出，"黄子"与"黄生"应是同一人物。另外，如果将此黄生亦即黄子曾教授司马迁之父司马谈"道论"之事，再加上景帝之母窦太后好黄老（喜好老子）之事，以及在景帝御前与辕固生争论殷周变革之是非等情况，一并考虑的话，可得知黄生（黄子）当属于代表当时的黄老道家的人物②。

黄生与辕固生所争论的问题，即武王伐纣是单纯的弑杀纣王，还是出于受命的征伐这一问题，在此处几乎是直观地，但也是极其简洁地凸显出来。正因此，这个问题才被特别地置于与其他的历史故事群所不同的地位——不得不将当代的争论假托于历史故事以便探讨。

（三）《道应训》假托于武王与太公问答的内容

《道应训》中的武王言论，尤其是"寡人伐纣天下，是臣杀其主而下伐其上也"，与辕黄之争中黄生所说的"武王并非受命，不过是单纯弑杀"的见解相通。可以想见，《道应训》中所虚构的武王与太公的问答的前提，也即围绕殷周王朝更替的评价，当时曾在儒家与黄老道家之

---

① 司马迁：《史记》，中华书局 1982 年版，第 3288 页。

② "黄子"抑或"黄生"恐怕都是通称，其名不见经传，只有"黄"姓流传后世。当然，若是因其为黄老道家的人物而以黄某称之，则"黄"姓本身甚至也有可能是出自虚构。不过，既然能够在皇帝御前高谈阔论，可见其社会地位、声誉定是不低。辕固生则是以治《诗经》之学而为博士者，在喜好《老子》的窦太后面前，将《老子》等书断然称作"家人言"，并以此而闻名于世。关于"家人言"，《史记》司马贞《索隐》："服虔云：如家人言也。案：《老子道德篇》近而观之，理国理身而已，故言此家人之言也。"（司马迁：《史记》，第 3123 页）此处所谓"理国理身"，与"治国治身"意思相同，后世《老子河上公注》所持立场同此。由是观之，则可以说辕固生的这种言论，不能一概视为偏见，或许是切中要害之论。

间有过一场争论。

因此，我们只能认为，武王与太公问答的故事构思，是以黄生一方的主张为前提的，即：殷周王朝的交替不是出于受命，而是武王弑杀纣王的结果。也就是说，这也恰恰表明了黄老道家 —— 至少是景帝时的黄生所代表的黄老道家的思想立场。

只是最后这一则故事含有不能仅仅看作是以老子言论为论据的内容。因为在针对武王如此提问的太公的应答中，实际上记录下了当时黄老道家的思想立场。以下将就这一点进一步做详细的分析。

武王在继"寡人伐纣天下，是臣杀其主而下伐其上也"之后，提出了"吾恐后世之用兵不休，斗争无已，为之奈何"的问题，乃是武王关于从殷王朝夺得天下之后，应如何在和平中统治天下之问。对此，太公所论说的"持天下弗失"的秘策如下：首先，"王若欲久持之，则塞民于兑，道令为无用之事，烦扰之教"，即为使民驯服，应堵塞民众的耳目，阻断外部信息（"塞民于兑"），如此可使民众从事"无用之事"，接受"烦扰之教"，将无价值的事物认为是有价值的，或者灌输没有内涵但形式上却细致繁琐之事最为重要。这是再明显不过的愚民政策了。

所谓"无用之事"、"烦扰之教"的内涵，通过以下的分析即可了然。其中，所谓的"彼皆乐其业、佚其情"之说，是堵塞民众的耳目。使其安于日常生活而耽于享乐；所谓"昭昭"，乃是失去明晰的理性，变得愚昧的"冥冥"之态。这些都是主张应蓄意使百姓处于不能正确地把握现实和确切地应对的状态。无法否认，这一点显然是与《老子》第三章"常使民无知无欲，使夫智者不敢为也"相仿佛的。

紧接其后，太公又说："于是乃去其督而载之术，解其剑而带之笏。"由"于是"之语开宗明义地阐明了"彼皆乐乐其业业，佚其情，昭昭而道冥冥”的愚民结果，就是使民众放下了手中之“瞀”（亦即兜鍪），代之以冠（即“术”），解下腰间之“剑”，代之以“笏”，和平也就如期而至了。倘若循着文脉来看则可知，这无非是因愚民政治而带来的和平。

继之，太公提出：“为三年之丧，令类不蕃。”所谓“为三年之丧”，则是强调通过忠实地践行儒家崇尚孝道的政策，会带来“令类不蕃”的结果。显然，这不过是以“三年之丧”为口实而实行的控制人口的政策。的确，彻底落实“三年之丧”的措施，民间结婚、生育的机会就会减少，导致子孙不得繁衍；作为其结果，也就使阻止威胁武王势力的扩大成为可能。《史记》中所谓太公擅长的“阴谋”、“奇计”，大概就是此类。

太公还提出：“高辞卑让，使民不争。”所谓“高辞卑让”，显然是要践行以“辞让”为宗旨的礼，其结果就是“使民不争”。不过，由前述对“为三年之丧，令类不蕃”的分析可以明了：这是将民众的自由行动和抵抗的意志消除于未然而实现的和平。

太公又说：“酒肉以通之，竽瑟以娱之，鬼神以畏之。”以“酒肉”之宴疏通人情，以“竽瑟”之音共享娱乐，以“鬼神”之祭畏怖民心都是给这些日常生活中不同时节的礼仪，赋予了安定人心的意义。而其真实的目的，仍在于使人心知足，不至于产生不满、敌意，甚或野心。显然，此段贯穿着与上述的几段内容相同的主旨。

之后，太公提出了“繁文滋礼，以亶其质。厚葬久丧，以亶其家。含珠、鳞施、纶组，以贫其财。深凿高垄，以尽其力”的意见。其中，“繁文滋礼”，与前文“高辞卑让，使民不争”中的“高辞卑让”自成对仗，主张将礼仪性的行为繁琐化，亦即“烦扰之教”的具体内涵，同时也可称之为“无用之事”——以这些繁文缛节使形式复杂化，来装点其外表。忠实于儒家极力推进而墨家强烈批判的“厚葬久丧”之礼仪规范，实际上，等于强行消耗民间的庞大财产 —— 文献对此是有明确记载的。接受"烦扰之教"的结果，就是不得不消耗巨大财力，由此言之，亦即使民众无批判地接受可以称之为"无用之事"的行为，最后致使民众"亶其质"，"亶其家"，"贫其财"，"尽其力"，进而实现所谓的"家贫族少，虑患者寡"的理想社会的状态。可以看出，此处和《老子》第十八章的"小国寡民"极其相近。

如果这些策略被巧妙实施而其真意未被识破的话，就可达到"以此移风，可以持天下弗失"的目的。

由上述可见，太公所尊崇的儒家风范，不过是出于"利用之方便"的尊儒，太公的真意并不在"尊儒"是显而易见的。

（四）武丁太公问答对话中的愚民政治与《老子》思想

《道应训》引用《老子》第三十七章"老子曰：化而欲作，吾将镇之，以无名之朴也"作为本篇的结尾[1]，那么，《道应训》是否肯定了这种愚民政治呢？其对《老子》第三十七章的一句引用，是否为这个故事提供了依据呢？这些是最后留给我们的疑问。

对此，有必要确认包括《道应训》所引部分在内的《老子》第三十七章的含义，该章文本如下：

> 道常无为而无不为。侯王若能守之，万物将自化，化而欲作，吾将镇之，以无名之朴。无名之朴，夫亦将无欲。不欲以静，天下将自定。

---

[1] 楠山译作"倘若一旦被同化之物（民）有抬头之势，我将以'无名之朴'（朴素的政治）抑制之"。就是说，民众若不顺从而意欲反抗，则将以"无名之朴"施行镇压。〔日〕楠山春树译注：《淮南子》中册，明治书院 1979 年版，第 686 页。

上述文字似乎可以这样理解：若践行"道"的属性"无为而无不为"，则天下可自定；即或时有悖逆统治的人，亦可通过"无名之朴"来加以镇压①。总而言之，这是在为统治者论述应该如何镇压民众反抗的统治方法。在这里，作为其方法提出的，就是"无名之朴"的概念。主张采取这一方法可使民无欲，无欲则无反抗者，于是，天下就可安稳而显得太平无事。这些解释都过于抽象，很难把握其具体的政策内涵是怎样的，而如果参照《道应训》来解释的话，则可以认为：通过太公之口论说的这一策略，是要削弱民力，最终使其连反抗的气力都消失殆尽的狡猾策略。

太公之言确实并未提及动用武力的强权镇压，而是一种民众无法感知的来自上面的镇压，是使民众自己也认为是出于自我意志的一种抑制行为。就是说，从为政者一方来说，不动用任何强制力量，而使民众自发地去践行其意志；而从民众一方来看，他们也不是迫于上面的压力，而是基于自己的意志的行为。不过，为了达到这样的效果，就必须事先进行操作，以引导民众行"无用之事"，《道应训》中太公所言"以此移风"即指此事。

为什么《道应训》篇要利用以愚民政策为内容的武王与太公的问

---

① 《老子》第三十四章的这一部分，被福永光司作如下阐释："若万物受教化于其德，仍然产生了贪欲之心，我将以'无名之朴'——如无名之木一样的'无为'之道镇静之。"（〔日〕福永光司译注：《老子》，朝日新闻社 1997 年版，第 251 页）金谷治则将其解释为："若果有企图从自然的整体秩序中脱离并任情而动者，亦不应以刑罚加以整治，而是通过'无名'的，即以不以名状的，超越'名'的'道'的朴素存在状态，将被统治者引导向无欲的状态……"（〔日〕金谷治译注：《老子》，讲谈社 1997 年版，第 123—124 页）楩山春树的解释是："若已服从无知无欲之统治的人中，再度出现贪欲者，我将以无名的原生树木所'象征'的意义镇静之。"（〔日〕楩山春树：《读解老子》，PHP 研究所 2002 年版，第 168 页）蜂屋邦夫译注《老子》："万民虽被感化，但仍然出现了贪欲的话，要以无名之'朴'震慑之。"（岩波文库 2008 年版，第 173 页）上述诸家皆为诠释"无名之朴"而煞费心思，但是，仍不能否认此句实属难解。

答，作为遵循《老子》思想的一种统治方法而展示在本篇的最后呢？归根结底，太公言论的这些内容是否忠实地诠释了《老子》的思想呢？这与历来对《老子》的解释难道不是大相径庭吗？这则故事是太公为使周王朝的统治坚如磐石而向武王进谏的具体策略，但是，可否将其看作是当时的黄老道家所指向的理想治世——即步步以老子为依据来实现的理想世界呢？

诚然，黄老道家思想中确有愚民政治的一面，亦有专制的一面①。黄老道家是以黄帝的一统天下为模式，将采用《老子》的思想以实现"一统天下"作为目标的。因而，将《道应训》安排于结尾处的第五十六则历史故事，看作是摘取了当时黄老道家思想的一个侧面，亦是可行的。但是，这种解释与多处言说保国保身的《道应训》篇的整体思想倾向，显然难以协调。由此可以看出，《道应训》的立场，是与当时的黄老道家保持着明确的距离的。那么，《道应训》究竟对《老子》表现出了怎样的独特立场呢？下面我们就来分析厘清这一问题。

三、通过其对《老子》的解释看《道应训》的独家立场

本章将把《道应训》对《老子》所作解释的独特之处，逐一进行分析。

正如业已说明过的那样，《道应训》乃是通过众所熟知的历史故事

---

① 参见〔日〕谷中信一：《〈老子〉经典化プロセス素描—郭店〈老子〉から北大简〈老子〉まで—》，中国出土资料学会 2011 年度大会资料，2012 年 3 月 10 日；〔日〕谷中信一：《老子経典化过程の研究》，汲古书院 2015 年版，第 244—250 页。

与《老子》的某一部分的组合，以期论证或确认《老子》"道"的思想有效性，即所谓"应"。为此，它也就必须使读者能够认可《老子》的"道"所具有的现实感。所谓读者，自然是文景时期处于统治者地位的人物，也许，即位不久便被奉献上此著作的武帝，正是它所设想的读者之一吧。据说武帝阅后，立刻以之作为一己之"爱秘"（私藏秘笈）了。

《道应训》所举出的五十六则故事中，除了四则明显是寓言——即第一则清与无穷、无为、无始的问答，第七则啮缺与被衣的问答，第四十四则魍魉与影的问答，第四十五则光耀与无有的问答——以外，其余五十二则故事，姑且不论其是史实还是虚构，实际上都是《吕氏春秋》等所收载的、广为人知的故事。这些故事所起的作用是分别成为《老子》某一章节的依据。换言之，《道应训》篇的作者传达了这样的信息，即"《老子》非如此解读不可"。但是，若要读者接受这样的信息，就必须使故事内容与老子言论准确对应。然而，他们注意到，若采用历来流行的解释，则未必能够如其所愿。下面我们就来具体检视一下这个问题。

（一）《淮南子·道应训》对《老子》的独家解释

在第九则中，惠盎这一人物对崇尚勇武的宋康王论说孔墨的仁义之教的故事，是以《老子》第七十三章的"勇于不敢则活"作为支撑的。但是，此句如今被认为是针对依靠威势的刑罚主义的批判，故被解释为"勇于宽宥而不放弃，则罪人可得存活"[1]，或"凡事畏缩不前者可得生存"[2]等，与河上公所注的"勇于不敢有为则活其身"意思相近。但是，此处的引用，却是为这种观点提供依据的：较之"勇力"，以"仁义"唤

① 〔日〕金谷治译注：《老子》，讲谈社1997年版，第219页；〔日〕楠山春树：《读解老子》，讲谈社1997年版，第257页。
② 〔日〕蜂屋邦夫译注：《老子》，第329页。

醒其"爱利"之心而使之服从的方法更容易提高治理实效。很显然，《道应训》的作者肯定了儒墨所提出的"仁义"这种德行，而试图说明：为了高效率地成就坚如磐石的统治，"仁义"作为其手段，至少是有效的。

在第十则中，一则故事的主旨是：即便是圣明如尧帝，也不是靠自己一个人能成就其事业的，须是得到了能臣的辅佐，方才创造出业绩；另一则传说是与之相关联的"蹶"与"蛩蛩駏驉"互助协作才得以生存的故事。这两则故事，以《老子》第七十四章中"夫代大匠斫者，希不伤其手"为其依据。

对这一节的解释，金谷认为，其主张是"要抛弃人类自以为聪明的判断，一切委顺于大自然的法则。拙劣地挥舞刑罚之斧代天行事，恰似以拙劣的工匠代替能工巧匠，结果只能是伤了自己的手，甚至招致更大的灾难降临到自己的身上"[1]；蜂屋则认为，此节"是说为政者如果代替天然自然的死刑执行者杀害人民 —— 尤以主张严刑苛法的法家风格的君主为其代表，就会使君主自身受到同样的报应"[2]。此类看法都与河上公注的"人君行刑罚，犹拙人代大匠斫，则方圆不得其理，还自伤。代天杀者，失纪纲，还受其殃也"相近。然而，本节中却没有采用此种解释[3]。

第二十一则讲述的，是令尹子佩邀请楚庄王到著名的名胜之地强台赴宴而遭拒绝的故事。楚庄王说道："其乐忘死。若吾薄德之人，不可以当此乐也，恐留而不能反。"这个故事以第三章"不见可欲，使心不乱"

---

① 〔日〕金谷治译注：《老子》，讲谈社 1997 年版，第 224 页。

② 〔日〕蜂屋邦夫译注：《老子》，第 336 页。

③ 上引楠山《淮南子》中册指出："依照《老子》之意而言，掌管人之死者天，人若代天而行之，则灾祸将降临其身。故其旨在谏戒处人以极刑却不以为然的酷政。此处却解释为论说因才施用之关键。"〔日〕楠山春树：《淮南子より見たる荘子の成立》，《道家思想と道教》，平河出版社 1992 年版，第 615 页。

为其依据。不过，此处的"心"，在帛书乙本中写作"民"，在王弼本中写作"民心"，故其文意是民心不可惑乱，并非《道应训》篇所说的国君之心。《道应训》篇的这种解释，明显是其独家的一种解释而绝非其他[①]。

第二十四则中赵襄子不必攻城而使叛国投齐的中牟投降的故事，则成为《老子》第二十二章"夫唯不争，故莫能与之争"的佐证。但是，文中如赵襄子本人所言："君子不乘人于利，不迫人于险。"也只是认为不应乘敌人之危而攻之，并不是以"不争"为善。在此也可窥见《道应训》篇所作的是其独特的解释[②]。

第三十则所讲的故事是：子发进攻蔡并赢得了胜利，楚宣王为此要给予他褒奖，但是子发认为胜利乃是君德、将勇、民力所赐，自己一人受爵禄有悖仁义之道，故拒而不受。这个故事以《老子》第二章"功成而不居。夫唯不居，是以不去"为依据。当然，这也是《道应训》篇给出的独家解释[③]。

第三十一则中所讲的故事是：晋文公与大夫约定三日攻下周的邑原但并未做到时，虽有军吏告知再有一日必能破城，但晋文公并未听从，却以不能失信于大夫为重而撤退了军队，听到这一消息，邑原的人们反而主动投降于晋了。这个故事则以《老子》第二十一章"窈兮冥兮，其中有精。

---

① 楠山又指出："按照《老子》而言，此句乃是君主统治之策，……《淮南子》却将其看作有关君主自身心态之论。"〔日〕楠山春树：《淮南子より見たる庄子の成立》，《道家思想と道教》，平河出版社 1992 年版，第 631 页。

② 楠山认为："此处将不争而胜的赵襄子之'义'，与《老子》的'不争'相联系，略有牵强之感，未必与《老子》的旨趣相一致。"〔日〕楠山春树：《淮南子より見たる庄子の成立》，《道家思想と道教》，第 634 页。

③ 楠山认为："以《老子》而言，是指不将'道'或圣人之功，作为'功'来意识。此处恰好将归功于他人而不居功自傲的子发的态度与之相附会。"〔日〕楠山春树：《淮南子より見たる庄子の成立》，《道家思想と道教》，第 645 页。

其精甚真，其中有信"为其支撑。这也是《道应训》篇的独家解释①。

第三十六则是说周成王就国家政治向尹佚求教时，尹佚答曰"如临深渊，如履薄冰"，"如何其无惧也"，劝诫成王任何事情如不慎重而行，都将失信于民。这一故事欲与《老子》第二十章"人之所畏，不可不畏也"互证。这又是《道应训》的独家解释②。

第三十八则讲的内容是：好"技道之人"的楚将子发，将善于入室偷盗，其名也为"市偷"的盗贼收于麾下，后来在与齐军苦战之际，由于此盗贼发挥了本领而击退了敌人。这个故事则是以《老子》第二十七章中"不善人，善人之资也"为其依据的。"不善人"指盗贼，而"善人"则是指楚将子发。此处也是《道应训》的独家解释③。

第四十三则所记述的，是孔子之徒宓子以"诚"成功治理亶父之地的故事，以《老子》第十二章"去彼取此"为此处的依据④。对此，楠山认为：此句依循《老子》而言之，则所谓"彼"乃是"官能上的快乐"（《老子》第十二章），是指"礼、知"（《老子》第三十八章），而"此"说的是"无为之道"，故此处是取其"去命令之教化"、"尽己诚"之

---

① 楠山指出："第二十一章的文字，乃是论述超乎本人感觉的'道'的形状、作用。此处的'信'，应该是指'精'（道生成万物的活力）的效应是确实存在的。《淮南子》却将'信'与文公的'信义'相联系。"〔日〕楠山春树：《淮南子より見たる荘子の成立》，《道家思想と道教》，第646页。

② 楠山指出："《道应训》全然无视前后的论旨，将此句加以肯定意义的引用。今在此处，将按其旨趣译出。"〔日〕楠山春树：《淮南子より見たる荘子の成立》，《道家思想と道教》，第653页。

③ 楠山认为"《老子》原意稍显暧昧"，但仍主张"无论怎样，《淮南子》的引用确是与原意不相关的"。〔日〕楠山春树：《淮南子より見たる荘子の成立》，《道家思想と道教》，第657页。

④ 此句于《老子》第三十八章、第七十二章中均有出现。

意①，指出《老子》与《道应训》中的"彼"、"此"，其各自的内在含义是不尽一致的。由此也可见这节的解释仍然是《道应训》所独有的。

第四十七则则将不断发起军事行动，并已具备万全态势，却迅速走向灭亡的秦国，与"解剑带笏"在和平中持续了34代的周王朝，加以对比。通过《老子》第二十七章"善闭者，无关键而不可开也。善结者，无绳约而不可解也"，为周的伟大提供权威依据；反过来也即：使《老子》一派的悖论式的真理，在具体的历史故事的支撑下得以确认。此处仍然是《道应训》特有的解释②。

在第四十八则中，尹需在不断苦练驾驭之术期间，于梦中获得诀窍，终于使其热诚得到回报的故事，是以《老子》第十六章"致虚极，守静笃，万物并作，吾以观其复也"为其理论依据的。此句本身原就难解，目前，有观点认为其含义是"何以能看透世界的真相？……就需要使自身沉潜于虚静的境界中，即无心无欲，进而醒悟自己的本性。这是一种特殊的精神状态，达到这一境界需要经过修炼，然后，方能看到真相，即：向被称为'复归'的万物的原初状态的回归"③。也有人认为此处"文意是主张客观地观察自然，彻底排除主观成见就可以发现自然的生成往复的理法"④；而河上公的古注则将"致虚极"释为"得道之人，捐情去欲，五内清净，至于虚极"，将"守静笃"释为"守清净，行笃厚"，将"吾以观其复也"释为"言吾以观见万物无不皆归其本也。人当念重本也"。以此种解释为前提的话，则难以与《道应训》

① 〔日〕楠山春树：《淮南子より見たる庄子の成立》，《道家思想と道教》，第667页。
② 楠山对此解说道："或许是在将周之文治政策解释为去除武备为最上策的基础上，与此句相联系的。"〔日〕楠山春树：《淮南子より見たる庄子の成立》，《道家思想と道教》，第672页。
③ 〔日〕金谷治译注：《老子》，第36页。
④ 〔日〕蜂屋邦夫译注：《老子》，第75—76页。

中的故事相吻合，所以，此处《道应训》的解释同样可以看作是其独家所有[1]。

（二）解释为自保之术

下面将以具体的例子，说明《道应训》是如何把老子言论作为其保身之术的依据，并以此表达其独特的立场的。

第二十二则是将晋文公尚为公子重耳时在曹国的历史故事，用作了对《老子》第二十二章"曲则全，枉则直"的阐释。显然，此处并不是作为统治天下之术，而是旨在陈说保身之术的，《老子》确也可以从这个意义上解读[2]。

第三十则将不居功自傲、能把功劳归于他人的子发的态度，用作了对第二章"功成而不居。夫唯不居，是以不去"的阐释。《道应训》篇所引"功成而不居"中的"功"，是作为主语的；与之相对，北大简版本的"成功而弗居"、马王堆甲本的"□功而弗居"、同乙本的"成□而弗居"，都是将"功"置于宾语的位置上的[3]。就是说，"功成"与"使成功"之不同，关涉到主体本身有无积极主动的意志参与。应注意到：尽管黄老道家的文献中所引用的是后者，但是《道应训》篇所引用

---

[1] 楠山认为："其与故事之间的关系不明。或许是以'致虚极，守静笃'为尹需专注'学驾御'之状态，将'吾以观其复也'与梦中被授予秋驾秘诀之事相对应。国译本基本是按《老子》翻译的。"〔日〕楠山春树：《淮南子より见たる庄子の成立》，《道家思想と道教》，第 673 页。

[2] 上引楠山《淮南子》解释为："此乃论述卑弱谦下的处世之术，以曹君傲慢招致毁灭，而釐负起谦让得以保身为例，进行说教。"〔日〕楠山春树：《淮南子より见たる庄子の成立》，《道家思想と道教》，第 632 页。

[3] 王弼本、河上公本等皆与《道应训》所引相同，作"功成"。

的却是前者①。

若按黄老道家的文本来解读，其文意为：虽然积极主动地完成"功业"，却表现得不居功自傲，以这样的态度即可保全自身。由此可以更明显地看到一种堪称狡猾的谋算。而《道应训》却不过是以子发巧妙的自保之术，为《老子》提供了单纯的论据而已。由此也可以窥见《道应训》与黄老道家所持的不同立场。

第三十三则所论述的是：谦虚则不会招致他人的反感，可以保全自身，因此"高"、"贵"者必以"下"、"贱"为根基，并以此说与《老子》第三十三章"故贵必以贱为本，高必以下为基"互证。然而，北大简本以及其他出土版本都写作"是故必贵以贱为本，必高以下为基"。此处的"必"字，有"必定"之意，即"贵以贱为本"、"高以下为基"是必定的。而《道应训》篇所引用的"必"字，则是指为了"高"、"贵"，必须要"贵以贱为本"、"高以下为基"。就是说，前者是陈述客观的道理、法则，而后者则是一种训诲。由此可见，《道应训》篇是将其作为自保之术来阐释的。

（三）老、庄融合的尝试

如前所述，《庄子》中有若干寓言是以《老子》为依据的。《道应训》开篇的第一则与《庄子·知北游》是相通的，也是以对"道"的认

① 马王堆《老子》乙本因为和所谓《黄帝四经》抄在同一块帛上，所以无疑是黄老系统的文本。北京大学藏汉简《老子》推测抄写于公元前140—前49年之间，显然形成于乙本之后，其属黄老系统文本的可能性也很大。这是因为今本第二十二章中的"抱一"，北大本和马王堆帛书甲乙本一样作"执一"。根据《老子》二十二章不作"抱一"而作"执一"，可以视其为黄老系统的文本，理由可参考拙论《楚地出土文献に见える「执一」の思想—特に上博楚简（七）〈凡物流形〉を中心として—》（收入〔日〕谷中信一编：《出土资料と汉字文化圈》，汲古书院2011年版，第121—143页），笔者由此推断，正好写成于这两种文本之间的《淮南子·道应训》就是黄老系统的文本。

识为其主题，由此已然可以看出其欲将老、庄相融合的态度。

第十八则是论人——此乃将桓公所读的"圣人之书"说成不过是"圣人之糟粕"的人物，与桓公的对话，《老子》第一章首句"道可道，非常道。名可名，非常名"则成为其支撑。这一问答在《庄子·天道》中也曾出现，其主旨亦是论说"道"之无法表述性。《道应训》的作者也做出了与之完全相同的解释，由此可以看出其欲通过与《庄子》相近的解释，使两者相融合的意图①。

第三十九则是与《庄子·大宗师》几乎并无二致的颜回与孔子之间关于"坐忘"的问答。此问答是以《老子》第十章的"载营魄，抱一，能毋离乎。专气至柔，能婴儿乎"为依据的。"抱一"、"专气至柔"对应于说明"坐忘"的"堕肢体，黜聪明，离形去知"之语，看上去，此处两者解释的是同一种境界。

另外，河上公注中，分别将"抱一能无离"解读为"言人能抱一，使不离于身，则长存。一者道始所生，大和之精气也。故曰一"，将"专气至柔"解释成"专守精气使不乱，则形体能应之而柔顺"，将"能婴儿乎"解为"能如婴儿，内无思虑，外无政事，则精神不去也"。因此，虽然两说之间相距不远，但欲将老庄相融合的《道应训》的立场还是很明显的②。

第四十二则"卢敖远游"的故事，意在说明人的聪明是有限的。这则故事竟例外地不是以《老子》而是以《庄子》为其依据。这也是出于

---

① 楠山认为《淮南子》作为《老子》的一种解释，"未必能称为是一般化的"。见〔日〕楠山春树：《淮南子より見たる庄子の成立》，《道家思想と道教》，第627页。

② 楠山指出："《道应训》为与'坐忘'相对应，而引用了此二者，故译文亦尽可能地忠实于此意。"（〔日〕楠山春树：《淮南子より見たる庄子の成立》，《道家思想と道教》，第659页）顺此，我们可以体会到翻译时的良苦用心。

其欲将"老"、"庄"相融合的意图。

第四十四则是通过出典于《庄子·齐物论》的魍魉与景（影）的问答寓言，说明"神明"的伟大。在"若神明……抚四海之外"句中，"抚"（震慑安抚之意）字的使用不应忽视，因为此处的"神明"被描绘成恰似将整个天下纳入自己统治之下的帝王一样的存在。《老子》第三十四章"天下之至柔，驰骋于天下之至坚"则成为此处的依据。就是说，"神明"被与老子所说的"天下之至柔"相联系，因而这里就出现了神明＝帝王＝"天下之至柔"这样的关系。《道应训》不仅脱离了老子原本的意义，而且将《庄子·齐物论》中的影与魍魉的问答牵强地联系到此处，由此也可见其意在将"老"、"庄"相融合的自家立场①。

第四十五则中出典于《庄子·知北游》的光耀与无有的问答，是以《老子》第四十三章的"无有入于无间，吾是以知无为之有益也"为其依据的。尽管其所论说的，是超越了"无有"的"无无"之境，但在此仍可看出其向庄子思想靠拢的意图②。

经由以上的分析可得知：《道应训》所引用的《老子》，虽然与汉初黄老道家使用的文本大致属于同一系列，但是，其所持立场却绝不是黄老道家的，因为其对于《老子》的解释与黄老道家的政治主张相距甚远，甚至有时将《老子》的一部分巧妙地进行了偷梁换柱式的改

---

① 上引楠山《淮南子》中指出："依循《老子》而言，至柔者水，至坚者金石。此处'昭昭'乃是被'户牖'所遮断；与之相对，'神明'之'四通并流'而自在无碍的状态，正可由此句中看出。"（日）楠山春树：《淮南子より見たる庄子の成立》，《道家思想と道教》，第 668 页。

② 参见《庄子·齐物论》："有始也者，有未始有始也者。有未始有夫未始有始也者。有有也者。有无也者。有未始有无也者。有未始有夫未始有无也者。俄而有无矣，而未知有无之果孰有孰无也。"

写——因为以黄老道家系列文本的原状态加以引用，是不利于其说的。可以认为，尽管《老子》的经典化业已完成，但是，那是黄老道家所为，故不排除与之立场不同的另一方，为了自家学说的需要，甚至改写其中某些部分的尝试。

《道应训》的思想立场，既有自我保全的主张，也有保国、治国的议论，难以一言概括之。不过，其最具特色之处，正如《要略》所述，确实正在于论说"老庄之术"。

尽管在同是以"道"为主题这一点上，《淮南子·道应训》与《庄子·知北游》是相似的，但是，两者间还是有很大的不同：《知北游》的目的是站在哲学的高度上阐述"道"（诚然，其置于篇首的故事已说明了"道"的不可言喻性，但事实上，其内容主旨又确实是在探讨"道"为何物）；与之相对，《道应训》却是从极其卑俗的立场，将原本难解的《老子》的言说，与具体的人世间故事相对应，试图将《老子》当作以明哲保身为核心的处世之道、治世之术的教材，加以通俗易懂的解释和说明。很明显，《道应训》并没有像《知北游》那样抽象地概念性地论述"道"。从这个意义上来说，尽管《道应训》与《知北游》确实都是站在老庄立场上的，但是，更应该看到：《道应训》是力图从与《知北游》不同的另类观点来解说《老子》的，亦即通过许多为人熟知的历史故事，为《老子》的理解提供可循依据，将《老子》与具体事件对应起来，以进行简单易懂的解说。这也正是《要略》所说的"言道而不言事，则无以与世浮沉，言事而不言道，则无以与化游息。故著二十篇"之意。

要言之，经由上述分析，本文推导出的结论是：《淮南子》并非是立足于黄老道家而编撰的。《淮南子》编撰的年代，虽容易被看成是黄老盛行的时代，但实际上，其流行的高峰已经过去；随着汉帝国的统治日益稳固，作为政治思想的黄老道家的作用也正在逐渐被儒家取代；在结束了其作为政治思想的角色后，黄老道家不久就转向了以自保、养生为专务的老庄道家。《淮南子》正是在这一过渡时期的背景下编撰而成的，而其中也正蕴含了所谓"老庄之术"这一概念的核心实质。

而与此相应，被与老子分离开来的黄帝，亦如《史记》之《武帝本纪》及《封禅书》中所描绘的那样，成为神仙般的存在，而进一步被神格化了[1]。

（原载《文史哲》2016 年第 3 期）

---

[1] 详见〔日〕秋月观映：《黄老观念の系谱》，《东方学》第 10 号，1955 年。

《尹文子》与稷下黄老学派

——兼论《尹文子》并非伪书

胡家聪

《尹文子》之书，乃是战国时代在齐国都城临淄稷下学宫讲学的道家学者尹文及其学派的遗著。这部不算长的古文献内容丰富，对于探讨稷下道家黄老学派及其学说颇为重要。唯因 20 世纪 30 年代以来，此书被误断为魏晋时人所伪造，因此它在先秦思想史的著作中，竟不占一席之地。

一、尹文其人和《尹文子》其书

在田氏齐国稷下学宫讲学的稷下先生中，宋钘和尹文为一派。郭沫若同志曾指出：稷下道家有三派，"即宋钘、尹文派，田骈、慎到派，环渊、老聃派。这是根据《庄子·天下篇》的序述次第，然其发展次第也大抵是这样"[①]。

---

① 郭沫若：《稷下黄老学派的批判》，《十批判书》，人民出版社 1954 年版，第 14 页。

《尹文子》似是尹文的语录集①，由其弟子整理成书。我们应把它看作是尹文学派的著作。《汉书·艺文志》著录，列在名家，"《尹文子》一篇，说齐宣王，先公孙龙"。唐颜师古注，引刘向曰："与宋鈃俱游稷下。"宋鈃在稷下学者中年纪较大，在《孟子》书中，孟轲称之为"先生"，而自称"轲"。尹文"与宋鈃俱游稷下"，自是以宋鈃为首，尹文或与宋鈃同辈而资历较浅，或可能即是宋鈃的得意高足。

宋鈃、尹文来稷下讲学，大约在齐宣王时期。这时齐国在各大诸侯国中最强盛。齐宣王为了巩固封建政权，企图统一天下，十分重视礼贤下士，罗致各派学者来稷下讲学，于是稷下"百家争鸣"，极一时之盛。宋鈃在稷下先生中年辈较长，可能先逝世；尹文也会传授弟子，形成支派，即尹文学派。

尹文从宣王到湣王时期均在稷下讲学。《说苑·君道》载齐宣王和尹文问对的事，尹文答宣王问："人君之事，无为而能容下。夫事寡易从，法省易因，故民不以政获罪也。大道容众，大德容下，圣人寡为而天下理矣。"这种"无为"或"寡为"而治的思想，显然是以道家学说为立足点，与《尹文子》书中的学说吻合一致。《吕氏春秋·正名》记载尹文和齐湣王"论士"的故事，反映出尹文这位学者讲究形名、善于辩说的特点（文长不录）。而《正名》这篇论文，甚至可以说是尹文学说的概述，它与《尹文子》的内容亦吻合一致。

尤其是，《吕氏春秋·正名》写了尹文的历史事迹。篇末这样写道："……论（指尹文之论）皆若此。故国残身危，走而之穀（高诱注：穀，

---

① 郭沫若同志在《老聃、关尹、环渊》一文中指出："《老子》书是老子的语录，这种说法实在是尽情尽理的。"（氏著：《青铜时代》，人民出版社 1954 年版，第 237 页）语录不同于成篇的论文，它的结构显得松散。《尹文子》也正是这样。

齐邑。在今山东东阿），如卫（卫国，在今河南濮阳一带）。"这里说的"国残身危"，"国残"指齐湣王末年（前284）燕国将军乐毅率领燕、秦、赵、魏、韩五国之兵攻齐，大败齐军，占领齐都临淄，湣王出逃至莒，被楚将淖齿杀害；"身危"指燕军进攻临淄，包括尹文在内的稷下先生们四散奔逃，尹文先至穀，后又到了卫国。经过这次大战乱，湣王之子襄王在莒五年，才回到已收复的临淄执政，而稷下之学大约也在这时恢复了。如《史记》所记，"田骈之属皆已死齐襄王时，而荀卿最为老师。齐尚修列大夫之缺，而荀卿三为祭酒焉"（《孟子荀卿列传》）。尹文逃亡以后，这时是否又回到稷下继续讲学呢！看来是大有可能的，因为其一，尹文比宋钘、田骈年纪轻，当能活到襄王之时；其二，《尹文子》作为尹文的语录集，其中引《老子》书，成书年代较晚；其三，《尹文子》书中的思想观点，与《荀子》多有相合或相近之处。这似能说明，尹文学派在齐襄王到王建时期的稷下学宫绵延存在着。

二、《尹文子》思想内容的探讨

《尹文子》的思想学说属于稷下道家黄老学派。对此，前人没有做过深入的研究。书中的学说有鲜明的时代特征，这是后人无法伪造的。《尹文子》这部语录集结构松散，段落与段落之间往往不相衔接；但通观全书，道法形名学说形成一个思想体系，这就是稷下道家黄老学说的体系。

稷下道家黄老学说在怎样的历史条件下产生，又具有怎样的特点呢？（1）稷下黄老学派是为田齐统治者服务的官学。宋钘、尹文、田骈、慎到、环渊等道家学者，都是应齐国统治者的邀请而到稷下讲学，并供国君咨询，即稷下先生"不治而议论"，不担任行政实职，却可以参与议论政事。稷下道家学派实有官学性质，与不同封建统治者合作的道家庄周学派属于私学性质，有本质的差别。（2）以黄老思想为主要特点的稷下道家学说，是在稷下"百家争鸣"的特定环境中形成的。在稷下，有法家、道家、儒家、阴阳家等各家各派学者讲学，在百家争鸣中各学派思想学说交相渗透，你中有我，我中有你。从稷下道家说来讲，其学说最集中的特点是道法形名等思想融为一体，这就是所谓"黄帝、老子之言"（《史记·乐毅列传》），用韩非的话来说，叫作"因道全法"（《韩非子·大体》）。黄帝，指法家政治，即"黄帝之治也，置法而不变，使民安其法者也"（《管子·任法》）。老子，指《老子》道家学说。"因道全法"，意思是从道家立足点出发，"因"《老子》哲学之"道"，"全"（论证和补充）法家政治之"法"，从而把道、法、儒等学说融为一体。（3）从稷下黄老学派遗留下来的文献看，如《管子》中的《心术上》、《白心》、《宙合》、《枢言》等篇以及《尹文子》等，都体现着道法形名融为一体的黄老学说的特征。此外，马王堆汉墓出土帛书《经法》等四篇古佚书，亦渊源于稷下黄老学派是无疑的。这种黄老学说，说到底是为巩固封建君主制政权而造说的。

在这里，我们从《尹文子》文献的实际出发，具体考察其思想内容，可以理出以下三个方面的要点：

（一）以道家为立足点，来阐发《老子》学说

《尹文子》全书的道家学派立足点非常鲜明，这体现在：

首先，强调所谓"道治"。书中写道：

〔以〕（以字原缺，依文意补）大道治者，则名法儒墨自废；以名法儒墨治者，则不得离道。

这里的"以大道治者"，是把老子学说中作为宇宙本体和万物规律的"道"用之于政治。"道"，本来是哲学概念，怎样实行"道治"，作者没有具体解释，也许是指，"道常无为而无不为，侯王若能守之，万物将自化"（《老子》第三十七章）。这里所说"以大道治，则名法儒墨自废"，显然是把"道治"驾于名法儒墨之上；说"以名法儒墨治者，则不得离道"，本意是以"道治"为主导，对"道治"进一步强调。

书中还说："道不足以治则用法，法不足以治则用术，术不足以治则用权，权不足以治则用势。"在作者看来，"以大道治"是主宰，不足以治怎么办呢？就用"法、术、权、势"来作补充。应该指出："法、术、权、势"相结合的法治学说，是稷下法家为加强封建君权阐述的系统学说，见于《管子》中的《法法》、《任法》、《明法》等篇。客观地看，"道不足以治"则用"法、术、权、势"，这里法家政治相反却实为主导；而作者从"道治"的立足点出发，倒是因道家哲学以全法家政治，表明属于"因道全法"的黄老学说。

其次，引用并阐发《老子》学说。《尹文子》成书于《老子》书问世之后，书中引《老子》原文有三处：一处引今本第六十二章："道者，万物之奥（帛书《老子》甲乙本均作'万物之注'）；善人之宝，不善人之所宝（保）。"一处引今本第五十七章："以政（正）治国，以奇用兵，以无事取天下。"再一处引今本第七十四章："民不畏死，如何（《老子》作'奈何'）以死惧之！"

它不仅引用《老子》原文，更重要的是作了"因道全法"的发挥。

引《老子》曰："以政（正）治国，以（奇）用兵，以无事取天下"之后，跟着解释："政（正）者，名、法是也；以名、法治国，万物所不能乱。（奇）者，权、术是也；以权、术用兵，万物所不能敌。凡能用名、法、权、术，而矫抑残暴之情，则己（己，指国君）无事焉。己无事，则得天下矣。"这里强调"以名、法治国"，恰是发挥《老子》学说为法家政治做论证。引《老子》曰："民不畏死，如（奈）何以死惧之"之后，也做了维护法家政治的解释："凡民之不畏死，由刑罚过。刑罚过，则民不聊其生。生无所赖，视君之威末如也。刑罚中，则民畏死。畏死，由生之可乐也。知生之可乐，故可以死惧之。此人君之所宜执，臣下之所宜慎。"这是对统治者实行法治、暴力镇压的经验教训之总结，发挥《老子》学说，也是"因道全法"的。

再次，真实记述了稷下道家田骈、宋钘、彭蒙等人的政治言论。其中重要的是宋钘和田骈、彭蒙讨论"人治和法治"的故事：

> 田子读书曰："尧时太平。"宋子曰："圣人之治以致此乎？"
>
> 彭蒙在侧，越次答曰："圣法之治以至此，非圣人之治也。"
>
> 宋子曰："圣人与圣法何以异？"
>
> 彭蒙曰："子之乱名，甚矣！圣人者，自己出也；圣法者，自理（理，即治，指治之道，下均同）出也。理出于己，己非理也；己能出理，理非己也。故圣人之治，独治也；圣法之治，则无不治矣。此万世之利，唯圣人能该（通赅，通晓之意）之。"
>
> 宋子犹惑，质于田子，田子曰："蒙之言然。"

这段道家学者讨论"人治和法治"的故事很生动，当是尹文耳闻目睹的第一手资料，精确可信。宋钘起先主张"圣人之治"，但彭蒙坚持"圣法之治"，并批评宋钘，"子之乱名，甚矣！"圣人之治与圣法之治有根本的区别，即"圣人者，自己出也"，以个人为出发点；"圣法者，自理出也"，以治道为出发点，两者不可乱其名实，混为一谈。宋钘听了彭蒙的解说还有怀疑，问田骈，田骈肯定了彭蒙的见解正确。宋钘是否改变了原来的观点呢？文中没有说，但讲这个故事的尹文无疑是赞同"圣法之治"的。

不仅如此，书中一再记述道家田骈的言论，足见尹文对田骈的推崇。荀况曾评论田骈、慎到学派是"尚法而无法"（《荀子·非十二子》），这话实质上点破了稷下道家"因道全法"的共同特点。"尚法"是以法为上，但又"无法"，是发挥道家学说来"全法"。《管子》中的《心术上》、《白心》、《枢言》是这样，《尹文子》何尝不是这样呢？

（二）"正名"理论和"名"为"法"用

《尹文子》的最大特色，是从道家立足点出发，系统阐发了"正名"的形名学说和名为法用的政治思想。从其共性方面说来，这是稷下道家黄老学派所共有的，如《管子·心术上》说："物固有形，形固有名。此言〔名〕（名字原缺，依文意补）不得过实，实不得延名。姑（估）形以形，以形务名，督言正名，故曰圣人。"《管子·白心》也说："原始计实，本其所生。和其象，则索其刑（形），缘其理，则知其情，索其端，则知其名。"又说："正名自治（治字下原有'之'字，为衍文），奇名自废（原作'奇身名废'，依文意改）；名正法备，则圣人无事。"《管子·枢言》还写道："有名则治，无名则乱，治者以其名。""名正则治，名倚则乱，无名则死，故先王贵名。"上引三篇稷下道家作品，可见"正名"的形名学说为黄老学派所共同。然而从《尹文子》学说的特性方面说来，其所阐发的"正名"思想和名为法用的政治学说，则比上述三篇更为系统和集中。正因如此，班固《汉书·艺文志》把《尹文子》列在名家，不是没有道理的。

此书开头，便从道家立脚点提出了"正名"问题："大道无形，称器有名。名也者，正形者也。形正由名，则名不可差。故仲尼云：'必也正名乎？名不正，则言不顺也。'"这里所谓"大道无形，称器有名"，以及后面的"大道不称（指'道'之'无名'），众有必名"，似是从《老子》的"道常无名"（第三十二章）和"无名，天地之始；有名，万物之母"（第一章）引申出来的。《老子》学说中的"形名"思想本不突出，但被稷下道家继承和阐发得突出起来。成为系统的"形名"学说。这是因为，从春秋到战国经历了从奴隶制到封建制的社会大变革，体现社会等级制的名分发生变化，出现了许多名实背离的现象。《管子·宙合》说："名实之相怨，久矣。"《荀子·正名》写道："圣王没，名守慢，奇辞起，名实乱。"稷下黄老学派强调"正名"，实质在于维护已基本确立了的封建等级制的秩序。这一点，从尹文学派朴素唯物论的"正名"学说看得更清楚。

首先，"正名"论的基本主张是分清形名关系的客观与主观。书中写道：

> 有形者必有名，有名者未必有形。形而不名，未必失其方圆黑白之实，名而不可不寻名以检其差。故亦有名以检形，形以定名；名以定事，事以检名。察其所以然，则形名之与事物，无所隐其理矣。

　　名、形关系即名、实关系，"形"或"实"指客观对象，"名"指依于客观对象而形成的概念。"形而不名"，不给这个客观对象形成某个概念，那么这个客观对象"未必失其方圆白黑之实"。然而，有了"名"即有此概念，那就应该"寻名以检其差"，检验名和形（实）的差别。这里强调的"形以定名"和"名以定事（指同类事物）"，显然是朴素唯物论的，更重要的是"名以检形"、"事以检名"的两个"检"字，着重于概念和客观对象是否吻合一致的检验上。所以说，"察其所以然，则形、名之与事物，无所隐其理矣"。"正名"论强调纠正形、名背离的现象。书中写道："今万物具存，不以名正之则乱，万名具列，不以形应之则乖。故形、名者，不可不正也。"

　　书中进一步阐述了唯物论的"名、分"论。以"五色、五声、五臭、五味"这四类为例，在客观上，它们"自然存焉天地之间，而不期（期待）为人用"，可是，"人必用之，终身各有好恶，而不能辨其名、分"。怎样"辨其名、分"呢？在作者看来，"名宜属彼，分宜属我。我爱白而憎黑，韵商而舍（拾）征，好膻而恶焦，嗜甘而逆苦"，就这样，"白、黑、商、征、膻、焦、甘、苦，彼之名也；爱、憎、韵、舍（拾）、好、恶、嗜、逆，我之分也"。这是说，"名宜属彼"（这里的"名"，包括了名实相合的"实"）是客观的，"分宜属我"是主观的，把"属彼"与"属我"的客观与主观区别清楚了。正是基于这种"名、分"论，它又强调指出："名称者，别彼此而检虚实者也。自古及今，莫不用此而得，用彼而失。失者由名、分混，得者由名、分察。"所以说，"定此名、分，则万事不乱"。

　　其次，唯物论的"正名"论是"名"为"法"用的。书中多见"名、法"并提之处，诸如：

名有三科，法有四呈（通"程"，"科"与"程"均指类别）：一曰命物之名，方圆白黑是也；二曰毁誉之名，善恶贵贱是也；三曰况谓之名，贤愚爱憎是也。一曰不变之法，君臣上下是也；二曰齐俗之法，能鄙同异是也；三曰治众之法，庆赏刑罚是也；四曰平准之法，律度权量是也。

以名稽虚实，以法定治乱，以简治（制）烦惑，以易御险难。万事皆归于一，百度皆准于法。

故（君子）所言者，不出于名、法、权、术……

君不可与臣业，臣不可侵君事。上下不相侵与，谓之名正，名正而法顺也。

这几处的"名、法"并提，都清楚说明是"名"为"法"用的。

为法家政治作论证的"名"为"法"用，其中有几个要点：

（1）"正名分"的"法、术、权、势"结合。以加强封建君权。书中写道：

术者，人君之秘用，群下不可妄窥，势者，制法之利器，群下不可妄为。人君有术，而使群下得窥，非术之奥者；有势，使群下得为，非势之重者。大要在乎正名分，使不相侵杂，然后术可秘，势可专。

这里的"法、术、权、势"结合，并非稷下道家学说，乃是稷下法家创说，见于《管子》中《法法》、《任法》、《明法》等篇。意思是，大权独掌的封建君主应该"明法"、"任术"，"明法而固守之"，"任术（术数）"以驾驭群臣（《任法》）；不仅如此，还要"操六柄"、"处四位"，六柄即"生之、杀之、富之、贫之、贵之、贱之"（此即尹文所谓"权"的权柄），四位即"文、武、威、德"（此即尹文所谓"势"的势位），严防"夺柄"、"失位"，即君主的权柄和势位被臣下所篡夺（以上均见《任法》）。上引尹文所论，实从道家立足点出发，为"法、术、权、势"结合作补充。"术"为君主所"秘用"即韩非所说，"术者，藏之于胸中，以偶众端，而潜御群臣者也"（《韩非子·难三》）。"势"为君主所独专，即国君要有唯我独尊的威势，而其"大要在乎正名分"，要领则在于先正君臣上下的名分，"然后术可秘，势可专"，从而使国家权力集中于至高无上的封建君主手中。不可忽略，在尹文看来，"君臣上下"乃"不变之法"，而且"君不可与臣业，臣不可侵君事。上下不相侵与，谓之名正，名正而法顺也"，而这就是"正名分"，其所针对的就是"下侵上之权，臣用君之术，言不畏时之禁，行不轨时之法"。正君臣上下之名分，就抓住了强化封建等级制的根本。

（2）"名定分明"，"使贫富皆由于君"，以维护封建等级制度。书中写道：

> 名定，则物不竞；分明，则私不行。物不竞，非无心，由名定，故无所措其心；私不行，非无欲，由分明，故无所措其欲。然则，心，欲人人有之，而得同于无心无欲者，制之有道也。

这里强调了"名定，则物不竞；分明，则私不行"之后，举出田骈和彭蒙说的话为例。田骈说：天下之士"游宦于诸侯之朝者，利引之也"；但他们想做官，"皆志为卿、大夫，而不拟于（拟，僭拟之义）诸侯者，名限之也"。这是说,他们想做官,但不想去做国君,因为"名限之也"(国君一国只有一个)。彭蒙说:"雉、兔在野,众人逐之,分未定也",可是"鸡、豕满市,莫有志者(没有人去追捕),分定故也"。这里的"分"指所有权,市上的鸡、豕很多,为什么没有人追捕呢?是因为所有权已经定了。这两个例子,说明了"名定,则物不竞;分明,则私不行"的道理。

然而,"心,欲人人有之,而得同于无心无欲者,制之有道也",究竟怎样"制之"呢?书中回答是,要依靠"道"和"法",即:

> 道行于世,则贫贱者不怨,富贵者不骄,愚弱者不慑,智勇者不陵,定于分也。
>
> 法行于世,则贫贱者不敢怨富贵,富贵者不敢陵贫贱,愚弱者不敢冀智勇,智勇者不敢鄙愚弱,此法之不及道也。

这里开出的药方是"道治"加"法治"。前面已说过,"道不足以治则用法",在作者看来,"法治"是"道治"的补充。"道治"的作用在"定于分",而"法治"的作用则在"不敢"不"定于分",从其所论的富贵贫贱等社会身份而言,"道治"加"法治"都要求正名定分,维护封建等级制的秩序。

定贫贱富贵的关键在哪里?作者强调:"贫富皆由于君。"这正如稷下法家所说:"予之在君,夺之在君,贫之在君,富之在君。"(《管子·国蓄》)作者又说:"人富则不羡爵禄,贫则不畏刑罚。"这又如稷下法家所说:"民富则不可以禄使也,贫则不可以罚威也。"(同上)由此可见,稷下道家与法家的说法一致,而关键在于"贫富皆由于君"。

（3）"全治而无阙"，重视社会分工，维护社会秩序。尹文学派以"道、法"为治，提出"全治而无阙"的社会学说，很有特色：

> 天下万物不可备能，责其备能于一人，则圣贤其犹病诸。设一人能备天下之事，则（原作"能"，系"则"之误抄）左右前后之宜，远近迟疾之间，必有不兼者焉。苟有不兼，于治阙矣。全治而无阙者，大小多少各当其分，农商工士不易其业，老农、长商（擅长经商的商贾）、习工、旧士莫不存焉，则处上者（指国君）何事哉？

文意很明白，"全治而无阙者"，是指全社会的各种事务，"大小多少各当其分，农商工士不易其业"。我们知道，农商工士四民分业是齐国的传统（参考《国语·齐语》）。这里所说"农商工士不易其业"，即指继承这个传统；至于社会事务的"大小多少各当其分"，即是稷下法家主张的"使〔民〕各为其所长"（《管子·牧民》），在社会分工上要扬长避短，人尽其才。这样办了，"则处上者何事哉？"就能"无为"而治。

"全治而无阙"，还有提倡什么、反对什么的问题。作者态度鲜明，提倡"有益于治"的言论，"有益于事"的行为，即君子"所言者，不出于名法权术；所为者，不出于农稼军阵"。反对什么呢？反对"有理而无益于治者"，即"治外之理"；"有能而无益于事者"，即"事外之能"。基于此，他还进而提倡"为善与众行之，为巧与众能之"。请注意这两个"众"字，意思是推广而普及之，这才是"善之善者，巧之巧者也"。因此，"不贵其独治，贵其能与众共治"，"不贵其独巧，贵其能与众共巧"，从而做到社会上"贤愚不相弃，能鄙不相遗"。这种群策群力的社会思想，无疑是有进步意义的。

（三）以道家为本位，在百家争鸣中融合各家学说

田齐都城临淄的稷下学宫，是战国时代一个重要学术中心，是百家争鸣的学术盛地。稷下道家"道、法、儒"融为一体的黄老学说，就是在这样一种特定环境中诞生的。而这种各家学说的交融，体现在《尹文子》书中更为鲜明。

在作者看来，"〔以〕大道治者，则名法儒墨自废；以名法儒墨治者，则不得离道"。这说明作者的确以道家为本位，《老子》表述的"道"，"渊兮，似万物之宗"（第四章），是万物的宗主或主宰，尽管"名、法、儒、墨"都是治之道，都可应用，但"不得离道"，即不得脱离"道治"的主宰。这就意味着"道"与"名、法、儒、墨"的思想融合。

在作者看来，仁、义、礼、乐、名、法、刑、赏，"凡此八者，五帝、三王治世之术也"，"无隐于人而常存于世"，它们都是公开的，哪个也不能缺少，关键在于："用得其道，则天下治；〔用〕失其道，则天下乱。"这又意味着调和儒、墨、名、法等各家学说，只要"用得其道"，那就可以兼收并用。

作者虽然强调以"道、法"为治，但也着重"礼、乐"的教化作用。书中说："圣王知民情之易动，故作乐以和之，制礼以节之。"这与儒家之重视礼乐并无二致，同样是用来维护等级制度。

《尹文子》尽管调和儒、墨、名、法等各家学说，但还是以道家学说为本位，以"名、法"治国为基调。这体现在："以名稽虚实，以法定治乱，以简治（制）烦惑，以易御险难。万事皆归于一，百度皆准于法。"

此外，《尹文子》的思想学说，与《荀子》颇多相合或相近之处。这不难理解，尹文及其弟子们长期在稷下从事学术活动，儒家学者荀况也长期活动于稷下，自然会有思想学说的互相交流。两者学说的相合、相近之处，当另写文论之，这里不再多言。

三、《尹文子》并非伪书

在 20 世纪二三十年代我国学术界兴起古书辨伪风气的时候，《尹文子》曾被看成是伪书。罗根泽先生著有《尹文子探源》[①]，认为此书是魏晋时人所伪作。

难道《尹文子》真的是伪书吗？否，这有三方面的可靠证据。

其一，有战国时代的特征。《尹文子》其书大约成书于战国后期的稷下学宫，文中打着鲜明的战国印记：

> 凡国之存亡有六征：有衰国〔有乱国〕（此三字原缺，依文意外），有亡国，有昌国，有强国，有治国。所谓乱、亡之国者，凶虐残暴不与焉。所谓强、治之国者，威力仁义不与焉。

这表明，此书写于各诸侯国分裂割据、互相争霸的战国时代。它怎会是汉代以至魏晋人伪造的呢？

其二，黄老思想的内容。其书秉持道法形名思想融为一体的稷下道

---

① 罗根泽：《尹文子探源》，《诸子考索》，人民出版社 1958 年版。

家黄老学说，如前面所作的具体剖析，这种学说只能产生于当时稷下之学的特定历史条件下，是特定环境中的产物。因此，离开了那种特定的历史条件和环境，后人就是想伪造也是无法伪造出来的。罗根泽先生写《尹文子探源》的三十年代，当时学术界对于稷下道家黄老学派的研究还不深入，与八十年代在这方面有新进展很不相同。当时断代有误，不必苛责于前辈。

其三，其书流传有序。《尹文子》经《汉书·艺文志》著录，列在名家，为一篇。但今本分《大道上》和《大道下》，变成两篇。这出于什么原因呢？此书今本前有"山阳仲长氏撰定"的序言，说得明白，尹文子"著书一篇……余黄初（魏文帝年号，公元220—226年）末始到京师，缪熙伯以此书见示，意甚玩之，而多脱误。聊试条次，撰定为上下篇"。这位好事者仲长氏，把本为一篇，"撰定为上下篇"，即一篇分成两篇了。如今我们认真研读《尹文子》全书的思想内容就会发现，分作《大道上》、《大道下》实甚为牵强。这上下篇流传下来，《隋书·经籍志》著录即为二卷。到元代，《文献通考》记录亦作二卷。清代《四库全书提要》谓："此本亦题《大道上篇》、《大道下篇》，与序相符，而通为一卷，盖后人所合并也。"由此可见，此书从汉晋、隋唐以来，始终在社会上流传着。只是在北宋以后，书中有一少部分文字散失了，此书今本所无的佚文，曾被北宋所编类书《太平御览》引用，就是其明证。

这三方面的证据都证明，《尹文子》并非伪书。

（原载《文史哲》1984年第2期）

玄学与世情

宇宙生成论向玄学本体论的转化

王晓毅

一

汉人的思维方式是以经验主义为特征的。在经验基础上进行形象比附，是他们认识世界和解释世界的主要方法。在宇宙起源问题上，他们大概参照生物孕育后代过程中胚胎形成的复杂系列，极大地发挥了先秦思想家哲学命题中的生成论因素，如"太极生两仪"，"道生一，一生二，二生三，三生万物"等思想，创造了宇宙发生过程的烦琐系列，并且与原始的"气"论相结合，把宇宙生成过程看作元气不断演化的过程。在这些基本点上，汉代的儒、道思想家没有多大差异。他们的不同点是，汉儒一般用神学目的论解释宇宙生成的最后动因，而汉代道家则强调这一过程是自然发生的。关于宇宙生成的具体过程，可以说每个思想家都不一致。对于这个无法证明的天地万物形成之前的气化阶段，汉人给我们留下了以下各种宇宙生成模式：

> 天地未形，冯冯翼翼，洞洞灟灟，故曰太昭。道始于虚霩，虚

霸生宇宙，宇宙生气，气在涯垠，清阳者，薄靡而为天；重浊者，凝滞而为地。（《淮南子·天文训》）

夫有形生于无形，乾坤安从生？故曰：有太易，有太始，有太素也。太易者，未见气也。太始者，形之始也。太素者，质之始也。气形质具而未离，故曰浑沦。浑沦者，言万物相浑成而未相离……清轻者上为天，浊重者下为地。（《乾凿度》）

天始起，先有太初，后有太始，形兆既成，名曰太素。混沌相连，视之不见，听之不闻，然后剖判。清浊既分，精出曜布，度物施生。（《白虎通·天地》）

天地未分之前，有太易。元气始萌，谓之太初。气形之端，谓之太始。形变有质，谓之太素。质形已具，谓之太极。（《孝经·钩命诀》）

太素之前，幽清玄静，寂寞冥然，不可为象。厥中惟虚，厥外惟无。如是者永久焉，斯谓溟涬。盖乃道之根也。道根既建，自无生有。太素始萌，萌而未兆，并气同色，浑沌不分。故道志之言云："有物浑成，先天地生。"其气体固未可得而形，其迟速固未可得而纪也。如是者又永久焉，斯谓庞鸿，盖乃道之干也。道干既育，万物成体，于是元气剖判，刚柔始分，清浊异位，天成于外，地定于内。（张衡《灵宪》）

上古之世，太素之时，元气窈冥，未有形兆，万精合并，混而为一，莫制莫御，若斯久之。翻然自化，清浊分别，变成阴阳。阴阳有体，实生两仪。天地壹郁，万物化淳，和气生人，以统理之。（《潜夫论·本训》）

通过上述几段引文，我们不难看出汉人宇宙生成论中潜在的积极的哲学意义，即在天道观方面融合了儒、道的宇宙本根论。道家的"道"、"一"，儒家的"太极"，都在天地形成前的原始混沌中融为一体了。汉人经验主义的比附方法，把先秦诸子提出的没有进一步展开论证的各种抽象本根观念，都一一加以具体化和形象化，转化为元气演化生成天地之前的不同状态。"太极"、"道"不过是这个复杂演化过程不同阶段或同一阶段的别名。纬书和《白虎通》都把太极看作气化过程的一个阶段，并用《老子》"有物混成，先天地生"的思想理解气化过程中的某些阶段。"气形质具而未离，故曰浑沦"（《乾凿度》）。"混沌相连，视之不见，听之不闻"（《白虎通·天地》）。张衡将太素之前的阶段称为"道根"，将太素之后的阶段称为"道干"，并指出其构成质料都是气。宇宙本根的统一与称呼的多样性，为儒道融合为特征的玄学本体论提供了思想素材。比如玄学家王弼只承认一个宇宙本体的存在，但是他笔下的"无"却具有各种不同的别名，如"道"、"太极"、"一"、"太始之原"、"玄"、"本"，等等。这些别名都是对无形无名的宇宙本体的不同角度的描述。何晏也是如此，他所讲的"无名"也有"道"、"自然"、"太素"等多种称谓。阮籍则在其《通老论》中直接点出了这个问题。他说："道法自然而为化……《易》谓之太极，《春秋》谓之元，《老子》谓之道。"（《阮籍集》）阮籍的《通老论》约作于曹魏正始时期，他的思想，反映了正始玄学家的一般看法。

汉代宇宙生成模式尽管非常烦琐，却可以从形名角度迅速简化：天地万物形成之前的系列太易、太初、太始、太素、太极等，可看作"无形"；天地万物形成后的系列天地、四时、万物、人等，可看作"有形"。《淮南子·精神训》说："古未有天地之时，惟象无形。"《乾凿度》曰："夫有形生于无形。"张衡认为天地形成前为"其气体固未可得而形"（《灵宪》）。王符也指出：太素之时"未有形兆"（《潜夫论·本训》）。用有形和无形去表述宇宙本根和万物，是汉人宇宙思维的基本模式。比如汉代道家对《老子》一书的解释，大都采用了这种方法。纵观《老子》本文，使用"无形"一词去描述"道"的地方只有一处："大象无形"，而在《老子河上公章句》和严遵《老子指归》中则处处用"无形"与"有形"去形容道与万物的关系。"道唯窈冥无形。"（《老子河上公章句》第 21 章注）"道无形，混沌而成万物。"（同上书第 25 章注）"道之为物，无形无状"，"无有形象，为万物师"，"道体虚无而万物有形，无有状貌而万物方圆"（《老子指归》）。

汉人形象思维所产生的复杂的宇宙生成模式，又因为形象化而潜伏着自身简化的可能性，很容易得出"宇宙本根无形"这样一个简单而合乎逻辑的命题，而这个命题又恰恰是贵"无"论玄学的逻辑思维方法。王弼正是用形名方法建立了他的哲学体系。他用理性主义改造了双代宇宙生成论，将无法用经验和理性详细证明的天地万物形成前的状态，用"无形"去概括，将天地万物用"有形"去概括。无形可以抽象为"无"，有形可以抽象为"有"。无形产生有形，因此可以看作"无"生"有"。换句话说，就是"以无为本"这个命题。

东汉末年，随着理性主义思潮的兴起和儒道融合的发展，汉代宇宙生成论开始向自我否定的方向转化。郑玄对易纬的注解集中反映了这一变化。尽管郑玄并没有突破宇宙生成论的藩篱，但是由于他指导思想上的理性主义因素和注重义理的学术方法，并用《老子》解《易》，他的宇宙生成学说具有向玄学本体论方向发展的趋势，为玄学的形成准备了更直接的思想资料。

郑玄崭新的宇宙生成论主要是通过改造易纬《乾凿度》和《乾坤凿度》完成的。易纬把宇宙生成过程分解为太易 ── 太初 ── 太始 ── 太素 ── 天地万物五个阶段。太易时期还没有元气，"太易者，未见气也"。太初、太始、太素三个时期是元气产生发展的时期，但是看不到形质。"气形质具而未离，故曰浑沦。浑沦者，言万物相浑成而未相离，视之不见，听之不闻，循之不得。"此后，才由"上圣凿破虚无，断气为二，缘物成三"（《乾凿度》），产生了有形有名的天地万物。

郑玄改造了易纬的上述思想。他认为，太易时期没有任何有形物质，"以其寂然无物，故名之为太易"。"太易无形之时，虚豁寂寞不可视听。"这种虚豁无物，并非是真空，其本质是原始的气。"太易气未分"，"元气之所本始太易"。由于它无形无状，郑玄将其简称为"无"。"太易无也"（《乾凿度》注）。

郑玄认为太初、太始、太素三个阶段是元气的发生成长过程。这一点与易纬没有区别。值得注意的是，他把太初（气之始）、太始（形之始）、太素（质之始）称为"三始"，认为三始的本质是混沌未分的元气。"虽合此三始，而犹未有分判，老子曰：'有物混成，先天地生。'""三始"在郑玄的哲学词汇中与"太极"同义。他对太极的解释为，"气象未分之时，天地之所始也"（《乾凿度》注）。"淳和未分之气也"（《周易·系辞》郑玄注）。因为太极（太初、太始、太素）毕竟表现为有质料、可感知、可形容的元气，况且这种气又孕育着有形的天地万物，所以，他将太极（太初、太始、太素）简称为"有"，"太极有也"（《乾凿度》）。因此，太易与太极的关系被抽象为"无"与"有"的关系。他说："太易无世，太极有也，太易从无入有。""无"还可以被称为"一"，"一者无也，用之为九"（《乾凿度》注）。

　　老子的"无生有"的命题，经过两汉几百年形象烦琐的发挥，到汉末完成了它辩证的螺旋式旅行，再次回到了无生有的简单命题。但这时的无生有，已不是对老子原义的简单重复，而是具有了更丰富的内涵，它是玄学本体论思辨哲学的先声。

　　郑玄的宇宙生成论具有强烈的反神学目的论倾向，他借用《老子》自然无为的思想去解释宇宙生成过程。他说："太易既自寂然无物矣，焉能生此太初哉。则太初者，亦忽然而自生。"（《乾凿度》注）他进而指出，易道的最大特点和根本规律，就是以无为去顺应万物的自然本性，"此皆言易道无为，故万物得以自通"。"易理顺时变化，不著一方。""夫何为哉？亦顺其自通而已耳。""万物是八卦之象，定其位，则不迁其性，不淫其德矣。故名得自成也。"他又指出，要获得成功，就要效法易道的无为，无为才是领悟了《易》的精神实质。"效易者，寂然无为之谓也"，"效易无为，故天下之性莫不自得也"。"夫惟虚无也，故能感天下之动；惟清静也，故能炤天下之明。"太古时期人类之所以太平，就是因为遵循了易道的这种精神，"天地气淳，人物恬悴，同于自得。故不相殊别。人虽有此而用之，放行而无迹，事而勿传也"。"圣人通变，尽万物之理"（《乾凿度》注）。

　　不难看出，郑玄的哲学观点与早期玄学思想家何其相似乃尔。可以说，郑玄与王弼只差一步之遥了，他的上述思想无疑对玄学的形成产生了深远影响。然而，郑玄的学说毕竟属于宇宙生成论的范畴。尽管其中有不少本体论的因素，但他的"易道"、"无"、"太易"毕竟存在于天地万物之外之前，他还未迈出关键性的一步。那么，玄学家是通过什么途径把宇宙本根从天地之外移向事物内部呢？这正是我们下面所要重点研究的课题——曹魏初期人物批评活动中关于君主材质的讨论。

二

汉末魏初，要求君主无为已是思想界普遍倾向。当时所流行的名学方法认为，形由实所决定。无为是理想君主的行为（形），理应由君主的材质（实）所决定。思想家们为了达到论证君主无为的目的，开始在皇帝的人格和材质上大作文章。这种现象在魏初就有端绪。徐干说："小事者味甘而大道醇淡……非大明君子则不能兼通也。故皆惑于所甘而不能至乎所淡。"（《中论·务本》）比较详细地反映当时思想界在这个问题上的研究水平并流传下来的著作是刘劭《人物志》，而集中保留在该书的《九征》篇中。由于刘劭关于君主材质的思想与其整个材质理论不可分割，所以我们必须首先考查他的材质理论结构：

1. "元一"构成人体的基本质料。"凡有血气者，莫不含元一以为质。"（《九征》）元一是指人体各种生理组织的构成质料。刘劭对这一层思想没有展开论述。

2. 阴阳决定了人们性格的内向和外向两种基类型，"禀阴阳以立性"。他具体解释道："聪明者，阴阳之精。阴阳清和，则中睿外明。……故明白之士，达动之机，而暗于玄虑；玄虑之人，识静之原，而困于速捷。犹火日外照，不能内见；金水内映，不能外光。二者之义，盖阴阳之别也。"（《九征》）不难看出，刘劭认为阳性的人，像火焰那样可以照见外物，因而能知道事物的外在方面——"知章"；阴性的人，像镜子和水面那样可以将外物的影子映在其中，因而能知道事物的微妙细节——"知微"。刘氏的这种阴阳说，是他划分偏才性格的指导思想。例如他在《体别》篇中所列举的十二种偏才之性，有六种阴性人和六种阳性人。

3. 五行决定了"九征"。刘劭指出，金木水火土五行，是人体五种生理素质的本质，也叫作"五质"。人体的五种生理素质则是五行的表现形式，因而叫"五征"或"五物之象"。

> 若量其材质，稽诸五物。五物之征，亦各著于厥体矣。其在体也；木——骨、金——筋、火——气、土——肌、水——血，五物之象也。（《九征》）

刘劭认为，五行的性质是永恒的。"五质恒性，故谓之五常矣。"（《九征》）五常是礼、义、仁、智、信五种封建道德的根源。在人体中，五行表现为五种生理素质，这五种生理素质的完善情况，是五常赖以产生的直接基础。刘劭这样解释道：

> 骨植而柔者，谓之弘毅，弘毅也者，仁之质也。气清而朗者，谓之文理，文理也者，礼之本也。体端而实者，谓之贞固，贞固也者，信之基也。筋劲而精者，谓之勇敢，勇敢也者，义之决也。色平而畅者，谓之通微，通微也者，智之原也。（《九征》）

通过上述附会，刘劭将其人材理论建立在元一和阴阳五行说的基础上。但是当代人十分注重的人材品评的要件，如仪容、声调、眼神等，却游离于其哲学基础之外。为了解决这个矛盾，他只能含糊其辞地再将这些要件与五行说相结合："虽体变无穷，犹依乎五质。"（《九征》）他以此为根据，按魏晋人数字尚九的习惯，创立了九征学说：

> 性之所尽，九质之征也。然则平陂之质在于神，明暗之实在于精，勇怯之势在于筋，强弱之植在于骨，躁静之决在于气，惨怿之情在于色，衰正之形在于仪，态度之动在于容，缓急之状在于言。（《九征》）

凑足了九征，刘劭的材质理论也就完整了。他认为，九征是人材赖以存在的基础，同时也是考查人材的重要途径。至于仪、容、声、色、神、精这六征的生理素质是什么，以及它们是怎样与五行相联系的，刘劭说得极不清楚，实际上他也说不清楚，我们当然也不可能搞清楚。

刘劭用这一支离破碎的阴阳、五行、九征理论，解释了全材、兼材、偏材、依似、间杂五种人的材质构成。全材指圣人或理想君主，兼材指宰相，偏材指大臣，依似和间杂则属于伪人材。由于兼材和依似、间杂与本文论题关系不大，所以我们不加以介绍。重点研究偏材与全材的材质特点。

刘劭认为，对元一、阴阳、五行、九征的禀受差异，是产生人材不同层次的关键。比如偏材对"元一"的禀受没有达到"平淡"、"中和"，对阴阳的禀受是或阴或阳，不能兼有二美，其"九征"的状况也不可能做到"九征皆至"。"至"，是刘劭人材学的专门术语，它指"九征"的完美状态。"一至"是指九征之中一征完美；二至，是指二征完美；三至、四至……以此类推。九至，则是九征皆完美。刘劭认为，偏材的九征至少要有"一至"，才能成为偏材，否则就不属于好的人材范围了。"一至谓之偏材。"同时，偏材还可以兼有数"至"，"若二至以上，亦随其所兼以及异数"（《人物志·接识》）。"凡偏材之性，二至以上，则至质相发而令名生矣。是故骨直气清，则休名生焉。气清力劲，则烈名生焉。劲智精理，则能名生焉。"（《人物志·八观》）有一点是明确的：偏材不可能"九征皆至"，因为那是圣人的特点。

刘劭理想的圣人材质就是建立在这种元一、阴阳五行、九征的基础上，他指出，圣人对元一的禀受情况是中和。"凡人之质量，中和最贵矣。中和之质必平淡无味，故能调成五材，变化应节。"圣人对阴阳的禀受亦是以中和为特征。"阴阳清和，则中睿外明。圣人淳耀，能兼二美，知微知章。自非圣人莫能两遂。"对五行的禀受是，"五常既备，包以淡味，五质内充，五精外章，是以目彩五晖之光也"。其九征则是"质素平淡，中睿外朗，筋劲植固，声清色怿，仪正容直，则九征皆至，则纯粹之德也"。可见，刘劭笔下的圣人材质是融合了各种矛盾方面的最丰富最全面的实体，表现为中和、平淡、无味。因此，被称为"中庸"和"无名"。"兼德而至，谓之中庸。"（《九征》）"中庸之德，其质无名。"（《体别》）在这里，刘劭借用了儒家的"中庸"和道家的"无名"去形容他创造的圣人材质，"中庸"和"无名"也同时失去了自己的原义。

刘劭所沿用的元一、阴阳、五行都是指气的不同形态，这一点汉儒有较多的表述，我们不再重复。应当指出，刘劭所说的圣人人材的本质——"无名"，并不是指无形的气，而是对各种气以及由它们构成的各种生理素质全面平衡的一种表述，是一种无法用语言表达的新效果，所以称它为"无名"。

那么，圣人人材本质的哲学依据是什么呢？刘劭没有回答，也不可能回答。但刘劭君主贵无论所潜在提出的课题，却是具有重大意义的。圣人材质"无名"观念的形成，以及由此产生的对它从宇宙观方面进一步哲学论证的需要，对玄学本体论的形成产生了决定性作用。

首先，圣人材质无名的观点为把远在天地之外的宇宙本根移向事物内部找到了载体。我们知道，汉末宇宙生成论已经发生了变化，多种宇宙本根统一，并从形名角度简化为"无形"、"无名"、"无"，圣人材质的"无名"，说明了宇宙本根就在圣人体内，这样，宇宙生成论转化为本体论在逻辑上是顺理成章的。

再者，圣人材质"无名"的新学说，迫切需要思想界对它找出哲学依据。众所周知，中国古代哲学家往往根据现实中理想君主的形象，到虚幻的天国里塑造一致的神象，以求两者的和谐。只有这样，一个理论圆圈才算最终画圆。刘劭所赋予理想君主的这种全有而"无名"的形象，代表了上升时期士族阶级对理想君主的憧憬，为后来的玄学青年提供了思想模型和再创作的冲动。在玄学新秀的笔下，宇宙本根也随之具有了与君主相同的性质。"无形无名，万物之宗山……故其为物也混成。为象也无形。"（王弼《老子指略》）

刘劭的圣人材质理论不但在逻辑上，而且在历史上也是正始玄学的出发点。正始之音最重要的讨论课题就是圣人人格与"无"的关系。据何劭《王弼传》记载，何晏、钟会与王弼曾就圣人的喜怒哀乐，发生了一场辩论。"何晏以为圣人无喜怒哀乐，其论甚精，钟会等述之。弼与不同，以为圣人茂于人者神明也，同于人者五情也。神明茂，故能体冲和以通无；五情同，故不能无哀乐以应物。"（《三国志·钟会传》注引）又如王弼拜访裴徽时，两人最关注的讨论中心，仍是圣人人格与"无"的关系。裴徽问王弼："夫无者诚万物之所资也，然圣人莫肯致言，而老子申之无已者何？"王弼问答："圣人体无，无又不可以训，故不说也；老子是有者也，故恒言无所不足。"（《三国志·钟会传》注引何劭《王弼传》）当时的玄学家在表述贵"无"的宇宙本体论哲学时，都是以圣人的人格为立论证据之一。"无誉，无名者。若夫圣人，名无名，誉九誉。"（何晏《无名论》）夏侯玄说："天地以自然运，圣人以自然用。"（何晏《无名论》引）以上均反映了圣人人格问题与贵"无"宇宙本体论的内在联系。

从圣人材质理论本身看，刘劭与玄学家似乎没有根本的不同。他们都把君主的材质看作一个丰富、全面但又"无名"的实体。王弼说："至和之调，五味小形；大成之乐，五声不分；中和备质，五材无名也。"（《论语释疑》皇疏）玄学家比刘劭的棋高一步之处，一方面表现在将"无名"进一步抽象为"无"，王弼说，"圣人体无"。另一方面，表现在玄学家们没有停留在人材哲学领域，而是上升到了整个宇宙观的高度，完成了本体论的哲学升华，迎来了正始玄学"壮丽的日出"。

（原载《文史哲》1989 年第 6 期）

汉魏晋学术的走向与玄学的兴起

向世陵

通常所谓"学术",指系统专门的学问,但最初的"学术"一词只是动词,即"学……之术"的意思。今天意义上的"学术"概念是到南北朝时才开始出现的。在此意义上,可以说中国古无"学术","学术"是随着中国社会和文化的发展才逐渐形成的。

中国传统学术,按其本来的内涵,包括今天所谓文、史、哲三家。在汉末魏晋社会中扮演着特殊的角色而又对学术发展产生着重要影响的,则主要是文与哲两家。建安文学与魏晋玄学,分别体现了密切衔接的前后两个时代的特色,在中国学术发展史上具有非常重要的地位。东汉初开国皇帝刘秀的"建武"与东汉末献帝刘协的"建安",一首一尾(转瞬即逝的"延康"忽略不计),是东汉持续时间最长的两个年号,然刘秀的"光武中兴"与刘协的大权旁落、曹魏继起已不可同日而语。汉政权的衰亡与魏政权的新生,在历史上留下了浓墨重彩的一笔,这就是紧随建安文学的辉煌成就之后的魏晋玄学的兴起。

一、同、统与变、常

中国自古虽然没有"学术"，但却有"道术"。历史回溯到天下纷争的战国时代。《庄子·天下》篇云"道术将为天下裂"，并因其裂而将天下道术分成了墨家、宋尹派、彭蒙田骈慎到派、关尹老子派、庄子派和以惠施为代表的名家等。在这里，除了墨家和惠施名家外，其余都统属于道家。尽管后来慎到被归于法家，但《史记·孟荀列传》说他本是学黄老道德之术的，由此可见先秦道家红火兴盛的局面。当然，《天下篇》对学派的概括与它本来基于道家立场而描述"天下"有关。因而，尽管其中未提及儒家，但是儒家的存在和发展却是不能忽视的。

自孔子创立儒家开始，先秦儒家学派虽然号称"显学"，但其实只是百家之一，在当时的整个社会思潮中并不占有主导地位。孔子死后，儒家因其分裂而势力明显衰落，所谓"天下之言不归杨，则归墨"。后来韩非子概括为儒分为八，但其中真正具有影响的不过是孟子和荀子两家。司马迁作《史记》，在"仲尼弟子"之后，只为"孟子荀卿"作传，便是最明显的证明。虽说孟子"辟杨墨"有再造儒家之功，但是孟子的努力并不能从根本上扭转战国儒家传承的颓势。《汉书·艺文志》记述说："昔仲尼没而微言绝，七十子丧而大义乖。故《春秋》分为五（《左氏》、《公羊》、《穀梁》、《邹氏》和《夹氏》），《诗》分为四（《毛》、《齐》、《鲁》、《韩》），《易》有数家之传。战国纵横，真伪纷争，诸子之言纷然淆乱。至秦患之，乃燔灭文章，以愚黔首。"

内部的纷争加上外部的打压，使得儒学发展在整体上一直处于不景气的状态。直至"汉兴，改秦之败"，儒家学术才开始出现了转机。

与儒家的消沉和再兴相伴随的战国后期到汉初这一阶段，在中国整个学术发展史上具有非常重要的意义。这时出现了一批对后来学术文化发展有着深刻影响的标志性成果，其中便有阴阳家邹衍"五德终始"的尚变之说，《中庸》"车同轨，书同文，行同伦"的尚同之说，董仲舒以"天、道不变"和"独尊儒术"为特色的将不变与同一熔铸为一体之说等。这些虽看起来前后似乎并没有什么连续性的主张，却既对维持中国社会政治架构的运转，也对中国学术发展的整体走向起到了非常特殊的定向的作用。

"五德终始"的核心是尚变。在中国历史上，它第一次以理论的形式说明，任一历史朝代的合理性都不是永恒的。如同阴阳五行的盛衰消长一样，每一朝代都有自己发生发展和消亡的历史，并必然地为反映德运要求的新生的朝代所代替。在这里，"变"虽然是针对不变（常）而言，但它作为必然的存在，本身就又具有"常"的意义。故而，"常"不仅仅是指尚具有合理性而存在的朝代自身，也同时是指旧朝代必然为新的朝代所取代的"变"的大势。

秦的统一王朝的诞生是以"同"为标识的。从墨家的"尚同"到法家讲"要在中央"，为"三同"的实现提供了必要的政治和权威的基础。"车同轨，书同文，行同伦"所突出的"同"，虽然要求规范统一的社会国家秩序，但它又不是僵化不变，而是以经济文化的普遍交流为前提的。其中，尤其是"同文"、"同伦"二"同"，对形成统一的中华国家及其学术文化的作用，是无论怎样估计也不会过分的。

从哲学上说，"同"通常是与"和"相对立的范畴，但二者的对立并不具有绝对的意义。它们中也存在着相互的交流，原因就在于"变"的调节机制。从"变"出发，"和"便可以适用于"同"与"和"的概念本身。"同文"、"同伦"正是以不同之文、不同之伦的和合为基本的前提。当然，如此的"同"文化又是附着于常在不变的规范管理秩序上的，一世、二世以至万世。虽然秦仅二世而亡，但"汉承秦制"，不常中又有常，中央集权的国家制度继续了下来。

但是，以法家思想为主导的强大的秦帝国仅二世而亡，带给中国人的思维教益是十分深刻的。汉初流行的是刚好对应于严酷秦法的清静无为的黄老政治，司马谈总结当时的学术，便有阴阳、儒、墨、名、法、道六家的划分，道家处于六家的集大成者的地位。故《史记·太史公自序》说："因阴阳之大顺，采儒墨之善，撮名法之要也"。在司马谈、司马迁父子，虽说是"先黄老而后六经"，但与《庄子·天下篇》相比，毕竟已有了很大的不同。儒家尽管还不及道家，但却能在从百家概括出的六家中，占有了自己的一席之地。

与此相应，汉初以陆贾、贾谊、郦食其等为代表的一大批儒生，对秦亡汉兴和汉的长治久安问题进行了认真思考。从汉高祖刘邦得天下始，陆贾等针对刘邦以为天下乃"马上"得之，哪里需要儒家说教的观点，提出了十分尖锐的诘难，即"马上得之，宁可以马上治乎？"（《汉书·陆贾传》）这一诘难及由此而来的对儒学功能的相关系统论证，对刘邦和随后的汉统治者带来的思想震动是非常大的，促使他们对治国之策重新进行思考，最终明白了"马上得之"不能"马上治之"，得天下与治天下面临的是不同的社会矛盾，因而需采用不同的国策这样一个根本性的道理。从而，治国指导思想实现了又一次影响深远的变革。

在这一过程中，汉武帝和儒家思想代表董仲舒起到了十分重要的作用。作为秦亡汉兴之后的儒家大师，董仲舒为了统一国家的长治久安，认真地总结了秦专任法家而亡的教训和汉初黄老无为政治流行所带来的流弊。他从《春秋》公羊学的微言大义入手，推重阴阳五行学说以复兴儒学，最终将以"同"为标识的法家思想改造为以"统"为特色的儒家学说，并为此构造出了一整套以天人感应为基调的哲学理论，成为当时的"儒者宗"。与此同时，他从维护社会等级秩序的目标出发，吸收包括法家在内的各家主张，概括出了处理君臣、父子、夫妇关系所必须遵循的"王道之三纲"。三纲是永恒的绝对原则，其实质是以等级的形式来实现君权和国家的"一统"。三纲之义源出于天，"天不变，道亦不变"。（《汉书·董仲舒传》）董仲舒坚守天、道不变的信念和主张，因为天是宇宙的根基，而道则是据于天而生的社会政治制度，如此的制度本是至善，故其在《举贤良对策》中说："万世亡（无）弊；弊者，道之失也。"有弊者也就不是道了。

　　但是，"万世亡弊"的不变之道，在更大程度上还是理想，因为不变（常）毕竟是与变相伴而生的。董仲舒深知，从来不可能有绝对不可变更的事物存在。他已看到"春秋之道""有常有变"，变与常"各止其科，非相妨也"（《春秋繁露·竹林》）。变与常各有自己的适用范围，不仅不互相妨碍，而且正好相互促进。其所以如此，在于董仲舒本是《春秋》公羊学家，他必须面对一年四季天道变化的现实，"天地之理，分一岁之变以为四时"（《春秋繁露·官制象天》）。四时之常本是在天地之理的变化中形成的，五行的变化在这里起着至关紧要的作用。由于天人感应的内在机制，天变必然要反映到人事上来，"五行变至，当救之以德"。适应于以德救变的天意，他提出了因应木、火、土、金、水五行之变而采用不同的救变方法的主张。事实上，无论任何存在都是要在变中求生存的。"人主以好恶喜怒变习俗，而天以暖清寒暑化草木。"（《春秋繁露·王道通三》）只有如此，才能反映客观之"势"的要求，适应天道变化的本性。

从而，天、道的不变原则就只是一种总体的样态，它实际上仍是由变化来支撑的，甚至天变还需要人事的救助才能转危为安。那么，从五德德运的终始变化，到五行之变而救以人事，思想家们都已意识到天并不存在不变的可能性。事实上，"弊者，道之失也"的观点，本来就容纳了道的可变性；而道有变，作为其根基的天自然就动摇了起来，即由道变而有天变。到东汉后期，随着政治腐败的加剧和社会矛盾的尖锐化，黄巾起义爆发，而起义的领导者们正是以天变、变天作为其口号和政治纲领的。"苍天已死，黄天当立"，也就是五行德运之木运（色尚苍）已绝而土运（色尚黄）当兴。德运在这里越过了代表汉王朝的火运（色尚赤），是因为作为起义理论指导的道教典籍《太平清领书》已经把木、火直接联系在了一起。火既为木生，"厌木"则"衰火"[1]，而土却可以克火。从而引出了"汉行已尽，黄家当立"（《三国志·魏书·武帝纪》注引王沈之《魏书》）的革命性结论。

以"黄天"代"苍天"，可以说是五德终始理论的实践和检验。农民起义虽然未能得到正果，自身之天没有能够确立起来，但毕竟以"黄天"瓦解了"苍天"，"黄天"与"苍天"实际上是同归于湮灭。这说明以"德运"的机制来解释社会治乱和统治的兴衰，虽然具有相对的性质，但它毕竟打破了天不可变的神话。人对于天不是无能为力，而是可以主动地选择，由此给后来的学术发展，提供了一个难得的机遇。这就是既然汉天子"大一统"的不变权威可以被推倒，依赖于"天"支持的道，也就没有理由说不能变化。从而，学术的发展步入多元的格局，由"天不变，道亦不变"走向它的反命题：天变则道亦变。

---

[1]　万绳南：《魏晋南北朝史论稿》，安徽教育出版社1983年版，第5页。

　　当然，变与不变（常）不是绝对对立的东西。变是相对于烦琐僵化的汉代经学而言，但破旧总是与立新共生的，由此也才真正体现出了变的价值。同时，变也有自己内在的制约机制，这就是各家各派都要求以自己的思想去规范和治理天下，即变中又有不变的一面。鉴于汉代经学沉溺于现象比附甚至是荒唐比附的研究方法已经走到尽头，学术要想发展，就必须另辟蹊径。超越现象层面的研究而深入到背后的根源和抽象的义理，寻求永恒的不变。

　　结合历史的发展来说，另寻出路并不是无中生有，历史的发展具有它自身的连续性。一代学术总是站在前代人提供的思想资源的基础之上、在对过去历史的继承中走向前进的。只是这种继承的重心，不断经历着重新的选择。而在形式上，变与不变的纠结，又表现为一统与分殊的轮替。秦汉无疑都实现了国家的政治和思想统一，秦以法家，汉以儒家，两朝所尚学术不同，但排他而专一的价值观却完全一样。只是秦的"三同"变成了汉的"大一统"。对于由"同"变"统"而与其他学派发生的矛盾，秦王朝采取了焚书坑儒的极端措施来解决，汉王朝虽然没有走向这一极端，但其"独尊儒术"的国策与秦的"一断于法"在实质上并没有两样。秦汉学者企盼的一致百虑、同归殊途的学术理想，实际上并没有真正实现。

　　在这里，历史似乎绕了一个大圈子又回到了原来的起点：即秦皇、汉武分别依法家、儒家主张而走出的求"同"求"统"，也即求"一"的道路，在取得了相当成效之后，于秦末、汉末又趋于瓦解，由统一走向分裂，由同一走向多样，并激起了新一波的诸子各家的争鸣。可是很快，思想家、政治家们又不约而同地做出了新的由多致一的选择。当然，时代毕竟在发展，汉末的情形已与秦皇、汉武时期的一家统众家不同，它不再执着于从各家之中选择和推行某一家的学术，而是发出了不同理论都需要有一个共同的根基的呼吁，要求寻求一个将各种理论贯通起来的最终的本体，以此本体为善之元事之会。故百家之统合不在于学派的门户，而在于是否能够从理论上说明致极归一、以一会众的道理。只有符合如此要求的理论，才能被时代所选择从而得到发展。社会和学界的这一共识，正是玄学兴起所担负的历史使命。

二、玄学的起源和使命

玄学是魏晋时期占主导地位的学术思想。自汤用彤先生始，学界已习惯于统称魏晋思想为"魏晋玄学"。然而，"玄学"称谓的正式出现则较晚。《宋书·何尚之传》曰："（元嘉）十三年（公元436年），彭城王义康欲以司徒左长史刘斌为丹阳尹，上不许。乃以尚之为尹，立宅南郭外，置玄学，聚生徒。东海徐秀，庐江何昙、黄回，颍川荀子华，太原孙宗昌、王延秀，鲁郡孔惠宣，并慕道来游，谓之南学。"诸学者慕道游学的"南学"是与"北学"相对的，即认为北方行"儒学"而南方行"玄学"。玄学在这里是学术分科的概念，它在南朝宋时是与儒学、文学、史学并立的"四学"之一。① 不过，汤一介先生据《晋书·陆云传》述陆云"本无玄学，自此（梦与王弼游后）谈《老》殊进"的记载，推测西晋人恐已使用了"玄学"这一名称。②

---

① 参见《宋书·雷次宗传》，中华书局1974年版，第2293—2294页。
② 参见汤一介：《郭象与魏晋玄学》（修订本），北京大学出版社2000年版，第10页。

　　"玄学"之名的相对晚起，并不影响玄学思潮在魏晋时期的出现，并成为这一时期主流学术的事实。这一先有学术之实而后有相应之名的现象，本来也正是中国传统学术的一大特点。在一定程度上，它说明了集中体现着时代精神和理性传统的学术思想，需要经过一定时间的选择整合，才能为历史以特定的称谓予以认定。这在中国学术史上并不是绝无仅有的。玄学的"玄"之一字，固然出自于《老子》的"玄之又玄"一语，但《老子》主要是在讲道而非讲玄。"玄"在《老子》只是对道的存在状态的一种形容，而并非是一个典型的哲学概念。在学术渊源上，最早将"玄"直接作为哲学概念来论述的，是西汉末扬雄的《太玄》。扬雄对汉魏之际学术变革的影响，一是他揭橥了"玄"论，另一则在于他融贯《周易》、《老子》而谈玄的方法。"玄"在扬雄作为主宰万物变化的最后根据和无所不包之道，可以看作是从宇宙生成的角度开始了有无之辨；与此有别，后来的王充则是从天道自然的角度去消解天人感应的神学基础，纳天道入自然："天地，含气之自然也。"（《论衡·谈天》）"自然"的概念同样出于老子，但只是在王充以后才获得了它更为充分的意义。因为王充将自然无为的性质与元气的质料基础结合在了一起，为自然无为的宇宙本原性质的判定，提供了坚实可信的基础。"谓天自然无为者何？气也。恬淡无欲，无为无事者也。"（《论衡·自然》）

　　那么，王充天道自然观对于汉魏之际哲学变革的意义，就突出地表现在它对汉代占主导地位的从现实世界之外寻求其生成原因的思维传统的否定。当然，万物生成这个话题本身，王充还是要讲的，但由于自然无为的因素制约，生成论的中心已经是"自生"。所谓"天地合气，万物自生，犹夫妇合气，子自生矣"（《论衡·自然》）。但王充的"自生"虽然无目的无神意，但却有根据有来由。后来裴頠、郭象等的自生论实际上都是从王充发端。

王充的创造精神并未到此止步。与"自生"相对应，他又提出了"不生"的思想。他说："天地不生，故不死；阴阳不生，故不死。死者，生之效；生者，死之验也。夫有始者必有终，有终者必有始。唯无终始者，乃长生不死。"（《论衡·道虚》）既然天地不生不死，生成论问题也就从根本上丧失了自身存在的合理性。生是变，而变则有死，只有不生不变才能永恒长在。王充将"自生"与"不死"和合，实际上宣告了哲学的转向从这里已经开始。当然，这一转向表现为一个渐进的过程，在不同思想家那里，对此问题的觉悟程度是不相同的。从理论上说，玄学作为儒道兼综而搅起魏晋学术变革波澜的产物，首要的问题是如何将孔、老二圣统合起来。自先秦诸子百家争鸣、秦崇法、汉尊儒以来，中国学术的不同派别，尤其是对立的派别，其间虽也有相互的吸取，但大都是吸取于己有用的思想材料。作为整体的学派和学术思想，则没有两大学派自觉融合之情景。而这在魏晋时期之所以可能，"道"成为核心范畴具有决定性的意义。其时先秦诸子尽管各有复兴，但终究不敌老庄玄学，症结就在于"道"上。

相传当年公孙龙在与邹衍、庄子的交锋中败下阵来，这对魏晋学术研究或许有启示的作用。公孙龙的辩才本来是"困百家之言，穷众口之辩"的，但邹衍"言至道，乃绌公孙龙"（《史记·平原君虞卿列传》）。又公孙龙听说了庄子之言，乃茫然不知所措，魏公子牟讲述的庄子的境界实在是他所不能及。后者虽然属于寓言故事，但所谓"论之不及"与"知之弗若"（《庄子·秋水》）也在一定程度上反映了他们的理论层次不同。结合邹衍的胜利，我们可以明显感到谈论宇宙的"至道"、"有无"即"本"的问题，是名辩之士所不擅长或为其所短的。

先秦的六大学派中，儒墨、儒法的对立，秦汉以后已不存在，阴阳与名辩亦不能独立成气候，唯一剩下的就是儒道的交锋。到东汉后期，学术的发展更走向以"道"去消解儒、替代儒。不过，儒家的困窘和道家思想的流行，虽然是不争的事实，然同样重要的事实是，儒家、儒学由于植根于现实社会这一深厚的底蕴，它终究不可能被道家完全取代。道家自然无为学说自身的特点，规定了它可以调节、休养社会，但却不能规范治理好社会。事实上，自西汉独尊儒术而使儒学取得统治地位，并从而取代了黄老清静无为之学后，儒学不管遇到多么大的危机，都没有也不可能从学术舞台上消失，它所维护的纲常人伦的上下尊卑名分，已经深深地嵌入到社会肌体的内部，与社会存在本身已融为一体。从这个意义上说，天不变道亦不变亦反映了历史的真实。

然而，儒家的这个天道毕竟又是有缺陷的，仅凭自己的力量已无力应付汉末以来复杂的社会变化，也满足不了人们针对这个道的合理性而提出的种种疑问。换句话说，"道"需要为自己的合法存在进行辩护。在这里，复杂的社会矛盾如何才能安然消解？作为宇宙根本的道与这纷繁杂陈的现象世界到底是何关系？它对世界的意义，在理论和现实层面如何得以证明？这些都是儒家自身难以说明的。由于道家与儒家独立解释现存社会和化解矛盾时都未免捉襟见肘，时代的发展也就提出了儒道融合的问题。

从历史的脉络说，儒道两家自相并立以来，为仁求智与绝礼弃学的尖锐矛盾，一直左右着双方理论的发展，老子非圣人亦是道家难解的心结。学术要发展，首先必须在这里走出第一步，找到一条既不回避孔老的对立冲突、又能将双方引向互补共济的新路。何晏、王弼便是这样的探路者。魏晋学术的变革，也由此而正式开始。

因而，提出和确立以无为本的意义就是巨大的。《老子》虽然以其"有生于无"论最先揭橥了"无"的价值，但"无"在老子并没有给予明确的定义，它既是基本的哲学概念，也作为名言概念的否定词使用，以表征老子针砭现实的批判性思维。故玄学"贵"无之风的兴起，首先就要求对老子思想重新进行诠解加工，将在老子那里尚不明晰和相对零散的本无的思想集中概括并使之系统化，从而创造性地构筑起一套依凭于"无"的玄学理论体系。有了这样一套体系，不仅可以满足哲学理论自身的发展，更重要的是可以由此去实现异类诸有的共存统一。

三、玄学的文本和理论渊源

学术思想的发展不可能无中生有，前人的思想资料和学术成果是后人进行研究的基本理论来源。中国学术所具有的经典注疏或曰解释的传统，从汉代经学的产生就已经开始了。后来者对于先前者的思想，是在继承的形式下进行的创新，故前后思想的连续性在中国学术传统中表现得特别明显。孔子讲他治学的基本主张是"温故而知新"（《论语·为政》），这一主张后来实际上成了整个中国学术发展的最为重要的方法论原则。它说明的是，任何从事学术活动的主体，都应当在对过去经验的分析总结中，发现并提炼出新的教益，以满足新的时代的需要，并作为下一步发展的指导。在这里，注解过去与发现未来是一致的，继承与创新本是同一学术活动的两面。故而，尽管作为整体的中国学术的连续性要远胜于断裂性，几千年的中国学术也正是有赖于此才能顺畅地传承下来。但从学术研究的方向来说，中国学术不是向后看而是向前看的，只有创新才具有生命力。

《周易·说卦传》言："数往者顺，知来者逆，是故《易》逆数也。""数往"与"知来"并重。然"知新"在"温故"之中，"知来"也就在"数往"之中。说到底，"温故"是为"知新"，"数往"是为"知来"服务的。人所以要"温故"、要"数往"，根本的目的也正在于此。所以，《周易》最终提倡的还是"知来"而"逆数"。

但是，孔子和《周易》提倡的这样一种继承和创新相结合又以创新为主的治学原则和方法，在汉经学家那里却是相当的模糊了。经学家对儒家原典的注解，经师们的繁杂考释，对于弄清先秦人的思想无疑有巨大的帮助，单纯从学术的角度说也取得了丰硕的成果。但与此同时，由于着眼点往往拘泥于过去而缺乏创新的精神，这种经学容易使人陷入故纸堆的泥潭而不能自拔。而就成果本身来说，经学家们对六经的详加条释，也使得后人很难在注解上有所超越。学术要想发展，就必须要放开眼界寻找其他有助于发挥自己心得的思想资源。

老子说过，"玄之又玄，众妙之门"（《老子》第一章），这意味众妙亦即万物生成的门径是虚无玄远。同时，老子这一对后来影响深远的经典语句，还可以引出另一方面的联想，那就是：只有那些在历史上处于"玄"乃至"又玄"层次的学术和思想，才可能为后人留下再诠释和出"众妙"的空间。诸子百家的思想学术，实际上都可以看作是这"众妙"的不同表现形式。一种思想学术要想得以流传，往往不在于它本身说明了什么，而在于它的叙述可能为后人暗示着什么，从而激发后来者的求知欲和好奇心，并由此使可能断裂的历史和学术传承下来。站在这一角度看，以纲常名教来维系的社会政治秩序，由于其本来的身份只是

"众妙"的组成部分，它们自身不能作为自己存在的理由，它们只是无为之道的具体末节和表现，是自然之糟粕或"糠秕"。显然，直接从这些"糠秕"中是很难找到圣人思想的精髓的。圣人思想的精髓在糠秕之外，在"性与天道"。

《周易·系辞上》中有孔子所谓"书不尽言，言不尽意"之说，可以理解为言外之意本深藏于圣人心中而并未表达出来。而且，正因为如此，它才显示了自己的独特价值，即圣人不曾言说的部分才真正是其"大义"所在，也就难怪子贡们见闻不到"性与天道"了。而所能见闻到的东西，譬如儒家经典，由于未能阐发这隐微的性理即圣人思想的精华，就只能归之于荀粲所谓"糠秕"一类。那么，问题的中心也就不能不由言中取意走向言外寻意。

在这里，荀粲所谓"非物象之所能举"的"理之微者"（《三国志·魏书·荀彧传》注引何劭《荀粲传》），或他所追求的言外之意，实际上也就是老子所说的"非常道"的"道"。其时"粲诸兄并以儒术论议，而粲独好言道"（同上）则说明，只有在"道"上有所突破才能适应时代的要求。当然，道"玄之又玄"，不能直接感知，它只能通过内心的直觉反观才可能与之合一即达到所谓"玄同"。但道之可道不可道，人之可闻不可闻，本身也是相对的，它们应符合老子自己关于有无相生、难易相成、前后相随的对立互反的规定，道与器的鸿沟正是因此而可能被跨越。也就是说，"可道"是"不可道"的必要和必须的补充。无论道的形上性怎样被强化，它总可以有接近和把握的办法，所以孔子才可能以"闻道"为最高的价值指向和终极的理想。

不过，问题既然已集中在"不可得而闻"的性与天道上，那以六经为代表的原始儒家典籍就只有《周易》符合这一选择。《周易》虽然在汉代得到了充分的研究，但终究又落在了象数的一方。汉易的研究，实际上只发挥了先秦易学"取象说"这一半，而扔掉了"取义说"的另一半。但正是这"取义说"的另一半，与儒家之外的老庄之学就沟通了起来。因为其中所贯穿的，是一条儒、道圣人都共同关注的"性与天道"的学脉。

由此，既抓住了儒家的经典，又引进了道家的资源；既延续了思想的历史，又解开了文本的羁绊，并将《周易》取义的方法提升为一般的指导原则，推广运用于对《周易》、《老子》、《庄子》"三玄"及《论语》等不同文本的研究。由此，文本和方法的适时变革，成功地取代了儒家经典的至上地位而成为人们争相谈论的主题，最终促成了新的学术思想的产生。

当然，《庄子》比之《易》、《老》后出后兴，也是有缘由的。史载何晏、王弼均"好老庄言"，但又均未注解《庄子》。按照后来东晋名士王坦之的归纳，庄子因其言论多失于片面，是不能与孔、老相比的，故非难庄子本来就是既有的见解。"荀卿称庄子'蔽于天而不知人'，扬雄亦曰'庄周放荡而不法'，何晏云'鬻庄躯，放玄虚，而不周乎时变'。三贤之言，远有当乎！"（《晋书·王坦之传·废庄论》引语）即庄子的放荡玄虚在天下善人少、不善人多的情况下，是"利天下也少，害天下也多"，"虽可用于天下，不足以用天下人"。事实上，《庄子》中大量的诋毁尧、舜、禹、汤、孔子之言，如果不得到妥善处理，是很难获得社会各阶层人士的普遍认同的。或许，嵇康一类贤士，也正是过于沉溺于庄子的玄虚而未能解决好如何应对险恶的社会现实问题，才终招致其不测的命运。

在当时，向秀入洛回答司马师的"巢、许狷介之士，不足多慕"

（《世说新语·言语第二》），固然可以认为是他的软弱和无可奈何，但换个角度看，亦何尝不是他在严酷的环境下，最终意识到了"玄虚"如何才能"周乎时变"的问题。向秀实际上已处于嵇康向郭象转移的过程之中，他在《难养生论》中提出的"天理自然"的概念和以理节欲的思想，实际上已经开始了对《庄子》"放荡"思想的限制和改造，与后来乐广的"名教内自有乐地，何必乃尔"（《晋书·乐广传》）的观点，可以说分别是从道家和儒家的立场出发对儒道思想的折中，由此再到郭象消解山林与庙堂、自然与名教的矛盾而使其互相冥合，也就是顺理成章的了。

（原载《文史哲》2003 年第 5 期）

魏晋士人文化的"展现形态"

李 山

一、一个概念的提出：士人精神生活的"展现形态"

近来有学者著文对魏晋文学"自觉说"提出质疑。这本该是好事，细看却不然。该文不质疑"自觉"这一概念本身，而质疑文学"自觉"的时间，弄出的结果居然是"文学自觉"不在魏晋，而在汉朝！本来，以"自觉"来概括一个时代，是个"概念的误用"。若将文学的本质视为审美追求，以此来论自觉与否，那么，就是那些最原始的文字也已经有这样的追求，也已经开始"自觉"了。当《诗经》古老的篇章追求着韵律和谐、一些篇章如《秦风·蒹葭》甚至营造出高妙的境界时，当《尚书》中某些文章追求着语句的表达效果时，试问，这是不是一种审美追求？有这样的追求，就是自觉，就是自觉的开端。若将古人以非文学的态度（当然是在今人看来的非文学态度）对待文学作品，如《诗三百》在汉代的经学化，视为文学"不自觉"的表现，那么，就是在魏晋以至更晚的时间，也可以说不自觉。但是，不论人们是否以文学的态度对待文学创作，实际的文学创作都产生过精美的文学，就是在经学大盛的时候，也还是有着文章、诗篇的审美追求。在魏晋所谓"自觉"时代，甚至在此后很久的时代，同样有着"不自觉"的作品。这说明什么呢？说明当初就不应该用"自觉"来概括魏晋时期的文学变化。将一个属于哲学性质的概念，用于对属于历史范畴的某一时代文学现象的概括，本就是一个不对题的做法。

前人用"自觉"来表述魏晋文学不同以往的变化，固属用语不当，但这个"误用的"概念难道就一无是处吗？魏晋文学有明显不同以往的时代特征，是铁打的现实。可以说"自觉"的概念不恰当，却不能说它一无所指。于是，问题就变成如何界说魏晋文学的巨大变化。前人对这变化已有所见，只是他们的概括有问题。今人当思有以改正之，才是恰当的做法，而不应该仍然沿着承认文学在时间上有一个"自觉"的旧思路，到更早的时期去寻找"自觉"的发生。出主而入奴，从坑里爬出，又掉进井里。这样一来，魏晋之际文学深刻变化的事实，反而被囫囵带过了。

上述做法，是一种"戏论"。在魏晋南北朝文学史研究中这还只是其一种样态而已。常见一些魏晋文学史著作在讨论此期文学总体背景时，谈到汉帝国崩溃的影响。汉帝国崩溃，说它在十数年内对士人的心态有影响是可以的，说它关系到整个魏晋南北朝几百年，就难免诗张为幻。汉帝国解体最得益的是世家大族，而魏晋以下的文学主流又是世家大族的，这又何说？再如与文学相关的是魏晋清谈，包括许多大师级的前辈学者都说，清谈源于汉代的品题，党祸后士人压抑，所以变为清谈玄远。可是，压抑士人的帝国崩溃了，打击清流的党祸过去了，清谈之风在魏晋非但不减，反而更盛，这又怎么解？与此同时，是一些迥异前代的现象，不入文学史家之眼。例如，从篇幅上说，《诗经》重章叠调，结构多重，楚辞如《离骚》则篇幅更长；可是，大体从魏晋起，文人诗篇的创作呈现追求短章的格局，以致促成了五言绝句在唐代的成型。文人诗的尚短章，又因何而起？还有，我们从未听说屈原的文思是快是慢，司马相如倒是出了名的慢，可是，到了魏晋，依马露布、七步成诗等，却成了才子们艳羡的事，成为文学家是否高才的一个标准。没人去关心《离骚》作者的文思快慢，是因为那个时代，文思的速度还没成为衡量才子的标准。同样，汉武帝若真像传说中的所谓要身边文人"柏梁联句"，司马相如也就根本无从成其大名。但是，到魏晋以后，情形大变。文人作诗，常在酒席宴间，作诗要限时（一般燃香为限）、限韵、限句和限内容等，文思慢，如何应付得了！即兴的诗篇，体制如何能长？诸如此类的现象，究竟意味着什么？我想，我们的文学史家若能在此等事情上深入其背后的原因，对此期文学特征的把握，一定会为之改观。

　　当然，重新调整魏晋南北朝文学研究的理路，是极其复杂和繁重的工作。拙文下面所说，只可视为尝试性的想法。近期笔者研读魏晋文章，想那时士大夫的精神状态，以为魏晋文学之变，实源于此时期士大夫精神格局的巨变。因此，本文拟专就当时士大夫精神上的变化做些讨论，以期为重新观照这一大时段的文学，提出一个或许有用的思路。

　　让我们先从这样的事实说起：在精神上，魏晋南北朝士大夫先是皈依道家，继而于道家之外又崇尚佛教。但是，这些道家、佛教的信徒，表现在文化生活上，就其大多数而言，并没有真正地按照道家的"无"、"无为"，或者佛家"空"、"涅槃"的教义去履行自己的人生实践，充其量，他们是这些教义文字的"知解宗徒"；而且，在"知解"教义的各种方式中，固然有人在那里做着潜心的注解工作，但更多更突出的方式，则是"谈"、"清谈"。谈玄、谈佛不正是当时士大夫最喜爱的交往方式吗？以即兴的篇章方式"谈"对玄理、佛义的理解，不也是当时显著的现象吗？真正皈依道家、佛教，生活该是清寂的，然而，魏晋南北朝士大夫的重要倾向，毋宁采取了与此相反的方式，把他们信道、信佛的生活，搞得颇为热闹，而且颇具文采。

这一点，据笔者所见，是由日本学者塚本隆善首先揭出的。塚本氏在其《魏晋佛教的展开》一文中指出：虽然魏晋是一个玄学的时代，即以形而上学问题为学术界中心罕有的哲学时代，士大夫对道家的"无"和佛教的"空"盛加讨论，但是，江南那些赫赫有名的玄学、佛理的大清谈家，未必就是大哲学家，也未必是大宗教家，"勿宁说，他们是从众多的内外典中创造形而上学见解的文学家。……自由奔放的魏晋时代，乍看是打破古典教条的学者思辨的理性时代，其实极端地说，不过是巧妙地运用赅博的知识结合空想、润饰言论与文章、令人耳目愉悦的文学游戏时代"[①]。就这一时代士大夫总体文化品格而言，大清谈家、大文章家的姿态的确是压过了他们的大哲学家、大宗徒教身份。这里有一个反差，颇能显示那个时代的总体特征：人们选择的信念、观念系统要求的是清静、寂寞，但皈依者的实际生活，却是"游戏"的和充满文学色彩的。因此，他们未能造就一个真正的宗教时代，却成就了一个神采飞扬的名士文学时代。

以"大清谈家"、"大文章家"的姿态去开展玄、佛义理的研讨，发而为言语的清谈，著而为文字的议论，这是何等的形态呢？一言以

---

① 〔日〕塚本隆善：《魏晋佛教的展开》，刘文俊主编：《日本学者研究中国史论著选译》第七卷，中华书局1993年版，第242—243页。

蔽之，是一个"展现的形态"。这个展现的形态的基本特征是：对玄、佛之义的皈依，不是实践的行动，而是一种对义理理解或曰了悟的语文展示。

那么，究竟是什么导致了这样的情形呢？在回答这个问题之前，首先应加以回答的是这样一个问题：这个"展现的形态"是一个普遍而具有决定性意义的现象吗？

二、名士、清谈和文采："展现形态"的三大面相

回答当然是肯定的。"展现的形态"的表现是多方面的，然其中名士做派、名士的清谈及不以"立意为宗"的文章，无疑是魏晋南北朝士大夫文化的新现象，也最具代表性。就让我们从名士清谈说起。

（一）"名士"的展现形态

首先是"名士"一格人物的出世，最能代表从东汉末年到隋唐之前士人的时代特点。

《世说新语·文学》"袁彦伯作名士传"条载，东晋袁宏作《名士传》，"以夏侯太初（玄）、何平叔（晏）、王辅嗣（弼）为正始名士，阮嗣宗（籍）、嵇叔夜（康）、山巨源（涛）、向子期（秀）、刘伯伦（伶）、阮仲容（咸）、王濬仲（戎）为竹林名士，裴叔则（楷）、乐彦辅（广）、王夷甫（衍）、庾子嵩（敳）、王安期（承）、阮千里（瞻）、卫叔宝（玠）、谢幼舆（鲲）为中朝名士"。是自魏至晋，代有名士。袁宏受时代限制，其传只限于西晋，其实在东晋还有所谓"江左名士"；在南北朝，仍有相当多的名士派的人物。而且，名士的出现，也不自正

始起，最早的大名士出现于汉末，有李膺、陈蕃等为代表的汉末名士。要探讨士大夫生活"展现形态"的开端，必得加上一个汉末阶段。

什么是名士？以袁宏的标准，首先是谈玄，就是清谈《老》、《庄》和《周易》，名士必须是出名的清谈家。实际这一点从汉末就开始了。其次是要有好风度。好风度有修养成分，也有天然成分，天然成分便是长相好。以相貌论人在我国先秦时期即有，不过从荀子的《非相》看，先秦时人更相信圣贤皆有奇怪的长相，到汉代就偏于长相漂亮了。发展到东都之末，大名士一定都是"长八尺，美须眉"之类的了。此等记载在《后汉书》和《三国志》各传记中甚多，无须多举。

更重要的是，名士还要有脱俗相。《太平御览》卷774《车部》3引裴启《语林》载："诸葛亮与司马懿治军渭滨，克日交战，懿戎服莅事。使人视亮，独乘素车，葛巾羽扇，指挥三军，随其进止。司马叹曰：诸葛君可谓名士矣。"诸葛亮自非名士，也没有做名士的闲情逸致。与诸葛相比，司马懿是文有文套，武有武套，只会照着惯例行事，陷在套子里，就是不脱俗，气局风度上输了一筹。诸葛亮的素车羽扇，显示的是他在沉重局面之前的轻松自如，举重若轻，是他才智、性情等主体素质绰有余裕的表征；而且，还是轻松能作轻松相。诸葛亮即使是胸有成竹，也可以戎装，但那样就不是诸葛亮了。司马懿说诸葛亮是真名士，是因为名士的派头，都将保持自我看作是第一位的。夏侯玄、稽康临刑时的意气自若，谢安在淝水之战捷报前的故作镇静，都是不失故我的名士气派。脱俗，就是清逸之气，便是有"风神"，有"神韵"①。诸葛亮的"真名士也"背后，有一层对国家社稷"鞠躬尽瘁，死而后已"的担

---

① 牟宗三：《才性与玄理》，学生书局2002年版，第68页。

当，以此，他不是魏晋以下名士大流中人。大流名士"清逸"，或更准确地说尽力追求"清逸"，却往往是一种政治上不负责任的放逸。魏晋名士是要有官位的，他们的家族势力也能保证他们有官位，这使得他们对手上的官位显得不在意。有官位而不做在官的事，即裴頠《崇有论》所谓"处官不亲所司为雅远"，亦即干宝《晋论》所谓"当官者以望空为高而笑勤恪"，这才是魏晋士大夫"清逸"的特征。有官位而不知"清逸"，就不是魏晋名士；无官位而"清逸"也不是名士，而是隐士。有官位的名士是从所谓俗套子里脱出来了，实际也就是放弃应有的职责。放弃职责地追求"雅远"，是一种风尚，表明这风尚中含有的是士大夫生活价值标准取向的转换。魏晋士大夫家族，不少可以追溯到汉代，然而两汉却是儒生讲究"兴教化"的时代，讲究做"循吏"的时代。学而优则仕，不论在朝为官还是治理一方，使"王道"落实在自己的政治实践中，才是儒生主要追求的荣誉。到魏晋则不然。从大流上说，士大夫新式的追求就是做名士。因此"名士"是一个价值意味的称谓，它表明士大夫新式的人生指归。在成为一个"名士"的追求之下，人们崇尚的是风度、神采、高雅之类的空灵之物。然而，王朝需要士大夫，是因为他们有文韬武略，能治国安邦，为此，国家给予这个阶层以权位利禄。但是这个享有权位并进而把持了国家权位利禄的阶层，开始变得逍遥放逸，纷纷从自己的实际责任中"脱俗"出来，追求着名士的"雅远"了①。这对文学艺术是大幸事，对国家政治则大不然。所以这个时代，从文学艺术看，甚美；从政治看，很糟。以此而言，名士的出

---

① 这样的变化严格来说从后汉就开始了，对此笔者有专文论述，参拙作：《汉魏士大夫的异化及其文化的建构》，《聂石樵教授八十寿辰纪念集》，中华书局 2006 年版，第 72—92 页。

现，是士大夫的"异化"；而名士风范，属于"士大夫文化"。

何以说名士是一种"展现的形态"呢？答曰：正因其追求的是"雅远"之类。"雅远"与被耻笑的"勤恪"相比，是一种纯主观之物，对应的是一个人的风度、神采等，它不能"及于物"而只对个体的主观气质有所显现。而"勤恪"所应对的，则是"及于物"的，是对外在家国社会有担承的。以往的儒生本着一点儒家的道理，在朝堂做个忠谏，在地方做个循吏，那也都是展现，但这种展现是将某种价值显示于对外在现实的改善中，展现而无展现相，与名士的立意显示一己风范的做派根本异趣。众所周知，魏晋士大夫的代表性学问是玄学与佛学，我们已经说过，谈玄、论佛在此一期大流的士大夫，都不是想过清寂的日子。于是他们对玄、佛的参修，便别有姿态。

是什么姿态呢？答曰："主观境界形态下的姿态。"这个概念是牟宗三先生在其大作《才性与玄理》中提出的，对魏晋南北朝文学研究极有价值。他说："大体言之，中国名家传统所开之玄理哲学，其形态实是一种'境界形态'。"这种形态的特征是重"主观的神会、妙用，重主观性"，因而与西方"实有形态"讲究"系统整然……显露原则、原理之'实有'"大相径庭。主观的境界形态则看重的是"主观性之花烂映发"，即对主体自身主观精神境界的展现。魏晋玄学之理大体分为两类，一是才性论，一是玄理（以《老》、《庄》和《周易》为主）。"才性论"关乎的是"才性主体"，牟宗三说："环绕此'才性主体'而有之才情、才气、气质、资质、性情、神韵、容止、风姿、骨格、器宇等，皆是此'才性主体'之主观性花烂映发，而关于这一切'花烂映发'之内容的体会皆只不过是美的欣趣判断，故其为内容真理皆是属于审美，而表现人格上之美的原理或艺术境界者。"至于"玄理"，牟先生说，关乎的则是"心性主体","环绕此'心性主体',而有之道心、天心、菩提心、自然、无为、虚、空、寂、照、一、天、化、神、几、应等,皆是此'心性主体'之花烂映发,……一切皆从人证圣证之'主观性'上说,不自存有之'客观性'上说,自'我'这里发,不自'它'那里发。"①谈"玄"论"无",说"空"道"有",其指向全不关乎外在世界的改造,只指向主体精神品格的自我显示,便是"主观的境界形态"。主观的境界形态直接根植于道家的"无为"。本来道家讲"无为"也讲"无为而无不为",如按照以"无为"而达致"无不为"逻辑讲,最终还是讲"有为","无为"只是手段,如此当然也就无所谓主观的境界形态。但是,如脱掉了"无不为"目标性的牵挂,而只讲一个"无为",就只能是"主观境界"了。魏晋人的欣赏道家哲学,恰好只是就其"无为"一面而言,不关乎外在目标,因此就只有一个"主观的花烂映发"。它可以导致主体人格美学,可以导致名士的风度,总之魏晋南北朝士大夫文化的极盛处,都是这主观的"花烂映发"结果。"主观境界形态"的提出,可以切实地将玄学与文学两者关联起来。本文"展现形态"之说,就是从牟先生的概念中生发而来。

　　是真名士自风流。魏晋南北朝有那么多的名士,都是真的吗?大风尚如此,媚俗的就会如过江之鲫。这在那些真名士也不能完全免俗。阮籍是正始大名士,他也难免作态。《晋书·阮籍传》载:"性至孝,母终,正与人围棋,对者求止,籍留与决赌。既而饮酒二斗,举声一号,吐血数升。"母亲去世,吐血数升,不可谓不心痛,不可谓不孝,可消息传来时还要"留与决赌",就是要故意做个与众不同的姿态了。就

---

① 牟宗三:《才性与玄理》,学生书局 2002 年版,第 263—264 页。

《世说新语》所载，王戎死了儿子，哭得一塌糊涂；顾雍丧子不哭，忍着掐手掌至于滴血。这里的要点不在哭不哭，而在哭能哭出个道理，忍能忍出个格局。人问王戎何以那样哭，他不是有一个"情之所钟"的道理吗？这才非同一般，这才发现出名士的姿态。这些，都可说是真假参半，然而正是从这些作态之中，可以窥测其"展现"的质性。

那么，士大夫的"展现"现象，是从什么时候显著的呢？大致而言，是从东汉末年起。基本的契机是儒生与宦官、外戚势力，特别是与前者的生死对决。东汉建国不多久，就出现了外戚和宦官轮流掌权的乱局，到后来则是宦官闹得很凶。不论是宦官还是外戚，他们的专权，便是儒生、士大夫权利的失落。自汉武帝罢百家尊儒术起，儒生作为圣贤的门徒，就被确定为治国安邦的合法力量。到东汉，这样的合法性早已深入人心。现在突然冒出一些不三不四的家伙，窃弄皇权，扰乱国政，清流与阉宦的对立、冲突必然爆发。士大夫的"清流"意识亦即士大夫的自我意识，与外戚、阉宦相对峙之下，自我意识变得更加明显。这样的自我意识是带有强烈的优越感的。优越感来自两方面：一是来自传统养育的清高意识。尚德治，重文士，是固有的传统，特别是独尊儒术以来的社会风尚，都可使清流自视甚高；二是来自社会，来自当时广大民众对清流斗争的支持与喝彩。《后汉书·党锢列传》载张俭"困迫遁走，望门投止"；《李固传》载李固因反梁氏而入狱，"及出狱，京师市里皆称万岁"；《陈寔传》所谓"阉竖擅恣……士有不谈此者，则芸夫牧竖以叫呼之矣"；等等，都是广大民众支持、喝彩的表现。

支持、喝彩给这些大名士提供了一种舞台感和表现欲，激发出的是名士的展现之情。甚至可以说，名士现象在东汉末的兴起，就是被支持、喝彩出来的结果——没有被看、被瞩目的意识，就没有名士的各种做派。《世说新语·德行》载李膺:"李元礼风格秀整,高自标持,欲以天下名教是非为己任。"又记陈蕃:"陈仲举言为士则,行为世范,登车揽辔,有澄清天下之志。"又,《后汉书·党锢列传》载范滂:"乃以滂为清诏使……登车揽辔,慨然有澄清天下之志。"这里说到的"高自标持"和"澄清天下之志"是可以理解的。但是,"澄清天下"而表现在"登车揽辔"之际,就颇为费解了。究竟是何等的表现才能如此明确地给人以"澄清天下"的观感呢?那一定是有一副"高自标持"的做派和极具表现力的身段和"气象"在。这便是最初的名士展现。在汉末是"登车揽辔"的做派,在后来的魏晋南北朝,则是各种各样的名士体段。党祸和汉的崩溃,对一部分的士人有摧毁作用,但就整体的士人阶层而言,东汉和后来西晋的崩溃,都是士大夫扩大家族政治势力的机会,于是,汉末浮出水面的士人展现身段的风尚,便以此为根基,跨汉越晋,不断变化姿态地延续下去了。

(二)清谈的展现形态

清谈也是名士的重要标志之一。清谈涉及一代士大夫的学问、光彩,甚至比那些"名士"做派,更能代表"展现型"的士大夫文化所达到的雅致和高度。

塚本隆善说,玄学家是乐于"从众多的内外典中创造形而上学见解的文学家"。还不止于此,魏晋的玄学家更乐意将自己对玄学根本的见解,以"清谈"方式展示出来。这可以举王弼为例。王弼是当时几个真有哲学资质者之一,二十几岁的生命中,注释《老子》、《周易》和《论语》,卓然一家。然而他对玄学最高妙的了悟,恰是在清谈中表达的。何劭《王弼传》记载:王弼见裴徽,徽一见而异之,问弼曰:"夫无者,诚万物之所资也。然圣人莫肯致言,而老子申之无已者何?"弼答："圣人体无无又不可训，故不说也。老子是有者也，故恒言其所不足。"这便是王弼的高致。魏晋之际，玄学有一个重大问题，就是圣人境界究竟为何①。换言之就是孔子和老子谁更高明，更具有圣人体统。那时的士大夫，大多骨子里爱老子却不愿或不敢明着蔑弃孔子。这就难了。王弼的意思，孔子不谈"无"，是因为已经"体无"，即与道合一了；而老子整天谈"无"，那是因为在"无"的境界上还有亏欠，是缺什么喊什么。这便是玄学家的沟通孔、老，一种将孔子老庄化、道家化的新颖之说。此说又称"冥迹论"，或曰"迹本论"，或曰"言意之辨"，自王弼提出后，士大夫不仅用它来调和孔、老，而且用它来会通佛法，以至为佛经判教，成为那个时代解决繁难思想问题的一大法宝。这便是王弼的聪明，三言两语之间不仅解决了玄学难题，而且开启了一条思想的线路。有趣的是，这样的会通孔、老，在王氏的注《易》、注《老》和注《论语》中意思是有了，可就是没有他与裴徽的清谈说得这样简明扼要，这样的出人意外，这样的爽利可人。同样的事例尚有支道林白马寺清谈《庄子·逍遥游》篇时的"立异议于众贤之外"（《世说新语·文学》），也是在清谈的灵感下激发出来的。清谈对玄理高致的激发作用，岂云小哉！

　　这是一种常态。玄学家的玄理是清谈的话题，不是一个人独坐书斋守着一个哲学命题的冥思苦想。冥思苦想固然对任何一个善清谈的人不可少，但清谈家更重要的是将自己对玄理的体悟，用巧妙的言语说出来，以获取清谈场合中的优胜。在颜延之的《庭诰》中，他嘱告儿子精熟义理之后，要参加清谈以实践之；梁简文帝更在《劝医文》明确地

---

① 　参看汤用彤：《魏晋玄学论稿》，上海古籍出版社 2001 年版，第 29 页。

说："专经之后，犹须剧谈。岂有……塞兑不谈而能善义？"清谈被视为有深化对义理理解的功能。不论如何，机智的应答能力，就是玄学家必备的资具。玄学的精神特征，如前所说，是一"主观的境界形态"。这一形态在当时落实为士大夫最大的"实践"，就是付诸清谈。清谈的显著特征，如王弼的例子，就是将高明的玄理领悟在"谈"中生发和展开。"谈"或"清谈"，绝不能是一个人的事，起码发生在两个人之间，如王弼与裴徽，以及那个著名的"三语掾"故事所显示的。又《世说新语·文学》："傅嘏善言虚胜，荀粲谈尚玄远。每至共语，有争而不相喻。裴冀州（徽）释二家之义，通彼我之怀，常使两情皆得，彼此俱畅。"是清谈又不止两人。《文学》又载："裴散骑（遐）娶王太尉（衍）女，婚后三日，诸婿（婿）大会，当时名士、王裴子弟悉集。郭子玄（象）在坐，挑与裴谈。"这又不止两人、三人之事，而是在众多人面前展现高论了。

清谈作为一种名士活动，又绝非仅限于"理"的发挥。"清谈"听众不仅"听"，还要"观"。裴遐的"理致甚微"固然会获得激赏，然而"谈"中还有可以观看、赞叹和钦羡的其他内容。《世说新语·容止》："王夷甫容貌整丽，妙于谈玄，恒捉白玉柄麈尾，与手都无分别。"手臂与麈尾玉柄的玉色浑然，也是清谈中的一大看点，王衍谈了些什么可以忘掉，他的手臂，他的好皮肤，却令人念念不忘。在郭象与裴遐的玄谈挑战中，人们同样欣赏的是郭的"陈张甚盛"，与裴的"徐理前语"，即两种谈风间形成的对比，这便是作为展现的清谈要加以表演化的内容。《世说新语·文学》："支道林、许掾（洵）诸人共在会稽王斋头，支为法师，许为都讲。支通一义，四坐莫不厌心；许送一难，众人莫不抃舞。但共嗟咏二家之美，不辩其理之所在。"人们可以不管"理"

之所在，而陶醉于"谈"者的"通"和"难"。很明显，对清谈者表现的观看，远重于对清谈之理的关注。因此，当天才的王弼与人谈理无对手时，他就可以"自为主客"一番，以畅发其玄理的高致并因此获得"一坐所不及"的评价（《世说新语·文学》）。

　　清谈可以展现、评判一个人的高下，这就会引起争胜之心。《世说新语·文学》载，世人将许询比作王修，"许大不平。时诸人士及於法师并在会稽西寺讲，王亦在焉。许意甚忿，便往西寺与王论理，共决优劣，苦相折挫，王遂大屈。……许谓支法师曰：'弟子向语何似？'支从容曰：'君语佳则佳矣，何至相苦耶？岂是求理中之谈哉？'"许询想在清谈中反驳人们将其比作王修，因此，他必定要在清谈中显示一番见解，但是求胜心切却使他失掉了风度。这就落于第二义了，清谈不仅有"理"上的胜负，还有一个"谈者"的风范尺度。清谈所及之理本是以玄虚为主的道理，因而展现一个人气度上的修养同样重要。许询只关注理的胜负，却丢了清谈家应有的雅致。

　　总而言之，清谈固然是求得理上的"畅彼我之怀"，但清谈中有主客，有观众，于是它就越发像是比赛；而清谈中观众观看的焦点，又往往不在"理"上的是非，而在谈者的风采。这都决定了"清谈"是一种展现活动，或者更准确地说是一种表演，因此，也可以说清谈是一种流行于士大夫之间的"游艺"。玄学中固然包含着哲学含义，但清谈活动很明显更像是一种生活的雅兴，因而是一种特殊形态的文学。

　　（三）文章的展现形态

　　汉魏之际文化的展现之态是多方面的，其中就包括文章（诗文）的写作。需要注意的是，不能将文章的展现形态与上述名士清谈的展现形态，视为因果关系，即名士、清谈，是文章展现形态之因。文章与清谈、名士，不存在这样的关系。应该说，文章、名士、清谈，三者都是汉魏士大夫文化的形态转变的表现。因为在当时，一个大名士必须善清谈或有其他特异的表现，可以是兼擅文章的，也可以不是文章的高手，如《世说新语·文学》载乐广、王衍是大清谈家，却不善文笔。当时努力做文学创作的是另一批人，如潘岳、陆机等。

　　文章在汉魏之际发生突变的事实，就笔者所知，近代最早是由刘师培发现的。刘师培在《中古文学史讲义》之"论汉魏之际文学变迁"一节里，曾以"文而无实，始于是时"来指陈此期文学所发生的转折。刘先生多方举证，以明确这一时期文章体式忽然间发生的显著变化：其举祢衡《吊张衡文》，以证"东汉之文，均尚和缓；其奋笔直书，以气运词，实自衡始"；再举陈琳《为曹洪与魏文帝书》，以证"文之由简趋繁，盖自此始"；又举吴质《答东阿王书》、应璩《与曹长思书》及陶丘一《荐管宁书》，以证"词浮于意"、"文体恢张"和"徒事翰藻"为汉魏之际文体发展大趋势，等等，凡十二证，可谓充分。据此，在该节文字之末，刘先生对汉魏文章差异作了如下的综括：

　　　　魏文与汉文之不同者，盖有四焉：书檄之文，骋词以张势，一也；论说之文，渐事校练名理，二也；奏疏之文，质直而屏华，三也；诗赋之文，益事华靡，多慷慨之音，四也。凡此四者，概与建安以前有异，此则研究者所当知也。[1]

其中"论说之文"的"校练"，是说自魏以降的理论思考，能够从事理

---

[1]　劳舒编：《刘师培学术论著》，浙江人民出版社 1998 年版，247—252 页。

和逻辑自身著思，不再像汉儒那样缘以经术，文气和缓，因而文风都显得干练明切。这与名士人格的出现应为同一原理，摆落经术的装饰，突出的同样是士大夫的自我意识。奏疏之文的"质而屏华"，实与曹魏的尚刑名有关，一切奏疏，都应简明扼要，"词浮于意"的东西，不能在这里耍弄。但这只是就魏文而言，到南北朝，朝廷之文也渐事词藻，则又别有其故。文章作法的改弦更张，上述两点之外，则是书檄的"骈词"和"诗赋"的"华靡"了。论理、奏议因有其实用的要求，不能全然地顺着作家的才气走，私人的书信及容许夸饰甚至诈言的檄文，则与偏重性情抒发的诗赋一起，向"骈词"和"华靡"的方向大步迈进了。

这样的变化，又是在一个很短的时期里发生的。刘师培将这突变的发生，认定为从祢衡《吊张衡文》开始，他说："汉魏文时，多尚骈辞。或慷慨高厉，或溢气坌涌，此皆衡文开之先也。"不过，一个时代的文风，是否由一个人一两篇文章开始，殊可商榷。既以孔融，其"杂以嘲戏"的文章，如《劝曹公表制酒禁令》，或抗言高论如《汝颖优劣论》，都是骈辞快意、"溢气坌涌"的文字①。要之，将一代文风的转变，视为共通现象，要比视作某个人的引发更稳妥些。但刘师培敏锐的观察，还是十分重要的，它指出了突变的事实。

突变意味着什么呢？意味着为文心态的变化。大体而言，魏晋以前人之为文，恰如萧统《文选序》所说"以立意为宗，不以能文为本"，写文章意在宣示观点、情感、见解等，总之是要有所表达，这一点即在喜爱铺张的汉大赋也仍然如此。魏晋南北朝则不同，固然每一篇都要有所表达，但是，作者们对表达的形式的关注，远远超过对表达内容的用

---

① 参看熊礼汇：《先唐散文艺术论》，学苑出版社 1999 年版，第 449—457 页。

心；文章家们更关心的是文章的形式和辞藻，内容方面反在其次。这说明什么呢？说明文章写作的用心，不在或主要不在内容的表达，而在作者的文采风流的展现。因此，可以用"才性的展现"来概括这一时期文章写作的基本特征。魏晋以前的文章在达意，是表达型的，而魏晋南北朝的文章，则一变而为表现型。注重隶事、用典和对仗的形式大于内容的骈体文章的盛行，即是最明显的表征。骈体文的成立，首先是借助于汉语的特点。骈体文三大特征：句法上的齐整和讲究对偶，音律上的讲究平仄和押韵，行文讲究用典和隶事。作家们利用汉字的单音节特征和词汇的丰富性，经营着句法的整齐和语词的对偶；利用汉字的单音节，织练着语句的抑扬和韵律。这些还不是最难，最难的是将属于历史的掌故和前人文章的成句，以压缩的"集成电路"似的语词，制造出新的言约意丰甚至晦色难解的新语句。所有这一切的用心，都旨在显示一种难度，不是"立意为宗"层面上的难度，而是表现层次的不易。文章的追求，以造句手法的高超和学问的宏富为指归。一切都在完成一种装饰，一种对主观的才华显现为目标的装饰。扬雄说"羊质虎皮"，魏晋而下的骈文家在相当大程度上看重的就是那张"虎皮"，因此他们也创造了一种特殊的文学。

三、新选举法则："展现形态"的社会磁力

前面说过，东汉末期名士的展现形态背后，鼓荡着一股士大夫阶层自高自大的优越感。优越感的形成，有其恒常的原因，也有其特殊的原因，前文所说即是其特殊原因。汉末李膺等大名士的展现形态，是英雄

救世型的。但是，并非每一时期的名士都一样。稍后的孔融、祢衡是兀傲自喜型，再后来的阮籍、嵇康是个性嶙峋型，更后来的西晋至南朝，则有放浪形骸型、"散怀丘壑"型和才子秀士型等。这只是就其大较而言。名士的通性是都有逸兴，都有强烈的优越感，至于具体表现则多种多样。因此，名士的成因，不能因为李膺、陈蕃的表现，就一股脑地视为产生于清流与阉宦势力的对峙。对峙可以强化士大夫优越的自我意识，若说它就是名士一流产生的根源，则未免轻飘。名士现象延续那么长的时间，岂能简单归因为几个人物的榜样作用？名士一格在特定历史时段盛行，还应有其更广泛、更深著、更持久的原因。

那么，这更深入持久的原因是什么呢？回答是：人性论的新变，亦即新才性论的出世。而新才性论出现的背景，是士大夫这个社会阶层掌握了社会政治经济文化大权的必然结果。这一结果表现在对士人的评价体系和选拔尺度上，就是新的人性论即才性论的形成。汉帝国从武帝独尊儒术起，开始大规模重用儒家门徒的士大夫，本意是在任用他们经邦济世。但是，一个相反的结果在两汉之际就已经显示出来了，那就是随着士大夫阶层在经济上越来越"地主化"，在考虑问题时越来越朝着保家、保身的方面发展，以黄老道家治身、治家的倾向潜滋暗长。本文只能就他们把持国家的选举而言。在诸多大权在握的情形中，操纵官员的选举，即其中重要的一项，新的才性论出世，即是这种操纵的表现。

两汉选举，不外察举、征辟、任子、纳赀等几大项。其中察举是自下而上的推举，征辟为自上而下的提拔，任子则是古代世袭制遗习，不过汉代任子要先做郎官，即在朝廷观摩、学习。纳赀就是花钱买出身，也是先为郎，与任子同。几大项的选举中，以察举、征辟为主重，也最为人尊崇。征辟有数种，一是皇帝征辟，征辟的对象可以想见，非一般人员，次数也极少。再是公府征辟，三是州郡征辟，两者级别不同，但都是自辟僚属。受辟者在经过一段时间的试用或积累一定资历后，再由公卿或州郡推荐参加察举如举孝廉，成为正式的朝廷或地方官员。不难看出，察举是以上诸途中最重要的。察举的内容有孝廉，即孝子廉吏；有茂才（即秀才）。举茂才的出路是做地方县令、县长，选举的人数比孝廉少。此外还有贤良方正、文学，不是常科，主要是在灾异或国家有大政方针争议时，如汉昭帝时召集贤良文学讨论"盐铁专卖"政策。另外还有一些特科，如明经、明法等。《后汉书·蔡邕传》中有一段文字总结汉代选人制度说："孝武之世，郡举孝廉，又有贤良、文学之选，于是名臣辈出，文武并兴。"两汉政治之盛，实与其选举得法相关，而孝廉之科尤重，也可以从蔡邕的言语中看出。

　　总结汉代的选举，人才选拔的主要标准是道德、学问、才能三大项。贯穿于三大标准的精神，是道德实践，是真才实学。如其中茂才及尤异、治剧的选拔，无不与实际的政治才干相关。国家有大事，有大的灾异，召贤良、文学对策，能不能将平时所学，运用于现实问题的思考，是对一个儒生有无真才实学的考验。这与后代的考试辞章亦有很大不同。至于道德的考验，就体现在对孝子、廉吏的选拔中。一个人孝不孝，不是看他说，而是看他做；一个人廉不廉，也是要看他取与之际的表现。孝不孝，廉不廉，谁来看，谁来评？当然是乡党和同事最有发言权。因此，孝子之举，在当初是注重乡里清议的，公府州郡的廉吏辟举，也是先试用一段时间，然后才行举荐的。在汉代最为常科的孝、廉选举制度中，最集中地体现着它的道德原则和实践精神。真正的孝廉之选举，就必是既重乡里清议又重同僚、上级的意见。以此，大致可以说，孝、廉之选是官方路线和民间路线的双轨并行。《后汉书·百官志》

注引应劭《汉宫仪》谈到"四科取士"的标准："一曰德行高妙，志节清白；二曰学通行修，经中博士；三曰明达法令，足以决疑，能按章覆问，文中御史；四曰刚毅多略，遭事不惑，明足以决，才任三辅令；皆有孝悌廉公之行。"一、二两项即我们所说的道德、学问；第三项的"明达法令"涉及国家政令也可以将其归为实际学问一类，"决疑"、"按章覆问"和第四项中的"多略"、"才任三辅令"等，则属于才干。结尾一句"皆有孝悌廉公"之语，更将才干学问，包含在道德的大前提之下。汉代特别是西汉的选举，被后来的古代政论家们视为模范，称许其"最为得人"，就在于当时对道德的、实践的法则特别是后者的遵循，还有一定的真实性。以道德的、实践的法则选人，毫无疑问，是属于儒家精神的，其价值不仅在于贤人政治，而且还在于以这样的一种从民间垂直选拔贤人的方式，为社会树立良好的风气，激励世人修身正德，正是儒家"教化"治国理念的体现。

但是，这样的"良法美意"能走多远呢？

起码到东汉章帝时，选举不实的情况已经相当突出。章帝为此下诏说："夫乡举里选，必累功劳，今刺史、守相不明真伪，茂才孝廉岁以百数，既非能显，而当授之政事，甚无谓也。"时任大鸿胪的韦彪也说："夫国以简贤为务，贤以孝行为首……士宜以才行为先，不可纯以阀阅。然其要在于选二千石，二千石贤则贡举皆得其人矣。"（《文献通考》卷二十八《选举一》）章帝和韦彪一样，都将选举不实在的原因归咎于二千石一级的国家大僚，也就是地方的最高行政官员，很值得注意。——看来选举不实是先从官僚阶层方面出的问题。什么问题呢？如上所说，汉代选举，开始是乡里清议与官方选拔相结合的制度。韦彪"阀阅"云云的话表明，官方察人却讲究出身、论资排辈，这就意味着乡里清议的参照实际遭到了排斥。当时"举秀才，不知书；举孝廉，父别居"的民谣，映现的正是选举严重脱离乡里路线的结果。选举既然越来越操弄于官员之手，越来越走公卿路线，一个人是否有德有才，就全然无客观的凭据。对此，虽有顺帝时期左雄的选举改革，如察举加考试内容、限定入仕年龄等，也只能收一时之效，无法从根本上改变选举上"公正性无能"的状态。

与此相伴，是进至东汉后期士风的越来越"浮华"。这士风的浮华，正与一些名士化的公卿级人物密切相关。这里可以举一个赵壹的例子。赵壹是后汉的文学家，有著名的《刺世疾邪赋》，《后汉书》本传说他"恃才倨傲，为乡党所摈"，"后屡抵罪，几至死，友人救得免"。据此可知此公为人绝非儒家所要求的"庸言庸行"者，其为乡里清议所不容是自然的。但是，赵壹天生条件好，"身长九尺，美须豪眉，望之甚伟"。有这等自然条件，再加上显示他性格突兀的一两个动作和几句耸动的言语，就可以打动公卿了。《后汉书》本传又载："光和元年，举郡上计到京师。是时司徒袁逢受计，计吏数百人皆拜伏庭中，莫敢仰视，壹独长揖而已。逢望而异之，令左右往让之……对曰：'昔郦食其长揖汉王，今揖三公，何遽怪哉！逢则敛衽下堂，执其手，延置上坐，因问西方事，大悦，顾谓坐中曰：'此人汉阳赵元叔也。朝臣莫有过之者，吾请为诸君分坐。'"一面之下，就有如此的评价和待遇，我们不禁要问：这是负责任的态度吗？袁逢究竟看到了什么，就让他如此高看赵壹！在乡里被摈斥，在京师则受激赏，赵壹的不同遭遇，就等于选举标准在汉代前后发生的变异。这并不是偶然现象，《后汉书·郭太传》所载郭林宗"知人"的那一套，不也是或依一时的奇特行动，或依只言片语的精彩吗？完全是一套名士选人的格式。这套格式果能鉴别"有道"与否吗？《后汉书·郭太传》所记黄允："黄允字子艾，济阴人也，以俊才知名……后司徒袁隗欲为从女求姻，见允而叹曰：'得婿如是足矣！'"可这位黄允究竟是什么货色呢？黄允要休妻，同书载其妻"攘袂数允隐匿秽恶十五事……允以此废于时"。虽然据说郭太、符融等已看出黄允不行，可是袁隗的走眼，仍可证明选举"公卿路线"靠不住。与郭林宗同时的还有汝南许劭的"月旦评"，一见曹操就能说出"治世之能臣，乱世之奸雄"的话头，都是士大夫趣味左右选举、选举之权归于大名士的表现。士子们在汉末的不敦学，不修身，游走公卿之门，汲汲然"浮华交会"，其风气之起，也就不难找到真正的根源了[①]。

那么，这些公卿大臣和大名士选举所持的标准又是什么呢？从袁逢的赏识赵壹看，肯定不是乡里清议，他们中意的是赵壹的好相貌和机敏有个性的言辞。赵壹在乡里的表现如何，修身立世如何，究竟有无实际的才干则匪所思忖。这大体已可以领略当时大人物的选人意趣。恰好还有《人物志》一书，全面系统记载着选举士大夫化的选举法则。

《人物志》问世于曹魏时期，作者刘劭。都说这本书是两汉以来选拔人物的经验总结，可是，两汉四百年，它到底是哪个时段的"人物选拔经验的总结"，这还是个问题呢！可以说，若选举还尊重乡里路线，就根本用不着刘劭《人物志》这一套。因为《人物志》的义理规模，和袁逢的欣赏赵壹一样，都与道德实践的原则关涉不大。刘劭的《人物志》论人性，其义理格局，可从其第一篇《九征》的以"五材"讲人之"质量"得其大概。所谓"五材"就是金、木、水、火、土，人的生命

---

① 近时一些文章讨论魏晋士风的转变，将"浮华交会"的根源追溯到东汉后期太学，实在是浮泛之见。当时的太学充其量只是"浮华变会"的盛行之地，而不是形成的原因。太学风气的表现，如同赵壹的遭际一样，只能是选举路线转变的一种结果。

气质中"五材"搭配中和，就是"中庸之质"。能有"中庸之质"很难，因为那是"圣德之量"。汉晋之际论圣人，强调圣人天纵，圣人之才常人不可学。以自然的材质论人，当然圣人就是不可学的——又岂止圣人，照此推论，一切人为材质所限，都是难以改变自己的品行的。圣人以下，或偏于金，或偏于木，等等，则都是偏至之才；如偏于金，则为勇之才；偏于木，则为弘毅之才；偏于水，则通微之才等。总之各有所偏之才，金、木、水、火、土对应仁、义、礼、智、信。很明显，这是相信人的德性取决于自然的生命材质，是一种材质主义的命定人性观。

说到观人，先秦时期就有所谓"文王官人"之法，分别记载在《逸周书》和《大戴礼记》里。这个古老的官人系统是由"六微"或曰"六征"，即观诚、考志、视中、观色、观隐、揆德六大标准构成的。其观人特征，可从下面的文句得其大要："富贵者，观其礼施也；贫穷者，观其有德守也；嬖宠者，观其不骄奢也；隐约者，观其不慑惧也。"（《大戴礼记·文王官人》）大致是以德行的实践原则为判定人之优劣的尺码，与孔子"视其所以，观其所由，察其所安，人焉庾哉"（《论语·为政》）颇为接近。《人物志》的观人术虽也承继一点《文王官人》及孔子之说的内容，但总体上却另有一套。从学理上说，它基本上不强调从一个人的取与出处上观人，而是讲究从资质构成上作玄妙把握。《人物志》将古代的人性论与观人术加以结合，形成的是新的才性观，也就是玄学的才性论，又称才性名理。在先秦时期，观人是为选贤，而先秦人性论之起因，是讨论"民性"，以便合理治世。据牟宗三先生分析，到晚周诸子，人性论便有以孟子为代表的性善论与以告子、世硕为代表的"人之谓性"的材质人性论。前者重视人之所以为人的道德心，后者则以自然材质言人性，所谓"生之谓性"、"食色性也"，都是①。告子、世硕的人性论，虽经孟子批驳，但在荀子以至后来的儒家如董仲舒、王充等，都是大体承袭的。到刘劭作《人物志》，虽将材质的人性论与儒家的仁义礼智信结合起来，但在人性观上，明显走的是告子、世硕一路，与孟子的"性善"说相去甚远。同时，在先秦，如上所说，观人是观人，人性是人性，两者间各有论域或本不相干。但是，以刘劭为代表的魏晋玄学士人，则将两者合在一起，专门从自然生命材质论人的社会品行，实际是将人在社会生活中主体性表现如何，归因为由自然气质决定。这样的哲理，虽非一无是处，却失落了一个最重要的事实，就是从一个人在生活中的表现观察其人格人品，用诸选举，也就是忽略了先秦两汉以来的实践原则。

这便是文化法则的转移。随着士大夫阶层势力的强盛，选举渐渐由道德的、实践的法则转变为才性的、风度的和外观的。顺孟子式的道德人性论，便有仁、义、良知、恻隐、羞恶等内容，这些都是要在生活的实践和具体环境下显现的，不能单从主观上说。一个人是否为"仁"，是要看其与他人如何相处，如何做官，如何对待小民的。后来汉代"最为得人"的选举很大程度上就遵循了这样的原则。但是，像《人物志》这样以人的材质来论人性，不能说它一定不能选出真正的才干之士，但若说《人物志》这一套，就是选拔治国的干才圭臬，那就荒唐了。因为《人物志》这一套，只是一种"鉴赏"的才性论，只是顺着一个人纯主观方面去观察人，在废弃了实践的标准后，就只剩下才情、才气、气

---

① 牟宗三：《才性与玄理》，学生书局 2002 年版，第 25—28 页。这个问题可能原不像牟先生想得那么简单，但此处不能深入，笔者拟另文讨论。

质、资质、性情、神韵、容止、风姿、骨格、器宇等的纯主体主观之
物。对于真正的政治家，上面这些东西多数没用，但是在成全文艺、名
士风度上，这新的才性论，却是本色当行，大有裨益。它可以激发出名
士行为方式以及诗文写作上的独特的东西。魏晋南北朝名士辈出，当时
重主观才性展现的文学，也达到了自己的极致。名士风度固然可以效
法，但魏晋人看风度，先得要身架好，面貌好。一个人要有一副好身
架，所谓身高八尺，眉清目秀，及"美音制"等等，如何由后天学习来
获得呢？所以，像嵇康的肃肃朗朗，如松下清风，人见人爱，是天生的
神采，造化独钟，就连他的儿子也不得其传；像阮籍、刘伶那样的大名
士则须有天生好酒量、青白眼，青白眼和好酒量是谁都能学的吗？真名
士好酒量，真名士自风流——可是天生就办不了这些事情的，也要当
名士，怎么办？放浪形骸，发发狂态甚至"脱衣露丑"之类惊世骇俗的
举动，就是找补不足的无法之法了。还有，也是更重要的，嵇康、阮籍
的好风度、青白眼难学，可他们的善谈名理和一手好文章，肯下功夫，
就能像不像三分样了。于是，清谈、文采，也就成为获得声望的手法。
《人物志·接识第七》说："欲观其一隅，则终朝足以识之，将究其详，
则三日而后足。何谓三日而后足？夫国体之人兼有三材，故谈不三日不
足以尽。"考察"国体之人"既然要"三日谈"，那么士人好"清谈"的
盛行不正是应运而生吗？"三日谈"的内容《人物志》也说得很清楚：
谈"四理"，即《人物志·才理第四》所说"夫建事立义，莫不须理而
定"的"理"。其具体内容是"若夫天地之气，盈虚损益，道之理也。
法制正事，事之理也。礼教宜适，义之理也。人情枢机，情之理也。四
理不同，须明而章，明待质而行"。"四理"之第一理，就是"道家之
理"。谈"四理"可以见出材质上的"四明"。由此，玄学家好《易》、

好《老子》、《庄子》及后来好佛理，不都可以找到很具体的原因了吗？就文采而言，一开始我们就说，才思快是那个时代衡量文人高下的重要标准。与此相关，是人们喜欢聚集在一起吟诗作赋，因为唯有这种集群的文辞活动，才可以显示出谁是才思的骄子。于是，文学就活动于一个"才性展现"的磁场之中，这正是魏晋南北朝文学的显著特征。

　　上文所论，不过是想说明下面的拙见：魏晋文学的丕变，来自于士大夫阶层的精神变化。两汉四百年的帝国政治，造就了一个文化的特权阶层。帝国的衰落，在总体上非但没有给这个阶层带来灾害，反而强化了它的势力。他们本来就是以文化起家，学而优则仕，时间久了，他们因做官而有了身家，有了门第，有了世代显赫的家族，而高度贵族化了。于是属于这个阶层自己的文化趣味出现了，文学创作就是这趣味的一部分。他们既然在政治经济各方面已经把持了社会大权，其文化、文学上的新趣味自然也随之主宰风尚，蔚然一片。其间，最关键的一点是符合贵族门阀化了的士大夫利益的新选举法则的流行，而选举法则的抽象形式则是新才性理论。选举上的新的才性观念，正是使得魏晋南北朝文学与前代 —— 也与后代 —— 产生深刻而鲜明分别的深层文化原因。

（原载《文史哲》2011 年第 1 期）

从诫子书看魏晋士人心态

孟繁冶

在魏晋士人心态的相关研究当中，诫子书具有独特的重要价值，是一个值得加以深入发掘的考察视角①。正如明万历甲戌颜嗣慎刻本《颜氏家训》的《序》所云："追夫王路陵夷，礼教残阙，悖德覆行者，接踵于世，于是为之亲者，恐恐然虑教敕之亡素，其后人或纳于邪也，始丁宁饬诫，而家训所由作矣。"魏晋时期，政局的动荡，社会的混乱，推动了家诫、家训等一类作品的空前繁荣，不仅出现了《颜氏家

---

① 自20世纪90年代以来，从不同角度不同层面研究魏晋士人心态的文章逐渐多起来，如袁济喜：《酒与魏晋士人的孤独》，《中国人民大学学报》1994年第1期；丁宁：《试论阮籍咏怀诗的内在心象》，《宝鸡文理学院学报》1995年第2期；田彩仙：《魏晋文学家族的家族意识与创作追求》，《中州大学学报》2001年第2期；温孟孚：《〈世说新语〉和魏晋士人心态》，《学术交流》1995年第5期；曹扬：《从〈世说新语〉看魏晋士人心态》，《江苏教育学院学报》1997年第3期；陈国敏、戴剑：《从魏晋山水诗看士人隐逸审美心态》，《昭通师专学报》2003年第6期；俞灏敏：《吴中文化与陆机创作心态》，《常熟高专学报》1994年第4期；李建中：《论魏晋人格的虚静与躁动》，《湘潭师院学报》1998年第4期；王立：《魏晋六朝"年少慕侠"与侠义建功主题——复仇心态史与中国诗歌》，《新疆师范大学学报》1994年第2期；李剑清：《陆机人格心态探微》，《宝鸡文理学院学报》2005年第3期；等等。但上述论著大多或是从魏晋士人的文事活动，或直接就他们的文学作品来讨论这一问题的。而利用最能反映血缘亲情的诫子书，来探讨魏晋士人的内心世界，至今尚不多见。由此加以深入发掘，很有必要。

训》这一集大成之作，而且还产生了诸如诸葛亮《诫子书》、嵇康《家诫》、陶渊明《责子》、王僧虔《诫子书》等一大批具有较大社会影响的教育家族子弟的典范文本。这些诫子书，作为家族教育教材，不仅从一个重要侧面折射出魏晋的社会风貌，更在很大程度上以至亲至爱的血缘关系，客观真实地（不可能是虚伪矫情地）反映出了魏晋士人的心迹心声及人生价值取向。众所周知，魏晋时期门阀制度确立之后，不仅处于上流社会的门阀士族独步政坛，傲视天下，处处标榜门第族望的尊贵优越，即使新起门户一般家庭也都习惯了君统变易，政权迭更，他们淡漠了君臣关系，对朝代更迭、王权潜替已不甚留意。社会现实让他们不重君臣国家，而唯重一家一姓，对家族门户利益百般呵护，万般钟情。士人们一反东汉以来的忠君世风，而移情于对家族利益、家庭门户的惨淡经营上，并把殷殷亲情内化在对子孙的殷切期盼和谆谆教诲之中。家训、家诫，特别是诫子书，就是他们对子孙后代这种血缘亲情的集中反映，也必然是他们心迹真情的自然外现与率真流露。因此，从魏晋士人的诫子书中去分析他们的心理心态，无疑会得出更接近客观、可靠的结论。

一、志存高远

　　魏晋诸多的诫子书真实地反映了士人们复杂而丰富的内心世界，其中最为突出、最为后人称道、对后世影响最为深刻广泛者，当称"述志"，而非庄老消极避世之论。

　　立志、砺志，可以说是对每一位社会成员个体进取发展的基本要求，推而广之，又是国家民族发展进步的原动力。中华民族、炎黄子孙是以志向高远坚定而著称于世的。早在先秦的历史典籍《尚书》中，就有"功崇惟志，业广惟勤"的记载。春秋战国时期，孔子、孟子对此又做了划时代的概括和升华，并成为两千多年来中国人的人生准则和精神追求："一箪食，一瓢饮，在陋巷，人不堪其忧，回也不改其乐。"（《论语·雍也》）"故天将降大任于是人也，必先苦其心志，劳其筋骨，饿其体肤，空乏其身。"（《孟子·告子下》）秦末汉初人孔臧明确提出："人之进退，唯问其志。"（《全上古三代秦汉三国六朝文·全汉文》卷13）东汉末颍川人司马徽在诫子书中更表明了穷而弥坚的不屈气节："论德则吾薄，说居则吾贫，勿以薄而志不壮，贫而行不高也。"（《全上古三代秦汉三国六朝文·全后汉文·诫子》）

魏晋时期，尽管儒学独尊地位被社会动荡下的释老之学所撼动，但儒家伦理学说毕竟已深入人心，加之东汉以来党人狷介耿直勇斗阉宦权奸、志在扶汉的气节操行，对魏晋士人尤其是汉末魏初士人依然产生着不可磨灭的影响，他们并没有泯灭积极入世、廓清天下、建功立业的雄心壮志，这种心志在他们的诫子书中得到了直接而鲜明的体现。

诸葛亮《诫子书》、《诫外甥书》可谓这种心志的典型代表，最具完备严谨的理论阐释。他在《诫外甥书》中，开宗明义直截了当地提出了"志当存高远"这一实现人生价值的首要重大命题，进而说明了怎样才能有远大的志向，即要"慕先贤，绝情欲，弃凝滞，使庶几之志，揭然有所存，恻然有所感"。在此，他把人能否树立远大志向的条件概括为三个方面：一要仰慕学习古代先贤；二要弃绝个人不正当的物欲情欲，做到清心静气；三要排除自己前进路上的不利因素。他精辟而严谨地分析了立志的条件、立志的目的、立志与才学之间的关系："静以修身，俭以养德，非淡泊无以明志，非宁静无以致远"，"夫学须静也，才须学也。非学无以广才，非志无以成学。"（《诸葛亮集·诫子书》）他还从反面进一步阐述了志与才的关系，立志对人生的决定性意义，"若志不强毅，意不慷慨"，便只能是"徒碌碌滞于俗，默默束于情，永窜伏于凡庸，不免于下流矣"（《诸葛亮集·诫外甥书》）。诸葛亮"志存高远"的人生追求和良好的心态，对后世产生了极大的影响，时至今日还被众多的人们作为教育子弟立德明志砥砺成才的格言，或悬之学堂，或置之座右。

作为魏晋"竹林七贤"之一的嵇康，干脆在《诫子书》中把立志作为人生的第一要义："人无志，非人也。"[1] 也就是说，一个人若没有远大志向，就不是真正意义上的人，可见他对儿孙后世的严厉要求和殷切期望。他告诫子侄，人首先要有一个明确的目标，然后要排除干扰，知行合一，持之以恒，坚持到底，不达目的，誓不罢休。像诸葛亮一样，嵇康还向子侄们深入地分析了志不坚强对人、对社会的危害："若心疲体懈，或牵于外物，或累于内欲，不堪近患，不忍小情，则议于去就，议于去就，则二心交争，二心交争，则向所以见役之情胜矣。或有中道而废，或有不成一篑而败之，以之守则不固，以之攻则怯弱，与之誓则多违，与之谋，则善泄，临乐则肆情，处逸则极意，故虽繁华熠耀，无结秀之心，终年之勤，无一旦之功，斯君子所以叹息也。"[2] 这里，嵇康以严密的论证，向家族子弟及世人昭示了：魏晋士人"越名教而任自然"式的放达不羁其实是相当有限度的，在他们的内心深处，依然在努力地崇仰、践履着先秦以来的儒家名教理想。如上所述，嵇康对意志薄弱

---

① 戴明场校注：《嵇康集校注》，人民出版社 1962 年版，第 135 页。
② 戴明场校注：《嵇康集校注》，人民出版社 1962 年版，第 315—316 页。

者的指责，"若心疲体懈，或牵于外物，或累于内欲，不堪近患，不忍小情"，这岂不是对孔子"一箪食，一瓢饮，在陋巷"不改其乐，孟子"苦其心志，劳其筋骨，饿其体肤"的翻版和继承吗？它同样也是对诸葛亮"志当存高远"的进一步阐扬和发挥。

如果说我们仅仅是从语义上推测，而没有充分的文献记载来证明嵇康与诸葛亮"志存高远"心态一脉相承的话，那么，十六国西凉政权的建立者李暠，亲自书写诸葛亮《诫子书》诫勉诸子的史实，则无可辩驳地说明了魏晋士人志存高远，将立志作为人生第一要务的强烈愿望。

李暠对诸葛亮《诫子书》的思想精神推崇备至，他告诫诸子说："古今之事不可以不知，苟近而可师，何必远也。""览诸葛亮训励，应璩奏谏，寻其终始，周孔之教尽在中矣。为国足以致安，立身足以成名，质略易通，寓目则了，虽言发往人，道师于此。"（《晋书·凉武昭王李玄盛传》）从李暠对诸葛亮《诫子书》的极力赞颂的字里行间，我们可以看出魏晋士人对诸葛亮为人当"志存高远"心态的强烈共鸣和高度认同。

在魏晋士人诫子书中劝诫子孙人生立志的诸多内容中，勉励其发愤读书以成其志者占了绝大多数。换言之，即把勤苦读书作为实现理想志向的重要途径。因为无才无以成志，无学无以成才，说到底，唯有读书获取知识，才可以到达人生理想志向的彼岸。王僧虔是南朝时期南渡江左的琅琊王氏的代表人物之一，他从家族兴旺不衰的良好愿望出发，在诫子书中，首先表达了对子弟学不专心、业不精深现象的担心和焦虑。尽管他的诫子书所涉内容多为《老子》、《庄子》、《才性四本》、《声无哀乐》等老庄玄学，但要求子弟立志向学的良苦用心跃然纸上："汝开《老子》卷头五尺许，未知辅嗣何所道，平叔何所说，马郑何所异，《指例》何所明，而便盛于麈尾，自呼谈士，此最险事。"(《南齐书·王僧虔传》)可见他把不爱学习，读书不求甚解看作是最危险的事情。他谆谆告诫儿子要居安思危，以勤学努力为务："于时王家门中，优者则龙凤，劣者犹虎豹，失荫之后，岂龙虎之议？况吾不能为汝荫，政应各自努力耳……或父子贵贱殊，兄弟声名异。何也？体尽读数百卷书耳。"(《南齐书·王僧虔传》)

同是琅琊王氏家族重要人物的北周时代的王褒，表达了共同的心声，对家族子弟立志勤学始终如一地加以勉励。他在《幼训》中教诲儿子："陶士衡曰：'昔大禹不吝尺璧而重寸阴。'文士何不诵书，武士何不马射。……古者盘盂有铭，几杖有诫，进退循焉，俯仰观焉……立身行道，终始若一。"(《梁书·王规传》)

在魏晋大量的诫子书中，还有不少内容虽然没有具体明言"述志"、"立志"，但也或隐或显地表达了时人希望子孙后人积极入世建功立业的殷切心情。如曹丕诫子云："父母于子，虽肝肠腐烂，为其掩避，不欲使乡党士友闻其罪过，然行之不改，久则人自知之，用此仕官，不亦难乎？"(《太平御览》卷四五九)《艺文类聚》卷二十三则记载了三国人王修在《诫子书》中要求儿子"观高人远节"，"志在善人"，"父欲令子善，唯不能杀身，其余无惜也"。此言"善"的概念虽显得空洞不明，但毕竟也是志之所向，更是父辈的肺腑之声。

谁也无法否认，魏晋时期社会动荡，政治黑暗，人生无常，朝不虑夕，人们在心态心理上惶恐晦暗，困惑低迷，一直处于痛苦迷茫的阴影之中。但综观上述，在这种黑暗的社会现实之中，广大魏晋士人并不像许多文献著述所言，他们已彻底弃绝人世，或遁迹泉林，寄情山水，或装疯卖傻，避害自全，或抛却儒学，专事释老。他们并没有悲观失望，自暴自弃，而是把一个真实的自我掩盖起来，把自己无法实现的志向情怀，家族事业寄托在儿孙身上。他们希望、告诫并勉励自己的儿孙要保持操守，砥节砺志，勤学成才，去努力实现父辈先人们无法实现的修齐治平的人生理想。

不过，需要的说明是，魏晋士人们在诫子书中虽然表达了志存高远、淡泊明志的主流心态，但他们高远志向的终极指向是什么？人生目标是什么？却显得飘渺而恍惚。他们不像东汉士人那样，旗帜鲜明地反对与儒家正统思想背道而驰、倒行逆施的宦官集团，或专横跋扈为非作歹的外戚集团，为维护东汉皇统，维护封建统治秩序的正常运转，惨遭禁锢，断臂裂体亦在所不惜，头断血流、杀身成仁也义无反顾。与此相应，魏晋士人的志向情怀已变得玄远、模糊而不现实，不清晰。

二、贵生保身

东汉后期以来，社会矛盾日益加深，司马氏政治的高压，以及无休止的军事混战、政权争夺，都使得饱经忧患的魏晋士人们，虽然不情愿却也不可能否定对儒家思想的传统信仰和价值取向。但理想的破灭，精神的痛苦，朝夕陵谷、生死无常的生活现实，也导致了寻求解脱，贵生保身自然成为社会的主流理念。东汉后期、西晋末年，中原士女纷纷西迁南渡，乱离人不及太平犬，孤魂野鬼、念祖归亲、天涯逆旅、游子思乡等观念，日益成为当时文学作品的主旋律。"生之可贵"、"死亡可期"的社会思潮，演绎了贵生保身、趋利避害的社会理念。一个简单得无法再简单的道理：留得青山在，不怕没柴烧。一个生命凋零，人丁孤凄的家族，何谈志向抱负？何谈理想价值？因此，贵生保身也就无可避免地成为魏晋士人们殷切关注的现实问题，也就自然而然地成为诫子书中的重要话语。

《三国志》卷二十七《王昶传》收录了王昶《诫兄子及子书》，此文开篇点题："夫人为子之道，莫大于宝身全行，以显父母。"显然，这里的"宝身全行"，不是政治德行、社会声望的重要因素，但首要的，也是最重要的，是要求子侄们对生命肉体珍爱自重。王昶对东汉党人不惜身家性命勇斗阉宦外戚的行为大不以为然：党锢之祸"皆由惑当时之誉，昧目前之利故也"。很明显，他是一位重视"目前之利"的现实主义者。他将世人的"困辱之累，悔吝之咎"的深层原因归结为"知进而不知退，知欲而不知足"。因此，王昶告诫子侄们：要"遵儒者之教，履道家之言……欲使汝曹顾名思义，不敢违越也"。这是一种十分复杂矛盾的心情，他既希望子侄们遵从儒家名教，入世立身，显扬父母，光耀祖宗，但又担心他们在动荡的时局中，在险恶的官场中不能保全自身立于不败之地，遂转而又要求他们用道家思想的"玄默冲虚"来规范自己的言语和行为。他还在诫子书中为子侄们鞭辟入里地分析了人们获罪得咎、遭杀身之祸的主要原因，就在于人们的自矜自夸和自伐好争："夫人有善鲜不自伐，有能者寡不自矜；伐则掩人，矜则陵人。掩人者人亦掩之，陵人者人亦陵之。""故君子不自称，非以让人，恶其盖人也。"他教子侄们明哲保身的原则是：以屈为伸，以退为进，以谦让为自得，以弱小为强盛。在官场中要学会避强就弱，若遇是非之士，凶险之人，"近犹不可，况与对校乎？"

如何才能保身全行、避祸保家？魏晋士人们在诫子书中普遍认为：

其一，要识人相处，即在看准人的本质特点的基础上，采取适当的与之相处的态度。以王昶的诫子书为例，他认为：伯夷、叔齐、介子推，或耻食周粟，或忍饥寒于首阳，或拒绝征召出仕，安然死于山火，这些古代隐士，固然气节超迈，能够"激贪励俗"，但若效法他们，个人性命尚且难保，更何谈去光大自己的家族呢？所以王氏直言曰："吾亦不愿也。"（《三国志·王昶传》）对当时的社会名流以及与自己同过事的人，王昶更具体地分门别类地阐述了自己的观点和态度：颍川郭伯益，"好尚通达，敏而有知"，但为人"弘旷不足，轻贵有余；得其人重之如山，不得其人忽之如草"，对他我可以"亲之昵之"，但"不愿儿子为之"（《三国志·王昶传》）。王昶看重的是什么人呢？北海人徐伟长"不治名高，不求苟得，澹然自守，惟道是务"，对人对物有是非之论，从不直言，而是辗转假托，借古人之意表达自己的看法，决不直言褒贬。这样的人显然是明哲保身的高手，"吾敬之重之，愿儿子师之"（《三国志·王昶传》）。对各类人等，王昶的感触细腻，洞幽烛明，区别、把握分寸十分到位：对"博学有高才，诚节有大意，然性行不均，少所拘忌"的东平人刘公干，他"爱之重之"，但"不愿儿子慕之"。而对"内敏外恕，推逊恭让，处不避洿，怯而义勇"的乐安人任昭先，王昶则"友之善之"，而且"愿儿子遵之"（《三国志·王昶传》）。这些典型的个案，再清楚不过地表明，魏晋士人明哲保身的心态，他们最推崇看重的是那些既能保全官位，保全家族利益，又能巧妙周旋，远离祸患，全人亦全己的官场高人。

其二，要散财避祸。魏晋士人们认为：资财积必好奢，积而不能散，轻衔人恨，重获骄上之罪；小者辱身，大则破家，因而散财好义，施舍周急，也是避害全身的重要方面。南朝人徐勉在《诫子崧书》中也表达了澹泊财货，不治产业，追求闲适生活，消极自保的思想（《梁书·徐勉传》）。

其三，人生艰难，要能屈能伸。北朝人魏收，北齐时位至尚书右
仆射，中书令兼著作郎。他作《枕中篇》诫励子侄，仅篇目即可见其殷
殷情切。是作开篇伊始，魏收即引用《管子》的话来抒发人生的不易：
"任之重者莫如身，途之畏者莫如身，途之畏者莫如口，期之远者莫如
年。以重任行畏途、至远期，惟君子为能及矣。"因而他主张子侄们要
能屈能伸："能刚能柔，重可负也，能信能顺，险可走也；能智能愚，
期可久也……俾诸来裔，传之座右。"（《北齐书·魏收列传》）

三、戒酒节酒、谨言慎行

魏晋时期是酒的时代。鲁迅先生曾精辟地指出："正始名士服药，
竹林名士饮酒。竹林的代表是嵇康和阮籍"，"阮籍则是专喝酒的代
表"①。他可以大醉六十日，可以与猪群饮，甚至"裸裎醉饮"。整个魏
晋时代写酒的诗文比比皆是，不仅有刘伶的《酒德颂》，还有阮籍在酒
后谱写的琴曲《酒狂》。《世说新语·任诞》也记载："名士不必须奇才，
但使常得无事，痛饮酒，熟读《离骚》，便可称名士。"判断名士的标
准，竟然是能否饮酒，酒量大小。饮酒成为社会时尚，成为非理性的社
会特征。

然而悖谬奇怪的是，在魏晋时期的诫子书中，没有发现一人一处提

① 鲁迅：《魏晋风度及文章与药及酒之关系》，《鲁迅全集》第三卷，人民文学出版社 1973 年
版，第 498 页。

倡鼓励子孙去追逐饮酒的时尚，反而关于戒酒节酒的规劝却不绝如缕。曹魏时的王肃家诫最为典型："夫酒所以行礼养性命欢乐也，过则为患，不可不慎。"（《艺文类聚》卷二十三）并且还在训诫中教给子弟辞酒的具体方法："若为人所强，必退席长跪，称父戒以辞之"，如果为人属下，专门陪客人饮酒，也要"下座行酒，随其多少，犯令行罚，示有酒而已，无使多也"（《艺文类聚》卷二十三），西凉李暠在《诫诸子》中也明确提出："节酒慎言，喜怒必思。"

　　我们还可以从魏晋名士的某些反常现象来印证他们对酒的畏惧。例如：阮籍虽为嗜酒的代表人物，但据《晋书》本传记载，他却坚决不愿自己的儿子喝酒放诞。鲁迅先生说："凡人们的言论、思想、行为，倘若自己以为不错的，就愿意天下的别人，自己的朋友都这样做。但嵇康、阮籍不这样，不愿意别人来模仿他。竹林七贤中有阮咸，是阮籍的侄子，一样的饮酒。阮籍的儿子阮浑也愿加入时，阮籍却道不必加入，吾家已有阿咸在，够了。假若阮籍自以为行为是对的，就不当拒绝他的儿子，而阮籍却拒绝自己的儿子，可知阮籍并不以他自己的办法为然。"[①] 为什么魏晋士人们是如此的表里不一、心行迥异？酒，乃"祸变之兴，常于此作，所宜深慎"（《艺文类聚》卷二十三）。古人对酒的畏惧由来已久，《艺文类聚》卷二十三引《战国策》曰："昔仪狄作酒而美，进之于禹，禹饮而甘之，遂疏仪狄，绝旨酒，曰：'后世必有以酒亡其国者。'"这是对当国执政者的警告，而魏晋士人们的狂饮烂醉，却是"别有一番滋味在心头"。

---

① 鲁迅：《魏晋风度及文章与药及酒之关系》，《鲁迅全集》第三卷，人民文学出版社 1973 年版。

在我国古代，饮酒的历史可谓源远流长，而酒所酝酿的情绪，在不同的时代有不同的色彩。汉高祖年轻时"好酒及色"，时常醉卧道旁，西汉建立后，他衣锦还乡，置酒宴大会乡亲，酒酣耳热，击筑高唱《大风歌》，成为千古佳话。西汉的开国功臣大都慷慨豪饮。《史记·刘敬叔孙通列传》载："群臣饮酒争功，拔剑击柱，高帝患之。"可见汉人饮酒是壮英雄之气，显示开国之初，功臣们朝气勃发的豪迈气概。而魏晋时期的士人们生逢乱世，朝不保夕，他们饮酒是借酒浇愁，为了消除人生短促、生命无常的郁闷和痛苦，"对酒当歌，人生几何"，曹操的诗句道出了士人们的心声。对此，鲁迅有精辟的见解："这是因为他们生于乱世，不得已，才有这样的行为，并非他们的本态。"[1]饮酒，特别是过量饮酒之人，在酒精的刺激下，精神高度亢奋，当然可以暂时缓解或消除精神压抑、心灵痛苦，所以心情忧郁，人生孤独者，往往借酒浇愁，消释胸中块垒。而更多的后果则是饮酒伤身，酒后言语失控，行为失态而惹是生非，特别是身处政治漩涡之中的人们，战战兢兢，如履薄冰，一言不慎，轻则丢官罢职，重则招致杀身灭门之祸，因此，真正关心后人政治仕途、人身安全及整个家族长远发展的魏晋士人们，劝诫子孙们远离酒害犹恐不及，又岂能倡导纵容自己的亲人酗酒招祸呢？

魏晋是一个重情的时代。圣人情、爱国情、朋友情、师生情，而更多、更淳的还是人类的本性血缘亲情。我们不妨将有关记载移录于下：

《世说新语·伤逝》："王戎丧儿万子，山简往省之，王悲不自胜。简曰：'孩抱中物，何至于此？'王曰：'圣人忘情，最下不及情；情之

---

[1]　鲁迅：《魏晋风度及文章与药及酒之关系》，《鲁迅全集》第三卷，人民文学出版社 1973 年版。

所钟，正在我辈。'"怜子之心，催人泪下。《世说新语·惑溺》："荀奉倩与妇至笃，冬月妇病热，乃出中庭自取冷，还以身熨之。妇亡，奉倩后少时亦卒。"夫妻之情，感人至深。《世说新语·德行》："郗公值永嘉丧乱，在乡里，甚穷馁。乡人以公名德，传共饴之。公常携兄子迈及外生周翼二小儿往食。乡人曰：'各自饥困，以君之贤，欲共济君耳！恐不能兼有所存。'公于是独往食，辄含饭著两颊边，还，吐与二儿。后并得存，同过江。"恻隐之心，令人感慨。

如此注重血缘亲情的思想行为，不难想象，魏晋士人强调血缘亲情，必然要体现在对家族兴衰的关注上，何况魏晋本来就是一个家族意识特别强烈的时代。生活在动乱之中的人们，痛感人生不保，报国无门，只得退而求其次，将"治国平天下"的宏愿转化在注重"修身齐家"的现实生活之中。故而整个魏晋时代，人们的家族意识远在国与朝廷之上，即如余嘉锡先生在《世说新语·德行》"王仆射在江州"条后案语所云："奉亲思孝，或有其人；杀身成仁，徒闻其语"，"盖魏晋士大夫止知有家，不知有国"。（《世说新语·德行》）

综上所述，我们可以得出如下结论：魏晋时代的诫子书所反映的士人心态，无论是"志存高远"，还是"贵生保身"，抑或是"戒酒节酒"、"谨言慎行"，都说明他们对生命的尊崇热爱，对家族利益的由衷关怀。同时，士人的日常行为与内心世界如此巨大的反差，也反证了诫子书所蕴涵的思想，是士人们人生真情的自然流露，而非矫饰浮华之举。无怪乎颜之推在《颜氏家训》开宗明义道："夫圣贤之书，教人诚孝，慎言检迹，立身扬名，亦已备矣。魏晋以来，所著诸子，理重事复，递相模效，犹屋下架屋，床上施床耳。吾今所以复为此者，非敢轨物范世也，业以整齐门内，提撕子孙。夫同言而信，信其所亲；同命而行，行其所服。"①

由此可见，魏晋时代，尽管儒学的独尊地位被打破，出现了儒、道、释并驾齐驱的新格局，但儒家伦理思想在社会上的主导地位并没有丧失。"儒家伦理在本质上是一种血亲情理观念"，属于"私德"范畴的宗法家族关系，构成了儒家学说以"父子"关系为首的"五伦"的基本内容。"父慈子孝，兄友弟恭等儒家基本的伦理规范正是这种血缘亲情原则的具体体现"②，而"五伦"中的父子关系，直接决定着一个家族的家运盛衰，因此，在家训、家诫中始终居于首要地位，而诫子书也就自然成为家训、家诫中最重要的内容。《颜氏家训》七卷二十篇，浩浩数万言，唯把"教子"放在首篇，即是对这种父子关系意义的最好说明。

（原载《文史哲》2006 年第 4 期）

---

① 庄辉明、章义和：《颜氏家训译注》，上海古籍出版社 1999 年版。

② 刘清平：《儒家伦理：道德理性还是血亲情理？》，《中国哲学史》1999 年第 3 期。

从魏晋风度到盛唐精神

—— 以文人个性和玄儒关系的演变为核心

刘怀荣

    受鲁迅先生的影响，有关"魏晋风度"的研究构成了 20 世纪的学术热点之一，但对于魏晋风度与盛唐文人言行之间的联系，却很少有人做深入、集中的探讨。鉴于此，我们提出"盛唐精神"这一概念，意在引起学界的重视，并加强相关问题的研究。因为这个问题涵盖面较广，所以本文主要以文人个性和玄儒关系的演变为线索，对这一概念做出初步的论述，并兼及它与"魏晋风度"之关联。

一

    儒家文化重群体而轻个体、重礼而轻情的特点，极大地制约着人们个性的发展。魏晋南北朝时期，由于儒学的衰微和儒家文化价值体系的崩塌，文人阶层获得空前的舒张个性的机会，他们在以率性而动的行为方式冲击、否定传统礼教的同时，深切地感受到了前人视而不见的人性之美和自然之美。王戎宣称，"情之所钟，正在我辈"[①]，王瀛登上茅山，大声恸哭道，"琅琊王伯舆，终当为情死"[②]。而王羲之也因去官后得"穷诸名山，泛沧海"，而有"我卒当以乐死"（《晋书》卷八十）之叹。魏晋文人正是在个性解放的欣喜中，分别从社会和自然两方面发现了自我，发现了才（真）情之美及自然之美。这令他们狂喜不已，也使他们"称情而直往"，生出不顾一切享受这种狂喜的勇气，于是在名教与自然、群体与个性、秩序与自由的二难选择中，魏晋文人往往倒向了后者。但是"越名教而任自然"，任情而违礼，却造成了一系列的社会矛盾。因此，东晋以来越来越多的人认识到儒家礼法对维护群体秩序的重要性，而主张"情礼兼到"（《晋书·袁宏传》），致力于玄、儒精神的融合、调和。

如果说"出处同归"理想的落实偏重于消除长期形成的仕隐矛盾，那么，玄儒精神的融合则偏重于化解自魏晋以来个体自由与群体秩序之冲突，亦即群己矛盾。正是这两方面共同造就了作为历史发展结果的盛唐文人，使他们在魏晋之后再一次发现了自我与自然之美。由于新旧文化价值的激烈冲突已经过去，也由于盛唐政治文化的特殊背景，他们已能够比魏晋文人更从容地品味深刻丰富的自我之美和真实多彩的自然之美。魏晋文人对抗社会的愤激偏执，变为个人与社会切近中不乏间离的和谐；魏晋文人面对自然的孤独与皈依，也为人与自然的融合互化所替代。一句话，盛唐文人是人格更为健全、审美心理也更为成熟的一个群体。他们追求个性自由却并不放弃社会责任感，他们追求脱俗却并不

---

① 余嘉锡：《世说新语笺疏》，中华书局 1983 年版，第 638 页。

② 余嘉锡：《世说新语笺疏》，中华书局 1983 年版，第 764 页。

离俗，他们崇尚才情也欣慕力量之美，他们向往功名富贵也能够安贫乐道，他们酷爱山水，但因消除了魏晋文人普遍具有的心理紧张，故而审美的眼光就更加精细深微。这是魏晋风度向盛唐精神过渡的必要前提。

二

自我的表现与个性的呈露，首先源于文人自我意识的觉醒。而狂言怪行则是魏晋时代和盛唐时代（也包括其他历史时期）文人抒发个性的共同方式。但在这一点上，两个时代的文人又有很大的差别。大致而言，魏晋文人是在摆脱儒家经世价值观与传统礼教的前提下发现了自我；而盛唐文人则是在魏晋文人矫枉过正的前提下，在对之继承、反思与超越的过程中完成了自我的再发现。与魏晋文人相比，盛唐文人对个性美的理解明显具有如下两大特征：一是重新肯定了儒家的经世价值观；二是并不因重视群体秩序而放弃个体自由。

狂怪的言行是盛唐文人展露个性的一个重要方面，其表现形式和动机多种多样。如萧颖士，在当时"号萧夫子"，名播海内外。但史传中说他"终以诞傲褊忿，困踬而卒"，又有"君子恨其褊"的评论（《新唐书·萧颖士传》）。唐人郑处诲《明皇杂录》也说他"恃才傲物，曼无与比"[1]。类似的情形在其他盛唐文人身上也时有所见，自号"四明狂客"的贺知章也是"晚年尤加纵诞，无复规检"（《旧唐书·贺知章传》），《明皇杂录补遗》又说："天宝中，刘希夷、王昌龄、祖咏、张若虚、

---

[1]　丁如明：《开元天宝遗事十种》，上海古籍出版社1985年版，第17—18页。

孟浩然、常建、李白、杜甫，虽有文名，俱流落不偶，恃才浮诞而然也。"[1] 至于杜甫《饮中八仙歌》中所写的那八位盛唐名士，不仅"三斗始朝天"，酒酣之际"脱帽露顶王公前"，甚至于"天子呼来不上船"[2]。这种狂放的举止，足以表明一代文人个性舒张之普遍，也充分体现了他们对自我价值的高度肯定。

有些文人的狂放之举明显带有不拘礼法、恣意放纵的享乐主义倾向。如崔颢，"有俊才，无士行，好蒱博饮酒。及游京师，娶妻择有貌者，稍不惬意，即去之，前后数四"（《旧唐书·崔颢传》）。王翰，"少豪荡不羁，登进士第，曰以蒱酒为事"，居官后"枥多名马，家有妓乐"，"发言立意，自比王侯"（《王翰传》）。这类在正统儒士看来有亏德行的行为，并未受到相应的指责，也没有影响这些人作为名士的地位。李邕在开元年间曾因"陈州赃污事发"，罪当死。许州人孔璋与之素不相识，只因仰慕其名，竟上书愿为代死。更有甚者，李邕虽屡被贬斥，却在"人间素有声称，后进不识，京、洛阡陌聚观，以为古人"（《旧唐书·李邕传》）。这尤能反映出当时对文才的崇拜和对狂放之举的态度。可见盛唐文人的高自标格是有着广泛社会基础的。

也有人以狂放之举表达对现实的反抗，如王翰将海内文士分为九等，将自己和张说、李邕列在最高一等，张榜于吏部东街（《封氏闻见记》），便在肯定自我的同时表现了对当时科举考试和吏部选官的不满，但这种情况在盛唐很少见。也有一些文人超乎常情的举动与仕进、名声根本无关。如孟浩然见赏于韩朝宗，相约同至京师，韩朝宗将荐之于

---

① 丁如明：《开元天宝遗事十种》，上海古籍出版社 1985 年版，第 43 页。
② 《全唐诗》七，中华书局 1992 年版，第 2259 页。

朝，"会故人至，剧饮欢甚……卒不赴。朝宗怒，辞行，浩然不悔也"（《新唐书·孟浩然传》）。为了朋友欢会，竟放弃了难得的仕进机会。这与狂怪邀名、恣意享受以及恃才傲物等行为似乎很不相同，实质上却都体现了盛唐文人以适情为底蕴，不掩饰内在欲望，也不为外物所役的自主性特征。其心理基础则在于对"我"的独特魅力的有意彰显。对此，他们常爱用"脱略"二字来加以表达："少时方浩荡，遇物犹尘埃。脱略身外事，交游天下才"①、"儒有轻王侯，脱略当世务"②、"卷舒形性表，脱略贤哲议"、"知我沧溟心，脱略腐儒辈"③、"脱略（一作落）小时辈，结交皆老苍"④，"高才脱略名与利"。"脱略"意为轻慢不拘，不以为意，在上述诗句中，都表现出对自我个性的强调。

就狂怪言行而言，盛唐文人与魏晋文人最大的差别在于，盛唐文人标榜、突出自我的举动大多不具有反传统和名教的特点，却包含着邀名誉、求仕进的动机。李邕所谓"不愿不狂，其名不彰。若不如此，后代何以称也"的说法（《旧唐书·李邕传》），其实也是盛唐狂怪之士们的心理独白。这在盛唐文人崇尚侠义精神的价值追求和人生实践中，有着更为集中的表现。

自司马迁《史记·游侠列传》问世以来，侠就与文人结下了不解之缘。但只有盛唐时代，侠才被一代文人置于儒之上，任侠精神也才渗透到了文人实际生活中，不少文人曾有过任侠的实践。如王之涣"少有侠气，所从游皆五陵少年"⑤；李邕被时人与汉代大侠剧孟相提并论（《旧唐

---

① 《全唐诗》六，中华书局 1992 年版，第 2194 页。
② 《全唐诗》四，中华书局 1992 年版，第 1423 页。
③ 《全唐诗》四，中华书局 1992 年版，第 1425 页。
④ 《全唐诗》七，中华书局 1992 年版，第 2358 页。
⑤ 辛文房：《唐才子传》，黑龙江人民出版社 1986 年版，第 44 页。

书·李邕传》）；孟浩然"少好节义，喜振人患难"（《新唐书·孟浩然传》）；李白"少任侠，不事产业，名闻京师"[1]；李颀青年时代也曾"倾财破产无所忧"，有过轻财任侠的经历[2]；王翰则被辛文房比为古之"布衣之侠"[3]。王仁裕《开元天宝遗事》中说："长安侠少，每至春时，结朋联党，各置矮马，饰以锦鞯金络，并辔于花树下往来，使仆从执酒皿而随之，遇好圃则驻马而饮。"王谠《唐语林·自新》篇中也说："天宝以前，多刺客报恩。"可见，文人任侠不过是社会大风潮中的局部奇观。

　　由于侠的活动历来是凌驾于官府之上，因此总是与朝廷处于一种对立状态。但唐代文人却能把侠义精神纳入到报国济世的人生理想中，他们看重的是侠勇于行动、立功当世的主动性，以及脱略小节的豪气、自由独立不为名利富贵所拘的人格。如果说上述盛唐文人那种狂放言行的形成明显受到了侠义精神的滋润与催化，他们"出处同归"的人生理想与侠在出处行藏间的来去自由有着深刻的一致性，那么，盛唐文人对富于时代新意的侠义精神的膜拜与实践又主要是在对边塞生活的关注与体验中得到集中表现的。从军塞漠无疑是盛唐文人任侠实践的延伸，也是最高境界。他们正是在任侠与从军这两类豪迈的人生实践中重新发现了豪迈不羁、轻身赴难、立功济世的全新自我。这与魏晋以来文人理想的自我是完全不同的。

　　正如多数文人不具备任侠的条件一样，盛唐文人从军入幕者也只是极少数[4]。但这并不影响他们对侠义人格和边塞生活的无限向往，也

---

① 《李太白集》，中华书局1985年版，第1406页。

② 《新唐书》，中华书局1987年版，第179页。

③ 辛文房：《唐才子传》，黑龙江人民出版社1986年版，第15页。

④ 《唐代文学研究》（六），广西师范大学出版社1996年版，第121页。

许正因为多数文人与任侠行为和边塞生活保持着相当距离，所以他们始终能以审美的眼光来看待这两个有别于世俗生活的领域，也更容易在心理上将自己建功立业的壮志与侠义精神统一起来。他们常把少年游侠与边关勇士作为同一种理想人物来加以歌颂。崔颢《古游侠呈军中诸将》曰："少年负胆气，好勇复知机。仗剑出门去，孤城逢合围。杀人辽水上，走马渔阳归……"[①] 王昌龄《少年行》也说："西陵侠少年，送客短长亭。……闻道羽书急，单于寇井陉。气高轻赴难，谁顾燕山铭。"[②] 有时，那游侠和勇士就是他们自己，高适《登陇》说："浅才登一命，孤剑通万里。岂不思故乡，从来感知己。"[③] 岑参《北庭西郊候封大夫受降回军献上》也称："自逐定远侯，亦著短后衣。近来能走马，不弱并州儿。"[④] 这种文人、侠士与边关勇士三位一体的理想人格，既是盛唐文人狂怪之行所能达到的最高境界，也是玄儒精神融合的最美的结晶。在现实生活中，就不乏身兼文武、出将入相的人物。唐太宗即是这样一位典范人物[⑤]，他对唐代文人的影响极为深远。盛唐时代官至兵部尚书的郭元振也是这样一位人物，他年轻时"任侠使气"，后多次为边关统帅，屡立战功，又擅诗文，"有文集二十卷"（《旧唐书·郭元振传》）；张说则不仅是开元文宗，"三登左右丞相，三作中书令"（《新唐书·张说传》），而且又曾三次总戎临边，"耀武震遐荒"[⑥]。这三位人物对盛唐文人所具有的感召力是可想而知的。玄儒精神的融合正是从他们身上日益

---

① 李珍华、傅璇琮：《河岳英灵集研究》，中华书局1992年版，第192页。
② 李珍华、傅璇琮：《河岳英灵集研究》，中华书局1992年版，第224页。
③ 《全唐诗》六，中华书局1992年版，第2214页。
④ 《全唐诗》六，中华书局1992年版，第2023页。
⑤ 《全唐诗》一，中华书局1992年版，第1页。
⑥ 《全唐诗》四，中华书局1992年版，第1139页。

蔓延开来，成为一代新风。

三

　　盛唐文人独特的个性，也体现在他们处于困境时那些令后来文人不敢想象的豪情远志上。与魏晋时代不同，盛唐是仕途向文人全面开放的时代，但怀才不遇者并未因此而减少。《旧唐书·高适传》谓"有唐以来，诗人之达者，唯适而已"，正从一个侧面说明了这一点。因此，一方面是文人们满怀希望奔走于仕途，另一方面却有很多人生活于困顿潦倒之中。但盛唐文人的独特之处正在于他们在艰难困苦之际仍能豪情满怀，壮气干云，令人千载之下依然生出无限钦佩。这尤其是魏晋时代士族文人所无法企及的。

　　唐代士子能否及第，朝中名公的推荐常常起决定性的作用，而朝廷各种类型的荐举也始终存在（《登科记考·历年命各级官员举荐人才诏》）。这促使文人士子在未显之前多奔走于达官名士之门。而干谒本是有求于人，按常理应表现得格外卑谦才是，但盛唐文人的干谒之作却常常狂态毕露。如王泠然作于开元年间的《与御史高昌宇书》和《论荐书》（《全唐文》卷二九四）均是典型的干谒之作。前篇开首即曰"仆之怪君甚久矣"，原因是高御史当年任宋城县尉时，未将他推举至京参选，入朝为官后出使路过宋城，对门生故旧多有关注而不顾及于他。而此时王泠然已是当年"自河以北"唯一的进士及第者，因而文章中间说："君须稍垂后恩，雪仆前耻。若不然，仆之方寸，别有所施。"文末又说："意者望御史今年为仆索一妇，明年为留心一官……倘也贵人多

忘，国士难期，使仆一朝出其不意，与君并肩台阁，侧眼相视。公始悔
而谢仆，仆安能有色于君乎？"后一篇是写给丞相张说的，其中有"公
以傲物而富贵骄人，为相以来，竟不能进一贤，拔一善"等无所顾忌的
话。这实在是在要挟和指责，如果不是为了以激进的方式显示自己以
引起对方的重视，很难想象这种实用目的极强的文章何以会写成这样。
这种现象在初唐即已出现，如王勃的《上刘右相书》、《上李常伯启》
（《全唐文》卷一七九、一八〇）即为此类篇什的开先河之作。盛唐时代
有很多文人写过类似的文章，如王昌龄《上李侍郎书》（《全唐文》卷
三三一）、李白《与韩荆州书》[1]等，都体现了盛唐文人在干谒活动中豪
气不衰的个性。这种求人而不屈己的作风尤能见出盛唐文人强烈的自我
意识和以"适情"为尚的心理特征。

　　贫穷是极难堪的一件事，人穷往往志短，但盛唐文人在贫穷困苦
的逆境中也往往能豪气不衰。史称高适"少濩落，不事生业，家贫，客
于梁宋，以求丐取给"（《旧唐书·高适传》），近三十年，可谓不遇潦
倒之极。可他却能够"五十无产业，心轻百万资"，"饮酒或垂钓，狂歌
兼咏诗"[2]。在这期间所作的《淇上酬薛三据兼寄郭少府微》一诗中，他
也表述了自己"北上登蓟门，所见穷善恶。仗剑对风尘，慨然思卫霍"[3]
的壮志。他后来之所以能成为"诗人之达者"，与这种开阔的胸怀显然
很有关系。祖咏，开元十二年（724）进士及第后，长期未被授官，生
活非常艰难。《唐诗纪事》卷二十载，开元中，进士唱第尚书省，落第
者至省门散去，祖咏吟道："落去他两两三三戴帽子，日暮祖侯吟一声，

---

① 《李太白全集》，中华书局 1985 年版，第 1240 页。
② 《全唐诗》四，中华书局 1992 年版，第 1343 页。
③ 《全唐诗》四，中华书局 1992 年版，第 2197 页。

长安竹柏皆枯死。"此诗《全唐诗》未收，作年不可考。论者多以为是一首嘲落第举子的诗，从《唐诗纪事》所录的三句来看，重点似更在于表现对自我才情的自信。《唐诗纪事》同卷还记载了祖咏科举考试时写试帖诗《终南山望余雪》只写"终南阴岭秀，积雪浮云端。林表明霁色，城中增暮寒"四句即交了卷。按规定，试帖诗当写六韵十二句，但祖咏的理由是"意尽"了。可见他同样也是一个以"适意"、"适情"为行事准则的人。又他在《长乐驿留别卢象裴总》中说："……谪宦我难任。直道皆如此，谁能泪满襟。"① 这表明他后来入仕，曾因"直道"遭贬。由此可知，前述"长安松柏皆枯死"的诗句即使不是作于诗人困顿之际，我们从他穷困数十年，入仕后仍不免因"直道"被贬，也可看出贫病交加的生活并没有使这位"祖侯"变得世故起来。祖咏后来隐于"汝坟间别业，以渔樵自终"②，他与高适在结局上虽有穷达之别，但他们都没有被贫困所击垮，都在长期的困顿中保持了真实的本质。

李顾则为我们留下了一批久于穷困却卓然不群的文人群像。"生事如浮萍"，却"微禄心不屑，放神于八纮"的草圣张旭③；罢官在"故林"，却"心轻万事如鸿毛"的陈章甫④；尤其是那位"四十无禄位"、"举家无担石"的"落魄"书生梁锽，更是以"狂歌"痛饮的骇世之举显示出"途穷气盖长安儿"的大丈夫本色⑤。这是在为朋友写真，也是盛唐文人人格理想的写照。李顾的另一位朋友王昌龄，一生数次谪宦，先至岭南，再移江宁，后又贬龙标。《新唐书》、《旧唐书》都说是因"不

① 《全唐诗》四，中华书局1992年版，第1333页。
② 辛文房：《唐代才子传》，黑龙江人民出版社1986年版，第21页。
③ 《全唐诗》四，中华书局1992年版，第1340页。
④ 《全唐诗》四，中华书局1992年版，第1353页。
⑤ 《全唐诗》四，中华书局1992年版，第1352页。

护细行"所致，而面对种种"谤议"，诗人在贬所依然能怡然自得，一方面坚信自己"一片冰心在玉壶"①，不因受挫而改变自己不羁的本性；另一方面绝不怨天尤人，"莫道弦歌愁远谪，青山明月不曾空"②，丝毫没有因为贬谪而改变自己对自然和生活的热爱。更为可贵的是他始终坚信"天生贤才，必有圣代之用"（《全唐文》卷三三一），并未像其他人一样因仕不得意便归隐旧山。

　　盛唐文人这种不以穷困而减其豪迈，不因失意而失其本真的品格，与他们对边关的神往，对侠义的倾心及不受世俗拘束的狂放言行共同体现了他们超越世俗、任性深情的文化个性和不同于魏晋文人的特点，从总体上显示了玄儒精神融合的实绩，这既是盛唐精神的一个重要方面，也是他们发现美、创造美的重要心理前提之一。

四

　　如果说"出处同归"理想的落实，使盛唐文人不再为仕、隐而瞻前顾后，仕与隐的矛盾由此得到化解，那么，玄儒精神的合流又使他们在标榜自我、高扬士气的同时并不危及群体秩序，尤其不放弃报国济民的社会责任和现世功业，群与己的对立亦即个人与社会的对立也由此得以协调。不过，"出处同归"与"玄儒合流"二者之间并非互不关涉，事实上"出处同归"正是玄儒精神合流的一个重要方面，而玄儒合

---

① 《全唐诗》四，中华书局1992年版，第1448页。
② 《全唐诗》四，中华书局1992年版，第1448页。

流的其他方面亦在很大程度上有赖于"出处同归"理想的支撑，二者是互为前提、互相促进的。在此前提下，盛唐文人主动进取、当仁不让固然是在凸显自我，他们归心自然、怡然自得也未尝不是在以另一种方式凸显自我。尤其值得注意的是，在这个时代，多数文人并不仅仅以一种面目出现，从他们的作品中我们常常发现：乐志渔樵者并非不食人间烟火，而是常常不乏狂纵之气；而豪情跌宕者也同样醉心于逍遥宁静的境界。后世将盛唐诗人分为边塞、田园山水两派，盛唐诗论家殷璠则认为文（诗）之产生有三种途径，即所谓"神来"、"气来"、"情来"，并且神、气、情又均可统一于意，是意的不同的表现形式①。如果说边塞诗的创作偏于"气来"，山水田园诗的创作偏于"情来"，"率皆纵逸"、"奇之又奇"的李白诗和"意新理惬"、"皆出常境"②的王维诗或能当得起"神来"之称③。那么，居于"神"、"气"、"情"三者之上的"意"基本上近于文人心态。正是出处同归和玄儒合流的文化新变，使盛唐文人之"意"及其表现形式获得了空前的变化，独特的盛唐精神因而才有可能在诗歌艺术中得到充分的表达。

应当指出的是，盛唐文人不是在兼济的宏愿受挫后才终于想到林下之趣，而是"廊庙与江湖齐致"，把同时享有两种全然不同的人生体验视为最高理想。"南山别来久，魏阙谁不恋。独有江海心，悠悠未尝倦"；"尚想文王化，犹思巢父贤"④。对魏阙的依恋与对江海的向往、建不世功业与获洒脱自由都是他们心灵需求的一部分，他们在庙堂上致力

---

① 参见拙作《论殷璠"兴象"说》，《中国人民大学学报》1997年第4期。
② 李珍华、傅璇琮：《河岳英灵集研究》，中华书局1992年版，第138、148页。
③ 殷氏对"神来"未作任何说明，从他对入选诗人的评价看，只有李白、王维诗可被视为"神来"之作。
④ 李珍华、傅璇琮：《河岳英灵集研究》，中华书局1992年版，第183、196页。

于"殷勤拯黎庶"①，然而也不排除"逍遥自得意"②、"兴来恣侍游"③的精神企慕，甚至在世内的桃源中闲适自得，优游于清荫花鸟，斋心于杯酒诗文，将这种企慕落实到行动上。当时别业的兴盛则为此提供了独特的空间，祖咏《清明宴司勋刘郎中别业》所谓"田家复近臣，行乐不违亲……何必桃源里，深居作隐沦"④，就是对这种现象最典型的概括。而草野之士，在自足于"野童扶醉舞，山鸟助酣歌"的幽赏之趣时，也同样渴望着"风期暗与文王亲"⑤的奇遇，时刻有着以身许国的思想准备，于流连物态春光的风情雅兴里深蕴着"报国行赴难"⑥的豪情。

当然，无论是在庙堂而望江湖，还是在江湖而思庙堂，他们的最高准则是"适意"。岑参《观钓翁》所谓"世人那得解深意，此翁取适非取鱼"⑦，反映的正是盛唐文人这种独特的人生价值观。它是盛唐文人将出与处、豪情与逸兴、现世功业与山林幽趣等多种矛盾的二重要素给予完美统一与协调的必然结果，是玄儒精神融合的自然归宿。它使盛唐文人对生活的感受更真切，对人生的觉悟更深刻，因而心灵格外充实自足。因可以"出处暂为耳"，便有"沉浮安系哉"⑧的心胸，在野或失意者便能虽失望而不至于绝望，怨伤而不至于愤世嫉俗；在位者也可以于别业、田园中借湖山之趣排遣仕宦生涯中的紧张与压抑。因此，与其他时代的文人相比，盛唐文人的心境要平和得多。这使他们更能以一种审

---

① 李珍华、傅璇琮：《河岳英灵集研究》，中华书局 1992 年版，第 242 页。
② 《全唐诗》八，第 2882 页。
③ 李珍华、傅璇琮：《河岳英灵集研究》，中华书局 1992 年版，第 188 页。
④ 李珍华、傅璇琮：《河岳英灵集研究》，中华书局 1992 年版，第 239 页。
⑤ 《李太白全集》，中华书局 1985 年版，第 169 页。
⑥ 李珍华、傅璇琮：《河岳英灵集研究》，中华书局 1992 年版，第 192 页。
⑦ 李珍华、傅璇琮：《河岳英灵集研究》，中华书局 1992 年版，第 189 页。
⑧ 李珍华、傅璇琮：《河岳英灵集研究》，中华书局 1992 年版，第 241 页。

美的眼光来看待万物，来观照自我心灵，从而能够深入体验到人情物态美，从一草一木之中感悟无尽的生生之意，在离别登临之际品味深刻的人生哲理，在日常琐事中获得美的享受。那种水清花艳、生机盎然、万物同流、无不自然的诗境是从此中而来，而即使是奇志跌宕、风骨凛然、写尽用世渴望、兼济衷肠的诗歌，又何尝与此无关。可以说，正是由于这种出处同归、豪逸兼融所带来的审美静观，才使盛唐文人能够执着功业而超越功利，能够深爱自然而不弃人世，才使他们的理想光彩与深情雅趣能不为世俗虚名所障蔽，不因沉迷山林而变质，而终能或激荡于"气"，或勃发于"情"，在任性、适情的自由与自足中观照自我新奇之"意"与幽微之"心"。用黑格尔的话说，"诗不仅使心灵从情感中解放出来，而且就在情感本身里获得解放"，不仅"从主体和内容（对象）的一团混沌中把内容拆开抛开，而且把内容转化为一种清洗过的脱净一切偶然因素的对象，在这种对象中获得解放的内心就回到它本身而处于自由独立、心满意足的自觉状态"①。也就是说，诗的审美观照使主体心灵借助于诗情或者说在诗情中获得了解放、净化和提升，从而达到了"自由独立、心满意足"的理想的自觉状态。从根本上说，盛唐文人这种恬静平和的心态既是他们进行审美静观的主观心理前提，又在审美静观中以"情来"、"气来"乃至"神来"的不同方式和途径得到了理想化的提升，从而转化为诗中的奇情、逸志、英风、神气与真趣，凝结为"翩翩然伏气在目"②、"震荡心神"③的诗歌兴象。因此，由盛唐诗歌入手逆推，我们所感受到、追踪到的盛唐文人心态，比实际生活中更为理想

---

① 〔德〕黑格尔，朱光潜译：《美学（三）》下，商务印书馆1995年版，第188—189页。
② 李珍华、傅璇琮：《河岳英灵集研究》，第244页。
③ 李珍华、傅璇琮：《河岳英灵集研究》，第173页。

化，它的文化根基即是仕隐平衡和玄儒融合所成就的盛唐精神，而所谓"盛唐气象"在很大程度上正是盛唐精神的诗化表达。

　　需要特别说明的是李白、王维和杜甫三位大家，他们在立身行事上都是非常特别的。王维齐出处，等仕隐，在半官半隐中度过了一生，对出与处均有他人不曾深察的体验，他的诗歌之"意"的实现途径用"气来"、"情来"都是无法概括的；杜甫虽一生执着，穷饿困乏而不忘君国，但他悲天悯人的心胸使他能在忧民忧国的同时，对江河山川、一草一木均倾注深挚的仁爱之情，杜诗因而也是"气来"、"情来"所不能牢笼的。虽然殷璠《河岳英灵集》未选杜甫诗，但杜甫与王维在诗歌创作上无疑都可归入"神来"一路。他们的诗歌也都非常典型地体现了盛唐精神的基本特征。但后期的王维过于沉静，已失去了盛唐精神任性的气骨风力；后期的杜甫过于执着、过于悲壮，也已远离了盛唐精神特有的适情与洒脱。

　　相比之下，唯有李白最为集中、最为典型地体现了盛唐精神的精髓。他任侠，"结发未识事，所交尽豪雄……托身白刃里，杀人红尘中"[①]；他喜纵横术，"十五好剑术，遍干诸侯；三十成文章，历抵卿相"[②]。年轻时曾多次从事过干谒活动，并终于获得成功，得到玄宗召见；他酷爱山水，"五岳寻仙不辞远，一生好入名山游"[③]，一生之中，足迹几遍天下；他也隐居、学道，早年与东岩子隐于岷山，后又与孔巢父等五人同隐徂徕山，号"竹溪六逸"，与吴筠同隐剡中，最后甚至出家为道士；晚年他还想北上从军，从李光弼参加平乱的战斗。他"奋其智能，

①　《李太白全集》，中华书局 1985 年版，第 462 页。
②　《李太白全集》，中华书局 1985 年版，第 1240 页。
③　《李太白全集》，中华书局 1985 年版，第 677 页。

愿为辅弼，使寰区大定，海县清一"①的政治理想，他功成身退的人生设计，以及他的好酒，等等，都使他集中地体现了盛唐文人高扬自我、超越世俗的追求和突破出与处、方内与方外、有为与无为等矛盾而表现出来的心灵需求的多样性，以及自然适意的人生准则。范传正这样称赞李白："作诗非事于文律，取其吟以自适"；"偶乘扁舟，一日千里；或遇胜境，终年不移。长江远山，一泉一石，无往而不自得也"；"但贵乎适其所适，不知夫所以然而然。"②这个"适"字，既是李白心态的最高境界，也是出处同归与玄儒合流的文化理想作用于盛唐文人所能达到的最高最美的心灵境界。在此意义上，"奇之又奇"的李白诗，乃至被尊为千古典范的所有盛唐诗，之所以具有空前绝后的艺术魅力，从根本上说，还应从盛唐文人心态和盛唐精神的独特性给予说明。

综上所述，盛唐精神是在魏晋风度的基础上经过数百年的发展形成的一种更为成熟、完善的民族精神范式。自然适意，脱俗求奇以及在泯合仕隐、玄儒等多种矛盾之前提下的多样化的心灵需求，构成了它最重要的三大特征。盛唐精神既体现于盛唐文人的实际生活和行为方式中，又经由诗歌创作凝结为盛唐气象这一审美范畴。盛唐气象的不可再现，正缘于盛唐精神的转瞬即逝。从文学与时代精神的关系来看，盛唐精神在文学中的体现，比之魏晋风度也是有过之而无不及的，值得我们进行深入的研究。

（原载《文史哲》2002 年第 6 期）

---

① 《李太白全集》，中华书局 1985 年版，第 1225 页。
② 《李太白全集》，中华书局 1985 年版，第 1464—1468 页。

佛教与社会

印度佛教向东而非向西传播的原因
——东西方文化差异的一个案例

郑学檬

　　印度佛教为什么向东而不是向西传播？也即：印度佛教为何能传入中国，而后"道源东注"，流被韩、日，或经斯里兰卡，东播东南亚诸国，而就是不能传入欧洲呢？这是笔者多年来反复思考的一个问题。笔者也曾就此请教过荷兰皇家科学院院士施舟人教授，施教授认为佛教的一些教义和制度曾被基督教部分吸收，并说："佛教向东而不是向西传播是一个要深入研究的问题，首先要联系早期佛教自身的发展历史。佛陀自己在他临终时曾预言说，他的学说要从印度传播到东方。这是十分著名的预训并被广泛传颂的。事实上，早期佛教也曾传到波斯，后来影响基督教。基督教的早期制度，或许受到佛教的影响，这是可能的，值得注意。"他还举出艾塞尼派为例。据说艾塞尼派是存在于公元前 3 至 2 世纪基督教派的早期雏形。它实行集体生活（有类出家），一切皆平等分享，没有富人或穷人，不吃肉饮酒，也主张人世轮回等，可视作接受了佛教的影响。在施氏所作解答基础之上，笔者认为佛教东传虽然是佛陀的遗训，但传播仍需有客观条件和文化上的因素。

公元前 545 年，波斯王居鲁士曾俘虏小亚细亚的希腊人，并将其带到印度①。波斯帝国鼎盛时，其统治区域东至印度河流域。公元前 334 年，马其顿国王亚历山大发起东进，征服了波斯帝国，也到达印度河西部，打通了地中海、小亚细亚和南亚的通道。据学者研究，自亚历山大王来过以后，"希腊文化的因子就此深深植入中亚和印度的土壤"②。印度自此便与地中海沿岸的西方文化有了直接和大规模的交流。按理说，佛教应该首先向西方传播。但是，佛教传播到波斯、埃及甚至希腊时③，在接触早期基督教之后，似乎被基督教这堵墙挡住了。笔者认为，随着基督教合法化和壮大，进而成为罗马国教，佛教再传欧洲已无可能。此后顺丝绸之路经巴米扬东传，又顺张骞通西域的路径，悄然于东汉明帝时，白马驮经，到达洛阳。那么，促成佛教东渐及佛教未能西传的，究竟还有哪些具体因素呢？

（一）兼通梵汉语文的中亚、西域是佛教东渐的过渡地带。兼通梵汉语文的扈宾、大夏、大月氏等地区的一些佛教徒、商人，是佛教东传的首批传播者。中亚和印度河西北地区，广泛分布着雅利安人。他们是在公元前 3000 至前 2000 年，从里海西岸分批南下进入伊朗高原的，称为伊朗雅利安人；公元前 2000 年以后进入北印度、讲梵语的，称印度雅利安人；其他分布在中亚各地。他们统称印欧语系的雅利安人。公元前 3—前 2 世纪，佛教从北印度传入中亚的安息、大月氏等欧亚语系各国，并扎下根。任继愈先生主编的《中国佛教史》曾有过简要说明："佛教创立于公元前 6—前 5 世纪的古印度，开始主要流行于恒河中上

---

① 张星烺：《中西交通史料汇编》，《民国丛书》本，上海书店 1996 年版，第 564、565 页。
② 邢义田：《赫拉克利斯（Heracles）在东方 —— 其形象在古代中亚、印度与中国造型艺术中的流播与变形》，荣新江、李孝聪主编：《中外关系史：新史料与新问题》，科学出版社 2004 年版，第 19 页。
③ 任继愈主编：《中国佛教史》，中国社会科学出版社 1981 年版，第 73 页。

游一带。到公元前 3 世纪孔雀王朝阿育王时及其以后，佛教向印度各地以及周围国家传播。向南传到斯里兰卡和东南亚国家；向北传入大夏、安息以及大月氏，并越过葱岭传入中国西北地区。"①

仅从慧皎《高僧传》等高僧传记看，这一概括大体上是正确的。汉武帝时张骞通西域，使安息（今伊朗、伊拉克）、大夏（吐火罗，北至今阿富汗北部）、大宛（今费尔干纳盆地乌兹别克、吉尔吉斯）、大月氏（大夏衰落后，据有其地，东汉时属贵霜王国）、康居（粟特故地，今哈萨克斯坦西南部，咸海东部）、罽宾（今克什米尔）等国和汉朝有了通道。中亚各国是雅利安人，语言上属印欧语系，但因和东方的秦、汉王朝有通商往来，不少僧人、商人既懂梵文又略懂汉语，早期译经均是他们完成的。举例来说：

竺法兰，中天竺人，是和蔡愔（东汉时的郎中，受命赴天竺访佛法）同到洛阳，他"少时便善汉言"，"愔于西域获经，即为翻译"，"汉地见存诸经，唯此为始也"②。安清，字世高，安息国王子。东汉桓帝初年到中国，"通习华言"，"宣译众经，改胡为汉"。他译的佛经"义理明析，文字允正"。当时天竺语号为"天语"，"言训诡蹇，与汉殊异"，唯其所译，"为群译之首"（第 4、6 页）。支谶，即支楼迦谶，月氏（今河西走廊地区）人，传译《般若道行》、《般舟》、《首楞严》三部经。东汉灵帝时，天竺僧竺佛朔到洛阳，在译《般舟三昧经》时，支谶"传言，河南洛阳张孟福、张莲笔受"。又，安息人忧婆塞安玄和沙门严佛调译《法镜经》，"玄口译梵文，佛调笔受。理得音正，尽经微

---

① 任继愈主编：《中国佛教史》，中国社会科学出版社 1981 年版，第 67 页。
② 释慧皎撰，汤用彤校注：《高僧传》卷一《译经上·竺法兰》，中华书局 1992 年版，第 3 页。下引该书，仅于文中括注页码。

旨"（第 10—11 页）。孙吴时，月氏人支谦受业于支亮（支亮受业于支谶），他"妙善方言，乃收集众本（佛经），译为汉语"（第 15 页）。康居人僧会于赤乌十年（247）到建邺，促使孙权建"建初寺"（第 15—16 页）。僧伽跋澄，罽宾人，前秦时入关中。时邀释道安等名德译经，"跋澄口颂经本，外国沙门昙摩难提笔受为梵文，佛图罗刹宣译，秦沙门敏智笔受为晋本"。赵正又组织跋澄、昙摩难提、僧伽提婆三人"共执梵本，秦沙门佛念宣译，慧嵩笔受，安公、法和对共校定"（第 33 页）。昙摩耶舍，罽宾人，东晋隆安中到广州，其弟子法度，"善梵汉之言，常为译语"（第 42 页）。最著名的鸠摩罗什，天竺人，其母为龟兹王妹。少随母至温宿国（今新疆温宿），他在温宿国因辩赢一高僧而"声满葱左，誉宣河外"。龟兹国王亲往温宿迎什回龟兹，他在龟兹"博览群经，特深禅要"，成为名僧，后来到了长安，主持译经。佛教传向东土，他的贡献最大（第 45—54 页）。

由此可知，罽宾、大夏、大月、安息、康居及我国西域的龟兹、温宿、疏勒等国，早被佛教，这一地区成为印度佛教东渐的过渡地带，商路、婚姻和语言的沟通，为佛教东传提供了西传所没有的媒介。

（二）宗教信仰的"类同"是佛教东传的文化因素。佛教传入汉朝初期，人们当作黄老之教供奉。汉代人开始接触佛教时，把佛经中的"空"，套用老子的"无"来理解；佛教的水、火、地、风四种物质及"天地始终谓之一劫"说，亦与汉代方士"五行始终说"近似。这样，佛教就易"混淆视听"，易为广被儒学影响的官民所包容、接受，使这一"异教"能在中国流传。具体言之：

其一，早期佛教教义表现为释迦牟尼的"四圣谛"：苦谛（人生皆苦）、集谛（苦之原因）、灭谛（彻悟苦的原因，达到"涅槃"的境地）

和道谛（通过修道达到"涅槃"的途径）。人们通过修行、断惑、涅槃，最终成为阿罗汉（"不生"的意思），而不再堕入人世的轮回。"四圣谛"重在修行，奠定了原始佛教的基本教义，并组成了传教僧团，标志着佛教的正式形成。

其二，大乘佛教第一传人是龙树，他创建大乘佛教约在中国的东汉明帝至三国时期。学者认为，支谶所传译的《般若道行》这部经，"把本无当作它的宗教唯心主义体系的至高概念"，"与魏晋玄学提倡的'以无为本'，'有生于无'的唯心主义本体论是很相似的"[①]。促使大乘佛教在中国传播最重要僧人是鸠摩罗什，他主持译出《妙法莲华经》、《大智度论》、《中论》、《十二门》、《百论》等经。除《百论》是提婆所著外，其他都是龙树所著。《妙法莲华经》"以慈修身，善入佛慧，通达大智，到达彼岸"的思想，与孔孟思想中"仁"的含义也有某种相通之处。《孟子·尽心上》曰："尽其心者，知其性也。知其性，则知天矣。存其心，养其性，所以事天也。夭寿不贰，修身以俟之，所以立命也。"《孟子·离娄下》："君子以仁存心，以礼存心。仁者爱人，有礼者敬人。"孟子所说社会道德境界，与佛教宣传的"彼岸"世界很难区别。老子思想中，也有某些与佛教思想相通之处，如第八章讲"心善渊"（思想深邃宁静），第十章讲"涤除玄鉴"（清除内心污染），第十六章讲"致虚"、"守静"等。当然，老子不讲"真空实相"。

这种"类同"因素，导致佛教（大乘佛教）能和流行的儒道思想"通解"，这一点非常重要。例如，康居人僧会于赤乌十年（247）到建邺，他对孙皓说："虽儒典之格言，即佛教之明训。"皓曰："若然，则

---

① 　任继愈主编：《中国佛教史》，中国社会科学出版社1981年版，第120页。

周孔已明，何用佛教？"僧会曰："周孔所言略示近迹。至于释教，则备及幽微，故行恶则有地狱长苦，修善则有天宫永乐，举之以明劝沮，不亦大哉。"（《高僧传》，第17页）可见，"类同"因素可以消除相互理解的鸿沟，促使作为"异质"意识形态的佛教传播。康僧会其父经商，移居交趾（今越南）。来华高僧还乐于学习儒家经典，如竺法护（竺昙摩难刹），其先月氏人，世居敦煌，八岁出家，笃志好学，"博览六经，游心七籍"，随师之西域各国，遍学其语言文字，带回佛经，译为汉文，为佛经广流中华出力。孙绰《道贤论》将天竺七贤比作"竹林七贤"，将他比作山涛（巨源）（同上，第23—24页）。

"类同"因素的存在，往往会导致"异质"向"同质"转化。细究之，佛道与佛儒有很多区别，佛学家冉云华指出：佛教的宗教方向以出世为主，"无论是早期的部派或是后期的佛教经典，都是为出家人写的，多是以出家修道为解决烦恼的最后法门。因此之故，佛教在印度历史上，从来没有领导过社会运动"。冉先生举出中印佛教徒对大乘名著《维摩诘经》的态度，说明印度佛教徒注重的是《维摩诘经》的经义，中国佛教徒则注重维摩诘居士其人，"前者重点是智慧，后者的重点是人，自然也是以人的社会为主"[①]。可以认为，佛教重点在人的主旨，是佛教融入中国社会后的变化，是和儒家思想交融后，"异质"向"同质"转化的结果，从而成为汉传佛教和印传佛教的区别之一。

（三）佛教未能西传的文化因素。施舟人教授指出：佛教传到小亚细亚，当地已经接受了基督教，佛教"一些教义和制度被早期的基督教部分吸收了。所以佛教西传止于此"。除此之外，应该还有一个"文化

---

① 冉云华：《从印度佛教到中国佛教》，台北东大图书公司1995年版，第3、8页。

因素"。早期基督教的教义讲"十诫"(《出埃及记·传十诫》)、原罪和赎罪(《出埃及记·赎罪银》、《利未记·代罪羊》等),信灵魂会因信仰而重生,信地狱、天堂。《圣经·箴言》教人"智慧、仁义、公平、正直",但其处世讲聚妻生子、种地养羊、生生不息。而佛教(尤其禅宗)则没有这种强烈的赎罪感、入世感;汉魏两晋南北朝儒、道也无这种强烈赎罪感。随着欧洲工业化和社会制度变革,清教徒非常注重个人的良知。清教徒所说的良知即灵魂的花园,与禅宗精神难说一致。清教徒很顾家,世俗化,与佛徒空灵化的思想取向大不同。基督教思想与儒家思想有共同点,都很入世,讲仁义,但儒家无"神"主宰观念。佛教与基督教没有前面所说的"异质"向"同质"转化的"文化因素",至少可说不明显。何况,基督教已是罗马帝国的国教。此后基督教又自行分蘖出天主教、东正教、新教诸派别。

总的来说,佛教传东不传西,有其文化差异上的原因:基督教的至高无上的"神",与佛不同;基督教"原罪"与佛教"轮回报应"不同;基督教的"忏悔"与佛教的思过、"禅"以及儒家的"自省"不同;佛教空观与老子的"虚"近似;佛教的"法相"与老庄的"道",儒家"仁"、"礼"近似等。浅见如此,敬请教正。

(原载《文史哲》2014 年第 6 期)

一个极具特色的佛教真理论

——智顗的七种二谛说和三谛圆融说

方立天

智顗（公元 538—597 年）是中国佛教天台宗的创始人，他在创宗的过程中，非常重视佛教理论的建设，尤其重视对真理学说的阐发。他结合当时围绕二谛（真俗二谛，即佛教真理与世俗常识）问题的论争，提出了七种二谛说，并在此基础上又提出了三谛圆融说，从而形成了内涵丰富和特色鲜明的佛教真理论，在真理学说史上占有重要的一页，值得我们深入研究和认真总结。

一、七种二谛说

智顗对南朝后期围绕"二谛"问题的争论极为关切，他说诸家的"二谛"说是"古今异执，各引证据，自保一文，不信余说"（《大正藏》卷四十二，第160页）①。认为各家各有佛典根据，各持自己的主张，排

---

① 本文引用《大正藏》皆依据"日本东京：大正一切经刊行会，1924—1934"版本，仅随文标注卷数及页码。

斥其他说法是不对的，因为"经论异说，悉是如来善权方便"（《大正藏》卷三十三，第702页）。智顗为了调和、统一诸家异说，对二谛提出了特殊的见解，并与"化法四教"①的判教理论相结合，以说明佛的说法内容即"四教"的接引贯通关系。智顗认为，二谛有四正二谛和过渡性的三种二谛，互相接引，层层升进，最后归结为最高最圆满的真实。

智顗提出以佛性与真理的关系为基准来区分二谛的类别。他把二谛分为理外和理内二种："理外二谛"指真理在佛性之外，真理与佛性分为两截；"理内二谛"是真理在佛性之内，真理与佛性相合为一。这两种二谛又各分相即与不相即的两种，共成四种二谛。"理外不相即二谛"强调生灭观，认为色空分离，色灭了才是空。"理外相即二谛"则强调无生观，认为色空不离，色中便有空。"理内不相即二谛"强调无量观，认为真谛与俗谛有无量相状。"理内相即二谛"则强调无作观，主张远离生灭造作，真证圆实之理。智顗还以上述四种二谛的顺序来分别诠释藏、通、别、圆四教的教义。此外，再有三种被接（接引）二谛，合为七种二谛。《法华玄义》卷二下言七种二谛云：

> 所言七种二谛者：一者，实有为俗，实有灭为真；二者幻有为俗，即幻有空为真；三者，幻有为俗，即幻有空、不空共为真；四者，幻有为俗，幻有即空不空、一切法趣空不空为真；五者，幻

① "化法四教"，是智顗对佛说法内容的判释，分为四种：藏教、通教、别教、圆教。藏教以生灭的观点看四谛，指原始佛教与小乘教。通教主空，以空义因缘法的有，有是假有、幻有，指般若思想，也摄中观和唯识，为大乘教的开始阶段。别教是佛特别为菩萨而设的教说，肯定佛性，为菩萨实现己身与众生成佛的理想阐明根源，指如来藏系统的经典而言。圆教和别教须以无量的观行来逐渐开显佛性的说法不同，认为就当前意识的一念中就能显现佛性，是化最上利根的人，故名圆教。

> 有、幻有即空皆名为俗，不有不空为真；六者，幻有、幻有即空皆
> 名为俗，不有不空、一切法趣不有不空为真；七者，幻有、幻有即
> 空皆为俗，一切法趣有、趣空、趣不有不空为真。(《大正藏》卷
> 三十三，第702页）

　　这里讲的七种二谛是：第一种藏教的二谛，以实生实灭的实有为
俗谛，以灭了实有归于空无为真谛，也即"析色为空"，为小乘教的说
法。智顗认为，此说虽对破除执着诸法为实有的世俗认识有积极作用，
但以实有时无真，灭有时无俗，二谛实不能同时并存，因而二谛义也是
不能成立的。第二种通教的二谛，不是"析色为空"，而是色当体即是
空，色本来就是空无自性的，如此有非实有，而是幻有，幻有是俗谛，
幻有即空是真谛。这是通于声闻、缘觉、菩萨等三教的说法。第三种别
接通（别人通）的二谛，也以幻有为俗谛，又认为仅以空为真，是只见
"空"不见"不空"，这种偏于空寂的空，为"但空"，空应当含有不但
空之意，因此，主张以空、不空共为真谛。这是别教接于通教所说的二
谛。第四种圆接通（圆入通）的二谛，同样以幻有为俗谛，又以为空、
不空共为真谛，虽见中道之理，但实无功用，因为"空"破"有"执，
"不空"只是表示不能执着于"空"而已，并没有立一切法的作用。所
以，它进而主张以"幻有为俗，幻有即空不空，一切法趣空、不空"为
真谛。这里"不空"即"如来藏"，含藏一切法，或者说具有含藏一切
法的功用、作用。这是圆教接于通教所说的二谛。第五种别教的二谛，
是以说有说空为俗谛，说不有不空的不二中道为真谛。这不二中道就是
如来藏自性清净心的不有不空"但中"之理。"但中"谓"空"、"假"
是现象层面，"中"是本体层面，中与空、假是互相分立的，非圆融无

碍的，此中谛为"但中"。第六种圆接别（圆入别）的二谛，也是和别教一样以说有说空为俗谛，但真谛则与别教不同，认为只以不有不空为真谛，还只是"中理"（中道），还不能表明它具一切法，只有说不有不空的中道而又"一切法趣不有不空"即具足一切法才是真谛。这是圆教接于别教的二谛。第七种圆教的二谛，和别教、圆接别的二谛一样，也以说有说空为俗谛，但在真谛方面，认为不仅"中"具有一切法，"有"与"空"也同样具一切法，主张以"一切法趣有、趣空、趣不有不空"为真谛。圆教的二谛是说，在有空之外，别立中道，有、空、中三谛隔离，是不圆满的，只有三谛相即，圆融无碍，才是圆满的。也就是说，真与俗是相对而不异，不同而同，真即是俗，俗即是真。故也称"不思议二谛"。智顗在一种吊诡的模式下弥合真谛与俗谛的差异，实质上是把一切归结为一念心所具足：若一念心是无明，则一切是俗；若一念心是法性，则一切是真。真与俗不二而二，具在一念心。

　　智顗的七种二谛说是佛教真理观的新创造，具有鲜明的特色：一是与判教结合，对佛教各派的学说和不同经典的教义，给予真理论的说明与定位，从而调和了彼此之间的差异和矛盾。二是引入如来藏、佛性的观念，充实"不空"、中道的内容，把二谛说和佛性说、心性说结合起来。三是把真俗二谛的二分法逐渐转为有、空、不有不空（中）三谛的三分法，即在二谛的基础上演化为三谛，在二分法的基础上开展为三分法。四是强调圆融，以真俗二谛圆融，有、空、中三谛圆融为最高、最圆满的真理。

二、三谛圆融说

（一）三谛的提出

从上述七种二谛说来看，智顗认为佛教义理是经历了由二谛发展到三谛的过程，佛教真理是不断发展的。他用三谛来评述后五种二谛说，表明三谛说与二谛说是密切相关的，三谛说是在二谛说基础上的展开。智顗在《四教义》卷二中就三谛名义的来源和三谛的含义说："三谛名义，具出《璎珞》、《仁王》二经。一者有谛，二者无谛，三者中道第一义谛。所言有谛者，二十五有世间众生妄情所见，名之为有……无谛者，三乘出世之人所见真空，无名无相故名为无……中道第一义谛者，遮两边，故说名中道……最上无过，故称第一。"（《大正藏》卷四十六，第 727 页）"二十五有"，"有"，此指生命存在的样态，也即众生流转轮回的二十五个界域。所谓有谛，是依凡夫所见而言，真谛是依三乘所见无（空）而言，中道第一义谛，是就佛所见不有不无而言。智顗在《四教义》中听言有、无、中三谛，与智顗惯称的空、假、中三谛略有不同：一是假谛与有谛内容有异，假谛侧重于万物是因缘所生法，无有自性，是假名施设而立；有谛则是针对凡夫不明因缘法，视法为实有的情况而言，两者是有差异的。二是有、无、中三谛的有、无二谛，"有"代表实有、实性，"无"表示空无、无自性，两者是对立的；而空、假、中三谛的"假"与"空"、"中"是非对立的，互为一体的。

空、假、中三谛是透过不同层面、角度来描述缘起法，这与龙树《中论》著名偈文直接相关。偈云："众因缘生法，我说即是无（空），亦为是假名，亦是中道义。"（《大正藏》卷三十，第 33 页）偈文的原意是说因缘生法，并将因缘生法与空、假名、中道等同起来，从多种角度看因缘生法。智颛发挥此偈的思想，说："《中论》偈云：'因缘所生法，我说即是空'，此即诠真谛。'亦名为假名'，即诠俗谛也。'亦是中道义'，即诠中道第一义也。此偈即是申摩诃衍诠三谛之理。"（《大正藏》卷四十六，第 728 页）我们认为上述《中论》的偈文蕴含着二谛或三谛两种可能：若认为"假名"和"中道"是形容"空"的，即只有"因缘所生法"和"空"二谛；若视空、假、中三者并列相即，则可解为三谛。智颛继承慧文的"三谛一心"观（详后），以真、俗、中三谛解说偈文。他还在《摩诃止观》卷三上说："从假入空，名二谛观；从空入假，名平等观。二观为方便道，得入中道，双照二谛。心心寂灭，自然流入萨婆若海，名中道第一义谛观。"（《大正藏》卷四十六，第 24 页）"萨婆若海"，即智慧大海。这里，智颛把大乘中观思想中的真谛变成为"方便道"，真谛沦为与俗谛同等的方便法门，并且在空、假二谛之上，加上一个更高的"中道"，这一更高的"中道"，是不离两边、不即两边的，是综合的超越的真理。智颛的三谛说自觉地发展了大乘中观的真理观，是佛教真理观史上的里程碑式的创造与贡献。

（二）三谛的类别

智颛通过"七种二谛"的论述，提出了"五种三谛"说，《法华玄义》卷二下云：

> 却前两种二谛，以不明中道故。就五种二谛得论中道，即有五种三谛。约别入通，点非有漏非无漏，三谛义成：有漏是俗，无漏是真，非有漏非无漏是中；当教论中，但异空而已，中无功用，不备诸法。圆入通三谛者，二谛不异前，点非漏非无漏具一切法，与前中异也。别三谛者，开彼俗为两谛，对真为中，中理而已，云

> 云。圆入别三谛者，二谛不异前，点真中道具足佛法也。圆三谛
> 者，非但中道具足佛法，真、俗亦然。三谛圆融，一三三一。（《大
> 正藏》卷三十三，第704—705页）

这是说，藏、通二教只有二谛，不明中道之理，不成三谛。其余五种都
讲中道，得五种三谛。别入通和圆入通是通过对二谛的双非或双非双
照，设为中谛，而立三谛义。别、圆入别和圆则开二谛说的俗谛为俗、
真，以二谛说的真谛为中谛，成三谛义。展开即是：

别入通三谛，指通教的人接入别教，听闻非有漏非无漏的说法，进
而以有漏为俗谛，以无漏为真谛，以非有漏非无漏为中道。这个中道是
从通教所说的真俗二谛来领悟的中谛，是理论的推演，仅具"双非"之
义，不具备诸法，是为"但中"。圆入通三谛，指通教的人接入圆教，
了知真俗二谛与"别入通"无异，但听闻非有漏非无漏的说法时，进一
步领悟到中道谛具足一切法，即兼具"双非"、"双照"之义，是为与
"但中"不同的"不但中"的中道。别教三谛，别教的人从二谛中的俗
谛开出真俗二谛 —— 以幻有为俗谛、幻有即空为真谛，以二谛中的真
谛为中谛，这个真谛只是"理"而已，不具备诸法。圆入别三谛，别教
的人接入圆教，所了解的真俗二谛与别教三谛的真俗二谛是相同的，然
其所领悟的中道具足诸法。圆教三谛，此圆教的人既了解中谛具佛法，
又了解所领悟的真俗二谛也都具有佛法，三谛圆融，开为三谛，实为一
谛，虽是一谛，不妨开为三谛，一即三，三即一。

五种三谛是别入通至圆教五种由浅而深的修行阶段的三谛。虽分
为五种，实际上只有"别三谛"和"圆三谛"两种，别三谛也称"隔别
三谛"，圆三谛也称"圆融三谛"。此两种三谛的最大区别是，别三谛

的中谛只是"理"而已，不具足诸法，也即与诸法是隔别的，"理"与
诸法即本体界与现象界隔别，是不圆融的三谛。圆教三谛不仅中谛具足
诸法，而且真俗两谛也具足诸法，换句话是，万有的每一法都具足空、
假、中三谛，三谛相即，融通无碍。

（三）三谛的圆融

在智顗的真理论系统中，圆融三谛是最殊胜、最圆满、最高的真
理，是宇宙诸法实相的根本内容，也是天台宗整个教观的基本宗旨。智
顗是如何提出与论证圆融三谛的？圆融三谛的内涵是什么？有何特点？
又有什么理论价值？这些是我们要探讨和论述的问题。

圆融三谛说是天台宗先驱慧文的"一心三观"说的继承与发展，而
一心三观说是慧文从大乘中观一系的典籍中理会所得，进而推论出来
的。《摩诃般若波罗蜜经》把智慧分为三种：道种智（熟悉大小乘所说
的各种道，即各种实践方法的智慧）、一切（了解一切现象的共相），
和一切种智（了解一切现象的自相），主张依次修习，以获得三种智
慧（《大正藏》卷八，第 219、375 页）。《大智度论》卷二十七解释这
一经文，认为修习三种智慧，起初是逐步积累，而最后达到圆满是一时
得到，此时一心中具足三种智慧，也就是"一心中得"（《大正藏》卷
二十五，第 258—259 页）。据说慧文从这些经论悟出一种禅法，在一
心中可以圆满观照多方面的道理。他更是联系《中论·观四谛品》中
的"三是偈"，偈文说因缘法是空、假、中，可称为三谛，空是真谛讲
一切现象的共相，假是俗谛讲各别的行法，中谛讲一切现象各别的全部
自相，这和上述三种智慧的境界相当。慧文由此认为，一心同时也可以
从空、假、中三方面观察，成立了空、假、中三种观门，这样，就由原
来的"三智一心"观发展为"三谛一心"观，即在同一时间于一心中观

空、假、中三种实相（三谛），构成了慧文"一心三观"的内容（《大正藏》卷四十九，第178页）。

智顗继承慧文的"一心三观"说，又吸收鸠摩罗什所传的三论一系思想，尤其是《中论》三是偈和僧肇的《不真空论》的"立处即真"思想，进一步提出"圆融三谛"说。在智顗看来，《中论》的三是偈就包含着空、假、中相即的精神，因为因缘所生法而无自性，即是"空"；诸法虽空，但有显现的相状，这是"假"；这些都不待造作，而是本来如此，又成为"中"（《大正藏》卷四十六，第7、8页）。从一切法存在的意义上说，诸法是"立处即真"，所立之处都表现真理，都不离开空，空、假、中三层义理在任何境界上都是相即存在的，所以三谛是圆融的。

智顗还提出"三轨"说来呼应和论证圆融三谛说。"三轨"，三种规范，是理解事物的三种意义，也即事物实相的三个方面，故也称"三法"。三轨是真性轨（法的本质）、观照轨（法的认识）、资成轨（法的作用），分别与中、空、假相配合。《妙法莲华经玄义》卷五下云："圆教三法者，以真性轨为乘体。不伪名真，不改名性，即正因常住，诸佛所师。……观照者，只点真性，寂而常照，便是观照，即是第一义空。资成者，只点真性，法界含藏诸行，无量众具，即如来藏。三法不一异……亦一亦非一，亦非一非非一，不可思议之三法也。"（《大正藏》卷三十三，第724页）这是联系修持实践来讲三轨，指出"真性"是本体，即"中"，"观照"是认识"空"，"资成"是"假"，即通过无量法门发挥作用，以认识法的本质（真性），获得解脱。"观照"和"资成"都以"真性"为对象和归宿，三法不异，互不相碍。三轨是诸法实相同时存在的三个方面，空、假、中三者也并非次第关系，而是同时存在，相即无碍的。

　　天台宗宗经《法华经》的《方便品》宣扬"诸法实相"是佛所成就的第一稀有难解之法，唯有佛与佛才能究尽诸法实相。龙树在《大智度论》卷三十二中说"三法印"（诸行无常、诸法无我、涅槃寂静）时，又称广说有四法印（加"一切皆苦"），略说则是一种实相印（《大正藏》卷二十五，第 297 页）。探究"诸法实相"，深受大乘中观学派的重视。智顗的师父慧思认为《法华经》所列的十项都用"如是"来形容，又概括了诸法的一切相，所以，他就明确地提出以"十如是"为"诸法实相"。所谓诸法实相就是诸法如是相、如是性、如是体、如是力、如是作、如是因、如是缘、如是果、如是报、如是本末究竟等共十项。这"十如是相"说是在慧文"一心三观"的基础上的重大发展。智顗又进一步在慧思"十如是相"说的基础上提出了"三转读法"，从空、假、中三个方面对《法华经》的"十如是"经文进行了崭新的诠释，宣扬《法华经》是讲三谛圆融，最得大自在的，借以论证自己提出的"圆融三谛"理论。《妙法莲华经玄义》卷二上云：

　　　　今经用十法摄一切法，所谓诸法如是相、如是性、如是体、如是力、如是作、如是因、如是缘、如是果、如是报、如是本末究竟等。……天台师（按：指智顗）云：依义读文，凡有三转。一云：是相如、是性如，乃至是报如；二云：如是相、如是性，乃至如是报；三云：相如是、性如是，乃至报如是。若皆称如者，如名不异，即空义也；若作如是相、如是性者，点空相性，名字设施，逦迤不同，即假义也；若作相如是者，如于中道实相之是，即中义也。分别令易解故，明空、假、中。得意为言，空即假、中。约如明空，一空一切空；点如明相，一假一切假；就是论中，一中一切

中。非一二三，而一二三，不纵不横，名为实相。（《大正藏》卷
三十三，第 693 页）

智顗的三转读有两层意思：一是分别从空、假、中三方面解释"十如
是"经文，意为诸法实相的内涵有空、假、中三个层面，而经文"如是
相、如是性"，只是空的名字施设，只是假的一层意义。同时，对空、
假、中的意义也作了明确的界定，空是就"如"的"不异"而言，假是
就空的假名施设而言，中是就"如于中道实相之是"而言，如此三分
说是为了令人易于理解。二是更为重要的，要"得意为言"，了解空、
假、中三者的关系，三者只是认识角度不同，其实是同时具有的。若约
"如"而言空，如即不异，也即空，故一切皆空，假、中也是空。若约
"相"而言，则一切事相都是假名施设，故一切皆假，空、中也是假。
若约"是"而言中，是为中道之理，则一切皆是，故一切皆中，空、假
也是中。空、假、中三者的关系，是三者皆无自性（"非一二三"），三
者都是因缘法的显现（"而一二三"），既不偏于空，也不偏于假（"不
纵不横"），此即是中道。这也就是以"即空即假即中"的方式认识、理
解诸法，就是真正悟得实相。智顗对经文读法的改变，是一种新的诠释
方式，新的诠释方式意味着新的思想创造。

　　智顗还通过对"十如是"中"本末究竟等"的新解说来论证圆融
三谛说。他说："若作'如'义，初后皆空为'等'；若作'性'、'相'
义，初后相在为'等'；若作'中'义，初后皆实相为'等'。今不
依此'等'，三法具足为'究竟等'。"（《大正藏》卷三十三，第 694
页）这是说，《法华经》所说的"本末究竟等"是，从起初的"相"至
末后的"报"都是究竟平等的。从智顗的解说来看，他不仅把"如"、

"性"、"相"等义分别阐释为空、假、中三者从起初至末后的平等，而且认为只有空、假、中三谛圆满具足，相即无碍，才是真正的究竟平等。也就是说，只有三谛圆融，才是最高真理。

从上可知，智顗圆融三谛说的内涵有两个要点：

一是空、假、中是每一法的德用差别，即每一认识对象都有空、假、中三个面相或三重意义，也就是说三谛不外是从三方面诠显一法，所以一切诸法，皆具三谛。《摩诃止观》卷五上云："若解一心一切心，一切心一心，非一非一切。一阴一切阴，一切阴一阴，非一非一切。一入一切入，一切入一入，非一非一切。一界一切界，一切界一界，非一非一切……乃至一究竟一切究竟，一切究竟一究竟，非一非一切，遍历一切皆是不可思议境。"（《大正藏》卷四十六，第55页）"阴"、"入"、"界"，即五阴（五蕴）、十二入（十二处）、十八界。"究竟"，即最高境界，"不可思议"，不可思虑、不可言说。这里列举了心、五阴，乃至最高境界，以说明一切诸法都是不可思议的境界，这个不可思议的境界就表现为即空即假即中的三谛圆融。如"一心一切心"，是假谛，"一切心一心"是空谛，"非一非一切"为中谛，三谛同为心的三个方面，心的三重意义，三谛是心的不可思虑言说的最高境界。

二是空、假、中三谛是相即互具、圆融无碍的。《摩诃止观》卷一下云："若谓即空即假即中者，虽三而一，虽一而三，不相妨碍。三种皆空者，言思道断故；三种皆假者，但有名字故；三种皆中者，即是实相故。但以空为名，即具假中，悟空即悟假中，余亦如是。"（《大正藏》卷四十六，第7页）这段话有三层意思：第一，三谛不离、互具、相即。"即空即假即中"的"即"是不可分离的意思，空、假、中三谛是不可分地关联着的。所谓空，不离假、中，所谓假，不离空、中，中也如此。所谓空，即具假、中，所谓假，即具空、中，中也如此。三谛互具互融、空谛即假、中谛，假谛即空、中谛，中谛即空、假谛。即三各具三，三三相即。三谛而一谛，一谛而三谛，互不相碍。第二，从断绝语言思维方面说，空、假、中皆空；从假名施设言，空、假、中皆假；从实相角度看，空、假、中皆中。空、假、中三者是观照、诠释的角度不同而已，实际上是同为实相，是互不相异的。第三，悟空即悟假、中，悟假即悟空、中，悟中即悟空、假。

智𫖮还把三谛束为"一实谛"，他在《妙法莲华经玄义》卷八下说："一实谛即空即假即中，无异无二，故名一实谛。"（《大正藏》卷三十三，第781页）"一实谛"的"一"非数目义，而是绝对义。"一实谛"意为唯一真实之理，绝对真理。"即空即假即中，无异无二"，三谛圆融就是"一实谛"。

如何证悟"一实谛"，进入圆融三谛的境界？智𫖮竭力强调心的宗教实践的功能、作用，宣扬心是使人远离邪见、契接正见，进而悟入最高真理的根本。他在《妙法莲华经玄义》卷八上说："心是绳墨，若观心得正，悟离邪倒说。观心正，则勉邪行。心无见着，则入正理。"（《大正藏》卷三十三，第778页）他认为，若心正没有知见上的执着，就能悟入"正理"即佛教真理。智𫖮又说："心是法本者，释论云：一切世间中，无不从心造。无心无思觉，无思觉无言语。当知心即语本。心是行本者，《大集》云：心行大行遍行。心是思数，思数属行阴。诸行由思心而立，故心为行本。心是理本者，若无心，理与谁含？以初心研理，恍恍将悟，稍入相似，则证真实，是为理本。"（《大正藏》卷三十三，第778页）"法"，存在。"语"，言语。"行"，念虑。"理"，正理。这是从心是存在的根本、言说的根本、念虑的根本，一直最后说到心是真理的根本，因为真理只能包含在心中，心能探寻真理，证悟真理，故心为理本。心又怎样契证悟入真理呢？同上书卷五上说："此心常寂常照，用寂照心破一切法，即空即假即中。"（《大正藏》卷三十三，第733页）"寂"，寂静。"照"，观照。寂与照是心的两种状态。所谓"常寂常照"是寂中有照，照中有寂，即寂即照，即照即寂。寂照心能破除对诸法的封执，直觉对象的本质，同时照见一切诸法的空、假、中相即互融的性格。智顗在《摩诃止观》卷一下也说："一念心起即空即假即中者，若根若尘，并是法界，并是毕竟空，并是如事藏，并是中道。"（《大正藏》卷四十六，第8页）这是说，一念心起就直入证悟三谛圆融，若如此，"法界"、"毕竟空"、"如来藏"、"中道"就都相即互具，圆融无碍。总之，心是证悟三谛圆融的枢纽和关键。

（四）圆融三谛说的特点与价值

综上所述，我们似可以把圆融三谛说的思想特点与理论价值概括为以下四项：

第一，智顗提出的"圆融三谛"说是佛教真理观的里程碑式的飞跃。印度佛教持二谛论。中观学派立"中观"论，但也主张真俗二谛，它所讲的"中道"是"观"不是"谛"。中国三论学者发展了中观学派的二谛思想，但始终没有开出三谛来。慧文提出了"三谛一心"的"一心三观"论，但没有展开论说。智顗不仅继承慧文的思想，从二谛开出三谛，增加了中谛，而且对中谛做了独创性的阐发，他在《天台四教义》中说："不空即中道。分二种，谓但不但。若见但中，别教来接；若见不但中，圆教来接。"（《大正藏》卷四十六，第778页）"但中"是只能观中道，不能同时观空与假的观法。"不但中"是不但观中道，同时还能观空与假，也就是即空即假即中的真理观。在智顗看来，中观学派的中道作为真理是与一切诸法隔开的，其中观是"但中"，而非"不但中"。智顗的中谛说既为中观的观法提供真理论根据，也拓展了真理论的范围，深化了真理论的内涵，具有重大的认识论意义。

第二，三分法的阐扬是佛教认识方式和思维方式的重大变革。三谛圆融说在认识上主张同时观照空、假、中的实相，在思维上运用正、反、合的模式，这种三分法构成为三谛圆融说的方法论特征。中观学派也讲空、假、中，但它所讲的中是对空、假的扬弃，是"否定之否定"。也就是说，中是通过否定的方式扬弃空、假，从这种意义上讲，空、假相对于中来说是俗谛，只有扬弃了空、假的中才是真谛。三论宗人吉藏正是循着这条思路，提出了以重重否定为特征的"四重二谛"说。中观一系认为在认识地位上中高于空、假，智顗的圆融三谛说则不然，认为空、假、中三者不仅没有认识地位高下层次的不同，也没有证悟时间先后次第的差别，三谛之间是三而一，一而三的关系。就"中"来说，既是对空、假的否定，又是对空、假的肯定，也是三谛平等的综合。同样，空、假也分别具有空、假、中三者，也有肯定、否定、综合。这就是说，三谛圆融是三次重复的正、反、合。这种正、反、合是相即互具的，合具正、反，正具反、合，反也具正、合。正、反、合三者是平等的，正、反虽被合所扬弃，但也有存在的价值。这和中观一系以否定为特征的单向式的正—反—合的思维模式是不同的。应当承认，智顗的三分法是在二分法基础上的发展，对于认识方式和思维方式的深化、完善有重要的理论意义。

第三，一时性、直入性、完整性和互含性构成圆融三谛直觉方法的新特点。智顗的圆融三谛作为一种修持的观法，实质上就是直觉的方法。圆融要求直觉，直觉才能圆融，圆融就是直觉。圆融三谛观的规定性是：1. 时间上的同时性，即在同一时间内证悟空、假、中，而不是有次第地先观空，再观假，最后观中，其间并无时间的间隔，也就是无阶段无过程的顿然而悟。2. 操作上的直入性，即主体超越思虑言语，直接渗透到对象的本质，契入空、假、中的本性。这是主体心灵的体悟、证悟，不是对客观事物的一般认识活动，或者说是一种特殊的宗教认识实践活动。3. 内容上的整体性与互含性。空、假、中三概念不是分别孤立的而是整体地构成证悟内容，空、假、中之所以能够构成的一个统一的整体，是由于三谛之间存在不可分离的关系，存在相互包含的关系。这种整体性和互含性，也是智顗直觉内容的新特点。

第四，对空、假的肯定和中道佛性化，形成了与传统佛教真理内涵的鲜明差异。中观学派提倡中观，如上所述，它主张远离空、有（假有）等一切极端或相对性，以臻于超越的理境，但它又讲"空亦复空"，即以"否定的否定"形式显示的肯定。智顗吸取这一中道思想，又做了新的发挥。他提出的圆融三谛说，强调"即空即假即中"，也就是认为，最高真理不只是中，而且应当包涵空和假，即最高真理应当完整地包涵空、假、中三面。而修持时观照最高真理，也不应当只观中，而应当同时观空和假。与中观学派偏于否定空、假的中道思想不同，智顗强调假是以空来否定的，空是假来否定的，否定空与假，同时也就是肯定假与空，由此比较偏于肯定空、假的意义。智顗和中观学派中道思想的又一不同是，他以佛性等同于中道，视中道佛性为真理。《妙法莲华经玄义》卷六下云："佛性即中道。"（《大正藏》卷三十三，第761页）中道作为真理，等同于佛性，而佛性具有具足一切诸法的功能（不离开一切诸法），又是常住不变性而为成佛的根据（生起坚强的悲愿），这样也就使作为真理的中道增添了新涵义。《摩诃止观》卷三下又说："心即是佛性。"（《大正藏》卷四十六，第31页）更是通过把佛性与心的等同，进一步把中道与心等同起来，使真理与精神主体、精神活动结合起来。正如前所引，智顗讲一念心起即契入三谛圆融境界，这就把"毕竟空"与"如来藏"，空与有混为一体了。智顗把真理与佛性、心等同起来，是强调真理就在佛性中，就在心中，强调佛性就具有真理，心就具有真理，这就冲淡了以空性为真理内涵的传统观念，并把对真理的追求、对佛教的修持，转到佛性论、心性论的轨道上来了。这是中国佛教真理论的一次重大转型，也是智顗对佛教思想中国化所做的重大努力和创造性贡献。

（原载《文史哲》2000年第5期）

"无情有性"与"无情说法"：中国佛教山林化的佛学依据

陈　坚

一、中国佛教的山林化

"世上好话佛说尽，天下名山僧占多"，这是中国佛教自古流传的一句谚语，其后半句乃是中国佛教山林化的一个形象写照。然而，反观印度佛教，至少在释迦牟尼住世之时，佛教并没有山林化。甚至还反对山林化。虽然释迦牟尼出家之初也是"去很多仙人和各种修道者住的山麓"，钻进深山老林里去苦修[①]，但他最终还是在放弃了这样的避世苦修后才觉悟成道的，并且"在成道后，首先赶往婆罗奈城郊的鹿野苑，寻找曾随他一道出家的阿若侨陈如等五位侍从，并向他们讲说'四谛'之理"[②]，这就是佛教史上被称为"初转法轮"的释迦牟尼初次说法。众所周知，佛教的目的是要教化众生（这在大乘佛教中尤其如此），而要教

[①] 〔泰国〕求那波瑜多：《佛陀画传》，台湾佛陀教育基金会 1997 年版，第 94 页。

[②] 杜继文主编：《佛教史》，江苏人民出版社 2005 年版，第 9 页。

化众生，佛教就不能远离人群而山林化，正因如此，不但释迦牟尼初次说法的鹿野苑，而且佛经中所记载的佛说法的几乎所有地方，都位于离市区不远的城郊，甚至就在市内，唯其如此佛才能得众生而教化之，且看《金刚经》之开首曰：

> 如是我闻，一时佛在舍卫国祇树给孤独园，与大比丘众千二百五十人俱。尔时，世尊食时，著衣持钵，入舍卫大城乞食。于其城中，次第乞已，还至本处。饭食讫，收衣钵，洗足已，敷座而坐。

舍卫国的祇树给孤独园（简称祇园）是释迦牟尼讲说《金刚经》（当然还有其他许多经）的地方。据上引经文，吃饭时间到了，释迦牟尼就"著衣持钵"，离开祇园"入舍卫大城乞食"，乞了食就拿回祇园来吃，吃完了便收起衣钵，洗洗足（当时的佛俗是赤足行走乞食），然后"敷座而坐"，开始说法。这里，我们不难看出，释迦牟尼在其中讲经说法的祇园，离舍卫大城是很近的[①]，否则他老人家绝不可能在这短短的吃顿饭的时间就在两者之间赤足走着打个来回。总之，在印度，虽然"佛教也曾发展过它的生活集团，一群人聚集在一起舍弃世上一般的活动和经营去过朴素和沉思的生活"，但"佛陀的历史表明，……最后他（指释迦牟尼）抛弃了这些思想"，把佛教从离世的山林带回到了世间[②]，然而，佛教在传入中国后却又被僧人们从世间带回到了山林，只是

---

① 另据《大涅槃经·狮子吼菩萨品》的说法，祇园离舍卫大城"不近不远……譬如壮士屈伸臂顷"就能从舍卫大城到达祇园。
② 〔英〕赫·乔·韦尔斯，吴文藻等译：《世界史纲——生物和人类的简明史》，人民出版社1982年版，第603页。

这个逆反于印度佛教的运动并非是一夜之间完成的。

　　佛教自两汉之际传入中国直到南北朝，都没有什么明显的有意图的山林化倾向，当时的"寺院分布较集中的是在城市，特别是早期。从东汉到西晋，史籍所载的寺院都分布在都市。可以说，如果将佛教分成山林和都市两种地域分布类型，那么中国佛教最先得以发展的是都市佛教"①，后来至东晋、南北朝又慢慢延伸出都市周边的"近郊佛教"，"在一些靠近都市的山地，由于既不远离都市的便利（交通方便、信息发达、信徒众多、供应丰富，又能享受山林的乐趣，也就成为很多名寺的荟萃之地。很明显，这种类型的山地比荒郊野岭、人迹罕至的山地更有利于佛教的发展。……南北朝时期较著名的如建康（今南京）钟山、摄山，江陵（今湖北）上明山、覆船山、玉泉山、青溪山、四望山，番禺（今广州）灵鹫山、云峰山，吴县（今苏州）虎丘山、寿春八公山，临湘（今长沙）岳麓山，襄阳砚山，洛阳北邙山，平城（今大同）武州山，长安（今西安）塞山等"②，都是"近郊佛教"的"风水宝地"。总之，佛教传入中国后，在城市（尤其是中心城市）及其周边大造佛寺，走的是"都市佛教"（含"近郊佛教"，下同）的路线。这种佛教发展模式到南北朝时才达于顶峰，如北魏杨衒之所撰的《洛阳伽蓝记》中就提到北魏京师洛阳城内及东、南、西、北近郊有大大小小佛寺1367所，并对其中的80多所做了介绍。北朝如此，南朝亦不例外，"所谓'南朝四百八十寺'，其'南朝'实际上特指首都建康"③——虽然杜牧（803—852）"南朝四百八十寺，多少楼台烟雨中"这一诗句中的

"四百八十"不一定是实指，但建康及其周边寺庙之多却是一个不争的事实。尽管当时也不无远离城市居于"荒郊野岭、人迹罕至"之山林的寺庙，但这些山林寺庙远非是当时寺庙的主流，也不代表具有特定佛学含义的与"都市佛教"相对的"山林佛教"，仅仅只是表示寺庙的地址在山林而已。这里需要特别提醒的是本文所说的"山林"系指那些远离城市的山林而且它还是一个历史的概念，因为历史上有些远离城市的山林，后来随着城市化进程的发展也都变成了市郊，甚至还入了市区。

中国佛教最终远离城市、远离居民点，而从"都市佛教"转变为"山林佛教"，这是宗派佛教发展的一个结果。南朝陈代末年，智颛（538—597）毅然离开其佛教事业如日中天的金陵前往天台山创立天台宗，标志着中国佛教山林化的开始。而唐中宗神龙元年（705），唐中宗（656—710）和武则天（624—705）联合诏请慧能（638—713）"速赴上京"，而后者却"上表辞疾，愿终林麓"，这是中国佛教彻底山林化的一个标志，因为慧能所开创的坚持走山林化道路的禅宗后来成了中国佛教的主流。禅宗不但把寺庙建在山林中，而且还干脆把寺庙本身就直接叫作"丛林"，以至于后来那些即便是位于城市内的非禅宗的寺庙也被称为"丛林"，如明清时期的律宗"古林寺，范围之大，以今江苏省委机关大楼为中心，东至今南京西康路之西，南至北京西路之北，牌楼向东，有米元章书'城市山林'四字"[①]，这"城市山林"亦即"城市丛林"，就是"城市寺庙"的意思。可以说，禅宗引领了中国佛教山林化的潮流，并随着其他宗派的纷纷跟进，而最终完成了中国佛教由"都市佛教"向"山林佛教"的转型，其时在中晚唐。

---

① 詹天灵：《南山律宗古林派历史简论》，《灵山海会》2007 年第 4 期。

　　"山林佛教"的特征，就寺庙而言，乃是"蜗居在群山之中，……隐在树影之中的黄墙碧瓦风儿轻轻送来檐角风铃的颤音，……这里与世隔绝，恰似不食人间烟火的精灵。当山下满目秋色怡人之季节，雪花却染白草地，满树银装，不知今期何时"①。就僧人而言，乃是"自枯槁于山林而求识其所谓心性之本根者"②，满足于"与白云相伴，以清风为友"，兹有明末清初蒲益大师（1599—1655）的两首《山居偈》（只录其部分）为证，其一曰："白云卷还舒，清风拂还止；问我山中乐，从来只如此。"其二曰："风来翠竹鸣，云去青山在；俯仰独清宁，家风常不改。"③综观中国佛教史，自南北朝末年或隋唐以降，中国佛教的僧人们多向往山林生活，中国佛教的寺庙也纷纷向山林中建，喜欢"深山藏古寺"，结果使得"正信的佛教，在大乘教的流行地区，尤其是在中国，一向是被山林的高僧以及少数的士君子们所专有"④，只从佛教中的"所谓'看破红尘'，也就是指从繁华的城市转移到深山老林中去"⑤。虽然当代中国佛教山林化的趋势稍有缓和，但佛教山林化深厚的历史积淀使得在一般人的心目中，佛教的寺庙似乎就应该在山林中，若在城市中就会觉得很奇怪，就会觉得没有佛教味；相比之下，对处于闹市区的基督教堂，人们就不会有这种看法，不会觉得它没有基督教味。

　　对于中国佛教为何会走上山林化的道路，曾有学者认为，本来"佛教创立的目的本是化世导俗，使人们离苦得乐的，可后来受玄学清谈风潮消极隐遁的影响，佛教徒也开始以独住深山老林为时尚，远离了社会

①　李想：《凝眸》，《龙泉佛学》2008 年第 5 期。

②　陈亮：《陈亮集》上册，中华书局 1974 年版，第 188 页。

③　远尘：《蒲益大师的〈山居偈〉浅析》，《菩提道》2007 年第 2 期。

④　严法师：《正信的佛教》，《龙泉佛学》2008 年第 7 期。

⑤　盛噶仁波切：《看破红尘》，《龙泉佛学》2008 年第 7 期。

现实，佛教便成了悲观厌世、逃避现实的麻醉剂"[1]。诚然，中国佛教之所以会选择山林化的生存方式，自有其特殊的中国文化背景，但本文无意于探讨中国佛教山林化的文化学原因，而是要关注在佛教山林化的既成事实面前中国佛学家们所提出的一些富于创造性的佛学理论。这些创造性的佛学理论为佛教山林化提供了佛学依据，从而为"山林佛教"的合法性做了很好的辩护。

二、湛然的"无情有性"论

"无情有性"是天台宗九祖湛然（711—782）在《金刚錍》中所阐发的佛性论，其中的"无情"是指山川大地、草木瓦石等无情之物。佛教一般认为只有有情众生（如人和动物）才有佛性，但湛然却认为除了有情众生，无情之物也有佛性，这就是所谓的"无情有性"。

湛然的"无情有性"论，"突破了以往佛教只承认有情众生才有佛性的旧说，因而在当时发生了较大的影响"[2]。而这种影响不仅仅是在理论上丰富和推进了佛性论，更是在实践上为湛然所生活的中唐时期方兴未艾的佛教山林化运动提供了佛性论上的依据。因为山林乃是自然界的无情之物，既然"无情有性"，那么很显然，作为"无情"的山林也应该是有佛性的了；既然山林是有佛性的，那佛教向山林发展又有什么不可以呢？

---

[1] 宗峰：《略论太武帝灭佛》，《灵山海会》2007 年第 4 期。
[2] 石峻等编：《中国佛教思想资料选编》第二卷第一册，中华书局 1983 年版，第 231 页。

　　虽然作为一个完整的佛学命题，"无情有性"是湛然最早提出来的，但其思想在三论宗祖师吉藏（549—623）的"草木有性"论中就已经比较明显了，甚至其思想萌芽在中国佛性论的早期思想家、东晋僧人竺道生（355—434）那里就已初露端倪。道生认为众生皆有佛性，"主张连'一阐提人'都能成佛，旧学大众以为违背经说，把他摈出僧众。道生遂入吴中的虎丘山，传说他曾聚石为徒，讲《涅槃经》，说到阐提有佛性，群石皆为点头"①。道生"聚石为徒"，讲《涅槃经》佛性论，当"说到阐提有佛性"时，"群石皆为点头"，也许这个故事本身不可能是个事实，但它却蕴含着石头也通佛性的寓意，这便有了那么点"无情有性"的意思，因为石头乃是一无情之物也。虽然在天台宗史上，谛闲大师（1858—1932）确实曾从"无情有性"的角度解读过道生的"聚石为徒"，这就是他在《生公赞》中所说的："于我生公，浚哲无比；说法虎丘，群石皆起。物本无情，犹能如此；岂彼阐提，非佛种子？"②其意思是说，连无情之石头都有佛性（即"佛种子"），作为有情的"一阐提"（断尽善根者）③怎么会没有佛性呢？但是，我们现在确实没有任何证据可以表明，湛然当初在《金刚錍》中提出"无情有性"，与道生的"聚石为徒"有什么关联。

　　"金刚錍"是古代印度治疗眼病的一种外科器械，用来抉开眼膜，湛然认为他的《金刚錍》就像"金刚錍"一样，可以用来"抉四眼无明之膜，令一切处悉见遮那佛性之指"④，其中的"遮那"，即"毗卢遮

---

① 沈志钢：《中国佛教的解经方式》，《杭州佛教》2008年第1期。
② 《谛闲尘影集》，香港炎黄文化出版社2008年版，第41页。
③ 《涅槃经·四相品》中说："一阐提者，断灭一切诸善根本，心不攀缘一切善法，乃至不生一念之善。"
④ 《大正藏》第四十六卷，第781页上。

那"（Vairocana）之略语，意为遍一切处，因而所谓的"遮那佛性"即是指遍一切处的佛性或佛性遍一切处，其意思是说，不但有情众生有佛性，而且无情之物也有佛性，总之，宇宙间不管有情还是无情，一切皆有佛性，这就叫佛性遍一切处，或"遮那佛性"。在湛然看来，"遮那佛性"的关键是"无情有性"而不是"有情有性"，因为"有情有性"乃是佛性论的老生常谈，菩萨"四眼"——肉眼、天眼、慧眼、法眼——便能见，而"无情有性"则是佛性论的究竟极唱，菩萨"四眼"是不能见的，唯有佛眼才能见。正因如此，所以湛然要用《金刚錍》来"抉开四眼无明之膜"，令见"无情有性"，从而见全整的由"有情有性"和"无情有性"共同构成的"遮那佛性"，这是湛然撰写《金刚錍》的意图所在，而《金刚錍》的主要内容就是对"无情有性"的论证。因为"有情有性"是众所周知的，用不着证明，所以只要论证了"无情有性"，"遮那佛性"便能自动成立。

湛然的《金刚錍》中"假梦寄客，立以宾主"①，通过一个梦境——在梦中与一位代表山林佛教徒的"野客"的对话——论证了"无情有性"，这显然是一种比较特殊的文体。湛然的论证是从解读《涅槃经》开始的。《涅槃经·迦叶菩萨品》中曰：

> 众生佛性，犹如虚空。……虚空无故，非内非外；佛性常故，非内非外，故说佛性犹如虚空。……善男子，为非涅槃，名为涅槃；为非如来，名为如来；为非佛性，名为佛性。云何名为非涅槃耶？所谓一切烦恼有为之法，为破如是有为烦恼，是名涅槃；非如

---

① 《大正藏》第四十六卷，第 781 页上。

来者，谓一阐提至辟支佛，为破如是一阐提等至辟支佛，是名如来；非佛性者，所谓一切墙壁瓦石无情之物，离如是等无情之物，是名佛性。善男子，一切世间，无非虚空对于虚空。

从字面上看，这段引文中的"非佛性者，所谓一切墙壁瓦石无情之物，离如是等无情之物，是名佛性"一句，似乎是在"云佛性非谓无情"[①]即"无情无性"。但湛然却慧眼独具，认为这句话从其所在的上下文看乃是在表达"无情有性"而不是在表达"无情无性"。他说：

> 为非涅槃说为涅槃，非涅槃者，谓有为烦恼；为非如来说为如来，非如来者谓阐提二乘；为非佛性说为佛性，非佛性者谓墙壁瓦砾。今问若瓦石永非，二乘烦恼亦永非耶？故知经文寄方便教说三对治，暂说三有以斥三非，故此文后便即结云："一切世间，无非虚空对于虚空。"佛意以瓦石等三，以为所对，故云对于虚空，是则一切无非如来等三。[②]

涅槃、如来、佛性是"三有"，非涅槃之有为烦恼、非如来之阐提二乘、非佛性之墙壁瓦砾等"无情之物"为"三非"。湛然认为，《涅槃经》之所以要将"三有"与"三非"相对而言，乃是为了方便教化的需要而"暂说三有以斥三非"，如为破有为烦恼而说涅槃，为破阐提二乘而说如来，为离墙壁瓦砾等无情之物而说佛性。然而，就其究竟而言，"一切世间，无

---

① 《大正藏》第四十六卷，第 781 页中。
② 《大正藏》第四十六卷，第 781 页中、下。

非虚空对于虚空"，"三有"是虚空，"三非"也是虚空，析言之即：涅槃是虚空，非涅槃之有为烦恼也是虚空；如来是虚空，非如来之阐提二乘也是虚空；佛性是虚空，非佛性之墙壁瓦砾等无情之物也是虚空，既然同样都是虚空，那么很显然，有为烦恼即是涅槃，阐提二乘即是如来，墙壁瓦砾即是佛性或无情之物即是佛性，这就是所谓的"无情有性"。

湛然从《涅槃经》中解读出"无情有性"后，便依据佛学之种种原理对之做进一步的论证，天台后学静修法师将这些论证归纳为十个方面，如下：

> 一者约身，言佛性者，应具三身，不可独云有应身性。若具三身，法身许遍，何隔无情？
>
> 二者从体，三身相即，无暂离时。既许法身遍一切处，报应未尝离于法身，况法身处二身常在，故知三身遍于诸法，何独法身？……
>
> 三约事理，从事则分情与无情；从理则无情非情别，是故情具，无情亦然。
>
> 四者约土，从迷情故，分于依正；从理智故，依即是正，如常寂光即法身上身土相称，何格无情？
>
> 五约教证，教道说有情与非情，证道说故不可分二。
>
> 六约真俗，真故体一，俗分有无，二而不二，思之可知。
>
> 七约摄属，一切万法，摄属于心；心外无余，岂复甄隔？但云有情心体皆遍，岂隔草木独称无情？
>
> 八者因果，从因从迷，执异成隔，从果从悟，佛性恒同。
>
> 九者随宜，四句分别，随顺悉檀；说益不同，且分二别。

十者随教，三教云无，圆教遍有。①

三、惠忠的"无情说法"论

惠忠（？—775）是慧能的弟子，是与湛然同时代的一位禅师。他曾"居南阳白崖山党子谷，四十余祀不下山"②，是一位坚定的山林佛教徒。他结合自己在"南阳白崖山修行四十余年"③的经验，在湛然"无情有性"的基础上，进一步提出"无情说法"的观点，继续为"山林佛教"张目——既然"无情说法"，"无情"之山林都在说佛法了，那山林与佛教之间还有什么隔阂吗？山林不就等同于佛教本身了吗？

惠忠的"无情说法"思想出自于他与一位"南方禅客"（他当然也是一位山林佛教徒）的如下对话：

有南方禅客问："如何是古佛心？"

师曰："墙壁瓦砾无情之物并是古佛心。"

禅客曰："与经太相违故，《涅槃经》曰：'离墙壁瓦砾无情之物，故名佛性。'令云一切无情皆是佛心，未审心与性为别不别？"

师曰："迷人即别，悟人即不别。"

禅客曰："又与经相违故，经曰：'善男子，心非佛性佛性是

---

① 静修：《〈教观纲宗〉科释》，莆田广化寺1992年版，第104—105页。

② 普济：《五灯会元》，中华书局2002年版，第98页。引文中的"祀"，"殷代特指年"（参见中国社会科学院语言研究所词典编辑室编：《现代汉语词典》，商务印书馆2003年版，第1198页），后来就在许多正式场合用来指代"年"。

③ 《佛光大藏经·禅藏·史传部·祖堂集一》，台北佛光出版社1994年版，第139页。

常，心是无常'，今日不别，未审此义如何？"

师曰："汝依语而不依义。譬如寒月，结水为冰，及至暖时，释冰为水。众生迷时，结性成心；众生悟时，释心成性。汝若定执无情无佛性者，经不应言三界唯心，万法唯识，故《华严经》曰：'三界所有法，一切唯心造。'今且问汝，无情之物为在三界内，为在三界外？为复是心，为复不是心？若非心者，经不应言三界唯心；若是心者，不应言无情无佛性。汝自违经，吾不违也。"

禅客曰："无情既有心，还解说法也无？"

师曰："他炽然说，恒说，常说，无有间歇。"

禅客曰："某甲为什么不闻？"

师曰："汝自不闻，不可妨他有闻者。"

禅客曰："谁人得闻？"

师曰："诸圣得闻。"

禅客曰："与摩即众生应无分也？"

师曰："我为众生说，不可为他诸圣说。"

禅客曰："某甲愚昧聋瞽，不闻无情说法，和尚是为人天师，说般若波罗蜜多，得闻无情说法不？"

师曰："我亦不闻。"

禅客曰："和尚为什么不闻？"

师曰："赖我不闻无情说法，我若闻无情说法，我则同于诸圣，汝若为得见我及闻我说法乎？"

禅客曰："一切众生毕竟还得闻无情说法否？"

师曰："众生若闻，即非众生。"

禅客曰："无情说法还有典据也无？"

师曰："言不阙典，非君子之所谈。汝岂不见《阿弥陀经》云：'水鸟树林皆是念佛念法念僧。'鸟是有情，水及树岂是有情乎？又《华严经》云：'刹说、众生说、三世一切说。'众生是有情，刹岂是有情乎？"①

在这段较长的对话中，惠忠先从"心性不二"的角度论证了当时在佛教界流传的"无情有性"。既然"无情有性"，那么"有性"之"无情"还能不能说法呢？于是话题就自然而然地转到了"无情"能不能说法的讨论上来。惠忠认为，"无情"不但能说法，而且还是"炽然说，恒说，常说，无有间歇"。这里，请注意一个细节，那就是惠忠用"他"来指称"无情"，将"无情"拟人化，说"他炽然说，恒说，常说，无有间歇"。这表明，在惠忠的眼里，"无情"就像活生生的人一样在说法。不过，对于"无情说法"，惠忠的看法还是比较谨慎和保守的，他认为，只有达到佛之境界的"诸圣"才能听闻到"无情说法"，一般的众生，包括他自己在内，都是听闻不到的。最后，惠忠还从《阿弥陀经》和《华严经》中找出了支持"无情说法"的相关经文，表明"无情有性"并非是他的臆想虚构，而是有切实的经典依据的②。

①　《佛光大藏经·禅藏·史传部·祖堂集一》，台北佛光出版社1994年版，第148—150页。
②　晚明高僧憨山德清（1546—1623）也曾为"无情说法"提供过经典依据，他说："无情说法，教有明言，《华严经·如来出现品》云：'譬如诸天，有大法鼓，名为觉悟。若诸天子，行放逸时，于虚空中出声告言：汝等当知，一切欲乐，皆悉无常，虚妄颠倒，须臾变坏，但诳愚夫，令其恋著。汝莫放逸，若放逸者，陟诸恶趣，后悔无及。诸天闻已，生大忧怖，惭愧改悔。'且天鼓音岂有情耶，而能说法觉悟诸天？至若光明云台宝网，各出妙音，说偈赞佛，乃至尘说、刹说，此又谁为舌相耶？即光音天人，全无觉观语言，但以光中出音，各各办事，且光中之音，岂从口出耶？是皆无情说法之实证也。"参见石峻等编：《中国佛教思想资料选编》第三卷第二册，中华书局1987年版，第334页。

在探讨了"无情有性"之后，惠忠和那位"南方禅客"似乎还意犹未尽，继续"得寸进尺"地讨论了"无情成佛"的问题：

> 客问："经教中但见有情授三菩提记，于未来世而得作佛，号曰某等，不见无情授菩提记作佛之处，只如贤劫千佛中，阿那个是无情成佛？请为示之。"
>
> 师曰："我今问汝，譬如皇太子受王位时，为太子一身受于王位，为复国界一一受也？"
>
> 对曰："但令太子受得王位，国土一切自属于王，宁当别受乎？"
>
> 师曰："今此亦尔，但令有情授记作佛之时，三千大千世界一切国土尽属毗卢遮那佛身，佛身之外，那得更有无情而得授记耶？"①

在这里，惠忠以"太子受王，国土一切自属于王"为喻，来说明只要有情众生成了佛，那么三千大千世界一切无情国土亦自属于佛，亦随之而成佛，这就是所谓的"无情成佛"。无情成了佛，无情便是佛身，此之谓"无情佛身"。对于这"无情佛身"，惠忠和"南方禅客"又展开了一番问答：

> 客问："（作为无情的）一切大地既是佛身，一切众生居佛身上便利，秽污佛身，穿凿践踏佛身，岂无罪乎？"
>
> 师曰："一切众生全是佛身，谁为罪乎？"
>
> 客曰："佛身无为，无所挂碍，今以有为质碍之物而作佛身，

---

① 《佛光大藏经·禅藏·史传部·祖堂集一》，台北佛光出版社1994年版，第151页。

岂不乖于圣旨乎？"

师曰："汝今不见《大品经》曰：'不可离有为而说无为，又不可离无为而说有为。'汝信色是空不？"

对曰："佛之诚言，那敢不信。"

师曰："色即是空，宁有挂碍？"

又问："古德曰：'青青翠竹尽是真如，郁郁黄花无非般若。'有人不许，是邪说，亦有人信，言不可思议，不知若为？"

师曰："此盖是普贤、文殊大人之境界，非诸凡小而能信受，皆与大乘了义经意合，故《华严经》云：'佛身充满于法界，普现一切群生前，随缘赴感靡不周，而恒处此菩提座。'翠竹既不出于法界，岂非法身乎？又《摩诃般若经》曰：'色无边故，般若无边。'黄花既不越于色，岂非般若乎？此深远之言，不省者难为措意。"①

在惠忠看来，无情与有情同为佛身，有为与无为皆是性空。故而，尽虚空遍法界无不是性空之佛身，于是乎，禅界广为流传的"青青翠竹尽是真如（'真如'一作'法身'），郁郁黄花无非般若"这句偈语，便成为对"无情佛身"的最好注脚 —— 翠竹与黄花即是无情，真如与般若就是法身。

---

① 《佛光大藏经·禅藏·史传部·祖堂集一》，台北佛光出版社 1994 年版，第 151—153 页。

四、结语：从佛教山林化到山林佛教化

　　如果说湛然探讨"无情有性"还只是就事论事的话，那么惠忠探讨"无情说法"就显得比较开放。他从"无情有性"说到"无情说法"，从"无情说法"说到"无情成佛"，最后又从"无情成佛"说到"无情佛身"，通过"无情说法"这个中介，将蕴含在"无情有性"中而没有被湛然说破的所有义项，都揭示了出来。从这个意义上我们不妨说，惠忠的"无情说法"乃是对湛然"无情有性"的一个推论和演绎，两者是一体的，后人也往往将它们合起来谈，不再分为两论，如晚明高僧憨山德清就说："今不必论无情说法不说法，佛性各具不各具，岂不闻《法界观颂》云：'若人欲识真空理，心内真如还遍外，情与无情共一体，处处皆同真法界。'但将此偈蕴在胸中，一切日用六根门头，见色闻声处，一印印定，久久纯熟，自然内外一如，有情无情，打成一片，一旦豁然了悟，是时方知山河大地共转根本法轮；鳞甲羽毛，普现色身三昧，心外无法，满目青山，到此方信赵州有时拈一茎草，作丈六金身用，有时将丈六金身作一茎草用。"[①] 总之，自从湛然和惠忠联合提出"无情有性—无情说法"的思想（为方便起见，我们不妨这样说）后，这一思想便在佛教界广泛流传着[②]，僧人们纷纷引用它，论证它，完善它，把

---

① 石峻等编：《中国佛教思想资料选编》第三卷第二册，中华书局 1983 年版，第 335 页。

② 下面这则禅门对话可为一证："洞山到沩山，问曰：'顷闻忠国师有无情说法，良价未究其微。'山曰：'我遮里亦有，只是难得其人。'曰：'便请和尚道。'山曰：'父母所生口，终不为子说。'曰：'还有与师同时慕道者否？'山曰：'此去石室相连有云岩道人，若能拔草瞻风必为子之所重。'既到云岩，问：'无情说法，甚么人得闻？'岩云：'无情得闻。'曰：'和尚还闻否？'岩云：'我若闻，子则不闻吾说法也。'曰：'某甲为什么不闻？'岩竖起拂子云：'还闻么？'曰：'不闻。'岩云：'我说法汝尚不闻，岂况无情说法？'曰：'无情说法，该何典教？'岩云：'岂不见《阿弥陀经》云：水鸟树林，悉皆念佛念法，无

它当作佛教山林化的佛学依据，将它作为"山林佛教"的理论基础，久而久之，"无情有性—无情说法"便成了代表山林佛教徒的"野客"和"南方禅客"们的共识（尽管他们当初对它还是疑惑不解的），成了"山林佛教"的指路明灯——有"无情有性—无情说法"作为理论支持和舆论背景，中国佛教遂大胆地、名正言顺地走上了山林化的道路，最终实现了由"都市佛教"向"山林佛教"的转型。

中国佛教山林化的结果便是中国山林的佛教化。可以说山林佛教化乃是中国山林区别于其他国家山林的一个显著特征，因为它使中国的山林普遍具有了佛教文化的意蕴。尽管并非中国的所有山林都是佛教化的，尽管也有少数山林是道教化的，但佛教化的山林显然已经多到了足以代表中国山林的程度。山林佛教化使得中国大江南北的无数青山变成了"佛山"，除了举世闻名的佛教"四大名山"（五台山、普陀山、峨眉山和九华山），还有许多大大小小有名无名的山因为藏有佛寺或刻有佛像而成了"佛山"①。在这些"佛山"中，佛教设施与山林景观相映成趣，

（接上页）情草木，互奏笙歌。'洞山于此有省，乃述颂曰：'也大奇！也大奇！无情说法不思议。若将耳听终难会，眼处闻声方得知。'"参见张天昱：《〈正法眼藏〉注释》，长春出版社1995年版，第145—146页。

① 如浙江省长兴县的横玉山，因为"元代大德年间邑人顾福慧塑露天十丈观音，百姓呼此山为观音山"（参见《长兴县横玉山寺隆重举行玉佛殿观音圣像开光法会》，《报恩》2008年第2期）。另外，广东省甚至还有一个佛山市，其"佛山"一名的由来是这样的："佛山古称季华乡。东晋隆安二年（398），罽宾国（现克什米尔）的三藏法师达毗耶舍带了二尊铜像来到季华乡，在塔坡岗上（即今塔坡街）建佛寺，传佛教。他回国后，随着时间推移，寺宇倒塌。到唐朝时，这里又变成了一片岗地。唐贞观二年（628）某日，塔坡岗上异彩四射，乡人奔走相告，于是人们便齐聚起来，在塔坡岗上发掘，竟掘出三尊铜佛，搬开佛像，便有一股清泉涌出。根据碑文记载，得知东晋曾有罽宾国僧人达毗耶舍，在此讲经及建过经堂。乡人于是建井取水，并在岗上重建塔坡庙寺，供奉三尊铜佛。人们认为这里是佛家之山，于是将季华乡改名方'佛山'。这就是佛山得名的由来。后来，世人传诵着这样一句谚语：'未有佛山，先有塔坡。'"参见《百度百科·佛山》（http://baike.baidu.com/view/6895.htm#8）。

人文精神与自然气息和谐共存，这成了中国独具特色的旅游资源。"佛山"作为旅游资源是如此的有吸引力，以至于在历史遗留下来的"佛山"之外，当代中国又出现了许多由政府或公司开发和经营的"佛山"，当然，这是旅游佛教意义上的"佛山"，在严格的山林佛教徒看来，旅游佛教意义上的"佛山"是等而下之的。他们眼中的"佛山"或具有终极意义的最高形态的"佛山"，不是"深山藏古寺"，不是"山壁刻佛像"，而是山林本身就是佛，就具有佛的意蕴，所谓"青青翠竹尽是真如，郁郁黄花无非般若"是也。正因为山林也是佛，所以"举步常看虫蚁，禁火莫烧山林"①——这是佛教界流传的一句俗语，它表达了有情之虫蚁和无情之山林在佛教语境中的神圣性。然而，最能形象地告诉我们山林佛教徒眼中的山林究竟有多神圣或什么才是山林佛教徒眼中的具有终极意义的"佛山"的，还是苏东坡（1037—1101）——一位颇具山林佛教境界的诗人——的下面这道题为《赠东林总长老》的诗，诗曰："溪声便是广长舌，山色岂非清净身。夜来八万四千偈，他日如何举似人。"② 这是苏东坡赠庐山东林寺常总禅师（1025—1091）的诗，诗中说庐山的"溪声"乃是说法的"广长舌"③，"山色"乃是清净的法身，这不就是"无情说法"，"无情有性"吗？在苏东坡看来，庐山本身就是佛，庐山、常总禅师和佛是"三位一体"的，庐山就是一座神圣的具有终极意义的最高形态的"佛山"——山林佛教化的真正意义在此得到了淋漓尽致的表达。

---

① 《人生格言·智慧格言》，青岛湛山寺 2008 年版，第 73 页。
② 汪正球编析：《禅诗三百首》，漓江出版社 1999 年版，第 214 页。
③ 据说佛有"三十二相"，"广长舌"就是其中的一"相"，它表征佛能说诚实语，因此之故，佛教遂常以"广长舌"来比喻言说真实之佛法。

　　从佛教山林化到山林佛教化，山林在中国佛教中完成了由山到佛的"涅槃"，于是乎"山"在中国佛教中便常常被赋予佛义，如僧人自称"山僧"、"山人"；佛寺的大门被称为"山门"①，哪怕这个佛寺位于闹市区，其大门也还是被称为"山门"；佛教的派别称为"山头"。虽然现在旅游佛教意义上的"佛山"与山林佛教意义上的山林佛教化的"佛山"不是一回事，但旅游佛教的渊源还是在山林佛教，若没有山林佛教以为历史的积淀，旅游佛教是无由得以生长的。

（原载《文史哲》2009 年第 6 期）

---

① "山门"原本叫"三门"，"所谓三门，是寓意佛法中的'三解脱门'。三解脱门，即为'空解脱门'以证入诸法无我、'无相解脱门'以证入诸法平等、'无愿解脱门'以证入诸法无住"。参见〔马来西亚〕素闻：《寺院三题——三解脱门》，《禅》2007 年第 2 期。

慧能在中国思想史上的地位

田昌五

一

唐代佛教主要有四大宗派，即：唯识宗（又称法相宗）、华严宗、天台宗、禅宗。慧能是禅宗第六代祖师，简称六祖。他不识文字，所以不能诵经，但能发挥禅宗旨意，出口成经。现存《六祖坛经》就是他弘扬禅宗时由门人记录下来的不朽之作。

据传，禅宗源出于达摩，其后衣钵相袭至五祖宏忍。宏忍灭度前令门人作偈，欲觅传人。其门人神秀作偈曰："身是菩提树，心如明镜台，时时勤拂拭，勿使惹尘埃。"宏忍认为，此偈虽不完全切中禅宗之旨，但还说得过去，可谓入门之作，只是未入室而已。慧能这时在寺中磨坊劳作，本非宏忍门人，但听到此偈后，感到并未入神，于是请人也书一偈，曰："菩提本无树，明镜亦非台，本来无一物，何处惹尘埃。"宏忍看了，暗自说好，遂传以衣钵，为第六代祖。

慧能是禅宗的最后完成者，禅宗由他而成为佛教中一大宗派。按《坛经》所说，神秀书偈后，五祖曾找他谈话，进行开示，其言曰："无上菩提，须得言下识自本心，见自本性，不生不灭，于一切时中，念念自见，万法无滞。一真一切真，万境自如如，如如之心，即是真实。若如是见，即是无上菩提之自性也。"这番话，可能杂有慧能说法之意，不一定全是五祖之说。五祖看到慧能之偈后，为他说《金刚经》，"至应无所住而生其心"，慧能言下大悟，一切万法不离自性，遂启祖言："何期自性本自清静，何期自性本不生灭，何期自性本自具足，何期自性本无动摇，何期自性能生万法。"祖知悟本性，谓慧能曰："不识本心，学法无益；若识本心，见自本性，即名丈夫天人师佛。"两相对比，五祖对神秀的开示中，含有慧能的体验，是可想而知的。后来，慧能为禅宗南派宗师，神秀为北派宗师，彼此大旨相同而互有出入，难道神秀始终未悟其师之旨吗？

慧能思想的核心，简括的说，就是"见性成佛"。在他看来，"我心自有佛，自佛是真佛，自若无佛心，何处求真佛"。自心是佛，故能见性成佛。而要做到这一点，必须"识心中众生"。"若识众生，即是佛性；若不识众生，万劫觅佛难逢。"所以他说："欲求见佛，但识众生。只为众生迷佛，非是佛迷众生。自性若悟，众生是佛；自性若迷，佛是众生。自性平等，众生是佛；自性邪险，佛是众生。汝等心若险曲，即佛在众生中，一念平直，即是众生成佛。"人人都有佛性，就看你能不能"识心中众生"了。

这里所说的"心中众生"，不完全是通常所说芸芸众生或"普度众生"，而是人们心中一切邪恶的东西。"所谓邪迷心，诳妄心，不善心，嫉妒心，恶毒心，如是等心，尽是众生。"心中有此等众生，自然难见本身佛性。这就需要"自性自度"，以正祛邪，打破一切迷妄，除却一切孽障，归依于自性三宝。三宝，即："归依觉，两足尊；归依正，离欲尊；归依净，众中尊。"具体地说，自心归依觉，邪迷不生，少欲知足，能离财色，名两足尊。自心归依正，念念无邪见，以无邪见故，即无人我贡高贪爱执着，名离欲尊。自心归依净，一切尘劳爱欲境界，自心不染着，名众中尊。而"佛者、觉也，法者、正也，僧者、净也"。这样，就能以正灭邪，现出自身的佛性了。每人心中都有众生，"各须自性自度"，所以不是由如来佛普度众生，而是众生自性普度。"自性若悟，众生是佛；自性若迷，佛是众生。自性平等，众生是佛；自性邪险，佛是众生。"就看众生能不能自性自度了。

脱却心中众生，即是自性三宝，无须受三归戒。自性自度，即自归依，归依于自性三宝，进入心中佛境。何谓心中佛境：一体三身自性佛是也。一体，指人的肉体，即白色身。三身，指心中三体佛，即：清净法身佛、圆满报身佛和千百亿化身佛。"此三身佛，从自性生，不从外得"，故名一体三身自性佛。三身自性佛，自性中之三身佛也。

这三身自性佛，各有其旨。首先说清净法身佛，其意为"世人性本清净，万法从自性生"，但如著于外境，蔽于外物，就会覆盖自性，万法因而不明。这就需要"自除迷妄"，明彻内外，于自性中生出万法来。见性通达，更无滞碍，清彻纯净，只著佛法，不染异物，这就是清净法身佛了。其次说圆满报身佛，其意为"念念圆明，自见本性。善恶虽殊，本性无二。无二之性，名为实性。于实性中，不染善恶"。这里说的实性，实即佛性，所以是"无二之性"。"不染善恶"，并不是不分善恶，而是"念念自见，不失本性"，无一念之差。自见本性，犹如佛光普照，故能"念念圆明"，想到善念和恶念的分量与后果；消除恶念，保持善念；常恩己过，自行悔悟，返乎本性。如此言，如此行，也就是圆满报身佛了。报身者，念念不失本性之谓也。最后说千百亿化身佛，其意为性本清净，若不思万法，则性本如空；一念思量，则生变化，变化甚多，达千百亿。如"思量恶事，化为地狱；思量善事，化为天堂"。等等。"迷人不能省觉，念念起恶，常行恶道。回一念善，智慧即生"，可化为上界，直至无上菩提。这样，就成功为千百亿化身佛了。千百亿化身佛，改恶从善之谓也。

要之，"法身本具，念念自性自见，即是报身佛。从报身思量，即是化身佛。自悟自修，自性功德"。求之于内，勿求于外。"但悟自性三身，即识自性佛。"见性成佛，就可与诸佛并列，臻于上乘了。

由此可见，见性成佛，的确是禅宗的最基本特色。问题在于，佛出西方，在彼岸世界，这是那时人的共识。为什么说这是人之本性所固有的呢？慧能的解释是："一切修多罗及诸文字，大小二乘，十二部经，皆因人置，因智慧性，方能建立。若无世人，一切万法，本自不有。故知万法本自人兴，一切经术，因人说有"，所以，"三世诸佛，十二部经，在人性中，本自具有"。勿假外求。当然，慧能并不反对诵经，但须口诵心行，将经义化入内心世界，与本性融为一体。如口诵而心不行，反而是念经非经了。

慧能也承认，世尊在舍卫城，距中土有十万八千里。但他的解释是：十万八千里即十恶八邪。"先除十恶，即行十万；后除八邪，乃过八千。念念见性，常行平直，到如弹指，便睹弥陀"，于刹那间就到西方净土了。

慧能说的西方净土实乃心中净土。在他看来，"世人自色身是城，眼耳鼻舌是门。外有五门，内有意门。心是地，性是王，王居心地上，性在王在，性去王无；性在身心在，性去身心坏。佛向性中作，莫向身外求。自性迷即是众生，自性觉即是佛。慈悲即是观音，喜舍名为势至。能净即释迦。平直即弥陀。人我是须弥，邪心是海水，烦恼是波浪，毒害是恶龙。虚妄是鬼神，尘劳是鱼鳖，贪嗔是地狱，愚痴是畜生"。这就是说，善身恶身，集于一身。在此身中，既有菩萨观音、释迦弥陀，又有罪恶、迷妄、邪障；天堂在此，地狱也在此，就看你能不能自性自度了。"常行十善，天堂便至。除人我，须弥倒。去邪心，海水竭。烦恼无，波浪灭。毒害忘，鱼龙绝。自心地上，觉性如来，放大光明，外照六门清净，能破六欲诸天。自性内照，三毒即除，地狱等罪，一时消灭。内外明彻，不异西方。"所以说，"但心清净，即是自性西方"。"随其心净，即佛土净。"佛向性中作，身中自有净土。心是地，性是王，王居心地上。心地清净，则王处净土，自性自然成佛。见性成佛，此之谓也。

由此说来，见性成佛，不分西方东方，在寺在家，犹如世上到处都有善人和恶人一样。西方有见性成佛之人，东方同样会有见性成佛之人。东方有造罪作孽之人，西方同样有造罪作孽之人。在寺能见性成佛，但未必就能见性成佛。在家同样能见性成佛，而不是注定不能见性成佛。这就看你如何自性自度，进行修炼了。所以，造寺度僧，布施设斋，念佛求福，未必就有功德。"念念无间是功，心行平直是德；自修性是功，自修身是德。""功德须自性内见，不是布施供养之所求也。"

慧能讲彼岸世界和此岸世界，同样如此。如说梵语"摩诃般若波罗蜜"，意为"大智慧到彼岸"。摩诃是大，心量广大，无所不包。"自性能舍万法是火，万法在诸人性中。心量广大，遍周法界。"故能包容一切。一切即一，一即一切。妙性空灵，莫可言状。般若，智慧也。"般若无形相，智慧心即是。""一切处所，一切时中，念念不愚，常行智慧，即是般若行。"波罗蜜，意为到彼岸，解义离生灭。"著境生灭起，如水有波浪，即名为此岸；离境无生灭，如水常通流，即名为彼岸。"般若不著境，著境非般若。"念念若行，是名真性，悟此法者，是般若法，修此行者，是般若行。不修即凡，一念修行，自身等佛。"这里的奥妙，在于著境和离境。著境指尘世，尘世即此岸；离境即超脱尘世，为般若行。般若"无住无往亦无来"，不生不灭，这就是彼岸了。彼岸即佛境，三世诸佛从中出。人有自性般若，故"本性是佛，离性无别佛"，见性即成佛。应当注意，上述"念念"并非一义，而是就前念和后念而言的。故"前念迷即凡夫，后念悟即佛，前念著境即烦恼，后念离境即菩提"。前念后念同为念，一念之差定僧、俗。禅宗讲顿悟，其奥妙就在这里。

本性是佛，而性与身俱，为何才能见性成佛道呢？这里有一个色身和法身问题。色身有情有欲，法身无欲无情。法身在色身中，如能自性自度，即可超脱色身，自成佛道。否则，法身将淹没于色身中，本性是佛而不见佛，这就叫"不是佛迷众生，而是众生迷佛"。因此，"不悟即佛是众生；一念悟时，众生是佛"。悟者，悟此法身也。五蕴烦恼尘劳，皆由色身，识破色身，透出法身，岂不是见性成佛了吗？

当然，法身并非实身，而是就空灵的佛性而言的。所谓"法身"，不过是用以借喻佛性而已。佛性是本性的抽象，由本性升华而成。或者说，佛性是离境的本性，彼岸世界的本性，而此岸世界的本性是著境的佛性。著境的本性有善与不善，离境的本性非善非不善，故佛性是不二之性。"蕴之与界（即此岸世界），凡夫见二，智者了达，其性无二，无二之性，即是佛性。"见性成佛，就是从此岸世界的本性看出彼岸世界的本性，将本性超度成佛性。有了佛性，就能大彻大悟，用"智慧观照，内外明彻，识自本心。若识本心，即本解脱。若得解脱，即是般若三昧。般若三昧，即是无念。何名无念？若见一切法，心不染著，是为无念。用即遍一切处，亦不住一切处。但净本心，使六识出六门，于六尘中无染无杂，来去自由，通用无滞，即是般若三昧。自在解脱，名无念行”。“悟无念法者，万法尽通。悟无念法者，见诸佛境界。悟无念法者，至佛地位。”要之，百无所著，既不著于境，亦不著于法，真性如如，通达无碍，这就是佛境了。

说到这里，人们不免要问：何物为佛？慧能所言佛果何物也？通观《坛经》，其意甚明。慧能所言佛，是觉悟之光，智慧之神，于人心说是至真至善至美的心灵境界。故曰：“佛者，觉也”；“般若无形相，智慧心即是”。本性即佛，心为意门，打开佛门，智慧就发出光芒，普照万方，万法通流，这就是佛境。在这里，佛可行于万法而不著，一有所住，佛就失灵了。佛亦不著于境，不在人间的善恶是非、五蕴烦恼尘劳中停留下来。佛是不生不灭的，这就是佛道有常，人世的万事万物是有生灭的，这就是无常。人的生命也是这样，有生有死，所以一个人自己寻死，民间就说是寻无常了。但人的本性即佛，是故佛性非常非无常，是谓佛性不二。不二之性，乃是真性真常。佛性真常，不生不灭，慧光常明，佛果永存，此之谓也。

见性成佛，首先必须认识到本性即佛，主动打开本性之门，这就叫“开佛知见”。“佛犹觉也。分为四门：开觉知见，示觉知见，悟觉知见，入觉知见。若能开示，便能悟人，即觉知见。”觉知见就是佛知见，本性即佛，因而“开示悟人，自是佛之知见”。于此可见，见性成佛者，知见本性也。如前所说，见知本性，便悟自性三身佛，即：清净法身佛，圆满报身佛，千百亿化身佛。三身均本自性，“既会三身，便明四智”。即：大圆镜智，平等性智，妙观察智，成所作智。四智一心，通顿悟性智。佛无顿渐，顿悟成佛。开佛知见，悟得真如本性，即可用智慧观照，念念圆明，至于无念。何谓无念？念念真如，无任何别念也。

禅宗又称顿教，故只讲见性，而不论禅定解脱。这样，对佛教中的诸多问题，它就另有解说。比如，佛教中之三乘（羊、鹿、牛乘），慧能就称之谓伪，而实只一乘；或者说三乘是讲的往昔，现时只有一乘。再如，他说"依法修行是大乘"，而顿教则是最上乘。又如定慧，他说定是慧之体，慧是定之用，"即慧之时定在慧，即定之时慧在定"。定慧等持，口说心行。"即心名慧，即佛乃定"，行本性智慧，就像灯和光一样。在这一点上，他甚至和北宗有别。神秀认为："诸恶莫作名为戒，诸善奉行名为慧，自净其意名为定。"而他则认为，"戒定慧只合一种"，三名一实，即悟自性。"须知一切万法，皆从自性起用，是真戒定慧法。一若悟自性，亦不立菩提涅槃，亦不立解脱知见，无一法可得，方能建立万法。若解此意，亦名佛身，亦名菩提涅槃，亦名解脱知见。"见性成佛，一真一切真，一切真即一。戒定慧只合一种，合于自性，就是见性成佛了。慧能认为，神秀所说戒定慧，接大乘人，而他说的戒定慧，则接最上乘人。最上乘人的戒定慧，是自性的戒定慧，由自性自戒自定自慧，无拘无束，自然从心所欲不逾矩。真可谓"一行三昧者，于一切处行住坐卧，常行一直心是也"。心地平直，率性而行，自然而然，不知其然而然，这就进入佛境了。

禅宗也讲坐禅和禅定，但所讲则别具一格。"何名坐禅？此法门中，无障无碍，外于一切善恶境界，心念不起，名为坐；内见自性不动，名为禅。"如"见一切人时，不见人之是非善恶过患，即是自性不动"。"何名禅定？外离相为禅，内不乱为定。外若著相，内心即乱，外若离相，心即不乱，本性自净自定。"外禅内定，内外明彻，这就是禅定了。

应当指出，这里说的不动并非坐着不动，而是本性清净，无障无碍，既不著空，也不著净。只有这样，才能见如如真性，自成佛道。

禅宗的要诀，在于以无念为宗。所谓无念，并非断念或绝念。人一绝念，呜呼哀哉，就不能见性成佛了。无念即不住念，念念不住，既不住于法，也不住于境，百无所住，故尔是以无住为本。一有所住，就会执迷于法，执迷于境，为法所束缚，为境所束缚。一无所住，则可周遍诸佛万法，周遍尘世万境，一通百通，无所而不住。好比宇宙信息一样，周流不息，连续不绝。只是这里周流的是真如本性而已。这是一种智慧的灵光，光照万法，光照人间，光照前世，光照当世，光照后世，不生不灭，长明于世。故尔是以无相为体。人怀有这种大智慧，就像胸中点燃了一盏灯一样，心明眼亮，能看出一切善恶，明辨一切是非，于自心中不起恶念，念念皆善，成为一个完美的人，高尚的人，纯粹的人，这就是佛境。人有生死，但见性成佛之人所结的佛果，将永留人间。《坛经》就是慧能留下的佛果，其于启迪后人，可谓一把钥匙，一块无价之宝。

慧能禅宗的妙义，在于把佛从彼岸世界移植于内心世界，于内心世界中看到彼岸世界。这样，他就宣告了于身外求佛时必须遵循的一切清规戒律的破产，开辟了自修自行即可见性成佛的通途。禅宗之称顿教，就在于世人迷于外佛，而不知本性即佛，当得知本性即佛时，就可立地成佛。佛在人的心田上，一旦觉悟，这心田就是法坛了。人有等差，性无等差，唯论见性，不分在寺在家，用不着看破红尘，只须不染红尘，红莲定出淤泥。这样，就把佛光撒向人间，照亮了所有人的心。这是心灵的呼唤，令人心灵震撼，不由得改正航向，驶向自心佛田。只有绝顶聪明的人，才会发出这样的呼唤。用慧能的话说，这就是上根人、大智人、最上乘人了。而他正是这样的人。一代宗师，良由以也。

慧能禅宗的历史特征，实在是儒学论性的佛学化，又为尔后佛学化儒学铺平了道路，因而具有承前启后的意义。这是中国文化与外来文化融通为一的中国文化，亦佛亦儒又非儒非佛，相互结合，难分彼此，我们应当从这里得到启示，创造当代中国新文化。

二

隋唐佛学，除唯识宗外，都已是中国化了的佛学。这些中国化的佛学是外来文化和本土文化相结合的产物。唯识宗之所以没有中国化，由于它是在唐初由玄奘引进来的，还来不及中国化，而且不可能中国化。所以，它在当时只红火了一阵，而其后不传。其所以不传，不仅在于它的繁复的认识论，即到达佛国要有一系列的认识程序，令人难以操作；更主要的是它没有植入中国本土文化。所以，它的根只在西方，到中国来就成了无根之木，无源之水，因而不能开花结果。其他各派则不然，它们都已植入了中国文化，构成了中国本土的文化的有机组成部分。禅宗尤其典型，所以后来大行于世。

佛教从东汉传入中国后，人们是把佛图视同老子对待的。这一方面加速了道教的形成，另一方面则促成了魏晋玄学的诞生。道教集方仙道、黄老、阴阳五行于一体，因而能与佛教相并立。玄学上道下儒，尽管它讲名教自然，但名教终归是儒家的东西，和道家之道是很难融为一体的。所以，魏晋之后，玄学就为佛学所代替，不再成为热门话题了。不过，玄学并没有真正消失，而是转化到佛学中去了。道与佛合而为一，以佛的面貌出现，其结果就是华严宗。这里不能多说，只指出一点就够了。华严宗之佛是派生万物的，而它自己则是不生不灭难以捉摸的，真可谓："玄之又玄，众妙之门。"天台宗也是从玄学演化而来的，其法门曰"止观"，而以"无相为体"。这里所说无相，一方面指万物生生灭灭，转瞬即逝，其形象是不定的；另一方面是说佛也是无形象的。在这一点上，天台宗和禅宗有互通之处。但彼此之间又有区别。区别在于：天台宗之佛和华严宗之佛一样，都是外在的东西；而禅宗之佛是内在的，是心中之佛而非身外之佛。这就是说，华严宗和天台宗都化玄学中之道为佛，而将名教自然舍弃了。禅宗则是从名教自然演化而来的。

　　如所周知，魏晋玄学是从讨论才性开始的，不管对此作何解释，但才性为自然禀性，则无疑问。名教自然，即名教本于自然的才性，而非由"外铄我也"。禅宗所说本性即佛，佛即大智慧，岂不是说智慧为本性所固有，才性合为一体，故佛性不二吗？明乎此，名教自然和佛性不二也就不矛盾了。不管在寺在家，就都可以修行成佛了。名教的根本不外乎忠孝之道，而佛门受到非议的也多是因其违反忠孝之道。禅宗就本性言佛，自然不排除忠孝之道。慧能在给一位地方官的佛偈中就是这样说的。现全录下来，共同欣赏：

　　　　　心平何劳持戒　行直何用修禅
　　　　　恩则孝养父母　义则上下相怜
　　　　　让则尊卑和睦　忍则众恶无喧
　　　　　若能钻木取火　淤泥定出红莲
　　　　　苦口的是良药　逆耳必是忠言

改过必生智慧　护短心内非贤
日用常行饶益　成道非由施钱
菩萨只向心觅　何劳向外求玄
听说依此修行　西方只在眼前

这一段佛偈究竟是佛是儒，很难分个明白。其内容包含着儒家的伦理道德，而以佛的形式表现出来，甚至佛的形式都不完全，可见禅宗是佛学化的儒学，把儒学化进佛学中去了。

由于玄学和儒学均为佛学所吸收，成了中国化的佛学，因而从南北朝至隋唐，就只有经学而无儒学。儒学依托于经学而建立，但经学并不等于儒学。经学是一种音韵训诂之学，或曰正义，或曰注疏，即所谓小学；而儒学则指历代儒家学说，如《论语》、《孟子》、《荀子》、董仲舒《春秋繁露》，等等。至今为止，我们还没有发现这个时期的类似这样的著作。当然，解经之作也有成为一种学说者，但其实质乃是用某种学说来解经。如慧能对佛经，就是按禅宗来解释的。那个时期有没有此类解释儒家经典即所谓五经（《易》、《诗》、《书》、《礼》、《春秋》）之作呢？我看没有。

但中国本土文化有其深厚的根基，它是不会长期淹没在佛学中的。所以，从唐代中叶以后，就出现了恢复中国本土文化的思潮。这可以韩愈的《原道》和李翱的《复性书》为代表。《原道》是讲中国自古以来固有的道统，复性实即恢复先秦儒家以来的性情学说。由此就引出宋代的理学与心学来。

思想文化的发展必然以其先行的思想文化为前提。所谓先行的思想文化，即已有的思想文化积累，特别是近期的思想文化积累。韩愈讲了一大套道统，可是这个道统从孟子以后就逐渐失传了。他不承认玄学也是中国的道统，因为这就等于承认佛学是中国的道统，而他就用不着那样起劲地去排佛了。但不承认这个道统，道统就绝而不续，无从恢复起来。所以，他只能徒发空论，放了一阵空炮之后就偃旗息鼓了。中国的道统在哪里呢？

玄也不是，佛也不是，当时存在的就只有道教了。果然，尔后的程朱理学从道教中找到了这个道统，它就是先天道。所以我曾说，理学是从道教中引发出来的。理学又称道学，盖由此也。但中国原来的道统是朴素而粗疏的，缺乏缜密而详尽的论证。就拿先天道来说，它也不过是无极生太极，太极生阴阳，阴阳生五行，五行生万物，如此而已。怎样完善中国的道统，使之系统化呢？这就需要从佛学中把玄学再找回来，找回那个佛学化的玄学，即经过佛学的理论加工处理的道统。理学的理一分殊的思想体系，就是这样完成的。因此，有些人认为，理学出自华严宗，也不无道理。所谓理一分殊，即万物同此一理，而此理存在于万物之中，它本身是不可见的。如果我们改此理为佛，理学岂不是佛学了吗？

天理既然存在于万物之中，这就有一个如何见物而知理的问题。用理学家的话说，这就是格物穷理了。要格物穷理，首先必须正心诚意，致志格物。为什么呢？因为人心为物欲所掩蔽，正心诚意就是清除物欲，心无欲念，而后致志于穷物之理。这样，就提出了一个天理和人欲的关系问题，即：存天理就必须去人欲，不去人欲就不能存天理。存天理包括人心中的天理，所以去人欲就要清静其心，这和佛门的持戒修行就没有什么两样了。

天理和人欲既然是水火不相容的，因而由天理衍化而成的礼教就

成了束缚人性的精神枷锁。要摆脱这种精神枷锁，除自寻无常外，就只
有两条出路：一是出世，二是出家。还有没有别的比这更好的出路呢？
曰：有，这就是由人性论产生的陆王心学。

人性是一个古老的命题。从先秦儒家起，有性本善说，性本恶说，
无善不善说，善恶混说，性三品说，性与命离合说，性与才离合说，性
与情离合说，如此等等，莫衷一是。但这些说法有一个共同的特点，即
其粗略性和简单性。李翱写了《复性书》，无异是想恢复先秦的人性
论，从而恢复中国的道统，但如前所说，中国传统的人性论已为禅宗所
吸收，化为佛学的人性。所以，要恢复传统的人性论，就必须和禅宗相
对接。李翱可能是不愿这样对接，也可能是没有发现这个接头，所以复
性也就没有着落。后来陆九渊抓到了这个接头，从而提出了他的心学理
论。程朱理学明接道教而暗自吸收佛化道学，所以从表面上看不出它的
佛学痕迹。心学直承禅宗，令人一望而知其来自佛学。因而朱熹与陆九
渊辩论时，得以道学自居而称对方为禅学。岂不知禅学，特别是南宗禅
学，就内容而言，实乃最系统的人性论。理学产生于北宋而盛于南宋，
心学产生于南宋而盛于明清之际，这说明心学是从南宗直接产生的。

心学的根本命题是心即理或理即心，心外无别理。这样就有一个对
天理的解释问题：程朱理学视此为心外之理，心学则视之为心中之理。
由此又引申出我心即宇宙，宇宙在吾心这样的命题来。心学和理学之争
就是围绕着这些命题而展开的。

朱陆心学和理学之争难分胜负，到元朝把理学定为官学，心学才一
度衰落。元明清之所以把理学定为官学，是为了网罗一批理学之士，作
为推行王道教化的工具，要民众顺从王道教化，从而维护封建王朝的统
治。但这种残贼人心，戕拂人性的礼教，是不足以服人的。于是王阳明

在格物不通之后，转而求之于心学，从致志格物转入致良知的轨道。何谓良知？天性之知也。致良知者，启发本性之知也。

在心学由衰转盛之际，北宋张载关学也从寂寞中走了出来，为心学增添了更大的活力。关学的核心是理气之学。理即气或气即理。人含气而生，因而气即理，亦即心即理。万物含气而成，故万物皆有此理。人与万物同此一气，彼此自然同此一理，气分阴阳，合而成物，合而成人，故一阴一阳谓之道。由此就提出了道器关系或事理关系问题。即：道在器中，器外无道；或：理在事中，事外无理。而理学家之道或理，则是一颗无极丹，从天上掉下来的。理学家也讲阴阳，但讲的是阳尊阴卑，而不是阴阳合一。因此，从天理就派生出三纲五常来，成了扼杀人性的礼教。所以，清初思想家戴震喊出了"天理杀人"的口号，鲁迅则喊出了"礼教吃人"的口号。

事理之学，人称实学。实学夺取了理学之天理，理学就失去了灵魂，于是转而为朴学，又研究注释起群经来了。汉代也有经学考据，故朴学亦称汉学。但经过理学的洗礼，二者毕竟不同：汉代注经是盲目从经，而清代考据则是理性解经。

说到这里，我们就可以窥见中国思想文化的发展规律了。各种不同的思想文化流派对立统一，循环发展，这就是中国思想文化演变的规律。在这里，有三个集结点：一是玄学，二是理学，三是实学。中国的道统延续不绝，就因为它是在不断分合中前进的。由于不断分合，所以它既具有统一性，又具有多样性；多样性在统一性中，统一性中有多样性。这其中，不仅有本土文化的诸多流派，而且有外来文化的诸多流派。有见于一，无见于多；有见于多，无见于一，都是不对的。何谓道统？道统者，主体文化之谓也。中国传统文化的特征，不仅在于它能集本土文化于一身，而且还能把外来文化导入本土文化。就本土文化和外来文化的关系而言，这里不是什么何者为体，何者为用的问题，而是化为一体的问题。所以，说中学为体，西学为用；或说西学为体，中学为用，都是想入非非的虚妄之言。

这里说的西学是指近代西学。早在明代，就有西方传教士来到中国，时称其为泰西之学。泰西之学对当时中国的本土文化有冲击作用，促成了实学的产生，但并未化入中国主体文化，所以在中国主体文化中不见其踪影。可见，任何外来文化，如果不能中国化，都是不能发育成长的。人们悔恨泰西之学未能占领中国本土文化地盘，却不知它并未化入中国主体文化。因此，它在中西方文化之间如穿梭之客，过了一阵子就消失得无影无踪了。

近代西方文化被介绍到中国来者，几乎应有尽有，但能站稳脚跟者却屈指可数。这里边的奥秘，就在于它和中国本土文化接不上茬，从而未能化入中国文化。例如，基于实验科学的逻辑实证主义，就能和乾嘉考据接上茬，因而对中国文化事业做出了相应的贡献，成为中国近代文化的组成部分。马克思主义也是一种外来文化，它也必须中国化，成为中国的马克思主义。什么是中国化的马克思主义？毛泽东思想和邓小平有中国特色社会主义理论，都是中国化的马克思主义。不仅此也，马克思主义世界观也与中国传统文化有承接关系。如《实践论》与知行说，《矛盾论》与传统朴素辩证法，等等。这里特别应当指出的是，明末思想家方以智在其《物理小识》中指出，事物之理就是"合二为一"，这就非常接近对立统一的规律了。毛泽东的成功，在于他以马克思主义世界观为武器，找到了中国式的民主革命的道路，而他的失败则在于没有找到中国化的社会主义。可见，任何外来文化都必须中国化，成为中国主体文化的构成部分，才能发挥其应有的作用。否则，任何外来文化，都只能是文人书斋中的东西，人民群众是不会接受的。

中国主体文化不仅是载之于典籍的东西，而且是中华民族思想意识中的东西。它植根于人民群众的心田里，形成其特有的民族气质和民族性格，民族心态和民族道德，民族共识和民族精神，真可谓普天之下，芸芸众生，人同此心，心同此理。我们应当从这里寻找中华民族的文化，而不应仅仅在书本上去寻找中华民族的文化。何谓主体文化：民族文化是也。

中华民族文化的形成，是和对人性的探讨分不开的。所谓人性，是相对于鸟兽之性而言的，指人和禽兽的本质区别。孟子说过，"人之异于禽兽者几希"，讲的就是这个道理。我们否定人性论，认为只有阶级性的人性，而无超阶级的人性，完全搞错了命题。因此，不管对人性作何说法，其目的都是为了人性的完美，心灵的纯洁，显示人为万物之灵的自然本性，实现人生的高贵价值。由此就形成了中华民族的道德观、人权观、价值观、法制观、民族观，等等。我们无视人性论，就不可能从根本上理解中国人的道德观、人生观、人权观、价值观、法制观、民族观，等等。例如，慧能说"愚痴是畜生"，就是拿人与畜生对比而言的。中国人称侵略者为野心狼，也是说他们灭绝人性，与野兽无别。再如虐待父母，拐卖妇女儿童，就是丧失人性，畜生不如。反之，中国人讲民族大义，民族气节，不畏强权，宁死不屈，如此等等，俯拾可见。慧能说，人都有智慧之性，此言甚当。有此本性，我想对于一切危害中华民族的言论和活动，是会分辨清楚的。愿所有中华儿女，都能见本性智慧，为祖国统一，民族振兴，各尽所能，各出其力，在振兴中华的伟大事业中实现自身的价值。有此佛果，岂不善哉！

附　记

　　本文草就之后，王生晓投向我提出崇玄道的问题。我认为，崇玄道确实是从玄学演化而成的，但要把崇玄道和程朱理学衔接起来，似有不妥。一个明显的证据，程朱理学是讲太极的，崇玄道则无此理。玄者，元也。北京过去有崇元观，应是崇玄道的道宫。此道现无传者，只能推测其与道教内丹派有关系。而其所以不传，可能与全真道的兴起有关。全性葆真，成为"真人"，岂不是身怀玄道，自在神仙吗？言不敢必，姑记于此，以俟来日，究其所以。

（原载《文史哲》1997 年第 2 期）

金代度僧制度初探

王德朋

  所谓度僧，是指通过特定仪式、活动、程序等令俗人出家为僧尼。自佛教东传以来，度僧制度逐渐完善：信众出家为僧，不仅要本人自愿，父母允许，寺院接纳，还必须取得政府的批准，这种由政府批准为僧的制度最晚在南北朝时期就已形成[1]。由于度僧事关国家对佛教势力的管控，因此，近年来，度僧制度受到学术界的广泛重视，产生了一批颇有见地的研究成果[2]。遗憾的是，金代佛教作为中国佛教的重要组成部分，其度僧制度迄今尚无专文研究，因此，本文拟对金代度僧制度作初步探讨，希望以此就教于方家。

---

① 参见李富华：《中国古代僧人生活》，商务印书馆 1996 年版，第 19 页。
② 历代度僧制度研究的主要成果有：湛如：《汉地佛教度僧制度辨析 —— 以唐—五代的童行为中心》，《法音》1998 年第 12 期；明杰：《唐代佛教度僧制度探讨》，《佛学研究》2003 年；何孝荣：《试论元朝的度僧》，《内蒙古大学学报》2006 年第 5 期；何孝荣：《论明代的度僧》，《世界宗教研究》2004 年第 1 期。

一、遇恩度僧

所谓遇恩度僧，是指逢国家重要庆典或重大喜庆节日时，由皇帝特别颁发诏旨给予度僧名额的一种制度，学术界有时将其简称为"恩度"。恩度之法对中国佛教影响颇大，辽代，特别是辽朝后期，有大量僧尼遇恩得度，有时一次即达三千多名[1]。宋代的恩度也颇为盛行，包括圣节剃度、褒奖给牒剃度、特恩剃度等不同形式[2]，西夏的恩度也比较常见[3]。佛教发展到金代，恩度已经成为僧人剃度的重要途径之一。金代的恩度可以分为以下几种情况：

（一）为庆祝诞育皇子而恩度。金代为诞育皇子而恩度的确切次数不详，但从现有史料来看，至少有两次：一次发生在金熙宗皇统二年（1142）。据《金史》记载，皇统二年二月"皇子济安生"[4]，熙宗为这位皇长子的降生而欣喜万分，"五日命名，大赦天下"[5]。随大赦一并而来的就是普度僧尼。洪皓《松漠纪闻》云："金主以生子赦，令燕、云、汴三台普度，凡有师者，皆落发。"[6]赦令一出，普沾法雨，许多金代僧人因此得度，翁同山院圆覆和尚就于"皇统二年二月间，遇恩具戒，给得度牒"[7]，三泉寺祥英禅师亦于"皇统二年蒙恩具戒"[8]，灵岩寺惠才禅师

---

① 张国庆：《佛教文化与辽代社会》，辽宁民族出版社 2011 年版，第 11—13 页。

② 白文固：《宋代僧籍管理制度管见》，《世界宗教研究》2002 年第 2 期。

③ 文志勇、崔红芬：《西夏僧人的管理及义务》，《宁夏社会科学》2006 年第 1 期。

④ 脱脱等：《金史》卷四《熙宗纪》，中华书局 1975 年版，第 78 页。

⑤ 脱脱等：《金史》卷八十《熙宗二子传》，中华书局 1975 年版，第 1797 页。

⑥ 洪皓：《松漠纪闻》卷上，辽沈书社 1985 年版，第 207 页。

⑦ 张金吾编纂：《金文最》卷一一〇《翁同山院舍利塔记》，中华书局 1990 年版，第 1589 页。

⑧ 张金吾编纂：《金文最》卷一一二《三泉寺英上人禅师塔记》，中华书局 1990 年版，第 1613 页。

"皇统壬戌，恩赉普席，师乃依昭祝发，受具戒"①，潨阴县延庆院照公禅师亦于皇统二年蒙恩受具戒②。

　　皇统二年的这次恩度究竟有多大规模，各史记载不一。《松漠纪闻》云："得度者，亡虑三十万。"③《佛祖历代通载》云："普度僧尼百万。"④《嘉祥县洪福院碑》云："故闵宗（熙宗）下普度之诏，天下男女削发为僧尼者，不啻数万。"⑤上述三说中，普度人数以《佛祖历代通载》所记为最，有百万之巨。但从洪皓的记载来看，皇统二年普度仅限于"燕、云、汴三台"，即燕京、云中、汴京，这三地均在金初女真对辽、宋战争中遭受过严重破坏，其中汴京所在的河南直到大定二十九年（1189）仍然是"地广人稀"⑥，云中所在的河东亦因"地狭，稍凶荒则流亡相继"⑦，大定末年尚且如此，则熙宗年间的人口和经济情况更应等而下之。以此推量，皇统二年在燕、云、汴三地度僧百万显然不现实，因此，《佛祖历代通载》所记度僧人数不足为据。至于《嘉祥县洪福院碑》记为"不啻数万"，似乎也与实际情况不符。据《甘泉普济寺赐紫严肃大师塔铭》记载，普济寺法律大师"皇统二年，奉宣开启普度，檀度僧尼二众约十万余人"⑧，仅法律大师所度之众就达十万余人，则燕、云、汴

① 张金吾编纂：《金文最》卷一一一《惠才禅师塔铭》，中华书局1990年版，第1595页。
② 北京辽金城垣博物馆编：《北京辽金史迹图志》（下），《郝阴县清善村延庆院照公寿塔铭并序》，北京燕山出版社2003年版，第98页。
③ 洪皓：《松漠纪闻》卷上，辽沈书社1985年版，第2017页。
④ 释念常：《佛祖历代通载》卷二十，《文渊阁四库全书》本。
⑤ 张金吾编纂：《金文最》卷七十九《嘉祥县洪福院碑》，中华书局1990年版，第1150页。
⑥ 脱脱等：《金史》卷四十七《食货志二》，中华书局1975年版，第1049页。
⑦ 脱脱等：《金史》卷四十七《食货志二》，中华书局1975年版，第1049页。
⑧ 张金吾编纂：《金文最》卷一一〇《甘泉普济寺赐紫严肃大师塔铭》，中华书局1990年版，第1588页。

三地所度之僧的总数更应在十万人以上，可见《嘉祥县洪福院碑》的记载亦不足凭信。相较之下，洪皓《松漠纪闻》记载这次恩度人数"亡虑三十万"可能与真实情况相距不远。洪皓使金被留，辗转金朝达十五年之久，最后因"金主亶以生子大赦"，"于是始许皓等南归"①，洪皓既在金朝长期生活，了解金朝政情，又因熙宗生子而遇赦南归，故其所记度僧之数应当较为准确，至少比较接近事实。

金代另外一次因诞育皇子而恩度僧尼发生在金章宗时期。《金史·章宗纪》载，泰和二年（1202）十二月，"以皇子晬日，放僧道戒牒三千"②。这段史料中的"皇子"，指生于泰和二年八月的忒隣。此前，章宗皇后及后妃先后诞育洪裕、洪靖、洪熙、洪衍、洪辉五位皇子，但年寿不永，大者二三岁，小者仅数月，均遭夭折，继嗣不立的现实令章宗非常焦急，只好祈求于神灵，"上久无皇嗣，祈祷于郊、庙、衍庆宫、亳州太清宫"③。忒隣的出生既慰藉了章宗连失五位皇子的痛楚心境，同时也解决了继嗣不立的问题，因此，章宗高兴至极，一面"亲谢南北郊"④，一面"诏平章政事徒单镒报谢太庙，右丞完颜匡报谢山陵，使使亳州报谢太清宫"⑤，其兴奋之情不问可知。忒隣生满三月时，章宗又敕放度牒三千为皇子祈福。泰和二年的这次恩度与皇统二年相比，在数量上要逊色很多，但毕竟是相隔一甲子后的又一次恩度，因此，堪称金代佛教史上的一件大事。

---

①　李心传：《建炎以来系年要录》卷一四九"绍兴十三年五月庚戌"，上海古籍出版社1992年版，第327页。

②　脱脱等：《金史》卷十一《章宗纪三》，中华书局1990年版，第259页。

③　脱脱等：《金史》卷九十三《章宗诸子传》，中华书局1990年版，第2059页。

④　脱脱等：《金史》卷十一《章宗纪三》，中华书局1990年版，第259页。

⑤　脱脱等：《金史》卷六十四《后妃传下》，中华书局1990年版，第1528页。

　　（二）为创立皇家寺院而恩度。本文所指皇家寺院是指奉皇帝特旨修建的佛教寺院以及由皇室成员出资创建或修复的寺院。前者如大定八年（1168）创立的东京清安禅寺、大定二十二年（1182）敕建的仰山栖隐禅寺，后者如大定二十四年（1184）由大长公主降钱创建的昊天寺。这类寺院落成时，常常由皇帝特旨度僧，大定八年十月一日，"诏叛禅师于东京创清安禅寺，度僧五百"①，大定十年（1170），"金国世宗真仪皇后出家为尼，建垂庆寺，度尼百人"②，大定二十年（1180）正月，"敕建仰山栖隐禅寺，命玄冥颃公开山，赐田设会，度僧万人"③，大定二十四年（1184）二月，大长公主降钱建昊天寺成，"每岁度僧尼十人"④。上述皇家寺院落成时，度僧规模不一，多者万人，少者百人。需要注意的是，昊天寺落成时并非采取一次性恩度僧尼的办法，而是规定"每岁度僧尼十人"。昊天寺由大长公主个人捐资修建，应属功德寺一类。自唐代以来，兴建功德寺是皇室勋贵的特权，例如，唐睿宗景云二年（711）"敕贵妃、公主家，始建功德院"⑤，北宋仁宗时期规定"应乞坟寺名额，非亲王、长公主及见任中书、枢密院并入内侍省都知、押班，毋得施行"⑥。金世宗大长公主以皇室之尊出资创置昊天寺，看来是对唐宋以来有关功德寺规定的沿续。值得注意的是，这类功德寺享有一些特权，特别在度僧方面常有优遇。例如，熙宁十年（1077），宋神

①　释念常：《佛祖历代通载》卷二十，《文渊阁四库全书》本。
②　释念常：《佛祖历代通载》卷二十，《文渊阁四库全书》本。
③　释念常：《佛祖历代通载》卷二十，《文渊阁四库全书》本。
④　释念常：《佛祖历代通载》卷二十，《文渊阁四库全书》本。
⑤　志磐：《佛祖统纪》卷四十一《法运通塞志第十七之七》，上海古籍出版社2012年版，第941页。
⑥　李焘：《续资治通鉴长编》卷一八九"嘉祐四年六月乙丑"，中华书局2004年版，第4567页。

宗颁赐故宣庆使、昭州防御使李神福坟寺一所，并特诏"每二年度一僧"①；元丰六年（1083）八月，神宗在诏赐崇信军节度使任泽坟寺的同时，准其"岁度僧二人"②；元丰七年（1084）正月，"诏贤妃邢氏于奉先资福院侧修佛寺，赐名多庆禅院，岁度僧一人"③。从北宋的上述实例中可以看出，功德寺的敕度名额是以年为单位逐年拨赐的。从昊天寺的情况来看，金代的功德寺显然是延续了北宋的这一做法，但昊天寺"每岁度僧尼十人"的规定则大大突破了北宋时期一岁甚至两岁才恩度一两人的成例。

（三）为改元而恩度。《释氏稽古略》云：章宗改元承安时，"大赦，度僧千员"④。据石刻史料记载，卫绍王崇庆年间也曾因改元而度僧。《华严寂大士墓铭》记惠寂和尚于"崇庆初，以恩例得僧服"⑤，此处的"恩例"究竟应作何解，含糊不清，《大蒙古燕京大庆寿寺西堂海云禅师碑》的发现为我们提供了答案。该碑云，海云和尚"崇庆改元，壬申，受金朝卫绍王恩赐，纳具足戒，时年始十一"⑥。这则石刻史料清晰地说明卫绍王改元崇庆时，确曾度僧，《华严寂大士墓铭》中的"以恩例得僧服"即指此事。此外，《中都显庆院故萧苍严灵塔记》载，妙敬和尚于"皇统元年就于上京楞严院再礼弘远戒师为师，其当年，遇

---

① 李焘：《续资治通鉴长编》卷二八六"熙宁十年十二月戊子"，中华书局2004年版，第6998页。

② 徐松辑：《宋会要辑稿》道释一之二九，中华书局1957年版，第7883页。

③ 徐松辑：《宋会要辑稿》道释一之三〇，中华书局1957年版，第7883页。

④ 释觉岸：《释氏稽古略》卷四，《文渊阁四库全书》本。

⑤ 姚奠中主编：《元好问全集》卷三十一《华严寂大士墓铭》，山西人民出版社1990年版，第640页。

⑥ 引自苏天钧：《燕京双塔庆寿寺与海云和尚》，北京市文物研究所编：《北京文物与考古》第1辑，北京燕山出版社1983年版，第261页。

恩得度”①，从妙敬于皇统元年（1141）遇恩得度的情况来看，应该也与改元度僧有关。至于金代其他皇帝在改元时是否也曾度僧，因史料所限，尚不敢断言。

（四）史料所反映的其他恩度。《通州潞县马驹里崇教院前本州都纲大德塔铭》记载马行贵于“皇统三年遇恩得□”②。如该条石刻记载属实，则皇统三年（1143）恩度的原因有待进一步考查。《中都右街紫金寺故僧行臻灵塔记》记载，臻公于“承安三年遇恩具戒”③，该年恩度的原因可能与边事有关。查《金史·章宗纪》，承安三年（1198）十一月，“以边事定，诏中外，减死罪，徒已下释之”④，此处的“减死罪，徒已下释之”实际上就是大赦。既实行大赦，也就有可能特旨度僧，因此，承安三年恩度的原因很可能是由于庆祝边事底定之故。

二、试经度僧

所谓试经度僧，就是政府以测试经业的办法来剃度僧尼。该制度始于唐高宗、中宗朝，成于开元以后，至唐末、北宋前期更趋成熟和完善⑤。金代继承了这一制度，试经度僧成为金代剃度僧尼的重要途径。

---

① 北京辽金城垣博物馆编：《北京辽金史迹图志》（下），《中都显庆院故萧苍严灵塔记》，北京燕山出版社 2003 年版，第 104 页。

② 北京辽金城垣博物馆编：《北京辽金史迹图志》（下），《通州潞县马驹里崇教院前本州都纲大德塔铭》，北京燕山出版社 2003 年版，第 108 页。

③ 张金吾编纂：《金文最》卷一一二《中都右街紫金寺故僧行臻灵塔记》，中华书局 1990 年版，第 1617 页。

④ 脱脱等：《金史》卷十一《章宗纪三》，中华书局 1975 年版，第 249 页。

⑤ 唐宋试经度僧制度的演变过程，参见白文固：《唐宋试经剃度制度探究》，《史学月刊》2005 年第 8 期。

　　金代的试经度僧始于何时正史无载，我们只能从石刻史料中寻找蛛丝马迹。在笔者搜集到的金代试经史料中，时间最早的一条在天眷三年（1140）。据《长清县灵岩寺宝公禅师塔铭》记载，灵岩寺法宝禅师"至天眷三年，试经具戒"①。其次为皇统元年（1141），宝胜寺宝严大师"至皇统元年试经，受具大戒"②。这些史料说明，最晚到熙宗皇统年间，金朝已经开始推行试经度僧制度。但考虑到熙宗时期曾经大量恩度，因此，试经度僧在这一时期可能并未产生重要影响。

　　相比于熙宗，世宗时代的试经更为频繁，"至大定年间治平日久，大阐真风，使天下僧员试其经典"③。据史料记载，大定十年（1170），通玄大师李大方"以诵经通得度"④。该年既有试道，亦应试僧。此外，大定十三年（1173）勍公和尚"试经中选"⑤。不久，"大定十六年，朝廷普试僧道"⑥。大定二十二年（1182），灵岩院胜公法师秋试中选⑦。大定二十七年（1187），少林寺崇公禅师"诵《法华经》中选"⑧。从

①　张金吾编纂：《金文最》卷一一一《长清县灵岩寺宝公禅师塔铭》，中华书局1990年版，第1597页。
②　王新英编：《金代石刻辑校》，《宝严大师塔铭志》，吉林人民出版社2009年版，第133页。
③　国家图书馆善本金石组编：《辽金元石刻文献全编》（二），《普显和尚经幢》，北京图书馆出版社2003年版，第937页。
④　姚奠中主编：《元好问全集》卷三十一《通玄大师李君墓碑》，山西人民出版社1990年版，第651页。
⑤　国家图书馆善本金石组编：《辽金元石刻文献全编》（三），《勍公和尚塔铭》，北京图书馆出版社2003年版，第238页。
⑥　王若虚撰，胡传志、李定乾校注：《滹南遗老集校注》卷四十二《太一三代度师萧公墓表》，辽海书社2006年版，第509页。
⑦　国家图书馆善本金石组编：《辽金元石刻文献全编》（三），《灵岩院胜公法师塔铭》，北京图书馆出版社2003年版，第241页。
⑧　国家图书馆善本金石组编：《辽金元石刻文献全编》（一），《少林寺兴崇塔铭》，北京图书馆出版社2003年版，第93页。

上述史料来看，大定年间的试僧已经常态化，并大致呈现出三年一试的格局。

　　章宗朝是金代试经制度的定型期，明昌元年（1190）六月，"敕僧、道三年一试"[①]，从石刻史料的情况看，这道敕令颁布的当年就开展了试经，广公禅师即"于明昌元年比试，受具足戒"[②]。试经制度更详尽的规定，载于《金史·百官志》：

> 　　凡试僧、尼、道、女冠，三年一次，限度八十人，差京府幕职或节镇防御佐贰官二员、僧官二人、道官一人、司吏一名、从人各一人、厨子二人、把门官一名、杂役三人。僧童能读《法华》、《心地观》、《金光明》、《报恩》、《华严》等经共五部，计八帙。《华严经》分为四帙。每帙取二卷，卷举四题，读百字为限。尼童试经半部，与僧童同。道士、女冠童行念《道德》、《救苦》、《玉京山》、《消灾》、《灵宝度人》等经，皆以诵成句、依音释为通。中选者试官给据，以名报有司。凡僧尼官见管人及八十、道士女冠及三十人者放度一名，死者令监坛以度牒中部毁之。[③]

从该条史料可以看出，金代的试经制度包含以下内容：

　　第一，就考试周期来看，实行三年一试。

　　第二，就主试差官的人员构成来看，主试官既包括京府幕职或节镇

---

①　脱脱等：《金史》卷九《章宗纪一》，中华书局 1975 年版，第 215 页。
②　北京辽金城垣博物馆编：《北京辽金史迹图志》（下），《广公禅师塔记》，北京燕山出版社 2003 年版，第 113 页。
③　脱脱等：《金史》卷五十五《百官志一》，中华书局 1975 年版，第 1234 页。

防御佐贰之官，也包括僧道官，其事务班子还包括司吏、从人、厨子、把门官、杂役等人。

第三，就考试内容来看，共包括《法华》、《心地观》、《金光明》、《报恩》、《华严经》五部佛经，其中，《华严经》取四帙，其余佛经各取一帙，合为八帙，考试即于八帙内出题。

第四，就试经的量化考核来看，分为成人与尼童、僧童两部分。成人于八帙佛经中，每帙取两卷，每卷出四题，每题读百字为限。此处的"读"为诵读之意。诵读的方法，参考宋代的规定，大约是举经中某卷卷首几个字，下面的由应试者接诵[1]，凡接诵成句，依音释为通者即为合格，尼童、僧童考试内容与成人同，只不过在试经的数量上减半而行。

第五，关于放度数量，规定为"凡僧尼官见管人及八十、道士女冠及三十人者放度一名"，这实际上是把现有僧尼数量同放度数量按80∶1的比例挂钩，以此决定放度人数，其目的在于控制僧尼数量。

第六，僧尼去世后，其度牒应由监坛申礼部销毁。其目的是防止冒滥，强化对僧人的控制。金代拘收亡僧度牒的做法与宋、西夏相类[2]。

金代佛教是在此前历代佛教的基础上发展起来的，其试经度僧的规定也是承袭唐代以来试经度僧制度的结果，只不过金代在唐宋制度的基础上有所损益而已。以试经方式为例，宋代有念（背诵佛经）、读（念诵佛经）两种方式。关于念、读的具体数量，因时代不同而有所差异。《庆元条法事类》规定，行者"念经一百纸，或读经五百纸"，尼童"念

---

① 白文固：《唐宋试经剃度制度探究》，《史学月刊》2005 年第 8 期。
② 崔红芬：《〈天盛律令〉与西夏佛教》，《宗教学研究》2005 年第 2 期。

经七十纸，或读经三百纸”①，按当代学者的研究，一纸应为425字②，则
宋代的试经，行者应背诵经文42500字，尼童背诵2975字，背诵如此
数量的佛经实属不易，没有良好的文化修养和刻苦精神恐难过关。可
见，宋代试经制度的"念"比较困难，而到了金代，在念、诵两种考试
方式中，较难的"念"被取消，只剩下相对容易的"诵"。之所以有如
此变化，具体原因不明，但估计和金代僧人文化水平不高有关。

　　从史料特别是石刻史料的记载来看，金代试经制度虽然在章宗时期
得以规范，但此后并未认真执行。今天，在卫绍王、宣宗、哀宗三朝的
史料中很少看到僧人试经得度的事例就是一个明显的证据。究其原因，
金代后期为拯救濒临崩溃的国家财政，政府大量出售度牒，这一举措必
将严重破坏试经制度，甚至可能导致试经制度名存实亡，因此，史料中
极少看到金代后期的试经实例也就不足为怪。

　　金代试经制度是政权强化对教权控制的产物。试经制度的实施，一
方面有效地控制了僧人数量，避免了类似辽代的僧人队伍无序扩张的混
乱局面，另一方面有助于提高僧人的佛学修养和文化素质，优化僧侣队
伍结构，从而为金代佛教的健康发展提供了重要保证。

三、鬻牒度僧

　　度牒是指由政府颁发，确认僧人身份的证明文件，其初授年代应在

---

① 谢深甫监修：《庆元条法事类》卷五十《道释门·试经拨度》，中国书店1985年版。
② 朱正胜：《宋代试剃度制度述略》，《重庆科技学院学报》2010年第8期。

唐玄宗天宝六年（747）以前①，此后被两宋继承。金代佛教深受唐宋影响，鬻牒之事亦然。

金代首次大规模鬻卖度牒是在世宗大定时期，《齐东镇行香院碑》详细记载了大定年间官卖度牒的缘起：

> 至大定二载，以边戍未靖，□勤戎□而兆民方□□隆之弊，天子不忍复取于民。乃诏有司，凡天下之都邑、山川，若寺若院，而名籍未正额非旧赐者，悉许佐助县官，皆得锡以新命。及四众之人，愿祝发求度者，亦如之。②

从这则史料披露的情况来看，大定初年（1161）官卖度牒的原因在于"边戍未靖"，这与大定五年（1165）世宗"顷以边事未定，财用阙乏，自东、南两京外，命民进纳补官，及卖僧、道、尼、女冠度牒，紫褐衣师号，寺观名额"③的表述基本一致。

大定初年，金世宗"承正隆凋弊之余，府库空虚，人民憔悴"④，不得不发卖度牒以渡过财政难关。经过五年的休养生息，到大定五年时，社会经济已经有所恢复，对宋战争也告一段落，鉴于"边鄙已宁"的实际情况，世宗召见宰臣，要求将进纳补官及出卖僧道度牒及寺观名额之法，"其悉罢之"⑤，这样，世宗年间的官卖度牒就此结束。

金章宗承安年间，随着社会经济渐露颓势，财政支出捉襟见肘，

---

①　湛如：《汉地佛教度僧制度辨析——以唐—五代的童行为中心》，《法音》1998年第12期。
②　张金吾编纂：《金文最》卷六十九《齐东镇行香院碑》，中华书局1990年版，第1011页。
③　脱脱等：《金史》卷五十《食货志五》，中华书局1975年版，第1124—1125页。
④　张金吾编纂：《金文最》卷七十九《嘉祥县洪福院碑》，中华书局1990年版，第1150页。
⑤　脱脱等：《金史》卷五十《食货志五》，中华书局1975年版，第1125页。

出卖度牒再次成为政府的敛财之术。承安二年（1197）四月，尚书省以"比岁北边调度颇多，请降僧道空名度牒、紫褐师德号以助军储"①，章宗从之。以度牒之费弥补财政不足不过是继承世宗时期的成例而已，但章宗朝出卖度牒的目的却不仅限于应付军储，还增加了赈济灾荒的功能。据《金史》记载，承安三年（1198），"西京饥，诏卖度牒以济之"②；泰和六年（1206），山东连年旱蝗，民不聊生，沂、密等五州尤甚，国家无力赈济，为防止饥民作乱，章宗应山东路安抚使张万公之请，"将僧道度牒、师德号、寺院名额并盐引，付山东行部，于五州给卖"③。以度牒救灾，根本原因在于国家财力不足，但客观上也起到了救济百姓的作用。

卫绍王以后，金朝外患孔急，内乱愈炽，社会经济危机日益加深，朝廷对度牒的依赖超过以往任何一个时期。这从接连不断地出卖度牒诏令中可以得到证明。崇庆元年（1212）五月，"诏卖空白敕牒"④。宣宗贞祐初，中都被围时，"诏忠孝搜括民间积粟，存两月食用，悉令输官，酬以银钞或僧道戒牒"⑤。贞祐三年（1215）四月，胥鼎因"战御有期，储积未备"，遂上书宣宗，"乞降空名宣敕一千、紫衣师德号度牒三千，以补军储"，宣宗诏谕有司，"其如数亟给之"⑥，同年五月，"降空名宣敕、紫衣师德号度牒，以补军储"⑦。兴定三年（1219），宣宗接受高汝

① 脱脱等：《金史》卷十《章宗纪二》，中华书局 1975 年版，第 241 页。
② 脱脱等：《金史》卷五十《食货志五》，中华书局 1975 年版，第 1125 页。
③ 脱脱等：《金史》卷九十五《张万公传》，中华书局 1975 年版，第 2105 页。
④ 脱脱等：《金史》卷十三《卫绍王纪》，中华书局 1975 年版，第 295 页。
⑤ 脱脱等：《金史》卷一〇四《奥屯忠孝传》，中华书局 1975 年版，第 2298 页。
⑥ 脱脱等：《金史》卷一〇八《胥鼎传》，中华书局 1975 年版，第 2374 页。
⑦ 脱脱等：《金史》卷十四《宣宗纪上》，中华书局 1975 年版，第 309 页。

砺的建议，凡内外四品以下杂正班散官及承应人，"或僧道官师德号度
牒、寺观院额等，并听买之"①。从上述史料可以看出，金代后期的官卖
度牒有三个突出特点：一是出卖目的在于弥补军储；二是数量庞大，贞
祐三年四月竟然一次降卖度牒三千；三是空名敕牒增多，其目的在于简
化审批手续，提高发卖效率。

官卖度牒并非金朝独创，考诸史籍，前有唐宋，后有元明，金代
不过是这一特殊政策的节点而已。官卖度牒的本意是为挽救政府财政危
机，但僧尼得牒出家后，于国家既无赋税之奉，亦无劳役之给，实为得
之一时而失之永久，对国家财政而言，不过是饮鸩止渴而已。

四、私　度

金代僧人由恩度、试经、鬻度三种方式获得合法身份。由于具
体历史情况不同，每一时期占主导地位的度僧途径也有所不同。除
以上三种合法方式外，民间还有未经官方许可，私自披剃为僧道者，
此即私度。由于度僧权关乎国家对佛教事务的管理，关乎国家财政
收入，所以，历代对私度都予以严厉打击。北魏熙平二年（517）规
定，"僧尼多养亲识及他人奴婢子，年大私度为弟子，自今断之"②。
唐太宗贞观三年（629），"天下大括义宁私度，不出者斩"③。北宋至

---

① 脱脱等：《金史》卷一〇七《高汝砺传》，中华书局 1975 年版，第 2359 页。
② 魏收：《魏书》卷一一四《释老志》，中华书局 1974 年版，第 3043 页。
③ 释道宣：《续高僧传》卷二十一《扬州海陵正见寺释法向传》，慧皎等撰：《高僧传合集》，
　　上海古籍出版社 1991 年版，第 283 页。

道元年（995），诏谕江南、两浙、福建等地，"应衷私剃度及买伪滥文书为僧者，所在官司点检，许人陈告，犯者刺面，决配牢城，尼即决还俗"①。

　　金代私度的具体情况未见详细史料记载，因而难以就私度的数量等问题展开研究。但从金代颁布的诏令来看，私度的存在是确定无疑的。见于《金史》记载的严禁私度诏令有两次，一次是在太宗天圣年间，天圣八年（1130）五月，"禁私度僧尼及继父继母之男女无相嫁娶"②，这道禁令发布的背景可能与当时的社会形势有关。彼时辽亡未久，辽末佞佛之风对社会的影响不会立即消除，而大金初立，战事方殷，各项佛教管理制度未必健全，私度可能借此机会大行其道，太宗正是鉴于这种情况才颁布禁止私度的诏令。另外一次是在章宗明昌年间，明昌元年（1190）正月下令，"禁自披剃为僧、道者"③。这道禁令的颁布源于大臣的谏言，有上封事者云："自古以农桑为本，今商贾之外又有佛、老与他游食，浮费百倍。农岁不登，流殍相望，此末作伤农者多故也。"④ 在以农桑立国的封建社会，该大臣的建议并非虚文。僧尼享有诸多的特权容易引发劳动力流失，国家财政收入减少，服役人数不足等一系列社会问题，进而威胁国家政权，"辽以释废"便是先例。章宗这样一位博通经史、熟知历代成败的皇帝对私度的危害了如指掌，因此，即位伊始即下令禁断私度是完全可以理解的。

---

①　徐松辑：《宋会要辑稿》道释一之一五，中华书局 1957 年版，第 7876 页。
②　脱脱等：《金史》卷三《太宗纪》，中华书局 1975 年版，第 61 页。
③　脱脱等：《金史》卷四十六《食货志一》，中华书局 1975 年版，第 1035 页。
④　脱脱等：《金史》卷四十六《食货志一》，中华书局 1975 年版，第 1035 页。

五、数量规定与受戒年龄问题

除了严禁私度，金代对僧人剃度沙弥的数量也加以限制，章宗承安元年（1196）六月，"敕自今长老、大师、大德不限年甲，长老、大师许度弟子三人，大德二人，戒僧年四十以上者度一人。其大定十五年附籍沙弥年六十以上并令受戒，仍不许度弟子。尼、道士、女冠亦如之"①。这道敕令主要明确了两个问题：其一，剃度师的资格。根据这道敕令，只有长老、大师、大德以及虽未有以上名号而戒僧年满四十以上者才有资格剃度沙弥。而世宗大定十五年（1175）的附籍沙弥年六十以上者，虽可受戒，但不许剃度弟子。之所以如此规定，是为了保证剃度师本身具有足够的佛学修养和传法能力，从而能够担当度化他人，绍隆佛种的重任。其二，剃度人数。按照名号的不同，剃度人数从3人到1人不等。需要特别强调的是，承安元年之前，沙弥的剃度数量偏多，例如，逝于天会十二年（1134）的白瀑院圆正法师"度门人崇贵、崇行四十余人"②。逝于大定二年（1162）的回銮寺远公和尚"度门人智彦、智德、智□、智辩、智义、□□、智心"③七人。明昌时期，普安院希公戒师"度门人五"④。可能正是鉴于此前剃度人数过多，才有了承安元年的限度敕令。不过，从相关史料披露的情况来看，承安元年的这道敕令

---

① 脱脱等：《金史》卷十《章宗纪二》，中华书局1975年版，第239页。

② 国家图书馆善本金石组编：《辽金元石刻文献全编》（二），北京图书馆出版社2003年版，《白瀑院灵塔记》，第461页。

③ 陈尹述：《重修回銮寺记》，阎凤梧主编：《全辽金文》，山西古籍出版社2002年版，第1858页。

④ 棋峰虚缘道人：《登州福山县侧立普安院希公戒师灵塔》，阎凤梧主编：《全辽金文》，第524页。

并未得到严格执行，甚至执行一段时间后很快废止。活动于金朝末期的澄徽禅师"度弟子于内得法者十有一人"①，祖朗大师于贞祐间"度门徒凡十有一人"②，贞祐之后，崇庆院印公大师"度僧六人"③，这些实例都说明承安元年的限度敕令并未执行多久就被突破或废止，其原因可能与金末急于出卖度牒以增加财政收入有关。

关于佛教戒律所规定的受戒年龄，《四分律》等佛教律典以年满二十为受戒的最低年龄，金代大体遵行了这一规定。例如，定州崇教院崇遐禅师，"至大定初始受具，时年二十有七也"④，清凉院惠润和尚"至二十五岁，传持大戒"⑤，广宁性圆和尚"二十九岁受具"⑥，朔州普照禅寺慧浃禅师"于皇统壬戌岁遇恩，始具戒，时年二十二矣"⑦，南阳灵山僧法云，"二十五具戒"⑧。上述僧人受具足戒时都已年满二十岁，但文献中也偶见不满二十而受具戒者，如大庆寿寺海云和尚受卫绍王恩赐，纳具足戒，"时年始十一"⑨，北京北净修院僧人智辩"十八试经具戒"⑩，

① 姚奠中主编：《元好问全集》卷三十一《徽公塔铭》，山西人民出版社1990年版，第657页。
② 耶律楚材：《湛然居士文集》卷八《燕京崇寿禅院故圆通大师朗公碑铭》，中华书局1986年版，第193—194页。
③ 国家图书馆善本金石组编：《辽金元石刻文献全编》（一），《增修云岩山崇庆院记》，北京图书馆出版社2003年版，第243页。
④ 张金吾编纂：《金文最》卷七十八《定州创建圆教院碑》，中华书局1990年版，第1135页。
⑤ 张金吾编纂：《金文最》卷六十九《平阴县清凉院碑》，中华书局1990年版，第1013页。
⑥ 张天佑：《圆公马山主塔记》，阎凤梧主编：《全辽金文》，第1771页。
⑦ 引自李树云：《〈大金普照禅寺浃公长老灵塔〉及金代大同佛教》，《五台山》2008年第3期。
⑧ 姚奠中主编：《元好问全集》卷三十一《坟云墓铭》，山西人民出版社1990年版。第641页。
⑨ 引自苏天钧：《燕京双塔庆寿寺与海云和尚》，北京文物研究所编：《北京文物与考古》第1辑，第261页。
⑩ 引自梁姝丹、赵振生：《辽宁阜新市发现一座金代墓葬》，《考古》2004年第9期。

济州崇觉院虚明禅师"十三受具足戒"①，兴教院寂照禅师"十二受其戒"②。上述史料说明，金代僧人大多遵行了受具足戒之年当在二十岁以上的戒律，但因一些特殊原因，也会偶有突破，特别是在国家对佛教无暇管理或管理不严时，这种情况可能相对更多一些。

综上所述，金代度僧制度是唐宋以来度僧制度的继承和发展。就度僧的具体途径来看，不同时期的度僧方式各有侧重：熙宗时期的恩度非常突出，世宗前期的鬻度开金代官卖度牒的先河，章宗时期规范了试经制度，宣宗以后，鬻度再次大行其道。就度僧的数量来看，虽然承安年间颁有限令，但实际未能得到严格遵行；就受戒年龄来看，金代虽大体遵守了戒律的相关规定，但违反戒律者也并不少见。上述情况充分反映了金代佛教发展进程的连续性、复杂性、独特性。

（原载《文史哲》2014 年第 2 期）

---

① 张金吾编纂：《金文最》卷一一二《虚明禅师塔志》，中华书局 1990 年版，第 1608 页。
② 熊梦祥：《析津志辑佚》，《寺观》，北京古籍出版社 1983 年版，第 85 页。

佛舍利崇拜的地理困境与感应舍利之起源

—— 对佛教偶像崇拜历史分流之认识

尚永琪

隋文帝时期的大规模建塔供奉佛舍利事件，在文献中有所谓的"仁寿元年，帝及后宫同感舍利，并放光明，砧碰试之，宛然无损。遂散于州部，前后建塔，百有余所。随有塔下，皆图神尼，多有灵相"[①]之说。认识这一规模宏大的佛事活动，需要从廓清其发生的整体佛教历史背景来着手。佛教作为一个偶像崇拜的宗教，其在不同历史阶段的崇拜象征物是具有较大的差距的。譬如，我们所讨论的佛舍利崇拜，就经历了早期的灵骨崇拜到墓塔崇拜，直至"感应舍利"崇拜的发展历程。其间的内涵自然是有很大差别的，这是佛教传播者随着历史发展和情势变化而不断调整策略和扩大概念的一个过程。我们总是把佛陀涅槃后的"荼毗"，与中原曾盛极一时的"舍利信仰"完全用直线或等号连接起来。这在大方向上是没有错的，二者之间的继承性一目了然，然而二者之间

---

① 释道宣：《续高僧传》卷二十六《隋京师大兴善寺释道密传》，《大正新修大藏经》第五十册《史传部二》，佛陀教育基金会 1990 年版。

的差异性则被我们忽略了。对于这个发展历程，笔者在这里按佛经和历史文献的记载，用三个转折性的阶段将其差异性彰显出来：（1）佛陀涅槃"荼毗"后，"八王分舍利"的"灵骨供养"时期；（2）阿育王建塔的"塔供养"时期；（3）中原地区的"感应舍利"时期。在这三个不同的发展时期，"佛舍利信仰"的内涵是各有不同的。

一、"八王分舍利"之现世立意与经典依据之间的矛盾

按严格的历史学的史料标准来衡量，"八王分舍利"一般都被当作一个传说。按佛经的记载，释迦牟尼涅槃后，弟子们依据转轮圣王的葬礼，用金棺收敛释迦牟尼的圣体。据传，当时大迦叶远游在外，闻讯赶回，悲痛不已。这时佛陀从金棺中伸出足来，大迦叶顿然意会，以首顶礼佛足，誓愿担负弘扬圣教的大任，佛足随即收回金棺，并自引三昧真火荼毗。这个细节在犍陀石刻佛传图中有生动细致的表现。

佛陀灭度于拘尸那国，荼毗后留下的舍利，为拘尸那城的末罗族王所得，他不愿分与其他国王。诸国的国王得知后，商议决定以兵力强行分取，战事一触即发。经过香姓婆罗门的调解，参与争夺的八国国王——王舍城的阿阇世王，毗舍离城的离车族，迦毗罗卫城的释迦族，遮罗颇得跋利族，罗摩伽的拘利族，毗留提的大梵王，波婆的末罗族与拘尸那城的城主都推举香姓婆罗门为代表，为大家分取舍利。香姓婆罗门用金杯量取，将舍利分为八件，八国各取一份，建塔供养。

据佛经记载，这八处建塔的地方分别是：迦毗罗卫城蓝毗尼国（佛生处），摩揭陀国尼连禅河畔菩提树下（成道处），迦尸国波罗奈城鹿

野苑（初转法轮处），舍卫城祇园精舍（现大神通处），桑迦尸国曲女城（从忉利天下降处），王舍城（化度分别声闻处），毗舍离城（思念寿量处），拘尸那城婆罗林双树间（入涅槃处）①。这个传说无论在佛经文献还是早期的图像中，都被详细地记载和频繁地表现。文献方面，《大般涅槃经》对佛陀涅槃后的"荼毗"与"八王分舍利"有非常详细的记叙：

> 尔时韦提希子阿阇世王，闻彼力士收佛舍利置高楼上，而严四兵防卫守护，心大悲恼。又复忿怒诸力士辈，即便遣信，语力士言："世尊在世，亦是我师。般涅槃时，恨不临见。我之族姓及与世尊，皆是刹利。汝今云何独收舍利置高楼上，而严四兵防卫守护，不分余人？汝便可以一分与我，我欲于国起妙兜婆，兴诸供养。若能见许，永通国好。不见许者，兴兵伐汝。"余七国王及毗耶离、诸离车等遣使之法，皆亦如是……
>
> 于时，八王既得舍利，踊跃顶戴。还于本国，各起兜婆。
>
> 彼婆罗门从诸力士乞分舍利瓶，自起兜婆。诸力士等取其一分，于阇维处，合余灰炭而起兜婆。如是凡起十处兜婆。如来从始欲般涅槃。及般涅槃后至于阇维，起诸兜婆。其事如是。其后迦叶共于阿难及诸比丘于王舍城，结集三藏。②

显然，无论八王还是婆罗门及诸力士，他们都是释迦在世时的弟子，其对释迦骨灰的供养，是出于对释迦的怀念和亲切。正如王舍城的阿阇世

---

① 玄奘、辩机原著，季羡林等校注：《大唐西域记校注》卷八《摩揭陀国上》，中华书局 2000 年版，第 631 页。

② 《大般涅槃经》卷下，《大正新修大藏经》第一册《阿含部上》，佛陀教育基金会 1990 年版。

王所言，释迦既是他的导师，他们又同是刹帝利，所以他对骨灰的供养，是一种具有"纪念性"的崇拜供养，此是文献记载中最早的"佛舍利供养"的立意所在。其实，这也是早期佛教偶像崇拜的最基本立意。如最早佛像的诞生，按《增一阿含经》的说法，佛陀的旃檀像、紫磨金像之最早制作，发生在释迦牟尼佛在世时期，释迦牟尼佛到忉利天为其母摩耶夫人说法，波斯匿王、优填王因思睹如来而产生为如来造像的念头。因而，优填王用牛头旃檀、波斯匿王以紫磨金分别制作了五尺高的如来瑞像①。

优填王与波斯匿王"思睹如来，遂得苦患"②，因而产生造作佛像的念头，并由此开启了佛像崇拜的历史。这种说法虽然同考古学和佛教美术发展的序列有所抵牾，但是这种以基本的"思念"感情为基础的崇拜立意，盖与"八王分舍利"的立意具有相通之处，这是此类崇拜在开启之初的基本出发点。当然，这也是我们为什么要把"八王分舍利"与后世"佛舍利崇拜"分开来审视的原因所在。

如果我们把"八王分舍利"的供养立意与佛经中所记载的供养"佛舍利"所获得的功德福报之说相对比，就会发现二者之间的截然差别。北凉天竺三藏昙无谶译《悲华经》是对舍利崇拜讲得较为详细的经典，

①　这段记载被认为是后世插入阿含部经典中的古代传记。但在印度佛教中的确有那样的记载，如5世纪初法显的《法显传》及7世纪上半叶玄奘的《大唐西域记》卷五、卷六，记录了有关优填王和波斯匿王造像的故事，可见这个传说是很早的。参见法显撰，章巽校注：《法显传校注》卷一《拘萨罗国舍卫城》，中华书局2008年版，第61页；玄奘、辩机原著，季羡林等校注：《大唐西域记校注》，第468—469、489页；〔日〕百济康义：《〈旃檀瑞像中国渡来记〉のウイグル訳とチベット訳》，〔日〕森安孝夫：《中央アヅァ出土文物論叢》，朋友书店2004年版，第70—74页。

②　《增一阿含经》卷二十八，《大正新修大藏经》第二册《阿含部下》，佛陀教育基金会1990年版。

最著者莫过于如下几段：

(1) 若我涅槃，正法贤劫俱灭尽已，我之齿骨并及舍利，悉当变化作佛形像。三十二相璎珞其身，一一相中有八十种好。次第庄严，遍至十方无量无边无佛世界。一一化佛以三乘法，教化无量无边众生悉令不退。若彼世界病劫起时无有佛法，是化佛像亦当至中，教化众生如前所说。[①]

(2) 我涅槃后，若有众生以珍宝伎乐供养舍利，乃至礼拜右绕一匝，合掌称叹一茎华散，以是因缘随其志愿，于三乘中各不退转。

我般涅槃后，是诸舍利作如是佛事，调伏无量无边众生，于三乘中得不退转。如是当于五佛世界微尘数等大劫之中，调伏无量无边众生，令于三乘得不退转。[②]

(3) 舍利散在诸方无佛世界，寻时变作摩尼宝珠，如转轮圣王所有宝珠。若有众生见触之者，悉令不堕三恶道中，乃至涅槃不受诸苦，即得舍身生于他方现在佛所咨受妙法，发阿耨多罗三藐三菩提心便不退转。所有众生若命终时，其心在定无有散乱，不受诸苦爱别离等。命终之后不堕八难无佛之世，乃至成阿耨多罗三藐三菩提。[③]

既然接触到舍利或崇拜舍利有如此重大的福报，那么这种说法显然

---

① 《悲华经》卷六，《大正新修大藏经》第三册《本缘部上》，佛陀教育基金会 1990 年版。
② 《悲华经》卷七，《大正新修大藏经》第三册《本缘部上》，佛陀教育基金会 1990 年版。
③ 《悲华经》卷四，《大正新修大藏经》第三册《本缘部上》，佛陀教育基金会 1990 年版。

与最早崇拜舍利的王舍城阿阇世王要求分舍利的动机与立意有相互矛盾之处，"八王分舍利"时期舍利的"纪念性供养"与《悲华经》所言的舍利崇拜的"灵异"差距颇大。

"八王分舍利"与《悲华经》之间的矛盾，其实应该是一种"历时性矛盾"，要理解其间差距产生的原因，就需对阿育王造塔的历史传说作一考察。

二、阿育王建塔分舍利与佛舍利崇拜的地理困境

佛舍利信仰之本质，是一种"灵骨崇拜"。它同一般的图像崇拜是有很大不同的。图像，只要解决了造作的宗教伦理问题和技术问题，就可以在任何地域制作出来，进行崇拜。佛舍利却不是能随意造作出来的，所以对"佛舍利"的"分之又分"就成了一个必然要采取的措施。随着佛教的传播，佛舍利信仰的"佛教地理圈"也必须要随之扩大。

对于佛教崇拜的发展历程与阶段，梁代高僧慧皎在《高僧传》中说得更为清晰明了：

昔忧填初刻栴檀，波斯始铸金质，皆现写真容，工图妙相。故能流光动瑞，避席施虔。爰至发爪两塔，衣影二台。皆是如来在世，已见成轨。自收迹河边，阇维林外，八王请分，还国起塔。及瓶灰二所，于是十刹兴焉。其生处得道，说法涅槃，肉髻顶骨，四牙双迹，钵杖睡壶，泥洹僧等，皆树塔勒铭，标揭神异。尔后百有

余年，阿育王遣使浮海，坏撤诸塔，分取舍利。还值风潮，颇有遗落。故今海族之中，时或遇者。是后八万四千，因之而起。育王诸女，亦次发净心，并镌石熔金，图写神状。至能浮江泛海，影化东川。虽复灵迹潜通，而未彰视听。及蔡愔、秦景自西域还至，始传画氍助释迦。于是凉台寿陵，并图其相。自兹厥后，形像塔庙，与时竞列。洎于大梁，遗光粤盛。[①]

慧皎根据佛经和僧史典籍列出的佛教美术发展序列是：释迦牟尼在世时优填王、波斯匿王分别制作了旃檀和金瑞像，随后有释迦涅槃、八王分舍利、阿育王造塔、阿育王女图写佛容、佛像东来等。但是，美术考古的结论是，佛像的出现是佛教崇拜美术发展中的最后一个序列，也就是说，崇拜的偶像序列应该是：释迦涅槃、八王分舍利、阿育王造塔、阿育王女图写佛容、佛像东来。

佛像是在1—3世纪的犍陀罗和秣菟罗地区才出现的。在此之前，为了崇拜和供养的需要，佛舍利的"分之又分"和舍利塔的崇拜就是必然的选择。

"八王分舍利"，是在释迦佛陀诞生地、传法地、涅槃地这个"佛教地理"范围内兴起的最基本的"灵骨崇拜"。这种崇拜的局限性就在于只能限于这个地理范围内，将佛舍利信仰与崇拜扩大至整个印度大陆范围的转折点，就是阿育王造八万四千塔遍分舍利的历史事件[②]。

---

① 释慧皎撰，汤用彤校注，汤一玄整理：《高僧传》卷十三《兴福·论曰》，中华书局1992年版，第495—496页。
② 玄奘、辩机原著，季羡林等校注：《大唐西域记校注》卷八《摩揭陀国上》，中华书局2000年版，第631页。

　　阿育王（约前304—前232）是印度孔雀王朝的第三代君主，频头娑罗王之子，是印度历史上最伟大的一位君王。他发动了一系列统一南亚次大陆的战争，曾征服过湿婆国等，规模最大的一次是公元前261年远征孟加拉沿海的羯陵伽国的战争。这次战争使孔雀王朝基本完成了统一印度的大业，但也造成了10万人被杀、15万人被掳走的人间惨剧。这一战是阿育王一生的转折点，也是印度历史的转折点。阿育王被伏尸成山、血流成河的场面所震撼，深感痛悔，决心皈依佛门，彻底改变统治策略。阿育王向佛教僧团捐赠了大量的财产和土地，还在全国各地兴建佛教建筑，据说总共兴建了84000座奉祀佛骨的佛舍利塔。是否真有这么多佛舍利塔被建，我们不得而知，但是，此后无论印度大陆，还是远在东方的中国，都将发现的"佛舍利"归之于"阿育王"。

　　印度大陆将发现的佛舍利归之于阿育王塔的例子，唐玄奘在《大唐西域记》中有很多记载。根据佛经的说法与历史文献中的记载可知，阿育王所建之塔是不会超出印度大陆范围的，只不过是在印度孔雀王朝疆域内的一次弘扬佛法的举措。然而，远在亚洲东方的中国却发现了阿育王佛塔，可见这种"佛舍利"分之又分是一种被持续使用的策略。

　　阿育王建立宝塔供养舍利的传说，大约在4世纪以后就在中国很流行，尤其是江南和山东地区。南朝刘宋的宗炳（375—443）写了《明佛论》这篇著名的文章，其中提到了在山东临淄就有阿育王寺的遗址。唐代道宣编集的《广弘明集》则记载各地共有阿育王塔17处[①]。僧史文献中记载有在江南发现阿育王塔的事情，见于《高僧传》卷十三《释慧达

---

① 敦煌研究院主编：《敦煌石窟全集》第十二册《佛教东传故事画卷》，商务印书馆1999年版，第44页。

传》。释慧达是东晋僧人，本名叫刘萨河，并州（今山西太原）西河离
石人，年轻的时候喜好打猎，31 岁时忽然莫名死去，死去一天之后又
活了过来，据说见到了地狱的种种苦厄，于是跟随一高僧出家做沙门，
法号慧达。

　　不知道出于什么原因，慧达的老师让他到会稽（今浙江绍兴）吴
郡去寻找阿育王塔和阿育王造像。东晋宁康（373—375）中，慧达来
到京师建康（今江苏南京），住在长干寺。在此之前，晋简文帝在长干
寺造了一座三层塔，塔成之后，每天晚上都会放光，颇具吉祥之相。而
慧达发现此塔刹最高处放出来的光色最为妙色吉祥，于是便去塔下诵经
礼拜。入夜时分，当见到塔刹有瑞光发出时，就告诉寺僧，一起到塔下
发掘，结果在入地一丈多的地方挖出了三块石碑。中间的那块石碑下放
置着一个铁函，打开之后，铁函中又有银函，银函里放置金函，金函里
有三颗舍利，还有一爪甲及一束头发。头发长数尺，卷则成螺，光色炫
耀，这样的头发显然就是佛陀的螺发。高僧大德们一致认为，此处就是
周敬王时期阿育王修造的八万四千塔中的一个。于是，又在旧塔之西，
新造了一个塔安放佛舍利。到了晋太元十六年（391），孝武帝将这个安
置舍利的塔加建为三层塔。

　　僧史文献中关于在江南发现的阿育王塔舍利与阿育王造像，都与
胡僧传道有密切联系。晋咸和中（326—334）丹阳尹高悝在张侯桥浦里
掘得一铜像，缺光趺，然而制作甚工，像前面有梵文"阿育王第四女所
造"的题记，此像被放置在长干寺。不料很多年以后，有个渔夫在近海
海口发现了一个铜莲华光趺，正好可以安在长干寺这尊阿育王第四女所
造铜像上。再后来，来了五个西域僧人，指认这尊像正是他们带到江南
的阿育王造像。

"阿育王造塔"传说在地理范围上呈不断扩大的趋势，其目的就在于拓展"佛舍利信仰"在地理上的局限。在这个意义上，我们就可以理解为什么《悲华经》会有"舍利散在诸方无佛世界，寻时变作摩尼宝珠"这个说法。从历史发展的脉络来看，这个说法不会是指"八王分舍利"之后，而是阿育王造八万四千塔，遍分舍利之后①。只有在舍利被这样无限分之后，才会使得舍利信仰的"纪念性崇拜"色彩淡化，"灵异色彩"却逐渐增强。这就是"八王分舍利"与"阿育王造塔"这两种舍利崇拜所蕴含的不同立意所在。而这种崇拜到了中亚甚至中原之后，因为地理范围的扩大，释迦的有限"灵骨"已经不可能再在这样广大的地域范围内继续"分"下去，于是"舍利崇拜"陷入了地理界域膨胀而"佛陀灵骨"却无法随之膨胀的困境。"供不应求"的局面使得"舍利崇拜"面临"被崇拜物缺失"的尴尬境地。于是，"感应舍利"的出现就成为必然，它横空出世般的舍利产生模式解决了"缺失"问题，但却也使得"舍利信仰"被赋予了更加工具化的内涵。

三、感应舍利之起源及其对建塔立寺的正当性自证

阿育王建佛舍利塔，只不过是在印度孔雀王朝疆域内的一次弘扬佛法的举措。用阿育王塔与阿育王塔舍利的传说或遗迹来作为东亚中国佛舍利存在的源头，显然具有臆想的成分，这在佛教伦理与社会认可方

---

① 玄奘、辩机原著，季羡林等校注：《大唐西域记校注》卷八《摩揭陀国上》，中华书局2000年版，第631页。

面都无法做到天衣无缝，缺乏说服力。因而，阿育王塔舍利在中国的佛舍利源头上并不是主流。自东晋以来，"感应舍利"才是中国所崇拜的"佛舍利"的主要源头。

通过祈请来"感获舍利"，其源头当然可能是在印度大陆，玄奘在《大唐西域记》中就有瞿萨旦那国王曾"感获舍利数百粒"[1]的记载。这说明随着地域的扩大和时间的绵延，即使在印度大陆，以释迦火化后的遗骨为"佛舍利"也已经无法满足更多的供养需求。

在中国，文献中最早的通过祈请而得到"佛舍利"的实例就是三国时期的康居僧人康僧会在建业请得"感应舍利"的记载。康僧会祖籍康居，世居天竺，其父因商贾移居交趾。十余岁父母双亡，即出家，三国吴赤乌十年（247）至建业（今江苏南京）。在他来之前，吴地官民其实早就接触过佛教，当时来自大月氏的居士支谦在孙权的支持下于建业翻译佛经，很有社会影响力。但是当时的东吴之地，却从没见过来自异域的出家僧人，也没有专门用来崇拜佛像、诵经传道的寺庙，本土当然更不会有人出家做僧了。所以，康僧会这样一个出家僧人的到来，在当时的东吴引起了轰动性效果[2]。

康僧会是职业的宗教人员、受戒的出家人，他到建业的第一件事，就是修建了简陋的茅舍作寺庙，布设佛像，传道授经。这种传教的阵势和康僧会的剃发易服的僧人形象，对吴地人来说是非常诧异的，觉得康僧会可能是个异数。地方官员奏闻吴主孙权："有胡人入境，自称沙门，

---

[1]　玄奘、辩机原著，季羡林等校注：《大唐西域记校注》卷十二《瞿萨旦那国》，中华书局2000年版，第1020页。

[2]　敦煌研究院主编：《敦煌石窟全集》第十二册《佛教东传故事画卷》，商务印书馆1999年版，第135页。

容服非恒，事应检察。"孙权猜度说："昔汉明帝梦神号称为佛，彼之所事，岂非其遗风耶？"随后就召见了康僧会，诘问道："有何灵验？"康僧会回答说可以请来佛骨舍利。在孙权看来，康僧会这就是在虚妄夸口，于是说："若能得舍利，当为造塔。如其虚妄，国有常刑。"康僧会满口答应，以七日为期，于是洁斋静室，在几案上安置好准备接舍利的铜瓶，开始烧香礼请。结果七日之后，铜瓶内空空无也；于是又许下七日之限，期满之后，还是没请来舍利。孙权以为康僧会是在欺骗他，一怒之下要治他的罪。康僧会再三请求，孙权又答应再给他七天时间 ①。

在三七的最后一天，太阳落山之时，仍然一无所得。信徒弟子们当时已经是心惊胆战，惹怒孙权那是要掉脑袋的。康僧会却一点也不灰心，继续诵经祈请。到当夜五更天，忽然听到铜瓶中叮当作响，康僧会自往视，果获舍利。第二天将祈请的舍利面呈孙权，举朝集观，见那颗舍利五色光焰照耀瓶上。孙权亲自手执铜瓶将这颗舍利倒入铜盘，结果舍利将铜盘冲碎。孙权这才异常震惊，起身连呼："希有之瑞也。"这时候的康僧会又向孙权解释说："舍利威神，岂直光相而已，乃劫烧之火不能焚，金刚之杵不能碎。"孙权命人试一下这颗舍利是不是有这么坚固神奇，于是乃置舍利于铁砧上，命力士者用锤打击，结果铁砧、铁锤都打出坑来，舍利却毫发无损。孙权大为叹服，即兑现自己的诺言，为此舍利建供养塔，并为康僧会建立佛寺。因为这是东吴有佛寺的开始，所以就把这座寺庙起名为建初寺。建初寺所在的这个区域，命名为佛陀里。自此之后，东吴佛法大兴。这种用匪夷所思的神秘手段祈请舍利的

---

① 敦煌研究院主编：《敦煌石窟全集》第十二册《佛教东传故事画卷》，商务印书馆 1999 年版，第 136 页。

举动，目的在于征服统治者和信众，至于这种"感应"而得的舍利到底来自何处，就不好断定了，可能是西域高僧从异域带来。不过像康僧会这样，用整整 21 天作法事祈请舍利，还要等到五更天才请到，可能其间会有些幻术之类的手段。再说了，21 天时间足以想出各种应付的办法来。

　　用祈请感应的方式请来舍利的不止康僧会一人。在当时的传教条件下，这可能是一个最能赢得统治者和皈依者信任、叹服的方式之一。所以传教的西域僧人自然会有一套这方面的知识和经验，来成功地做成这种事情。南北朝时期来到南朝宋都城建康的罽宾（今克什米尔地区）僧人昙摩蜜多也成功地祈请过舍利。昙摩蜜多曾历龟兹、敦煌等地，元嘉元年（424）经由四川、湖北到达京师，于元嘉十二年（435）营建了有名的定林上寺。自元嘉元年至元嘉十八年（424—441），译出《五门禅要用法》、《观音贤菩萨行法经》、《禅秘要经》等十二部十七卷。元嘉十九年（442）七月卒于定林上寺①。

　　昙摩蜜多有很多神异的传说。据说他长得就有点异样，两道眉毛连在一起，所以又被称作"连眉禅师"。在龟兹的时候，龟兹王将之延请入王宫供养崇奉，但是喜好游方的他，还是谢绝了龟兹王的挽留，度流沙之地，来到敦煌，于闲旷之地建立精舍，植树千株，开园百亩，房阁池沼，极为严净。随后，他又到了凉州（今甘肃武威），兴建佛寺，传道授经。他祈请舍利的事情发生在荆州，南北朝宋元嘉元年（424），他来到了荆州长沙寺：

---

① 释慧皎撰，汤用彤校注，汤一玄整理：《高僧传》卷三《宋上定林寺昙摩蜜多》，中华书局 1992 年版，第 120—122 页。

以宋元嘉元年辗转至蜀。俄而出峡，止荆州，于长沙寺造立禅阁。翘诚恳恻，祈请舍利，旬有余日，遂感一枚。冲器出声，放光满室。门徒道俗，莫不更增勇猛，人百其心。①

昙摩蜜多在荆州长沙寺主持修建了禅阁，并诚心祈请舍利，用了十多天时间的作法祈请，终于请得舍利一枚。这枚舍利同康僧会在东吴建业请得的舍利一样，其突出特征就是"冲器出声，放光满室"，可见是既坚硬又光明。这次祈请舍利的成功，自然使得传教授经的影响更为深厚广大，是"门徒道俗，莫不更增勇猛，人百其心"②。

《法苑珠林》列出了东晋到隋初著名的感得舍利的典型实例，竟有十多例。如东晋初年竺长舒有舍利"投之水中，五色三匝，光高敷尺"。晋大兴中，董汪信所供奉木佛像感生舍利，"水中浮沉，五色晃昱"。东晋咸康中，建安太守孟景欲建刹立寺，于其床头"得舍利三枚，因立寺刹"。东晋义熙元年，有林邑人尝有一舍利，"每斋日有光"。宋元嘉六年（429），贾道子在采回家的芙蓉花中"寻得一舍利，自如真珠，焰照梁栋"。宋元嘉八年（431），会稽安千载，家门奉佛，"斋食上得一舍利，紫金色，椎打不碎，以水行之，光明照发"。宋元嘉九年（432），浔阳张须元在家中佛像前供养的鲜花上"得舍利数十"。宋元嘉十五年（438），南郡刘凝之在佛像额下"得舍利二枚，剖击不损，水行光出"。宋元嘉十九年（442），高平徐椿读经后，于

---

① 释慧皎撰，汤用彤校注，汤一玄整理：《高僧传》卷三《宋上定林寺昙摩蜜多》，中华书局1992年版，第121页。

② 释慧皎撰，汤用彤校注，汤一玄整理：《高僧传》卷三《宋上定林寺昙摩蜜多》，中华书局1992年版，第121页。

食物中"得二舍利"①。

　　显然，中国佛教"感获舍利"的方法自然也是来自传教的西域僧人，但是也有可能随着"感获舍利"事情的不断出现，其方法也相应地不断创新了。从上面列举的实例可以看出，获得感应舍利的方法大概有食生、花生、佛像生等。"感应舍利"不但会随时而生，也会瞬间而消失，所谓"敬而得之，慢而失之"②。而且感应舍利最大的特征就是放光。当然，在印度大陆就有舍利放光的记载，但是此处所说的感应舍利大多是放在水中才会"五色三匝，光高数尺"。

　　"感应舍利"毕竟不是佛陀"荼毗"后的遗骨本身，在传播源头上脱离了"八王分舍利"和"阿育王造塔"这两个分配与流传环节，这就决定了这种舍利的"真实性"没有了流分渠道上的保证与证明，所以佛教经典中才会出现关于如何分辨佛舍利的方法。释道世在《法苑珠林》中辨认佛舍利之真假的原则是：

> 若是佛舍利，椎打不碎。若是弟子舍利，椎击便破矣。③

　　"椎打不碎"是佛舍利的一个标志，但是锤打不碎的东西太多。于是，在相关的记载中，因为感应而得到的舍利就增加了另一项关键标志：放光或遇水放光。因而，人们总结出真的佛舍利的特征是"剖击不

---

① 释道世：《法苑珠林》卷三十三《舍利篇》，第 37 页，《大正新修大藏经》第五十三册《事汇部上》。
② 释道世：《法苑珠林》卷三十三《舍利篇》，第 37 页，《大正新修大藏经》第五十三册《事汇部上》。
③ 释道世：《法苑珠林》卷四十《舍利篇》，第 37 页，《大正新修大藏经》第五十三册《事汇部上》。

损，水行光出"。

从康僧会和昙摩蜜多祈请舍利到晋隋之际"感应舍利"的大量出现，可以看出，祈请舍利的举动至少最初是出于要解决一个传道难题，就是传道受到了阻碍或处于低迷状态，需要这样一个极度神奇的事情来作为转折点。冲破权势者的阻力，或鼓励皈依者的信念，是祈请舍利的基本动机。

"感应舍利"的出现，跟"阿育王建塔"的塔崇拜又有了不同之处，那就是，祈请舍利的出发点本身既不是"纪念性灵骨供养"，也不是"塔供养"，而是出于"证信"的目的，即为了证明传播佛教的合理性与建寺造塔的合法性而采取的一种"灵异"策略。这种策略的应用，在晋隋之际应该是非常频繁的，以至于一些僧人专门从事这样的"专业性工作"：

> 释道仙，一名僧仙，本康居国人……有须舍利，即为祈请，应念即至，如其所须……举国恭敬，号为仙阇梨焉。[1]

释道仙能做到"有须舍利，即为祈请，应念即至，如其所须"，可见当时的舍利祈请已经做到了量身定做、有求必应，简直就达到了随心所欲的地步。由此也就不难理解，为什么在隋代初年隋文帝会感应祈请出那样数量众多的舍利分送天下诸州建塔供养了。

综上所述，"舍利供养"在由印度大陆经过中亚传播到中国的历程中，经历了"纪念性供养"、"塔供养"和"感应舍利供养"这样三

---

[1]　《神僧传》卷五《道仙》，《大正新修大藏经》第五十册《史传部二》。

个具有不同内涵的发展阶段。这个过程是随着佛教传播的地理范围的扩大，释迦作为一个历史人物的"灵骨"的不断被分，一直到了"分无可分"的地步，于是脱离了"八王分舍利"、"阿育王再分舍利"的"灵骨"分流轨道，衍生出通过感应或祈请的方式得到舍利的方法。至此，"舍利崇拜"的内涵其实已经发生了潜移默化的变化，由"纪念"、"怀念"、"崇拜"发展成"证明"佛教或佛法合理性的一种工具性手段。

四、结　语

佛舍利崇拜是一个介于可信与不可信论证中的模糊问题，在一定程度上，是被完全当作一个"信仰问题"来处理的。对"信仰问题"的传统解释有两种：第一是宗教逻辑，也即神的逻辑，这是不需要现代学科体系追问的；第二是哲学逻辑，这是从概念思维的高度来解读信仰的原理。然而，这两种解释都没有注意到历史事实的变化。任何一种在人类历史发展过程中发生、发展的历史现象，都在不同的时空展现其不同的面貌，并会蕴含着不同的人类认识和社会需求。

本文主要通过对历史的梳理，指出了佛舍利崇拜是由"纪念"、"怀念"、"崇拜"，发展成"证明"佛教或佛法合理性的一种工具性手段。这也是为什么后代会产生"高僧舍利"这样一种现象的主要原因。因为"怀念"，所以才会在"灵骨崇拜"的基础上产生大量佛像；因为"证明"，才会用是否产生"舍利"来宣示高僧是否得道成佛。对此问题的研究是一个被忽视的领域，尤其是没有用历史学的视角，在长时段内观察这个宗教现象的发展、变化及其所内涵的实质性意义。就此而言，本文所做的观察，可以廓清笼罩在"舍利崇拜"问题上的一些迷雾，从完全实证的角度，对这一历史现象、宗教现象和社会现象，给出一个清晰的历时性解读。

（原载《文史哲》2016 年第 4 期）

后　记

　　《文史哲丛刊》主要收选改革开放四十年来发表在《文史哲》杂志上的精品佳作（个别专集兼收 20 世纪五六十年代以来的文章），按专题的形式结集出版。2010—2015 年先期推出第一辑，包括《国家与社会：构建怎样的公域秩序？》、《知识论与后形而上学：西方哲学新趋向》、《儒学：历史、思想与信仰》、《道玄佛：历史、思想与信仰》、《早期中国的政治与文明》、《门阀、庄园与政治：中古社会变迁研究》、《"疑古"与"走出疑古"》、《考据与思辨：文史治学经验谈》、《文学：批评与审美》、《中国古代文学：作家·作品·文学现象》、《文学与社会：明清小说名著探微》、《文学：走向现代的履印》、《左翼文学研究》十三个专集。

　　丛刊出版后，受到广大读者的欢迎和喜爱，多数专集一版再版，在学界产生了较大的影响。为满足读者诸君的阅读和研究需要，我们又着手编选了第二辑，包括《现状、走向与大势：当代学术纵览》、《轴心时代的中国思想：先秦诸子研究》、《传统与现代：重估儒学价值》、《道玄佛：历史、思想与信仰（续编）》、《制度、文化与地方社会：中国古代史新探》、《结构与道路：秦至清社会形态研究》、《农耕社会与市场：中国古代经济史研究》、《近代的曙光：明清时代的社会经济》、

《步履维艰：中国近代化的起步》、《史海钩沉：中国古史新考》、《文府索隐：中国古代文学新考》、《文史交融：中国古代文学创作论》、《风雅流韵：中国辞赋艺术发微》、《情·味·境：本土视野下的中国古代文论》、《权力的限度：西方宪制史研究》、《公平与正义：永恒的伦理秩序》十六个专集，力求把《文史哲》数十年发表的最优秀的文章以专题的形式奉献给广大读者，为大家阅读和研究提供便利。

需要说明的是，在六十多年的办刊过程中，期刊编辑规范几经演变，敝刊的编辑格式、体例也几经变化，加之汉语文字规范亦经历了一个曲折的历程，从而给丛刊编辑工作带来了一定的困难。为使全书体例统一，我们在编辑过程中，对个别文字作了必要的规范和改动，对文献注释等亦作了相对的统一。其余则一仍其旧，基本上保持了原文的本来面貌。

由于我们水平有限，本丛刊无论是文章的遴选，抑或具体的编校，都难免存在这样那样的不足，讹误舛错在所难免，敬祈方家读者不吝赐教。

还应特别说明的是，在当前市场经济大潮下，学术著作尤其是论文集的出版，因其经济效益微薄，面临一定的困难。但商务印书馆以社会效益为重，欣然接受出版《文史哲丛刊》，这种强烈的社会责任感、高远的学术眼光和无私精神，实在令人钦佩。丁波先生还就丛刊的总体设计提出了许多宝贵的建议，诸位责编先生冒着严冬酷暑认真地编校书稿。在此，我们表示衷心的感谢！

文史哲编辑部

2018 年 6 月